VW Transporter
Gör-det-själv handbok

Matthew Minter och John Mead

Modeller som behandlas

(3392-256-3AF1/3452)

VW Transporter med vattenkylda bensinmotorer, monterade bak i bilen
1913cc och 2109cc
Van, pick-up och minibuss (Caravelle)

Behandlar inte dieselmotorer eller Syncro modeller, ej heller utrustning anpassad för husbil eller andra specialändamål
För modeller med luftkyld motor se engelsk handbok nr 0638

© Haynes Publishing 2002

ABCDE
FGHIJ
KLM

En bok i **Haynes serie Gör-det-själv handböcker**

Tryckt i UK

Haynes Publishing
Sparkford, Nr Yeovil, Somerset BA22 7JJ, England

Haynes North America, Inc
859 Lawrence Drive, Newbury Park, California 91320, USA

Enligt lagen om upphovsrätt förbjuds eftertryck, kopiering och registrering av bokens texter, tabeller och illustrationer, elektroniskt, mekaniskt, utan förlagets skriftliga medgivande. Detta inkluderar bland annat fotokopiering och dataregistrering.

ISBN **978 1 78521 454 7**

Innehåll

DIN VW TRANSPORTER

Reparationer vid vägkanten

Veckokontroller

UNDERHÅLL

Rutinunderhåll och service

Innehåll

REPARATIONER OCH RENOVERING

Motor och tillhörande system

Kraftöverföring

Fjädring och drivande komponenter

Kaross

Kopplingsscheman

REFERENSER

Register

VW Transportern som behandlas i denna handbok är den sista modellen med fyrcylindrig boxermotor, monterad bak i bilen. När vattenkylning lades till detta trotjänarsystem medförde det att det kunde användas under nästan ytterligare ett decennium. De vattenkylda modellerna är tystare och starkare än sina luftkylda föregångare, men i övrigt är de två versionerna mycket lika varandra.

Motorn och växellådan sitter monterade baktill på fordonet, som har bakhjulsdrift.

4- och 5-växlade manuella växellådor och 3-växlad automatisk växellåda finns att tillgå. Kopplingen arbetar hydrauliskt.

De tre karosstyper som finns som standard är pick-up, van och minibuss (Caravelle). Det finns även ett stort antal specialmodeller för olika syften, särskilt husbil. Bland utrustning som finns som extra tillval ingår servostyrning, luftkonditonering och elhissar.

Rutinunderhållet är inte särskilt svårt, men utformningen av vissa komponenter kanske inte känns igen direkt om man sedan tidigare endast har erfarenhet av konventionella fordon med motorn i fören.

Din handbok till VW Transporter

Syftet med denna handbok är att hjälpa dig att få ut mesta möjliga av din bil, vilket den kan göra på ett flertal sätt. Den är ovärderlig när det gäller att avgöra vilka arbeten som ska utföras, även om du väljer att låta en verkstad utföra själva jobbet. Den ger även information om rutinunderhåll och service och anger logisk handlingsväg och diagnosmetod när slumpmässiga fel uppstår. Vi hoppas emellertid att du kommer att använda handboken till att själv utföra arbetet. När det gäller enklare arbeten kan detta vara snabbare än att boka in bilen på en verkstad och sedan åka dit två gånger för att lämna och hämta den. Kanske är det viktigaste av allt dock de pengar som kan sparas genom att man undviker verkstadens kostnader för arbetskraft och drift.

Handboken innehåller teckningar och beskrivningar som förklarar olika delars funktion och utformning. De olika arbetsmomenten beskrivs tydligt steg för steg i text och bild så att t o m en nybörjare kan göra jobbet.

Hänvisningar till 'vänster' eller 'höger' på bilen menas för en person som sitter i förarsätet och tittar framåt.

VW Caravelle Carat

Med tack till följande

Vi tackar Clive Davage från John Cornick Cars, Yeovil för lånet av bilen som syns på många bilder, och Champion Spark Plug som försett oss med illustrationerna över tändstiftens skick. Tack också till Sykes-Pickavant Limited som tillhandahållit en del verkstadsutrustning och till Duckhams Oils för smörjningsuppgifter. Ett särskilt tack till alla i Sparkford som hjälpt till vid framställandet av denna handbok.

Denna handbok är inte en direkt återgivning av biltillverkarnas uppgifter och ska inte ses som tekniskt godkänd av tillverkare eller importörer.

Vi är stolta över hur noggrann informationen i denna handbok är. Biltillverkare kan dock göra ändringar vid tillverkningen av en viss bilmodell vilka vi inte informeras om. Författare och förlaget accepterar inget ansvar för förluster, skador eller personskador som orsakas av felaktighet eller brister i den givna informationen

Att arbeta på din bil kan vara farligt. Den här sidan visar potentiella risker och faror och har som mål att göra dig uppmärksam på och medveten om vikten av säkerhet i ditt arbete.

Allmänna faror

Skållning

• Ta aldrig av kylarens eller expansionskärlets lock när motorn är het.
• Motorolja, automatväxellådsolja och styrservovätska kan också vara farligt varma om motorn just varit igång.

Brännskador

• Var försiktig så att du inte bränner dig på avgassystem och motor. Bromsskivor och -trummor kan också vara heta efter körning.

Lyftning av fordon

• Vid arbete nära eller under ett lyft fordon, använd alltid extra stöd i form av pallbockar eller använd ramper. *Arbeta aldrig under en bil som endast stöds av en domkraft.*

• När muttrar eller skruvar med högt åtdragningsmoment skall lossas eller dras, bör man lossa dem något innan bilen lyfts och göra den slutliga åtdragningen när bilens hjul åter står på marken.

Brand och brännskador

• Bränsle är mycket brandfarligt och bränsleångor är explosiva.
• Spill inte bränsle på en het motor.
• Rök inte och använd inte öppen låga i närheten av en bil under arbete. Undvik också gnistbildning (elektrisk eller från verktyg).
• Bensinångor är tyngre än luft och man bör därför inte arbeta med bränslesystemet med fordonet över en smörjgrop.
• En vanlig brandorsak är kortslutning i eller överbelastning av det elektriska systemet. Var försiktig vid reparationer eller ändringar.
• Ha alltid en brandsläckare till hands, av den typ som är lämplig för bränder i bränsle- och elsystem.

Elektriska stötar

• Högspänningen i tändsystemet kan vara farlig, i synnerhet för personer med hjärtbesvär eller pacemaker. Arbeta inte med eller i närheten av tändsystemet när motorn går, eller när tändningen är på.

• Nätspänning är också farlig. Se till att all nätansluten utrustning är jordad. Man bör skydda sig genom att använda jordfelsbrytare.

Giftiga gaser och ångor

• Avgaser är giftiga. De innehåller koloxid vilket kan vara ytterst farligt vid inandning. Låt aldrig motorn vara igång i ett trångt utrymme, t ex i ett garage, med stängda dörrar.
• Även bensin och vissa lösnings- och rengöringsmedel avger giftiga ångor.

Giftiga och irriterande ämnen

• Undvik hudkontakt med batterisyra, bränsle, smörjmedel och vätskor, speciellt frostskyddsvätska och bromsvätska. Sug aldrig upp dem med munnen. Om någon av dessa ämnen sväljs eller kommer in i ögonen, kontakta läkare.
• Långvarig kontakt med använd motorolja kan orsaka hudcancer. Bär alltid handskar eller använd en skyddande kräm. Byt oljeindränkta kläder och förvara inte oljiga trasor i fickorna.
• Luftkonditioneringens kylmedel omvandlas till giftig gas om den exponeras för öppen låga (inklusive cigaretter). Det kan också orsaka brännskador vid hudkontakt.

Asbest

• Asbestdamm kan ge upphov till cancer vid inandning, eller om man sväljer det. Asbest kan finnas i packningar och i kopplings- och bromsbelägg. Vid hantering av sådana detaljer är det säkrast att alltid behandla dem som om de innehöll asbest.

Speciella faror

Flourvätesyra

• Denna extremt frätande syra bildas när vissa typer av syntetiskt gummi i t ex O-ringar, tätningar och bränsleslangar utsätts för temperaturer över 400 °C. Gummit omvandlas till en sotig eller kladdig substans som innehåller syran. *När syran väl bildats är den farlig i flera år. Om den kommer i kontakt med huden kan det vara tvunget att amputera den utsatta kroppsdelen.*
• Vid arbete med ett fordon, eller delar från ett fordon, som varit utsatt för brand, bär alltid skyddshandskar och kassera dem på ett säkert sätt efteråt.

Batteriet

• Batterier innehåller svavelsyra som angriper kläder, ögon och hud. Var försiktig vid påfyllning eller transport av batteriet.
• Den vätgas som batteriet avger är mycket explosiv. Se till att inte orsaka gnistor eller använda öppen låga i närheten av batteriet. Var försiktig vid anslutning av batteriladdare eller startkablar.

Airbag/krockkudde

• Airbags kan orsaka skada om de utlöses av misstag. Var försiktig vid demontering av ratt och/eller instrumentbräda. Det kan finnas särskilda föreskrifter för förvaring av airbags.

Dieselinsprutning

• Insprutningspumpar för dieselmotorer arbetar med mycket högt tryck. Var försiktig vid arbeten på insprutningsmunstycken och bränsleledningar.

⚠ *Varning: Exponera aldrig händer eller annan del av kroppen för insprutarstråle; bränslet kan tränga igenom huden med ödesdigra följder*

Kom ihåg...

ATT

• Använda skyddsglasögon vid arbete med borrmaskiner, slipmaskiner etc, samt vid arbete under bilen.

• Använda handskar eller skyddskräm för att skydda händerna.

• Om du arbetar ensam med bilen, se till att någon regelbundet kontrollerar att allt står väl till.

• Se till att inte löst sittande kläder eller långt hår kommer i vägen för rörliga delar.

• Ta av ringar, armbandsur etc innan du börjar arbeta på ett fordon - speciellt med elsystemet.

• Försäkra dig om att lyftanordningar och domkraft klarar av den tyngd de utsätts för.

ATT INTE

• Ensam försöka lyfta för tunga delar - ta hjälp av någon.

• Ha för bråttom eller ta osäkra genvägar.

• Använda dåliga verktyg eller verktyg som inte passar. De kan slinta och orsaka skador.

• Låta verktyg och delar ligga så att någon riskerar att snava över dem. Torka upp olje- och bränslespill omgående.

• Låta barn eller husdjur leka nära en bil under arbetets gång.

Följande sidor är avsedda som hjälp till att lösa vanligen före-
kommande problem. Mer detaljerad felsökningsinformation finns i
slutet av handboken och beskrivningar för reparationer finns i de olika
huvudkapitlen.

Om bilen inte startar och startmotorn inte går runt

☐ Om bilen har automatväxellåda, se till att växel-
väljaren står på P eller N
☐ Titta under förarsätet och kontrollera att batterikablarna är
rena och väl åtdragna.
☐ Slå på strålkastarna och försök starta motorn. Om dessa
försvagas mycket vid startförsöket är batteriet troligtvis
mycket urladdat. Använd startkablar (se nästa sida).

Om bilen inte startar trots att startmotorn går runt som vanligt

☐ Finns det bränsle i tanken?
☐ Finns det fukt i elsystemet eller under huven? Slå av tändningen,
torka bort all synlig fukt med en trasa. Spraya på en vattenavvisande
aerosol (WD-40 eller likvärdig) på tänd- och bränslesystemens
elektriska kontakter, som visas nedan. Var extra uppmärksam på
tändspolens kontakter och tändkablarna. På modeller med bränsle-
insprutning, kontrollera luftflödesmätarens kabelanslutning.

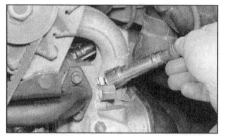

A Se till att tändkablarna är ordentligt
anslutna genom att trycka dem mot
tändstiften.

B Kontrollera att tändkablarna är ordent-
ligt anslutna till fördelaren och tänd-
spolen samt att lågspänningskablarnas
anslutningar är säkert fästa.

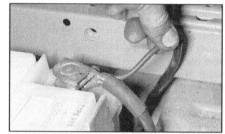

C Kontrollera att batteripolerna är i gott
skick och ordentligt anslutna.

Kontrollera att de elektriska kontakterna sitter fast ordentligt (med tändningen avslagen) och spraya dem med en vattenavvisande aerosol som
t ex WD-40 om du misstänker att problemet utgörs av fukt. Kontrollera tändkablarna vid tändstiften (A) och vid fördelaren och tändspolen (B). På
modeller med bränsleinsprutning, kontrollera luftflödesmätarens ledningsanslutning (enkel pil).

Start med startkablar löser ditt problem för stunden, men det är viktigt att ta reda på vad som orsakar batteriets urladdning. Det finns tre möjligheter:

1 *Batteriet har laddats ur efter ett flertal startförsök, eller för att lysen har lämnats på.*

2 *Laddningssystemet fungerar inte tillfredsställande (generatorns drivrem slak eller av, generatorns länkage eller generatorn själv defekt).*

3 *Batteriet defekt (utslitet eller låg elektrolytnivå).*

När en bil startas med hjälp av ett laddningsbatteri, observera följande:

✔ Innan det fulladdade batteriet ansluts, stäng av tändningen.

✔ Se till att all elektrisk utrustning (lysen, värme, vindrutetorkare etc) är avslagen

Starthjälp

✔ Kontrollera att laddningsbatteriet har samma spänning som det urladdade batteriet i bilen.

✔ Om batteriet startas med startkablar från batteriet i en annan bil, får bilarna INTE VIDRÖRA varandra.

✔ Växellådan ska vara i neutralt läge (PARK för automatväxellåda)

1 Koppla den ena änden på den röda startkabeln till den positiva (+) anslutningen på det urladdade batteriet.

2 Koppla den andra änden på den röda kabeln till den positiva (+) anslutningen på det fulladdade batteriet.

3 Koppla den ena änden på den svarta startkabeln till den negativa (-) anslutningen på det fulladdade batteriet.

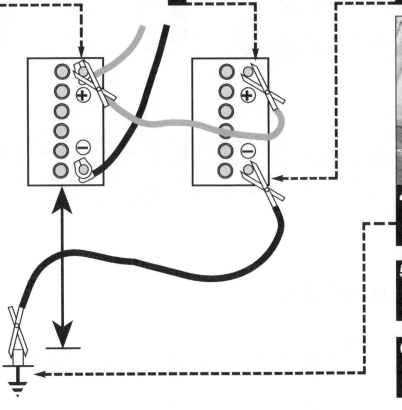

4 Anslut den andra änden av den svarta startkabeln till bulten som fäster den bortre änden av batteriets jordledning på det fordon som ska startas.

5 Se till att startkablarna inte kommer i kontakt med fläkten, drivremmarna eller andra rörliga delar i motorn.

6 Starta motorn med laddningsbatteriet, sedan med motorn på tomgång, koppla bort startkablarna i omvänd ordning mot anslutning.

Hjulbyte

Vissa detaljer visade här varierar beroende på modell. De grundläggande principerna är dock samma för alla modeller.

⚠️ **Varning: Byt inte hjul i ett läge där du riskerar att bli överkörd av annan trafik. På högtrafikerade vägar är det klokt att uppsöka en parkeringsficka eller mindre avtagsväg för hjulbyte. Det är lätt att glömma bort resterande trafik när man koncentrerar sig på det arbete som ska utföras.**

Förberedelser

☐ När en punktering inträffar, stanna så snart säkerheten medger detta.

☐ Parkera på plan fast mark, om möjligt, och på betryggande avstånd från annan trafik.

☐ Använd varningsblinkers vid behov.

☐ Om du har en varningstriangel (obligatoriskt i Sverige), använd denna till att varna andra trafikanter.

☐ Dra åt handbromsen och lägg i ettan eller backen

☐ Blockera hjulet diagonalt motsatt det som ska tas bort – ett par medelstora stenar räcker.

☐ Om marken är mjuk, använd en plankstump till att sprida belastningen under domkraftens fot.

Hjulbyte

1 På vissa modeller finns reservhjulet i bagageutrymmet. Skruva ur fästbulten i mitten för att ta loss det.

2 På andra modeller sitter reservhjulet i ett fäste under fören på bilen. Skruva ur bulten och dra i säkerhetsregeln för att ta loss det. Håll dig undan från fästet när det kommer ned; det är tungt.

3 Ta loss hjuldekoren (där tillämpligt) för att få tillgång till hjulmuttrarna eller bultarna. Bänd om nödvändigt loss dekoren med en skruvmejsel, eller haka av den med därför avsett verktyg.

4 Lossa hjulets muttrar eller bultar ett halvt varv var. Sätt domkraften till stödpunkten närmast det hjul som ska tas av.

5 Se till att domkraften står på fast mark och veva handtaget medurs till dess att hjulet har lyfts fritt från marken. Skruva sedan ur hjulbultarna och muttrarna och lyft av hjulet.

6 Sätt på det nya hjulet och säkra det med muttrar eller bultar. Dra åt muttrarna eller bultarna tills de sitter åt, men dra inte åt dem helt ännu. Ställ sedan ned bilen och ta bort domkraften.

7 Dra nu slutgiltigt åt hjulbultarna i korsföljd. Det rekommenderas starkt att man använder en skruvnyckel. Sätt tillbaka hjuldekoren där tillämpligt.

Och till sist...

☐ Ta bort hjulblockeringen.

☐ Lägg tillbaka domkraften och verktygen på sina rätta platser i bilen.

☐ Kontrollera lufttrycket i det nymonterade däcket. Om det är lågt eller om du inte har en tryckmätare med dig, kör sakta till närmaste bensinstation och komtrollera och justera eventuellt lufttrycket.

☐ Reparera det trasiga däcket så snart som möjligt.

Pölar på garagegolvet (eller där bilen parkeras) eller våta fläckar i motorrummet tyder på läckor som man måste försöka hitta. Det är inte alltid så lätt att se var läckan är, särskilt inte om motorrummet är mycket smutsigt. Olja eller andra vätskor kan spridas av fartvinden under bilen och göra det svårt att avgöra var läckan egentligen finns.

 Varning: De flesta oljor och andra vätskor i en bil är giftiga. Vid spill bör man tvätta huden och byta indränkta kläder så snart som möjligt

Att hitta läckor

HAYNES TiPS *Lukten kan vara till hjälp när det gäller att avgöra varifrån ett läckage kommer och vissa vätskor har en färg som är lätt att känna igen. Det är en bra idé att tvätta bilen ordentligt och ställa den över rent papper över natten för att lättare se var läckan finns. Tänk på att motorn ibland bara läcker när den är igång.*

Olja från sumpen

Motorolja kan läcka från avtappningspluggen . . .

Olja från oljefiltret

. . . eller från oljefiltrets packning.

Växellådsolja

Växellådsolja kan läcka från tätningarna i ändarna på drivaxlarna.

Frostskydd

Läckande frostskyddsvätska lämnar ofta kristallina avlagringar liknande dessa.

Bromsvätska

Läckage vid ett hjul är nästan alltid bromsvätska.

Servostyrningsvätska

Servostyrningsvätska kan läcka från styrväxeln eller dess anslutningar.

Bogsering

När allt annat misslyckats kan du komma att behöva bogsering hem – eller det kan naturligtvis hända att du bogserar någon annan. Bogsering längre sträckor ska överlämnas till en verkstad eller bärgningsfirma. Bogsering är relativt enkelt, men kom ihåg följande:

☐ Använd en riktig bogserlina – de är inte dyra. Kontrollera vad lagen säger om bogsering.

☐ Tändningen ska vara påslagen när bilen bogseras så att rattlåset är öppet och blinkers och bromsljus fungerar.

☐ Fäst bogserlinan endast i de monterade bogseröglorna.

☐ Innan bogseringen, lossa handbromsen och lägg i neutralläge på växellådan.

☐ Notera att det kommer att krävas större bromspedaltryck än normalt eftersom servon bara är aktiv när motorn är igång.

☐ På bilar med servostyrning krävs också större rattkraft.

☐ Föraren i den bogserade bilen måste hålla bogserlinan spänd i alla lägen så att ryck undviks.

☐ Kontrollera att båda förarna känner till den planerade färdvägen.

☐ Kom ihåg att laglig maxfart vid bogsering är 30 km/tim och håll distansen till ett minimum. Kör mjukt och sakta långsamt ned vid korsningar.

☐ För bilar med automatväxellåda gäller vissa speciella föreskrifter. Vid minsta tvekan, bogsera inte en bil med automatväxellåda eftersom detta kan skada växellådan.

Inledning

Det finns några mycket enkla kontroller som bara behöver ta några minuter att utföra men som kan spara dig mycket besvär och pengar.

Dessa "Veckokontroller" kräver inga större kunskaper eller speciella verktyg. Den lilla tid det tar kan vara mycket väl använd, till exempel:

☐ Håll ett öga på däckens skick och lufttryck. Det inte bara hjälper till att förhindra att de slits ut i förtid, det kan även rädda ditt liv.

☐ Många haverier orsakas av elektriska problem. Batterirelaterade fel är speciellt vanliga och en snabb kontroll med regelbundna mellanrum förebygger oftast de flesta av dessa problem.

☐ Om bilen har en läcka i bromssystemet kan det hända att du märker det först när bromsarna inte fungerar ordentligt. Regelbunden kontroll av vätskenivån varnar i god tid för sådana problem.

☐ Om olje- och kylvätskenivån blir för låg är det exempelvis mycket billigare att åtgärda läckaget än att reparera det motorhaveri som annars kan inträffa.

Kontrollpunkter under motorhuven

◀ **Förgasarmotor visad**

A Mätsticka för motoroljenivå
B Påfyllningslock för motorolja
C Expansionskärl för kylvätska

Motoroljenivå

Innan du börjar

✔ Kontrollera att bilen verkligen står på plan mark.
✔ Kontrollera oljenivån innan bilen körs, eller minst 5 min efter det att motorn stängts av.

HAYNES TiPS *Om oljenivån kontrolleras omedelbart efter körning finns olja kvar i motorns övre delarm vilket leder till en felaktig avläsning på mätstickan!*

Korrekt olja

Moderna motorer ställer höga krav på smörjoljan. Det är ytterst viktigt att korrekt olja för just din bil används (se "Smörjmedel, vätskor och däcktryck").

Bilvård

● Om du behöver fylla på olja ofta, kontrollera om oljeläckage förekommer. Placera rent papper under bilen över natten och leta efter fläckar på morgonen. Om bilen inte läcker olja kan det vara så att motorn förbränner oljan (se "Felsökning")
● Håll alltid oljenivån mellan övre och nedre märkena på mätstickan (se bild 3). Om nivån är för låg kan allvarliga motorskador inträffa. Oljetätningar kan sprängas om motorn överfylls med olja.

1 Motoroljans mätsticka sitter ungefär på mitten i botten på den bakre åtkomstöppningen. Dra ut mätstickan.

2 Torka av stickan med en trasa eller ett papper. Stick in den rena stickan i röret så långt det går och dra sedan ut den igen.

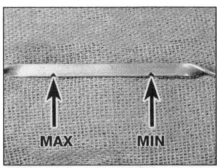

MAX   MIN

3 Kontrollera oljenivån på stickan, den ska vara mellan MIN- och MAX-märkena på mätstickan. Ungefär 1 liter olja höjer nivån från det nedre till det övre märket.

4 Olja fylls på via påfyllningsröret. Ta ut röret och skruva av locket. Fyll på oljan långsamt, använd en tratt om det behövs och kontrollera nivån på mätstickan ofta. Fyll inte på för mycket (se "Bilvård" här till vänster).

Kylvätskenivå

 Varning: Om frostskyddskoncentrationen är för låg kommer motorns inre delar snabbt att bli korroderade och orsaka allvarliga skador.

Bilvård

● Kylsystemet är slutet, så påfyllning av kylvätska ska inte behöva göras regelbundet. Om påfyllning krävs ofta tyder detta på en läcka. Kontrollera vid kylaren, alla slangar och anslutningar om fukt förekommer och åtgärda efter behov.

● Det är viktigt att frostskyddsvätska används i kylsystemet året runt, inte bara under vintermånaderna, eftersom det höjer kylvätskans kokpunkt och skyddar systemet mot korrosion. Fyll inte på med endast vatten, förutom i en nödsituation, eftersom frostskyddet då blir utspätt.

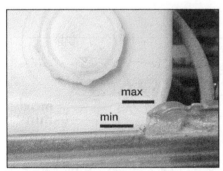

max
min

1 Kylvätskenivån varierar med motorns temperatur. När motorn är kall ska kylvätskenivån vara mellan MIN- och MAX-märkena. När den är varm kan nivån gå upp till strax ovanför MAX-märket.

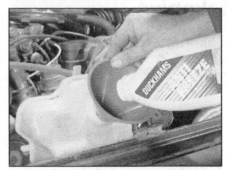

2 Om påfyllning behövs, skruva av locket på överflödestanken. (Det gör ingenting om motorn är varm, tanken är inte under tryck, så det finns ingen risk för skållning.) Fyll på vatten och frostskyddsvätska i överflödestanken tills nivån går upp till MAX-märket. Sätt tillbaka locket och dra åt det ordentligt.

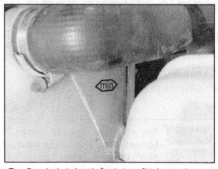

3 Om kylväskenivån i överflödestanken är mycket låg eller om varningslampan för låg kylvätskenivå tänds, kontrollera nivån i expansionskärlet. Om den är under MIN-märket, **vänta tills motorn är kall**, skruva sedan loss expansionskärlets lock, fyll på upp till kanten och skruva tillbaka locket.

Broms-/kopplingsvätskenivå

Varning:
● Bromsvätska kan skada dina ögon och lackerade ytor, så var försiktig i hanteringen.
● Använd aldrig bromsolja som stått i ett öppnat kärl under någon märkbar tid, i och med att den tar upp fukt från luften, vilket kan leda till livsfarlig förlust av bromseffekt.

● Se till att bilen står på plan mark.
● Nivån i oljebehållaren sjunker något i takt med att bromsklossarna slits, nivån får dock aldrig understiga "MIN" märket.

Säkerheten främst!

● Om bromsolja måste fyllas på med jämna mellanrum är detta ett tecken på läckage i systemet. Detta måste omedelbart undersökas.

● Om läckage misstänks ska bilen inte köras innan bromsarna kontrollerats. Ta aldrig risker med bromsar.

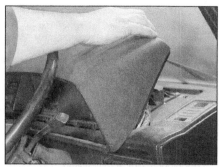

1 Den kombinerade broms- och kopplingsvätskebehållaren sitter under instrumentpanelkåpan. Ta tag i kåpan och dra den uppåt och mot dig så att den lossnar.

2 MAX- och MIN-märkena finns på sidan på behållaren. Vätskenivån måste alltid vara mellan märkena.

3 Om påfyllning behövs, torka först rent området runt påfyllningslocket för att förhindra att smuts kommer in i hydraulsystemet. Skruva av locket på behållaren.

4 Häll försiktigt på vätska, se till att inte spilla på omkringliggande komponenter. Använd endast vätska av specificerad typ; en blandning av olika sorter kan skada systemet. Sedan du fyllt på vätska till rätt nivå, sätt tillbaka locket, skruva åt det ordentligt och torka bort eventuellt spill.

Servostyrningens vätskenivå

Innan du börjar:

✔ Parkera bilen på plan mark.
✔ Placera ratten i läge rakt fram
✔ Låt motorn gå på tomgång.

Om nivån är mycket under MIN-märket, vrid ratten fram och tillbaka efter påfyllningen. Om nivån sjunker, fyll på igen och vrid sedan återigen på ratten. Fortsätt på detta sätt tills nivån inte sjunker mer.

Säkerheten Främst!

● Behovet av regelbunden påfyllning är tecken på en läcka som ska undersökas omedelbart.

1 Servostyrningsvätskans behållare sitter på högra sidan i motorrummet. Om vätskenivån är under MIN-märket, skruva av locket och fyll på med specificerad vätska och sätt sedan tillbaka locket.

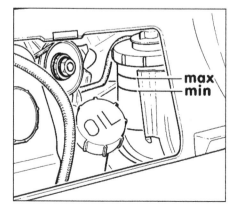

Batteri

Observera! Innan du utför arbete på batteriet, läs föreskrifterna i *"Säkerheten Främst!"* i början av denna handbok.

✔ Kontrollera att batteriplåten är i gott skick och att klammern sitter åt. Korrosion på plåten, klammern eller batteriet kan avlägsnas med natriumbikarbonat upplöst i ljummet vatten. Metall som skadats av korrosion ska målas med zinkbaserad grundfärg och sedan lackeras.

✔ Kontrollera batteriets laddningsskick med jämna mellanrum (cirka var tredje månad), se beskrivning i kapitel 5A.

✔ Om batteriet är urladdat och du måste starta bilen med hjälpbatteri, se *"Reparationer vid vägkanten"*.

Batterikorrosion kan hållas till ett minimum genom att ett lager vaselin läggs på polskor och poler sedan de skruvats ihop.

1 Batteriet sitter under högra sidans framsäte. Kontrollera att själva batteriet sitter säkert och att polskorna är rena och sitter hårt.

3 Om korrosion (vita porösa avlagringar) förekommer, lossa kablarna från polerna, rengör dem med en liten stålborste och sätt tillbaka dem. Biltillbehörsaffärer säljer ett användbart verktyg för rengöring av poler . . .

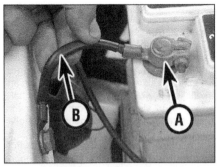

2 Kontrollera polskornas (A) fastsättning, den ska vara god för bra elektrisk kontakt. Du ska inte kunna rubba dem. Kontrollera även att batterikablarna (B) inte är spruckna eller slitna.

4 . . . och polskor.

Spolarvätskenivå

Spolarvätsketillsatser inte bara håller rutan ren i dåligt väder, de förhindrar även att spolarsystemet fryser ihop vid kyla – då du verkligen behöver spolningen som bäst. Fyll inte på med bara rent vatten eftersom detta späder ut spolarvätskan, som då kommer att frysa vid en köldknäpp. **Använd inte under några som helst omständigheter motorfrostskydd i spolarsystemet då detta skadar lacken.**

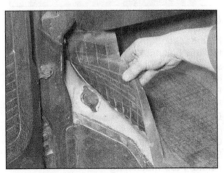

1 Vätska till vindrutespolarna finns i en plastbehållare vars påfyllningslock kan hittas under mattan i den vänstra fotbrunnen. Denna behållare försörjer även strålkastarspolarna där sådana finns.

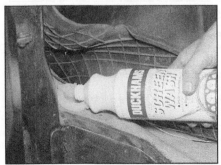

2 När du fyller på behållaren, häll även i en spolarvätsketillsats av på flaskan specificerad kvantitet.

3 På modeller med bakrutespolare finns behållaren på höger sida i bagageutrymmet.

Däckens skick och lufttryck

Det är mycket viktigt att däcken är i bra skick och har korrekt lufttryck - däckhaverier är farliga i alla hastigheter.

Däckslitage påverkas av körstil - hårda inbromsningar och accelerationer eller snabb kurvtagning, samverkar till högt slitage. Generellt sett slits framdäcken ut snabbare än bakdäcken. Axelvis byte mellan fram och bak kan jämna ut slitaget, men om detta är för effektivt kan du komma att behöva byta alla fyra däcken samtidigt.

Ta bort spikar och stenar som bäddats in i mönstret innan dessa tränger genom och orsakar punktering. Om borttagandet av en spik avslöjar en punktering, stick tillbaka spiken i hålet som markering, byt omedelbart hjul och låt en däckverkstad reparera däcket.

Kontrollera regelbundet att däcken är fria från sprickor och blåsor, speciellt i sido-väggarna. Ta av hjulen med regelbundna mellanrum och rensa bort all smuts och lera från inte och yttre ytor. Kontrollera att inte fälgarna visar spår av rost, korrosion eller andra skador. Lättmetallfälgar skadas lätt av kontakt med trottoarkanter vid parkering, stålfälgar kan bucklas. En ny fälg är ofta enda sättet att korrigera allvarliga skador.

Nya däck måste alltid balanseras vid monteringen men det kan vara nödvändigt att balansera om dem i takt med slitage eller om balansvikterna på fälgkanten lossnar.

Obalanserade däck slits snabbare och de ökar även slitaget på fjädring och styrning. Obalans i hjulen märks normalt av vibrationer, speciellt vid vissa hastigheter, i regel kring 80 km/tim. Om dessa vibrationer bara känns i styrningen är det troligt att enbart framhjulen behöver balanseras. Om istället vibrationerna känns i hela bilen kan bakhjulen vara obalanserade. Hjulbalansering ska utföras av däckverkstad eller annan verkstad med lämplig utrustning.

1 Mönsterdjup - visuell kontroll
Originaldäcken har slitagevarningsband (B) som uppträder när mönsterdjupet slitits ned till ca 1,6 mm. Bandens lägen anges av trianglar på däcksidorna (A).

2 Mönsterdjup - manuell kontroll
Mönsterdjupet kan även avläsas med ett billigt verktyg kallat mönsterdjupmätare.

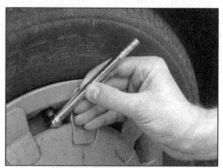

3 Lufttryckskontroll
Kontrollera regelbundet lufttrycket i däcken när dessa är kalla. Justera inte lufttrycket omedelbart efter det att bilen har körts eftersom detta leder till felaktiga värden.

Däckslitage

Slitage på sidorna

Lågt däcktryck (slitage på båda sidorna)
Lågt däcktryck orsakar överhettning i däcket eftersom det ger efter för mycket, och slitbanan ligger inte rätt mot underlaget. Detta orsakar förlust av väggrepp och ökat slitage.
Kontrollera och justera däcktrycket
Felaktig cambervinkel (slitage på en sida)
Reparera eller byt ut fjädringsdetaljer
Hård kurvtagning
Sänk hastigheten!

Slitage i mitten

För högt däcktryck
För högt däcktryck orsakar snabbt slitage i mitten av däckmönstret, samt minskat väggrepp, stötigare gång och fara för skador i korden.
Kontrollera och justera däcktrycket

Om du ibland måste ändra däcktrycket till högre tryck specificerade för max lastvikt eller ihållande hög hastighet, glöm inte att minska trycket efteråt.

Ojämnt slitage

Framdäcken kan slitas ojämnt som följd av felaktig hjulinställning. De flesta bilåterför-säljare och verkstäder kan kontrollera och justera hjulinställningen för en rimlig summa.
Felaktig camber- eller castervinkel
Reparera eller byt ut fjädringsdetaljer
Defekt fjädring
Reparera eller byt ut fjädringsdetaljer
Obalanserade hjul
Balansera hjulen
Felaktig toe-inställning
Justera framhjulsinställningen
Notera: *Den fransiga ytan i mönstret, ett typiskt tecken på toe-förslitning, kontrolleras bäst genom att man känner med handen över däcket.*

Torkarblad

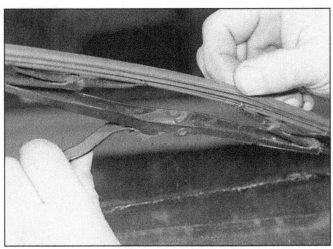 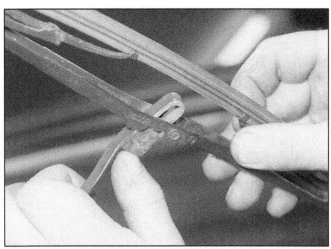

1 Kontrollera torkarbladens skick. Om de är spruckna eller ser slitna ut, eller om rutan inte blir ren, byt ut dem. Torkarblad bör bytas varje år.

2 Ta av ett torkarblad genom att dra armen utåt från rutan tills den låser. Vrid bladet 90°, tryck in låsclipset vid fästet med handen och dra av bladet från den krökta delen av armen.

Smörjmedel och vätskor

Motorolja, typ	Multigrade motorolja till API SF eller SG, VW 501 01 eller likvärdig

Motorolja, viskositet:

Tempererade klimat (minimum temperatur -15° C) . . .	SAE 15W/40 eller 15W/50*
Kalla klimat (minimum -20° C, maximum +15° C)	SAE 10W/30 eller 10W/40
Mycket kalla klimat (alltid under -10° C)	SAE 5W/20 eller 5W/30

20W/40 eller 20W/50 kan användas vid temperaturer över -10° C

Manuell växellådsolja	Hypoidväxellådsolja, SAE 80, till API GL 4 eller likvärdig
Automatväxellådsolja	Dexron® typ ATF
Automatväxellådans slutväxel	Hypoidväxellådsolja, SAE 90, till API GL 5 eller likvärdig
Servostyrningsvätska	Dexron® typ ATF
Broms- och kopplingsvätska	FMVSS DOT 4 eller likvärdig

Däcktryck (kalla däck)

	Fram	Bak
175 R 14 C	2,8 bar	3,3 bar
185 R 14 C	2,6 bar	3,8 bar
185 SR 14 Förstärkt	2,3 bar	2,9 bar
185 SR 14 C 6PR	2,7 bar	3,3 bar
205/70 R 14	2,1 bar	2.5 bar

Observera: *På grund av de stora variationerna i däckstorlek och fordonsutrustning ska rekommendationerna ovan endast ses som vägledning. Se klistermärket på den vänstra framdörren för information om just din bil, eller rådfråga en däckspecialist.*

Kapitel 1
Rutinunderhåll och service

Innehåll

Svårighetsgrader

Enkelt, passar novisen med lite erfarenhet		Ganska enkelt, passar nybörjaren med viss erfarenhet		Ganska svårt, passar kompetent hemma-mekaniker		Svårt, passar hemmamekaniker med erfarenhet		Mycket svårt, för professionell mekaniker	

Smörjmedel och vätskor .... Se *"Veckokontroller"*

Volymer

Motorolja:
Avtappning och påfyllning (inklusive filter)	4,5 liter
Skillnad mellan MAX och MIN märken	ca 1 liter
Kylsystem	ca 17,5 liter
Bränsletank	ca 60 liter
Manuell växellåda och slutväxel	3,5 liter

Automatväxellådsolja:
Avtappning och påfyllning	ca 3 liter

Skillnad mellan MAX och MIN märken:
Mätsticka utan etikett	0,23 liter
Mätsticka med etikett	0,33 liter
Automatväxellåda, slutväxel	1,25 liter

Kylsystem

Kylvätskeblandning för skydd upp till:	Frostskyddsvätska	Vatten
-25° C	40% (7 liter)	60% (10,5 liter)
-35° C	50% (8,75 liter)	50% (8,75 liter)

Bränslesystem

Justeringsvärde (tomgångshastighetens stabilisator bortkopplad där tillämpligt):

	Tomgångshastighet	Avgasernas CO-halt vid tomgång
Motorkod DF	750 ± 50 rpm	$1,5 \pm 0,5$ %
Motorkod DG	900 ± 50 rpm	$1,5 \pm 0,5$ %
Motorkod DJ	800 ± 50 rpm	$2,0 \pm 0,5$ %
Motorkod EY	850 ± 50 rpm	$2,0 \pm 1,0$ %
Motorkod GW	880 ± 50 rpm	$1,3 \pm 0,5$ %
Motorkod MV, SS	880 ± 50 rpm	$0,7 \pm 0,4$ %

Bränslets oktantal, minimum (se kapitel 4 för mer information)
Motorkod DF och DG	95 RON
Motorkod EY	83 RON
Motorkod GW och DJ	98 RON*
Motorkod MV och SS	95 RON blyfri

*95 RON med justering av tändningsinställningen - se kapitel 5B

Tändsystem

Tändningsföljd	1-4-3-2
Placering av cylinder nr 1	Höger fram
Fördelararmens rotationsriktning	Medurs (sett ovanifrån)
Tändinställning	Se kapitel 5B

Tändstift	Typ	Elektrodavstånd
1.9 liters motor, tändspole med grön etikett	Champion N7BYC, Bosch W7DTC el likn	0,7 - 0,9 mm
1.9 liters motor, tändspole med grå etikett	Champion N7YCX, Bosch W7DCO el likn	0,7 - 0,8 mm
2.1 liter motorkod DJ, tändspole med grön etikett	Champion N7BYC, Bosch W7DTC el likn	0,7 - 0,9 mm
2.1 liter motorkod DJ, tändspole med grå etikett	Champion N6YCX, Bosch W5DCO el likn	0,7 - 0,8 mm
2.1 liter motorkod MV, SR och SS	Champion N288, Bosch W7CCO el likn	0,6 - 0,8 mm

Bromssystem

Bromsklossar, minsta beläggtjocklek	2,0 mm
Bromsbackar, minsta beläggtjocklek	2,5 mm

Drivremmar

Generator/kylvätskepump, drivremsavböjning
Ny rem	ca 10 mm
Begagnad rem	ca 15 mm

Luftkonditioneringskompressor/servostyrningspump, drivremsavböjning
Ny eller begagnad rem	10 - 15 mm

Åtdragningsmoment

	Nm
Motoroljans avtappningsplugg	25
Hjulbultar	180

Tändstift:
1.9 liters motor	20
2.1 liters motor	25
Automatväxellådssumpens bultar	20

Underhållsintervallen i denna handbok är framtagna med förutsättningen att du själv utför arbetet, inte bilhandlaren. Om man vill hålla bilen i ständigt toppskick vill man kanske utföra vissa rutiner oftare. Vi uppmuntrar att man underhåller sin bil med täta intervall eftersom detta ger ökad prestanda och högre andrahandsvärde.

Underhållsintervallen anges i både körsträcka och tid. Man ska följa det intervall som uppstår först – så fordon som körs mindre än 15 000 km per år ska smörjas var 6:e månad, ges omfattande underhåll en gång per år och så vidare. Detta är nödvändigt då vissa vätskor och komponenter slits och försämras av ålder så väl som användning.

7500 km/6-månaders smörjning är enligt VW endast nödvändigt för tidiga modeller (t o m 1985). Vi rekommenderar att den utförs på alla modeller för att minimera förslitningar på motorn. Intervallen för vissa andra servicearbeten har också förlängts för senare modeller; dessa finns upptagna i underhållsschemat.

Om bilen körs på dammiga vägar, används till bärgning eller körs mycket vid låga hastigheter (kösituationer etc) eller korta distanser, rekommenderas tätare underhållsintervall. Om fordonet ställs av för vintern ska motoroljan och filtret bytas när bilen tas ut igen, även om det för övrigt inte är tid för detta.

Underhåll är viktigt för säkerheten och för att man ska få ut mesta möjliga av sin bil vad gäller prestanda och ekonomi. Under årens lopp har behovet av smörjning – oljning, infettning osv – reducerats kraftigt, om inte försvunnit helt. Detta har tyvärr förlett många bilägare till att tro att bara för att underhållsarbete inte längre behövs så existerar inte komponenterna längre, eller kommer att hålla för evigt. Så är det absolut inte; det är viktigt att regelbundet se över sin bil så att man hittar och åtgärdar eventuella fel på ett tidigt stadium innan de hunnit utvecklas till stora och dyra reparationsarbeten.

Var 400:e km eller varje vecka

☐ Se "Veckokontroller"

Smörjning, Var 7 500:e km eller var 6:e månad – det som kommer först

Ej specificerat vid denna intervall, men rekommenderas för modeller från 1986 och senare

☐ Byte av motorolja och filter (avsnitt 3).

☐ Kontroll av de främre bromsklossarnas tjocklek (avsnitt 4).

☐ Kontroll av batteriets elektrolytnivå (avsnitt 5).

Omfattande underhåll, var 15 000:e km eller en gång om året – det som kommer först

Förutom smörjning, utför följande

☐ Kontrollera eventuellt vätskeläckage (avsnitt 6).

☐ Kontrollera tändinställningen (avsnitt 7).

☐ Kontrollera tomgångshastighet och blandning (avsnitt 8).

☐ Kontrollera avgassystemet (avsnitt 9).

☐ Kontrollera oljenivån på manuell växellåda (avsnitt 10).

☐ Kontrollera oljenivån på automatisk växellåda (avsnitt 11).

☐ Kontrollera styrningskomponenter (avsnitt 12).

☐ Kontrollera fjädring och drivaxelns gummidamasker (avsnitt 13).

☐ Kontrollera om det finns förslitningar på de bakre bromsbackarna (avsnitt 14).

Omfattande underhåll, var 15 000:e km eller en gång om året – det som kommer först

☐ Kontrollera funktionen för fotbroms och handbroms (avsnitt 15).

☐ Kontrollera drivrem(mar) (avsnitt 16).

☐ Smörj gångjärn och lås (avsnitt 17).

☐ Kontrollera tändkablar och strömfördelarlock (avsnitt 18).

☐ Byt tändstift (avsnitt 19).*

☐ Kontollera frostskyddskoncentrationen (avsnitt 20).

☐ Kontrollera underedsskyddet (avsnitt 21).*

Specificerad intervall 30 000 km/2 år för modeller från 1986 och senare

Utökat underhåll, var 30 000:e km eller vartannat år – det som kommer först

Förutom smörjning och omfattande underhåll, utför följande

☐ Byt luftfiltret (avsnitt 22).

☐ Byt bränslefiltret (avsnitt 23).

☐ Byt bromsvätska (avsnitt 24).

☐ Byt kylvätska (avsnitt 25).

Långtidsservice, var 45 000:e km eller vart 3:e år – det som kommer först

Förutom smörjning, utför följande

☐ Byt automatväxellådsoljan (avsnitt 26).*

Specificerat till 65 000 km/4 år för modeller från 1986 och senare

Motorrummet sett genom bakre luckan - förgasarmotor i en pick-up

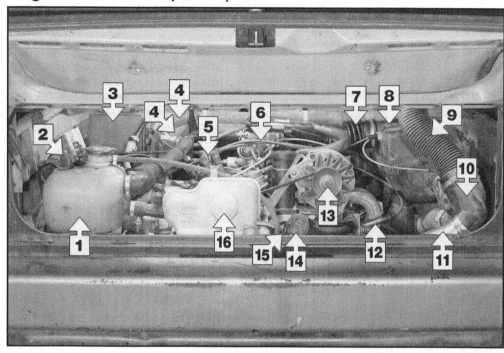

1 Kylsystemets expansions-kärl
2 Givare för låg kylvätskenivå
3 Elektrisk avgreningsdosa
4 Huvudkylvätskeslangar
5 Fördelarlock
6 Förgasare
7 Förgasarens luftintagstrumma
8 Luftrenare
9 Kalluftsintag
10 Styrenhet intagslufts-temperatur
11 Varmluftsintag
12 Skydd för tändstift nr 2
13 Generator
14 Motoroljans påfyllningslock
15 Motoroljans mätsticka
16 Lock till kylsystemets påfyllningstank

Motorrummet sett uppifrån – förgasarmotor i en pick-up

1 Motoroljans påfyllningsrör
2 Motoroljans mätsticka
3 Kylsystemets påfyllningstank
4 Kylsystemets expansionskärl
5 Huvudkylvätskeslangar
6 Skydd för tändstift nr 4
7 Skydd för tändstift nr 3
8 Bromsservons backventil
9 Kylvätskans avluftnings-ventil
10 Förgasare
11 Tomgångsavstängnings-ventil
12 Förgasarens luftintag
13 Vevhusventilationsslang
14 Generator
15 Drivrem för generator/ kylvätskepump
16 Ventilationshus
17 Bränslepump
18 fördelarlock
19 Termokontakt för insugsrörsvärme
20 Fördelarens vakuumenhet
21 Automatchokens vakuumenhet

Motorrummet sett uppifrån – bränsleinsprutad motor i en minibuss

1 Tändspole
2 Bränsleinsprutningens
   relädosa
3 Elektrisk avgreningsdosa
4 Tomgångshastighetens
   styrventil
5 Trottelhus
6 Luftflödesmätare
7 Luftrenare
8 Servostyrningspump
9 Generator
10 Ventilator
11 Bränsletrycksregulator
12 Fördelare
13 Kylvätskepump
14 Expansionskärlets lock
15 Skydd för tändstift nr 4
16 Bränsleinjektorer

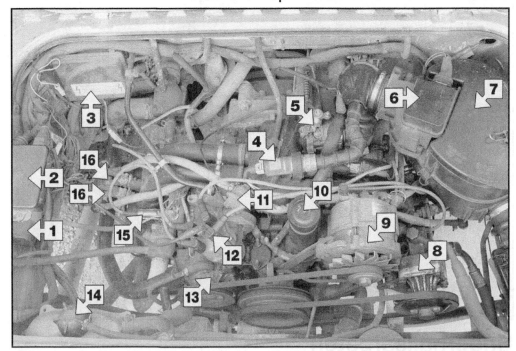

Framvagnen sedd underifrån – pick-up

1 Reservhjulshållare
   (endast pick-up)
2 Styrväxelenhet
3 Svängningshämmarstag
4 Stötdämparnas nedre
   fästen
5 Krängningshämmare
6 Bromsok

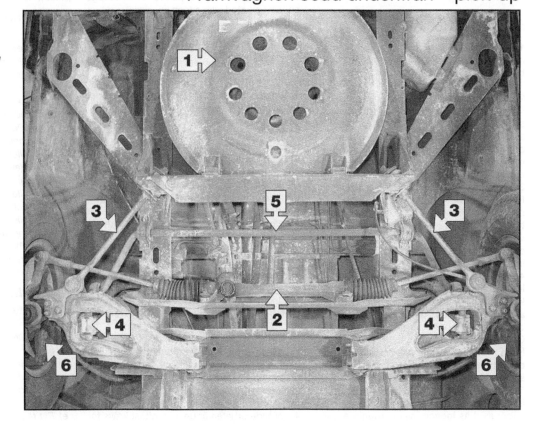

Typisk bakvagn sedd underifrån

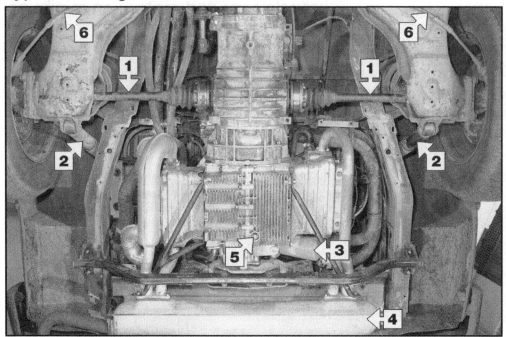

1 Drivaxlar
2 Stötdämpare
3 Oljefilter
4 Ljuddämpare
5 Motoroljans avtappningsplugg
6 Handbromsvajrar

Underhållsarbeten

1 Inledning

1 Detta kapitel är till för att hjälpa hemma-mekanikern att underhålla hans/hennes bil vid bästa prestanda, säkerhet, driftsekonomi och livslängd.
2 Kapitlet innehåller ett underhållsschema, följt av avsnitt som tar upp arbetsmomenten i schemat. Visuella kontroller, justeringar, byte av komponenter och andra användbara områden är inkluderade. Se bilderna på motorrum och underrede för att orientera dig och hitta de olika komponenternas placering.
3 Underhåll av bilen enligt schemat och följande avsnitt ger ett planerat underhålls-program, vilket bör resultera i lång och pålitlig tjänstgöring. Detta är en totalomfattande plan vilket innebär att om man underhåller vissa delar men hoppar över andra, så uppnår man inte samma resultat.
4 När du arbetar med underhåll på din bil kommer du att upptäcka att många moment kan – och bör – utföras tillsammans i och med arbetets art eller därför att två annars oberoende komponenter finns nära varandra. Om bilen t ex av någon anledning måste lyftas, kan både avgassystemet och fjädrings- och styrningskomponenter undersökas vid samma tillfälle.
5 Det första steget i detta underhållsschema är att förbereda dig själv innan själva arbetet påbörjas. Läs igenom alla relevanta avsnitt,

gör en lista och skaffa alla delar och verktyg som krävs. Om du stöter på problem, rådfråga en VW-verkstad eller annan specialist.

2 Återhämtning efter brist på underhåll

1 Om serviceschemat följs noggrant från det att bilen är ny, och täta kontroller görs av vätskenivåer och slitdelar, kommer motorn att hållas i relativt gott skick och behovet av extra arbeten minimeras.
2 Det är möjligt att motorn periodvis går sämre på grund av brist på regelbundet underhåll. Detta är särskilt troligt med en begagnad bil som inte fått tät och regel-bunden service. I sådana fall kan extra arbeten behöva utföras, utöver det normala underhållet.
3 Om motorn misstänks vara sliten kan ett kompressionsprov (se kapitel 2A) ge värdefull information om de inre huvuddelarnas all-männa prestanda. Ett sådant prov kan användas som beslutsunderlag för att avgöra omfattningen av det arbete som måste utföras. Om ett kompressionsprov t ex indikerar kraftig inre förslitning i motorn, kommer inte konventionellt underhåll beskrivet i denna handbok att förbättra prestandan nämnvärt, utan kan visa sig vara slöseri med tid och pengar om inte mycket omfattande renoveringsarbeten görs först.
4 Följande arbeten är de som oftast krävs för

att förbättra prestandan hos en motor som går allmänt dåligt.

I första hand

a) Rengör, undersök och testa batteriet (se "Veckokontroller" och avsnitt 5).
b) Kontrollera alla motorrelaterade vätskor (se "Veckokontroller").
c) Kontrollera drivrem(mar) med avseende på skick och spänning (avsnitt 16).
d) Byt tändstift (avsnitt 19).
e) Kontrollera strömfördelarlock, rotorarm och tändkablar (avsnitt 18).
f) Kontrollera luftfiltrets skick och leta efter läckor (avsnitt 6).
g) Byt bränslefilter (avsnitt 23).
h) Kontrollera alla slangars skick och leta efter läckor (avsnitt 6).
i) Kontrollera tändinställning samt tomgångshastighet och blandning (avsnitt 7 och 8).

5 Om ovanstående moment inte ger tillfreds-ställande resultat, gör följande:

I andra hand

Alla punktet under "I första hand" plus följande:
a) Kontrollera laddningssystemet (kapitel 5A).
b) Kontrollera tändsystemet (kapitel 5B).
c) Kontrollera bränslesystemet (kapitel 4).
d) Byt strömfördelarlocket och rotorarmen (avsnitt 18).
e) Byt tändkablarna (avsnitt 18).

3.6 Oljesumpens avtappningsplugg lossas

3.9 Oljefiltret lossas med ett verktyg av kedjetyp

Smörjning, var 7 500:e km eller var 6:e månad

3 Motorolja och filter – byte

1 Täta byten av olja och filter är det viktigaste förebyggande underhåll en hemmamekaniker kan utföra, eftersom motorolja som används under lång tid blir utspädd och förorenad, vilket leder till förtida motorslitage.
2 Se till att du har alla nödvändiga verktyg och annat material till hands innan du påbörjar detta arbete:
En 5-liters dunk med motorolja
Ett nytt oljefilter
En ny bricka till avtappningspluggen på sumpen
En skiftnyckel för montering av sumpens avtappningsplugg
Ett demonteringsverktyg för oljefiltret
Engångshandskar
En massa trasor eller tidningspapper för att torka upp spill.
3 För att förhindra risken för skållning och skydda dig från eventuella ämnen i använd motorolja som kan orsaka hudirritationer, rekommenderas att man använder handskar vid detta arbete.
4 Motorolja ska helst tappas ur när den är varm, eftersom den då lättare rinner ut och tar med sig mer skräp och avlagringar, så ta ut bilen på en kort tur innan du påbörjar arbetet.
5 Åtkomligheten till undersidan av motorn är god i jämförelse med de flesta bilar. Om man vill lyfta bilen för att komma åt bättre, bör detta göras utan att den lutas för mycket, annars kan inte all oljan rinna ut.
6 Ta bort oljepåfyllningslocket och ställ sedan avtappningskärlet under sumpen. Lossa på avtappningspluggen med en skiftnyckel **(se bild)**, skruva sedan ur den helt för hand och låt oljan rinna ned i behållaren.

HAYNES TiPS *När pluggen lossat från gängorna, dra undan den snabbt så att oljan rinner ned i kärlet, inte i din ärm!*

7 Demontera den gamla brickan från avtappningspluggen. Torka rent avtappningspluggen och montera en ny bricka.
8 När all olja tappats av, torka rent runt avtappningshålet och sätt sedan tillbaka och dra åt avtappningspluggen.
9 Placera nu avtappningskärlet under oljefiltret. Lossa på oljefiltret genom att vrida det moturs – det kan vara möjligt att göra detta för hand, men i annat fall kommer man att behöva ett lämpligt verktyg **(se bild)**. Sedan filtret börjat lossa, skruva ur det helt för hand och ta bort det.
Observera! Var försiktig, filtret är fullt av olja!
10 Torka rent runt filtersätet på vevhuset. Smeta lite ren motorolja på tätningsringen på det nya filtret och skruva det sedan på plats för hand **(se bilder)**. Om inte motsägande

instruktioner medföljer det nya filtret, dra åt det för hand – använd inte några verktyg.
11 Häll i ungefär två tredjedelar av specificerad mängd av den nya oljan i motorn via påfyllningsröret. Vänta ett par minuter så att all olja hinner rinna ner och kontrollera sedan nivån på mätstickan. Fortsätt att fylla på och kontrollera tills nivån når den övre markeringen på mätstickan. Fyll inte på för mycket.
12 Starta motorn. Det tar ett par sekunder innan oljetrycksvarningslampan slocknar eftersom det nya filtret måste fyllas med oljan först; gasa inte kraftigt förrän lampan har slocknat. Kontrollera att det inte läcker från runt avtappningspluggen eller oljefiltret. Dra åt lite till om det behövs, man var försiktig så att du inte drar åt för hårt.
13 Stäng av motorn. Vänta några minuter och kontrollera sedan oljenivån och fyll på upp till det övre märket igen. (Nivån sjönk p g a att det nya filtret absorberade olja.)
14 Gör dig av med den gamla oljan på ett säkert sätt (se *"Allmänna reparationsanvisningar"* i slutet på denna handbok).

3.10A Smörj lite ren olja på det nya filtrets tätningsring . . .

3.10B . . . och skruva filtret på plats

4.2A Kontrollera tjockleken på bromsbeläggen genom hålet fram på bromsoket

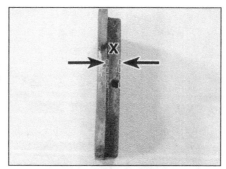

4.2B Beläggtjockleken 'X' måste vara över det minimum som specificeras (bromsklossen demonterad för tydlighet)

5.3A För att fylla på batteriets elektrolyt, ta bort alla cellskydd . . .

4 Främre bromsklossar – kontroll
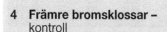

> **Varning: Damm från bromsbelägg kan innehålla asbest. Se "Säkerheten Främst" och varningarna i kapitel 10.**

1 Lossa på framhjulens bultar. Klossa bakhjulen, lyft och stöd fordonets framdel (se "Lyftning och stödpunkter") och ta av framhjulen.
2 Kontrollera tjockleken på bromsklossarnas friktionsbelägg genom hålet fram på bromsoket (se bilder). Beläggens minimitjocklek anges i specifikationerna.
3 Om en eller flera bromsklossar är nedslitna till minimigränsen måste alla fyra bytas enligt beskrivning i kapitel 10.
4 Leta efter tecken på läckor på bromsoken, undersök om rör och slangar är nedslitna och om bromsskivorna har sprickor, repor eller andra skador. Se kapitel 10 för en mer detaljerad beskrivning.
5 Sätt tillbaka hjulen och dra åt hjulbultarna för hand. Sätt ned bilen på marken och dra åt hjulbultarna till angivet åtdragningsmoment.

5 Batteriets elektrolytnivå – kontroll

> **Varning: Batteriet avger en explosiv gasblandning. Det innehåller även svavelsyra. Se "Säkerheten Främst" och varningarna i kapitel 5A.**

1 Denna kontroll behöver inte göras om man har ett s k underhållsfritt batteri. Se instruktioner på batterilådan.
2 Om man har ett konventionellt batteri, kontrollera att elektrolyt(vätske)nivån är upp till MIN-märket på utsidan av batterilådan. Om det inte finns något märke, eller om man inte kan se nivån från utsidan, ta loss cellskydden och kontrollera att elektrolytnivån går ovanför plattorna inne i batteriet. Undersök genom att lysa med en ficklampa genom cellskyddshålen – **använd inte** öppen låga och **stick inte** ner fingret för att undersöka nivån.
3 Om påfyllning behövs, ta bort cellskydden (om inte redan gjort) och fyll på med destillerat eller avjoniserat vatten (se bilder). Häll inte på för mycket. Kranvatten bör undvikas eftersom det på många ställen innehåller mineraler som kan skada batteriet. Häll aldrig i syra.

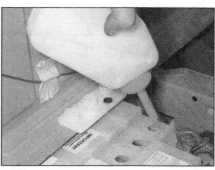

5.3B . . . och tillför destillerat vatten

> **HAYNES TiPS** *Vatten från en avfrostad kyl eller frys passar bra till att fylla på batteriet med, om det fortfarande är rent.*

4 Om en eller två celler behöver fyllas på ofta, men inte de andra, är förmodligen batteriet på väg att bli utslitet. Om alla cellerna ofta behöver påfyllning kan detta vara tecken på överladdning. Se kapitel 5A eller rådfråga en bilelektriker.
5 Avsluta med att sätta tillbaka cellskydden och torka upp eventuellt spill.

Omfattande underhåll, var 15 000:e km eller en gång per år

6 Vätskeläckage – kontroll

Motor och växellåda

1 Inspektera visuellt motorns och växellådans kontaktytor, packningar och tätningar, leta efter tecken på vatten- eller oljeläckage. Var särskilt noga med områdena runt ventilkåpor, tryckstångsrör, oljefilter och vevhusets fogytor. Kom ihåg att efter en tid är det normalt med ett lätt sipprande från dessa områden – vad du ska leta efter är tecken på större läckor. Om läckage hittas, byt ut den dåliga packningen eller tätningen enligt beskrivning i tillämpligt kapitel i denna handbok.

2 Kontrollera också säkerhet och skick hos alla motorrelaterade slangar och rör. Försäkra dig om att alla kabelband eller fästclips sitter på plats och är i gott skick. Trasiga eller förlorade clips kan leda till att slangar, rör eller kabelage blir skavda, vilket kan orsaka betydligt allvarligare problem i framtiden.

Kylsystem

3 Undersök försiktigt slangar och rör i hela dess längd. (I detta ingår att man inspekterar undersidan av bilen och även att man demonterar frontgrillen.) Byt ut slangar som är spruckna, svullna eller slitna. Sprickor syns bättre om man trycker ihop slangen. Var mycket uppmärksam på clipsen som fäster slangarna till kylsystemets komponenter. Slangclips kan sticka hål i slangar så att kylsystemet börjar läcka. Det är alltid en fördel

att förnya slangclips så snart tillfälle ges.
4 Undersök alla kylsystemets komponenter (kylare, fogytor etc) och leta efter läckor.

> **HAYNES TiPS** *Läckage i kylsystemet syns oftast som vita eller rostfärgade avlagringar i området runt läckan.*

5 Närhelst man hittar problem på någon av kylsystemets komponenter, byt ut komponenten eller packningen enligt beskrivning i kapitel 3.

Bränslesystem

6 Med bilen lyft, inspektera bränsletanken och påfyllningshalsen, leta efter hål, sprickor och andra skador. Anslutningen mellan påfyllningshalsen och tanken är särskilt kritisk.

6.9 Kontroll av bromsslang

Ibland kan en påfyllningshals av gummi eller en anslutande slang läcka p g a en lös fästklämma eller slitet gummi.
7 Undersök försiktigt alla gummislangar och bränsleledningar av metall som leder bort från bränsletanken. Leta efter lösa anslutningar, slitna slangar, veckade ledningar och andra skador. Följ dessa ledningar till bilens bakre del och undersök dem hela vägen. Byt ut skadade delar.

 De tygklädda bränsleslangarna som finns på vissa modeller är särskilt utsatta för slitage. Om de verkar fuktiga av bränsle ska de bytas utan dröjesmål.

8 Från inne i motorrummet, kontrollera att alla anslutningar och fästen på bränsleslangarna sitter ordentligt och undersök bränsleslangar och vakuumslangar, leta efter skavning, förslitning och öglor.

Slangar och rör till koppling och bromsar

9 Undersök kopplingens och bromsarnas böjliga slangar, leta efter delningar, sprickor och andra skador (se bild). Kontrollera också om det finns rost- eller slagskador på de styva rören.

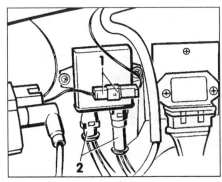

8.4 På motorkoder DF och DJ, lossa de två elektriska kontakterna (2) från tomgångsstabiliseraren och koppla ihop dem. På motorkod DJ, koppla också loss den enkla kontakten (1)

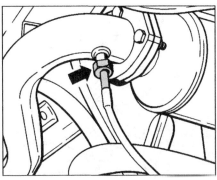

8.3 Anslutning för avgasanalysator (vid pilen) på modeller med katalysator

Servostyrning

10 Där tillämpligt, kontrollera skicket hos servostyrningens vätskeslangar och rör.

7 Tändinställning – kontroll

1 Se kapitel 5B. Det finns ingen anledning till att tändinställningen inte skulle vara rätt, men det är meningslöst att försöka justera tomgångshastigheten och tomgångsblandningen utan att kontrollera tändinställningen först.

8 Tomgångshastighet och blandning – kontroll

Observera! Justerskruven på vissa bränslesystem kan monteras med justersäkra lock. Meningen med sådana lock är att hindra, och upptäcka, justeringar utförda av okunniga personer. I vissa länder är det olagligt att köra ett fordon med uppbrutna eller saknade justersäkringar.

⚠️ **Varning: Ha inte motorn igång i slutna utrymmen (risk för koloxidförgiftning).**

1 För att korrekt kunna mäta tomgångshastighet och tomgångsblandning krävs en

8.6 Justering av tomgångshastigheten - 34 PICT förgasare

varvräknare och ett avgasanalysinstrument (CO-mätare). I praktiken rekommenderas att man nöjer sig med att lyssna på motorn och gör små justeringar av tomgångshastigheten. Om nödvändigt, ta bilen till en verkstad för en avgaskontroll. Om lämplig utrustning finns tillgänglig, fortsätt enligt följande:
2 Kör motorn till normal arbetstemperatur och försäkra dig om att tändinställningen är korrekt. Det får inte finnas några läckor i avgassystemet. Annat som kan ha inverkan på tomgångshastighet eller blandning (byte av tändstift eller luftfilter) måste också vara gjort. Den elektroniska kylfläkten får inte vara igång under arbetet och om det finns en automatchoke ska den vara helt bortkopplad.
3 Anslut varvräknaren och avgasanalyseraren (motor och tändning av) enligt tillverkarnas instruktioner. Observera att på katalysatorutrustade modeller måste avgasanalyseraren kopplas in i hålet i början på det vänstra avgasrörets (se bild).

Motorkod DF, EY (34 PICT förgasare)

4 Endast på motorkod DF, koppla bort de två elektriska kontakterna på tomgångsstabiliserarenheten och anslut dem till varandra (se bild).
5 På alla motorer, koppla bort vevhusets ventilationsslang från luftintagstrumman uppe på förgasaren. Lämna slangen öppen.
6 Starta motorn och låt den gå på tomgång. Jämför tomgångsvarvtalet på varvräknaren med det som finns angivet i specifikationerna. Om justering behövs, vrid på skruven (se bild).
7 Jämför avgasernas CO-nivå med det som finns angivet i specifikationerna. Om justering behövs, vrid på skruven (se bild).
8 Kontrollera tomgångshastigheten och justera igen om det behövs, kontrollera sedan CO-nivån en gång till.
9 Endast på motorkod DF, återanslut tomgångsstabiliserarenhetens kontakter och kontrollera CO-nivån igen; gör vid behov en sista justering.

Motorkod DG (2E3 förgasare)

10 Följ beskrivningen ovan för 34 PICT förgasaren, men observera justerskruvarnas placering (se bild).

8.7 Justering av CO-halt (blandning) – 34 PICT förgasare

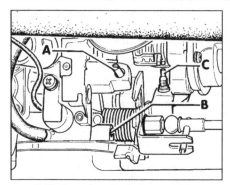

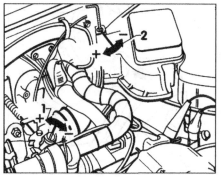

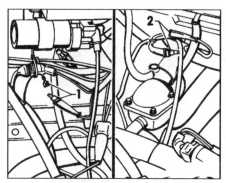

8.10 Tomgångsjusteringspunkter 2E3 förgasare

A Tomgångs-
hastighet
B CO-nivå

C Snabbtomgångs-
skruv (får ej vara
på snabbtom-
gångskammen)

8.14 Tomgångsjusteringspunkter Digijet

1 Tomgångshastighet
2 CO-nivå

Justerskruvarna sitter på samma ställe som på Digijet systemet **(se bild 8.14)**.

Alla motorer

18 Stäng av motorn och koppla från testutrustningen. Återanslut de ursprungliga elektriska anslutningarna och sätt tillbaka slangarna.
19 Starta motorn och låt den gå på tomgång. Där så är tillämpligt, starta extrautrustning som t ex luftkonditionering och vrid på ratten på modeller med servostyrning, kontrollera att korrekt tomgångshastighet upprätthålls.
20 Montera vid behov nya justersäkringar.

8.16 På modeller med katalysator, koppla loss Lambdagivaren (1) och tomgångs-styrventilen (2)

ändamålsenliga reparationssatser för avgassystem. Sådana lösningar är emellertid endast kortsiktiga, och om systemet är svårt korroderat är byte den enda tillfredsställande lösningen i det långa loppet.

Motorkod DG (2E4 förgasare)
11 Tomgångshastigheten är inte justerbar på denna förgasare. CO-justerskruven sitter på samma ställe som på 2E3 förgasaren.

Motorkod GW, DJ (Digijet)
12 Koppla bort och plugga igen fördelarens vakuumhämmarslang samt vevhusets ventilationsslang.
13 Koppla bort de två elektriska pluggarna på tomgångsstabiliserarenheten och anslut dem till varandra På 2.1 liters motorer (kod DJ), koppla även ifrån den enda anslutningen framför tomgångsstabiliserarenheten **(se bild 8.4)**.
14 Justera tomgångshastigheten och CO-nivån enligt beskrivning i punkt 6 till 8, observera justerskruvarnas placering **(se bild)**.

Motorkod MV, SS (Digifant med katalysator)
15 Om en kolkanister för styrning av bränsleavdunstning är monterad, kläm ihop slangen mellan kanistern och luftrenaren.
16 Koppla från Lambdagivarens och tomgångsstyrningsventilens anslutningar **(se bild)**.
17 Justera tomgångshastigheten och CO-nivån enligt beskrivning i punkt 6 till 8.

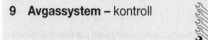

9 Avgassystem – kontroll

1 Med motorn avslagen, kontrollera att avgassystemet är intakt och säkert. Gör en visuell inspektion för att försäkra dig om att det inte finns några uppenbara hål eller andra skador.
2 Starta motorn och se efter undertill om det finns några läckor, vilka ofta kan höras. Om man håller en trasa mot avgasröret så ökar trycket i systemet, vilket gör eventuella läckor tydligare. Detta arbete blir lättare om du har tillgång till en ramp.
3 Tillfälliga reparationer kan göras med

10 Manuell växellådsolja – nivåkontroll

1 Om du väljer att lyfta bilen för att komma åt bättre, se till att den står plant, annars blir avläsningen missvisande.
2 Torka rent runt växellådans oljepåfyllnings-/nivåplugg och skruva sedan ur och ta bort pluggen **(se bilder)**.
3 Använd fingret eller en bit kabel och kontrollera oljenivån i förhållande till plugghålet. På 4-växlade växellådor av typen 091 ska oljenivån gå upp till nederkanten på plugghålet. På alla andra växellådor ska nivån gå upp till ca 15 mm under nederkanten på hålet.
4 Fyll vid behov på genom påfyllnings-/nivåplugghålet med växellådsolja av rätt typ och specifikation **(se bild)**.
5 Sätt tillbaka och dra åt påfyllnings-/nivåpluggen.
6 Om man ofta behöver fylla på med nya olja kan detta bara bero på en läcka, som måste spåras och lagas innan problemet blir allvarligt.

10.2A Skruva loss växellådans påfyllnings-/nivåplugg . . .

10.2B . . . och ta bort den

10.4 Påfyllning av växellådsolja

11 Automatväxellådsolja – nivåkontroll

1 Motorn och växellådan ska ha normal arbetstemperatur (direkt efter en kort åktur) och bilen ska stå parkerad på plan mark.
2 Med motorn på tomgång och växeln i läge P, dra ut automatväxellådans mätsticka. Torka rent stickan med en ren och luddfri trasa, sätt tillbaka den igen så långt det går och dra sedan ut och läs av nivån.
3 Oljenivån måste vara mellan MIN och MAX-märkena **(se bild)**. Fyll bara på om nivån är under MIN-märket och ta reda på anledningen till den låga nivån. Påfyllning sker via mätstickans rör, använd ren automatväxellådsolja av specificerad typ. Var mycket försiktig så att inte smuts kommer in i växellådan; fyll inte på för mycket.
4 Om nivån är för hög måste även anledningen till detta tas reda på. Om det helt enkelt beror på att man fyllt på för mycket ska överflödet sifoneras ut eller tappas av. En betydligt allvarligare anledning till för hög oljenivå är att kylvätska kommit in via växellådsoljans kylare; om så är fallet ska en expert rådfrågas utan dröjesmål.
5 När nivån är den rätta, sätt tillbaka mätstickan och stäng av motorn.

12 Styrnings- och fjädringskomponenter – kontroll

1 Lyft upp framvagnen och stöd den säkert på pallbockar (se "Lyftning och stödpunkter").
2 Kontrollera kulledernas dammkåpor och styrningens kuggstångsdamasker, leta efter sprickor, skavning eller förslitningar **(se bilder)**. Alla typer av slitning på dessa komponenter kommer att leda till förlust av smörjmedel och orsakar, tillsammans med smuts och vatten som kommer in, förslitningar på kullederna eller styrväxeln.
3 Kontrollera skicket för kuggdrevsaxelns böjliga koppling **(se bild)**. Kopplingens mittendel är gjord av gummi, som med tiden slits ned.

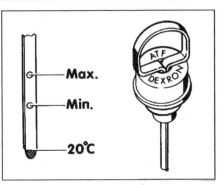

11.3 Nivåmarkeringar på automatväxellådans mätsticka. 20° markeringen används endast vid påfyllning

4 På fordon med servostyrning, kontrollera att inte vätskeslangarna är skavda eller slitna och att inte rör- och slanganslutningarna läcker. Undersök också om det finns tecken på läckage under tryck från styrväxelns gummidamasker, detta skulle betyda defekta tätningar inne i styrväxeln.
5 Arbeta med ett framhjul i taget; grabba tag i hjulet "kl 9 och kl 3" och försök att rucka på det. Ett mycket litet spelrum kan kännas, men om rörelsen är betydande är det mycket viktigt att undersöka vad detta beror på. Fortsätt att vicka på hjulet samtidigt som en medhjälpare trycker ned fotbromsen. Om hjulrörelsen nu försvinner eller begränsas kraftigt är det troligt att navlagren är defekta. Om spelet är tydligt även med bromsen

nedtryckt finns det förslitningar i kullederna i styrningens tvärstag. Om den inre eller yttre kulleden är sliten syns rörelsen tydligt.
6 Upprepa kontrollen i förra punkten, men ta denna gång tag i hjulet "kl 12 och kl 6". Spel som försvinner när fotbromsen trycks ned beror med största säkerhet på feljusterade navlager. Spel som inte försvinner när bromsen trycks ned beror på slitna kulleder eller bussningar.
7 Med hjälp av en stor skruvmejsel eller platt stång, kontrollera om det finns förslitningar i fjädringens fästbussningar genom att försiktigt bända mellan relevant fjädringskomponent och dess fästpunkt. Ett visst spel kan väntas eftersom fästena är av gummi, men allvarliga förslitningar bör vara tydliga. Kontrollera även skicket för andra synliga gummibussningar, leta efter delningar, sprickor eller förorenat gummi **(se bild)**.
8 Se efter om det finns tecken på läckage runt stötdämparna. Om någon vätska syns är stötdämparen trasig inuti och ska bytas. Undersök även stötdämparnas övre och nedre fästen och leta efter tecken på förslitningar.
9 Sätt ned bilen på marken och låt en medhjälpare vrida på ratten fram och tillbaka ca 1/8 varv åt båda hållen. Det ska vara mycket lite, om något alls, spel mellan ratten och hjulen. Om så inte är fallet, undersök noggrant tvärstagets kulleder enligt beskrivning ovan, men kontrollera även om rattstångens universalleder är slitna och slutligen också själva kuggstångens styrväxel.

12.2A Undersökning av en kulleds dammkåpa

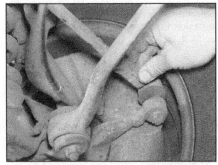

12.2B Kontroll av tvärstagskulled

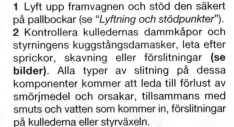

12.2C Kontroll av kuggstångsdamask

12.3 Kontroll av kuggdrevsaxelns böjliga koppling

12.7 En sprucken gummibussning

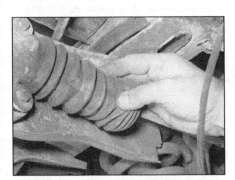

13.1 Kontroll av en drivaxeldamask

10 När bilen står på marken igen kan stötdämparnas effektivitet undersökas genom att man gungar bilen i varje hörn. Karossen ska återvända till normalläge och stanna sedan den tryckts ned. Om karossen höjs och sedan gungar till igen är förmodligen stötdämparen defekt.

13 Drivaxelns gummidamasker – kontroll

1 Med bilens bakre del lyft och säkert stödd på pallbockar (se *"Lyftning och stödpunkter"*), vrid långsamt på hjulet. Undersök CV-knutarnas gummidamasker genom att klämma ihop damaskerna så att vecken öppnar sig **(se bild)**. Leta efter tecken på sprickor, delningar och förslitningar på gummit. Kontrollera också fästclipsen.
2 Upprepa dessa kontroller på de yttre CV-knutarna. Om de är skadade eller slitna ska damaskerna bytas ut enligt beskrivning i kapitel 8.

14 Bakre bromsbackar – kontroll

1 Lyft upp bilens bakre del och stöd den säkert på pallbockar (se *"Lyftning och stödpunkter"*).
2 Som en snabbkontroll kan tjockleken på det friktionsmaterial som fortfarande sitter kvar på

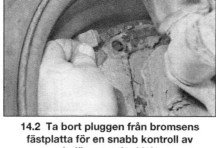

14.2 Ta bort pluggen från bromsens fästplatta för en snabb kontroll av beläggens tjocklek

en av bromsbackarna ses genom hålet i bromsens fästplatta. Denna exponeras sedan tätningsmuffen tagits bort **(se bild)**. Om ett stag med samma diameter som friktions-materialets specificerade minimitjocklek sätts mot backfriktionsmaterialet, kan graden av slitning mätas. En ficklampa eller liknande belysning kommer antagligen att behövas så att man kan se ordentligt.
3 Om friktionsmaterialet på någon av bromsbackarna har slitits ned till min-gränsen eller mer måste alla fyra backar bytas.
4 För en mer ingående kontroll ska broms-trumman demonteras och rengöras. Detta innebär att hjulcylindrarna kan undersökas och även själva bromstrummans skick (se kapitel 10).

15 Fotbroms- och handbromsfunktion – kontroll

1 Kontrollera att bromsens varningslampa på instrumentpanelen tänds när tändningen slås på och handbromsen ligger i, och slocknar när motorn startar och handbromsen lossas. Om lampan inte tänds, undersök glödlampan; om det inte är något fel på den så finns det ett fel i kontakten på handtaget eller i ledningen till glödlampan. Om lampan inte slocknar sedan motorn startat, kontrollera att hand-bromsen är helt ur. Om lampan fortfarande är tänd finns det ett fel i en av de hydrauliska kretsarna och bilen bör inte köras igen förrän felet har hittats och åtgärdats.

2 Med motorn avstängd, tryck ned broms-pedalen flera gånger tills den känns hård. Håll bromspedalen nere och starta motorn; man ska känna att pedalen sjunker ytterligare. Om inte är det ett fel i vakuumservoenheten – se kapitel 10.
3 Ta ut bilen på en testrunda. På en lämplig, tom väg, bromsa hårt och kontrollera att bilen fortsätter rakt fram och inte drar åt ena eller andra sidan.
4 Kontrollera att handbromsen kan hålla bilen stilla i backe.
5 Om dessa kontroller inte är helt tillfreds-ställande, se kapitel 10.

16 Drivrem(mar) – kontroll

1 En, två eller tre drivremmar kan vara monterade beroende på modell och utrust-ning (servostyrning, luftkonditionering etc). Kontroll och justering utförs på liknande sätt i samtliga fall, även om komponenternas fästen och deras åtkomlighet varierar. Remmen som visas här driver generatorn och kylvätske-pumpen.
2 Undersök varje drivrem i hela dess längd och se om den är sprucken, nött eller har andra skador. Vänd på drivremmen så att undersidan blir synlig och vrid om nödvändigt på vevaxeln så att hela remmen exponeras **(se bild)**. Byt ut remmen om den verkar vara i dåligt skick.

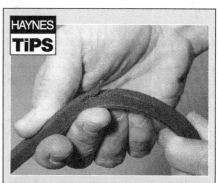

HAYNES TiPS

Trasig drivrem är en av de vanligaste orsakerna till motorstopp vid väg-kanten. Byt ut dem innan de blir lika slitna som denna.

3 Kontrollera remspänningen genom att trycka hårt med tummen mitt på den längsta remsträckan **(se bild)**. Remmen ska böja av så mycket som anges i specifikationerna. En alltför lös rem kommer att slira, gnissla och slitas ut fort; en alltför hårt dragen rem kan orsaka förtida nedslitning av komponenterna den driver.
4 Om justering behövs, lossa på kompo-nentens fästen (här visas generatorns sväng-tapp och justerbandets muttrar och bultar). Håll komponenten så att drivremmen är spänd

16.2 Vrid drivremmen för att kontrollera dess undersida

16.3 Kontrollera remspänningen genom att trycka ner den hårt i mitten på den längsta remsträckan

16.1 Håll generatorn på plats och dra åt justerbandets mutter

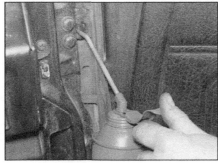

17.1A Olja dörrgångjärnen . . .

17.1B . . . och dörrstoppen

17.2 Smörj dörrhakarna med fett

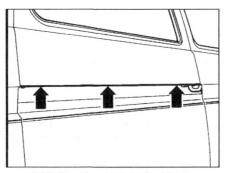

17.3A Rengör och fetta in sidostyr-skenan . . .

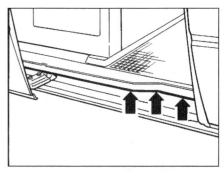

17.3B . . . och den nedre styrskenan

och dra åt muttrar och bultar (se bild). Om du använder någon typ av hävarm för att få rätt remspänning, var försiktig så att ingenting kommer till skada.

5 Kontrollera spänningen igen och justera på nytt om det behövs. Om en ny drivrem

monterats, kontrollera spänningen en gång till efter några kilometers körning.

17 Gångjärn och lås – smörjning

1 Olja dörrarnas gångjärn lätt och kontrollera dörrstoppen (se bilder).
2 Smörj dörrhakarna med fett (se bild).
3 På modeller med skjutdörr, torka ur övre och nedre styrskenan med en oljig trasa och tillsätt sedan lite fett (se bilder).
4 Applicera lite olja på bilnyckeln och lås och lås upp varje dörr ett par gånger för att smörja låsets inre komponenter.

Observera! Försök inte olja in tändnings-låsets/rattlåset. Olja på dessa delar kommer att orsaka problem.

5 Torka av överflödig olja så att den inte hamnar på passagerarnas kläder.

18 Tändkablar och strömfördelarlock – kontroll

1 Lossa clipsen och demontera ström-fördelarlocket, torka ur det grundligt inifrån och ut med en torr, luddfri trasa (se bilder). Undersök de fyra tändkablarnas segment inne i fördelarlocket. Om tändsegmenten verkar svårt brända eller uppfrätta, byt ut fördelar-locket. Se till att kolborsten i mitten på locket kan röra sig fritt och att den skjuter ut ca 3 mm från sin hållare.
2 Med strömfördelarlocket demonterat, lyft bort rotorarmen. Se efter om den är sprucken, bränd eller har andra skador (se bild). Byt rotorarmen om du är osäker på dess skick.

18.1A Lossa fördelarlocket . . .

18.1B . . . ta bort det från fördelaren . . .

18.1C . . . och rengör det på in- och utsidan

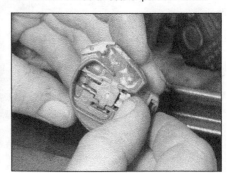

18.2 Undersök om rotorarmen är sprucken eller bränd

19.1 Ta loss tändkablarna från tändstiften

19.3A Skruva loss tändstiften . . .

var försiktig så att gängorna inte kommer snett. Dra åt tändstiften till specificerade åtdragningsmoment.

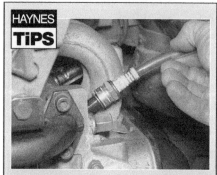

Sätt en kort bit plastslang över tändstiftet när du börjar skruva i det. Om gängorna kommer snett kommer slangen att glida av; ta bort stiftet och försök igen.

3 Kontrollera skick och säkerhet för alla kablar och ledningar som sitter i anslutning till tändsystemet. Var särskilt uppmärksam på tändkablarna och om de visar tecken på korrosion inne i ändfästena. Om korrosion uppstått, skrapa försiktigt bort det. Rengör tändkablarna med en trasa innan de monteras tillbaka, och undersök om de har sprickor eller andra skador; byt ut dem om de är i misstänkt skick.

19 Tändstift – byte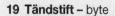

1 Koppla loss tändkablarna från tändstiften och märk ut dem om det finns risk för att de kan blandas ihop **(se bild)**.
2 Borsta eller blås bort eventuell smuts omkring tändstiftshålen i topplocken.
3 Använd en skiftnyckel för tändstift eller hylsa och spärrskaft, skruva ur varje tändstift och ta bort dem **(se bilder)**.
4 Tändstiftens skick säger också mycket om motorns allmänna kondition.
5 Om isolatorfoten på tändstiftet är ren och vit, utan beläggningar, är detta tecken på

mager blandning eller för varmt tändstift. (Ett varmt tändstift transporterar bort hetta från elektroden långsamt – ett kallt tändstift gör det fort.)
6 Om toppen och isolatorfoten är täckta med hårda, svarta avlagringar indikerar detta att blandningen är för fet. Om tändstiftet är svart och oljigt så är det troligt att motorn är ganska sliten såväl som att blandningen är för fet.
7 Om isolatorfoten är täckt med ljusbruna till gråbruna beläggningar är blandningen den rätta och motorn förmodligen i gott skick.
8 Försök inte rengöra tändstiften med en stålborste eftersom detta lämnar ledande avlagringar på isolatorfoten.
9 Kontrollera elektrodavståndet på varje tändstift innan de sätts tillbaka. (Detta gäller inte tändstift med tre elektroder, på dessa ska inte eletrodavståndet ändras.) För in ett bladmått eller en trådtolk av specificerad tjocklek mellan stiftens elektroder; måttet ska sitta stadigt. Om justering behövs, böj sidoelektroden, använd helst ett riktigt verktyg för elektrodavståndsjustering på tändstift **(se bild)**.
10 Smörj gängorna på tändstiften med lite kopparbaserat anti-kärvningsmedel innan de monteras tillbaka.
11 Skruva i tändstiften i hålen i topplocken,

12 Återanslut tändkablarna och starta motorn för att se att allt är som det ska.

20 Frostskyddskoncentration – kontroll

1 Till det här jobbet behövs en frostskyddsmätare. Detta instrument liknar en liten batterihydrometer och innehåller kulor i olika färger som flyter eller sjunker beroende på hur hög eller låg frostskyddskoncentrationen är.
2 När motorn är kall, ta av kylsystemets påfyllningslock. Doppa frostskyddsmätaren i kylvätskan och ta ett prov **(se bild)**.
3 Läs av frostskyddskoncentrationen enligt tillverkarens instruktioner. Om koncentrationen är låg, tappa av lite kylvätska (se avsnitt

19.3B . . . och ta bort dem. På stift med tre elektroder, som visas här, behöver man inte kontrollera elektrodavståndet

19.9 Kontroll av tändstiftets elektrodgap

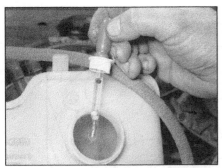

20.2 Kontroll av frostskyddskoncentration med hydrometer

25) och fyll på med frostskyddsvätska via expansionskärlet.

4 Avsluta med att sätta tillbaka påfyllningslocket.

21 Underredesskydd – kontroll

1 Lyft och stötta fordonet (se "*Lyftning och stödpunkter*"), eller kör upp den över en smörjgrop. Tvätta underredet om det är mycket smutsigt

2 Undersök underredet grundligt, se efter om det finns skador på anti-korrosionsskyddet och leta efter eventuell rost. Mindre rostfläckar kan behandlas med lämplig färg innan nytt anti-korrosionsskydd appliceras. Om rost har orsakat hål i paneler eller angripit bärande delar ska reparerationerna utföras av en specialist.

3 Lägg på nytt anti-korrosionsskydd där det behövs. Det finns flera lämpliga sorter att tillgå. I allmänhet är icke-härdande vaxbaserade medel att föredra framför den gamla asfaltsfärgen.

4 Avsluta med att ställa ned bilen på marken.

Utökat underhåll, var 30 000:e km eller vartannat år

22 Luftfilter – byte

1 Flera olika luftrenare finns monterade, beroende på modeller och utrustning. Arbetet med att byta dem är emellertid likartat för samtliga.

22.2 Lossa clipsen runt luftrenarlocket

2 Lossa fjäderclipsen runt luftrenarlocket **(se bild)**. Flytta locket åt sidan, var försiktig så att inga vakuumanslutningar eller elektriska ledningar belastas; koppla ur dem om så behövs.

3 Demontera det gamla filtret. Rengör hus och lock och var försiktig så att inget damm kommer in i luftintaget.

4 Montera det nya filtret, se till att det hamnar med rätt sida uppåt **(se bild)**.

5 Sätt tillbaka locket och säkra med fjäderclipsen. Anslut eventuella vakuum- och elanslutningar.

23 Bränslefilter – byte

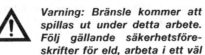

⚠️ *Varning: Bränsle kommer att spillas ut under detta arbete. Följ gällande säkerhetsföreskrifter för eld, arbeta i ett väl ventilerat utrymme och ha massor av trasor redo att torka upp spill med.*

Modeller med förgasare

1 Lyft och stötta fordonet (se "*Lyftning och stödpunkter*").

2 Bränslefiltret sitter i ledningen mellan bränsletanken och motorrummet **(se bild)**.

3 Kläm åt slangen på båda sidor om bränslefiltret. Gör rent runt slangändarna, lossa sedan på slangclipsen och koppla bort slangarna från filtret; var beredd på bränslespill. Demontera det gamla filtret.

4 Montera det nya filtret, följ eventuella pilar som visar flödesriktningen. Fäst med slangclips, de gamla eller nya beroende på skicket.

Modeller med bränsleinsprutning

5 Tryckavlasta fordonets bränsleinsprutningssystem enligt beskrivning i kapitel 4B.

6 Lyft och stötta den bakre delen av fordonet (se "*Lyftning och stödpunkter*").

7 Bränslefiltret sitter i ledningen mellan bränsletanken och motorrummet, bredvid bränslepumpen **(se bild)**.

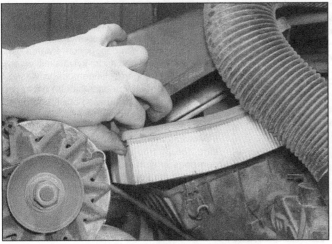

22.4 Ett nytt luftfilter sätts på plats

23.2 Bränslefiltrets placering – modell med förgasare

23.7 Bränslefilter (vid pilen) – modell med bränsleinsprutning

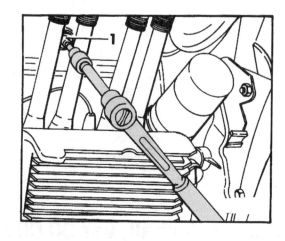

25.2A Vattenmantelns avtappningsplugg skruvas loss

8 Lossa på filtrets fästklämma. Gör rent runt anslutningarna, lossa sedan slangarna från filtret; var beredd på bränslespill. Demontera det gamla filtret.
9 Montera det nya filtret, följ eventuella pilar som visar flödesriktningen. Anslut slangarna och dra åt fästklämman.

Alla modeller

10 Låt motorn gå och kontrollera att det inte läcker från det nya filtret, sätt sedan ned bilen på marken.
11 Gör dig av med det gamla oljefiltret på ett säkert sätt, kom ihåg att det är fullt med olja.

24 Bromsvätska – byte

1 Hydraulvätskor drar till sig fukt från luften. Med tiden blir vattenkoncentrationen i vätskan så hög att den drar ned vätskans kokpunkt till en farlig nivå. Fukt i vätskan angriper också bromssystemets komponenter. Därför är regelbundet byte en nödvändighet.
2 Arbetet går till på samma sätt som avluftning av bromssystemet (kapitel 10), förutom att systemet avluftas vid varje hjul tills all gammal vätska försvunnit och ny vätska börjar rinna ut.

25.2B Ta bort expansionskärlets lock

HAYNES TiPS *Gammal bromsvätska är alltid mycket mörkare än ny vätska, vilket gör det lätt att skilja dem från varandra.*

25 Kylvätska – byte

Observera: *VW:s kylvätska typ G11 varar i oändlighet. Förutsatt att du är säker på att det är denna typ av kylvätska som använts och att det är rätt koncentration, behöver den inte bytas. De flesta andra frostskydd ska bytas ut vartannat år. När systemet ändå har avluftats kan man ta tillfället i akt och spola ur det och även byta ut gummislangar som inte verkar vara i gott skick. Fortsätt enligt följande.*

⚠ **Varning: Motorn måste vara kall innan det här arbetet påbörjas. Kom också ihåg att frostskydd är giftigt. Tvätta omedelbart bort stänk på huden och målade ytor. Låt inte frostskydd finnas kvar i öppna behållare eller i pölar på golvet –husdjur eller barn kan dricka av det eftersom de attraheras av den söta lukten.**

25.3 Kylarens avluftningsskruv tas bort

Avtappning

1 Flytta värmereglagen till 'varmt'.
2 Sätt ett stort avtappningskärl (kapacitet ca 20 liter) under motorn och ta bort avtappningspluggen från vattenmanteln på varje sida. Ta av expansionskärlets och överflödestankens lock och låt kylvätskan rinna ut (se bilder).

HAYNES TiPS *Om vattenmantlarnas avtappningspluggar har rostat fast, tappa av systemet genom att koppla ur den nedersta kylvätskeslangen.*

3 Demontera kylarens övre grill. Skruva loss och ta bort avluftningsskruven på högra sidan på kylaren (se bild).
4 När all kylvätska tappats ur, ta undan avtappningskärlet. Gör dig av med den gamla kylvätskan på ett säkert sätt (inte ner i avloppet).

Spolning

5 Koppla bort kylvätskans två huvudslangar från termostathuset och kylvätskepumpen. För in en trädgårdsslang i en av slangarna och spruta vatten genom den, genom kylaren och tillbaka ut genom den andra kylvätskeslangen. (Täta mellan trädgårdsslangen och kylvätskeslangen genom att vira en trasa runt om så att tillräckligt tryck upprätthålls.) Spola systemet tills vattnet som kommer ut är alldeles klart. Upprepa i motsatt riktning.
6 Motorns vattenmantlar spolas ur på samma sätt; för in trädgårdsslangen i kylvätskepumpens anslutning och spruta så mycket vatten att det kommer ut genom mantlarnas avtappningshål. Koppla även bort värmeslangarna och spola värmepaketet om så önskas.

Påfyllning och avluftning

7 Återanslut alla kylvätskeslangar. Sätt i och dra åt vattenmantlarnas avtappningspluggar.

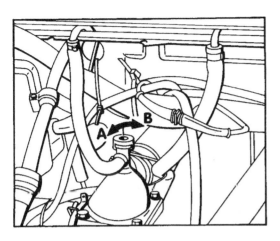

25.8 Kylvätskeavluftningsventil i motorrummet

A Öppen   B Stängd

25.9 Häll frostskyddsvätska i expansionskärlet

Försäkra dig om att kylarens avluftningsskruv fortfarande är ute.

8 Öppna avluftningsventilen i motorrummet **(se bild)**. Tvinga den inte, den är ömtålig.

9 Häll frostskyddsvätska av rätt sort och kvantitet i expansionskärlet **(se bild)**. Häll sedan på rent vatten tills kärlet är fullt.

10 Låt motorn gå på snabb tomgång (ca 2000 rpm). Ta hjälp av någon och fortsätt fylla på expansionskärlet tills kylvätska som är fri från luftbubblor kommer ut ur kylarens avluftningsskruvhål. Sätt sedan tillbaka skruven och dra åt den.

11 Fyll expansionstanken upp till kanten och sätt på locket. Stäng av motorn.

12 Klossa bakhjulen. Lyft och stötta framvagnen på bilen så att den är minst 400 mm högre än bakdelen (se *"Lyftning och stödpunkter"*).

13 Starta motorn och låt den gå på snabb tomgång igen. Skruva ur kylarens avluftningsskruv ca 3 varv och ta bort expansionskärlets lock.

14 När kylvätskan som kommer ut från avluftningsskruvens hål är fri från luftbubblor, dra åt skruven.

15 Fyll på expansionskärlet igen och sätt tillbaka locket.

16 Stäng av motorn och stäng sedan avluftningsventilen i motorrummet.

17 Kör motorn till normal arbetstemperatur, stäng sedan av den och låt den svalna. Undersök om det finns läckor i någon av de berörda slanganslutningarna.

18 Kontrollera kylvätskenivån i expansionskärlet och fyll på om det behövs. Om nivån i påfyllningstanken är låg, fyll på med frostskydd av rätt specifikation upp till märket och sätt sedan tillbaka locket.

Långtidsservice, var 45 000:e km eller vart tredje år

26 Automatväxellådsolja – byte

Observera! Extra renlighet måste iakttas under följande arbete.

1 Lyft och stötta bakdelen av fordonet (se *"Lyftning och stödpunkter"*). Ta bort växellådsoljans mätsticka.

2 Sätt ett avtappningskärl under växellådan. Skruva loss mätstickans rör där den möter växellådssumpen och låt oljan rinna ner i avtappningskärlet.

3 Lossa bultarna och demontera växellådssumpen. Var beredd på vätskespill.

4 Lossa bultarna och demontera växellådans oljefilter **(se bild)**.

5 Rengör grundligt sumpen och filtret. Byt filtret om det är skadat eller mycket smutsigt.

6 Montera och sätt fast oljefiltret, montera sedan sumpen med en ny packning. Dra åt sumpens fästbultar så jämnt som möjligt till specificerade åtdragningsmoment.

7 Montera mätstickans rör på sumpen och sätt ned bilen på marken.

8 Häll i 2,5 liter växellådsolja via mätstickeröret med hjälp av en ren tratt.

9 Starta motorn. Dra åt handbromsen och trampa ned fotbromsen och lägg sedan i de olika växellägena i tur och ordning ett par gånger, börja och sluta med 'P'.

10 Med motorn fortfarande på tomgång, kontrollera vätskenivån på mätstickan. Fyll på om det behövs så att nivån går upp till kanten på mätstickan.

11 Ta ut bilen på en kort åktur (runt 8 till 10 km), och kontrollera sedan växellådans oljenivån igen enligt beskrivning i avsnitt 11. Fyll på om det behövs, var försiktig så att du inte fyller på för mycket.

12 Kontrollera att det inte finns några läckor i växellådssumpen.

13 Kassera den gamla oljan på ett säker sätt (inte i avloppet).

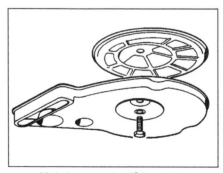

26.4 Automatväxellådans filter

Anteckningar

Kapitel 2A
Reparationer med motorn i bilen

Innehåll

Svårighetsgrader

Enkelt, passar novisen med lite erfarenhet		Ganska enkelt, passar nybörjaren med viss erfarenhet		Ganska svårt, passar kompetent hemmamekaniker		Svårt, passar hemmamekaniker med erfarenhet		Mycket svårt, för professionell mekaniker	

Specifikationer

1.9 liters motor – allmänt

Typ	Fyrcylindrig boxermotor med toppventiler
Tillverkarens kodbokstäver:	
Med 34 PICT förgasare	DF, EY
Med 2E3 eller 2E4 förgasare	DG
Med bränsleinsprutning (Digijet)	GW
Cylinderlopp	94 mm
Slaglängd	69 mm
Volym	1913 cc
Kompressionsförhållande:	
DF, DG, GW	8,6:1
EY	7,5:1
Max uteffekt:	
DF	44 kW vid 3700 rpm
DG	57 kW vid 4600 rpm
EY	41 kW vid 3700 rpm
GW	66 kW vid 4600 rpm
Max vridmoment:	
DF	140 Nm vid 2200 rpm
DG	141 Nm vid 2600 rpm
EY	135 Nm vid 2200 rpm
GW	147 Nm vid 2800 rpm
Tändföljd	1–4–3–2
Placering för cylinder nr 1	Fram till höger

2.1 liters motor – allmänt

Typ	Fyrcylindrig boxermotor med toppventiler
Tillverkarens kodbokstäver:	
Med Digijet bränsleinsprutning	DJ
Med Digifant bränsleinsprutning	MV, SS
Cylinderlopp	94 mm
Slaglängd	76 mm
Volym	2109 cc
Kompressionsförhållande:	
DJ	10,0:1
MV, SS	9,0:1
Max uteffekt:	
DJ	82 kW vid 4800 rpm
MV	70 kW vid 4800 rpm
SS	68 kW vid 4500 rpm
Max vridmoment:	
DJ	174 Nm vid 2800 rpm
MV	160 Nm vid 2800 rpm
SS	154 Nm vid vi 2800 rpm
Tändföljd	1–4–3–2
Placering för cylinder nr 1	Fram till höger

Kompressionstryck (alla motorer)

Motorkod DJ:	
Ny	11 till 14 bar
Slitagegräns	8 bar
Motorkoder DF, DG, GW, MV, SS:	
Ny	10 till 13 bar
Slitagegräns	8 bar
Motorkod EY:	
Ny	8 till 10 bar
Slitagegräns	7 bar
Max skillnad mellan cylindrarna:	
Motorkod EY	2 bar
Övriga motorer	3 bar

Smörjsystem (alla motorer)

Oljepump, typ	Dubbla kugghjul
Oljepumpdrevens axialspel	0,1 mm
Oljefilter, typ	Fullflödesfilter, utbytbar patron
Oljetryck vid 80°C och 2 000 rpm	minst 2,0 bar
Varningslampkontaktens arbetstryck:	
Primär (lågtrycks) kontakt (alla modeller)	0,30 ± 0,15 bar
Sekundär (högre trycks) kontakt (där monterad)	0,90 ± 0,15 bar
Oljevolym	Se specifikationer för kapitel 1

Åtdragningsmoment (alla motorer)

	Nm
Vipparmsaxel till topplock	25
Oljekylarens mittersta fästmutter	25
Oljetrycksvarningslampans kontakt:	
Enkel (lågtrycks) kontakt (på vänster sida av motorn)	30
Sekundär (högre trycks) kontakt (under oljepumpen om monterad)	25
Oljepumplockets fästmuttrar	25
Oljeövertrycksventilens skruvlock	20
Svänghjul eller drivplatta till vevaxel	Se kapitel 2B
Vevaxelremskivans bult:	
Remskiva med ett spår	60
Remskiva med tre spår	315 till 350
Motorbalkens fäste till vevhus	45
Motorbalk till motorfästen	45
Motorbalk till chassiskenor	25
Motorfästen till motorbalkens fäste	20
Oljeavtappningsplugg	25

1 Allmän information

Motorn är en fyrcylindrig boxermotor, monterad bakom växellådan baktill i bilen. 1.9 och 2.1 liters motorerna är i grunden av samma utförande och det enda som i stort sett skiljer dem åt är placeringen av vissa hjälpaggregat.

Vevhuset är av delad utformning med separata cylinderfoder. Vevaxeln stöds i vevhusskarven av fyra ramlager. Vevaxelns axialspel styrs av brickor monterade mellan svänghjulet och ramlager nr 1.

Vevstakarna är fästa till vevaxeln med delade storändslager och till kolvarna av helt avlastade kolvbultar. Kolvarna av lättmetall har tre kolvringar – två kompressionsringar och en oljering.

Kamaxeln drivs av vevaxeln och styr vipparmarna via tryckstänger och hydrauliska ventillyftare. Insugs- och avgasventilerna arbetar i styrningar inpressade i topplocket.

Smörjning av motorn sker via en oljepump av kugghjulstyp driven av kamaxeln. Ett fullflödesfilter, en oljesil och en övertrycksventil ingår i smörjsystemet. Vissa modeller har en oljekylare monterad mellan oljefiltret och vevhuset, som innehåller en värmeväxlare för olja/kylvätska.

Motorn är vattenkyld; kylvätskan cirkulerar runt i passager i topplocket och i mantlar som omger cylinderfodren. Arbetsmoment specifika för kylsystemet tas upp i kapitel 3.

2 Större arbeten möjliga med motorn kvar i bilen

Motorns utformning och dess placering i bilen gör att ytterst få övergripande arbeten kan utföras utan att motorn demonteras. Det är i teorin möjligt att demontera ett topplock med motorn kvar i bilen, men det rekommenderas inte eftersom man då riskerar att rubba cylinderfodrens tätningar. Arbeten med motorn monterad bör därför begränsas till de som beskrivs i denna del av kapitel 2.

Demontering av motorn är dock inte en lika svår uppgift som på vissa andra bilar; kraftenheten (motorn och växellådan) kan demonteras relativt enkelt. Demontering och montering beskrivs i kapitel 2B.

3 Kompressionsprov – beskrivning och tolkning

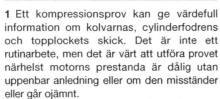

1 Ett kompressionsprov kan ge värdefull information om kolvarnas, cylinderfodrens och topplockets skick. Det är inte ett rutinarbete, men det är värt att utföra provet närhelst motorns prestanda är dålig utan uppenbar anledning eller om den misständer eller går ojämnt.

2 En kompressionsprovare lämplig för bensinmotorer behövs för detta arbete. Vi rekommenderar den typ som har en adapter som skruvas in i tändstiftshålen. Du kommer också att behöva ta hjälp av någon.

3 Motorn måste ha normal arbetstemperatur och batteriet måste vara fulladdat.

4 Demontera tändstiften (kapitel 5B) och deaktivera tändsystemet genom att koppla loss fördelarens lågspänningsanslutning.

5 Montera instrumentets adapter i hålet för tändstift nr 1. Låt en medhjälpare trampa ned gaspedalen helt och låt motorn gå runt (minst fyra hela varv för vevaxeln) på startmotorn. Läs av kompressionsprovaren; trycket skall stiga snabbt. Notera den högsta avläsningen.

6 Upprepa provet på de tre andra cylindrarna och notera den högsta avläsningen för var och en.

7 Värden för kompressionsprovet anges i specifikationerna. När det gäller att erhålla jämn och mjuk drift är skillnaden mellan de olika cylindrarna viktigare än de absoluta värdena.

8 Låg kompression i första slaget som byggs upp successivt under följande slag, indikerar slitna kolvar eller kolvringar. Låg kompression som inte ökar nämnvärt under följande slag tyder på läckande ventiler eller läckage i skarven mellan topplock och foder.

9 Det traditionella sättet att testa detta är att hälla i 5 eller 10 ml motorolja i tändstiftshålet och observera vilken effekt det har på kompressionen. Denna metod kan dock inte ses som avgörande när det gäller denna motor eftersom det inte är garanterat att oljan fördelas jämnt runt kolvringarna. Det enda som säkert kan sägas är att om tillförseln av olja tillfälligt höjer en låg kompressionsavläsning, är problemet troligtvis slitna kolvar och ringar. Om tillförseln av olja inte har någon effekt alls betyder det dock inte nödvändigtvis att problemet finns i de övre delarna.

10 Om ytterligare diagnos behövs bör ett läckagetest utföras av en lämpligt utrustad verkstad. Detta test innebär att man tillför tryckluft via tändstiftshålet och mäter vilken väg och med vilken hastighet luften läcker ut.

11 När kompressionsprovet är avslutat, montera tändstiften och anslut fördelaren.

4 Tryckstångsrör – byte

1 En oljeläcka från ett av tryckstångsrören kan åtgärdas utan att motorn demonteras eller tas isär. Speciella teleskopiska rör finns för detta syfte (se bild). De är inte billiga, så om flera rör behöver bytas kan det vara mer lönsamt att demontera motorn och montera en uppsättning rör av den typ som har en ihoptryckbar sektion (bälg) i mitten.

2 Lyft upp bakvagnen och stöd den på pallbockar (se "Lyftning och stödpunkter").

3 Lossa ventilkåpan på aktuell sida genom att bända loss fjäderstaget med en skruvmejsel (se bild). Ta bort kåpan och var beredd på oljespill.

4 Ta loss de två muttrarna och brickorna som håller vipparmsaxeln. Lyft av axeln och vipparmarna (se bild).

5 Ta ut tryckstången från det rör som ska bytas.

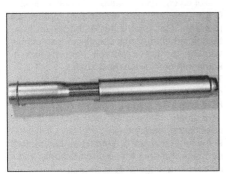

4.1 Teleskopiska rör för reparationer med motorn i bilen

4.3 Lossa ventilkåpan (motorn på bänk för tydlighetens skull)

4.4 Demontera vipparmsaxelenheten (motorn på bänk för tydlighetens skull)

4.7 Tryck ihop röret och säkra det med tejp

4.8 Montera röret vid motorn

4.12 Använd en ny ventilkåpspackning om det behövs

6 Demontera det gamla tryckstångsröret, dra det fram och tillbaka så att bälgen kollapsar. Det är ingen fara om röret böjs eller skadas, men var noga med att inte rubba de andra rören. Ta vara på de gamla tätningarna om de sitter kvar i topplocket eller motorblocket.

7 Tryck ihop det teleskopiska röret och säkra det med tejp. Montera nya tätningar i ändarna på röret **(se bild)**.

8 För upp röret mot dess plats. Ta försiktigt bort tejpen och för samtidigt in den andra änden på röret i dess urtag i topplocket **(se bild)**.

9 Sätt tillbaka tryckstången, försäkra dig om att den går in i urtaget i mitten av lyftaren. Om den hakar fast på kanten av lyftaren kan det orsaka skador när vipparmsaxeln sätts tillbaka.

10 Montera vipparmarna och axeln. Fäst dem med muttrarna och brickorna och dra åt dem till specificerat åtdragningsmoment.

11 Utför grundinställningen av de hydrauliska ventillyftarna som beskrivs i kapitel 2B.

12 Montera ventilkåpan, med en ny packning om den gamla var i dåligt skick **(se bild)**.

13 Sänk ner bilen. Kontrollera oljenivån och fyll på om så behövs (se *"Veckokontroller"*). Kör sedan motorn och kontrollera att det inte läcker från det nya tryckstångsröret.

5 Oljekylare – demontering och montering

1 En oljekylare är monterad på de flesta modeller med bränsleinsprutning. Den sitter mellan oljefiltret och motorn **(se bild)**. Eftersom kylvätskeslangar är anslutna till oljekylaren måste motorn vara kall innan detta arbete påbörjas.

2 Demontera oljefiltret enligt beskrivning i kapitel 1.

3 Ta bort expansionskärlets lock. Kläm ihop kylvätskeslangarna som går till och från oljekylaren med klammor eller var beredd på att plugga dem när de har lossats.

4 Ta loss slangclipsen och lossa kylvätskeslangarna från oljekylaren.

5 Ta bort muttern i mitten på oljekylaren. Ta loss oljekylaren och ta vara på O-ringen.

6 Använd en ny O-ring vid montering. Rengör oljekylarens och blockets fogytor och lägg på passande tätningsmedel (VW typ AMV 188 101 02 eller liknande). Var försiktig så att inget tätningsmedel hamnar på området i mitten som tätas av O-ringen.

7 Med O-ringen och oljekylaren på plats, montera den mittre muttern och dra åt den till specificerat åtdragningsmoment. Kontrollera att oljekylaren inte ligger an mot några omgivande komponenter.

8 Återanslut och säkra kylvätskeslangarna. Ta bort eventuella slangklammor.

9 Lägg på ett lager ren motorolja på tätningsringen till det nya oljefiltret och montera filtret. Dra endast åt det för hand om inte annat anges av filtertillverkaren.

10 Kontrollera olje- och kylvätskenivåerna och fyll på om så behövs (se *"Veckokontroller"*).

11 Kör motorn och kontrollera att inget läckage förekommer. Fyll sedan på kylvätska enligt beskrivning i kapitel 1. Kontrollera motorns oljenivå igen efter avslutat arbete.

6 Oljetryckskontakter – kontroll, demontering och montering

1 Alla modeller har minst en oljetryckskontakt, inskruvad på vänster sida av vevhuset **(se bild)**. Denna lågtryckskontakt styr oljetrycksvarningslampan på instrumentpanelen. Modeller som har ljudvarning för lågt oljetryck har också en andra kontakt, för högre tryck, monterad på motorns baksida under oljepumpen.

2 Det är inte möjligt att testa själva kontakten utan speciell testutrustning, men ett misstänkt "falskt alarm" kan verifieras enligt följande.

3 När det gäller kontakten för högre tryck måste man först skruva loss och böja undan avgastäckplåten.

4 Lossa ledningen från kontakten och skruva ut den från motorn. Ta vara på O-ringen.

5 Använd ett passande mellanstycke och anslut en oljetrycksmätare till kontaktens hål.

6 Kör motorn och observera trycket på mätaren. Om oljetrycket är högre än kontaktens arbetstryck (se specifikationer) och en varning för lågt oljetryck har erhållits är kontakten defekt och måste bytas.

7 Slå av motorn och ta bort oljetrycksmätaren.

8 Montera kontakten, med en ny O-ring om den gamla var skadad, och dra åt den till specificerat moment.

9 Anslut ledningen till kontakten. Kör motorn och kontrollera att oljetryckskontakten/-kontakterna fungerar som de ska.

10 Fäst avgastäckplåten om denna har lossat.

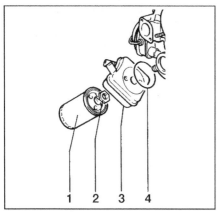

5.1 Oljekylarens komponenter

1 Oljefilter 3 Oljekylare
2 Fästmutter 4 O-ring

6.1 Oljetrycksvarningskontakt (vid pilen), inskruvad på vänster sida av vevhuset

7.2 Lossa vevaxelremskivans bult och bricka

7.3A Demontera vevaxelremskivan . . .

7.3B . . . och woodruffkilen

7 Oljepump – demontering och montering

Observera: *Bulten till vevaxelns remskiva sitter mycket hårt och är svår att komma åt när motorn är kvar i bilen. Båda dessa problem är värre på modeller med trespårig remskiva. Ytterligare ett möjligt problem är att det kan vara svårt att demontera oljepumphuset utan en lämplig avdragare. Det finns bättre utrymme för improvisation om man har motorn på arbetsbänken och det är där bilderna i detta avsnitt har tagits.*

1 Demontera hjälpaggregatens drivrem(mar) enligt beskrivning i kapitel 1.
2 Lossa vevaxelremskivans bult. Bulten sitter mycket hårt – hindra vevaxeln från att rotera genom att lägga i en växel eller demontera startmotorn och spärra svänghjulets krondrev med en stor skruvmejsel. Ta loss bulten och brickan **(se bild)**.
3 Demontera vevaxelremskivan. Ta reda på woodruffkilen om den är lös **(se bilder)**.
4 Rengör området kring oljepumplocket och ta loss de fyra muttrarna som fäster det. Dessa är speciella muttrar och nya måste användas vid ihopsättningen.
5 Ta loss oljepumplocket **(se bild)**. Ta ut de två kugghjulen ur oljepumpen.
6 Demontera oljepumphuset. Det sitter med tät passning i vevhuset; försök bända loss det försiktigt, men om det inte räcker måste en avdragare liknande den som visas i bilden användas **(se bild)**. Det finns ett gängat hål i pumpen där avdragarens axel kan skruvas in.
7 Ta bort alla spår av gammal packning.

Undersök pumpen och locket enligt beskrivning i nästa avsnitt.
8 Påbörja monteringen med att sätta på en ny packning över stiften på vevhuset **(se bild)**.
9 Montera den ihopsatta oljepumpen, väl smord, i vevhuset **(se bild)**.
10 Sätt på en ny packning på pumpens utsida **(se bild)**.
11 Montera täcklocket och fäst det med fyra nya specialmuttrar, vända med tätningssidan inåt **(se bild)**. Dra åt muttrarna till specificerat moment.
12 Resten av monteringen sker i omvänd ordning mot demonteringen. Dra åt vevaxelremskivans bult till specificerat moment.
13 Efter avslutat arbete, kör motorn och kontrollera att oljetryckslampan slocknar och att inga läckor förekommer.

7.5 Ta loss oljepumplocket

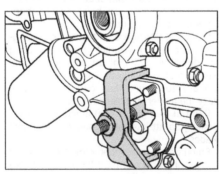

7.6 Demontera oljepumphuset med hjälp av en avdragare

7.8 Montera en ny bottenpackning . . .

7.9 . . . följd av oljepumphuset och kugghjulen . . .

7.10 . . . sedan en ny packning på utsidan . . .

7.11 . . . och slutligen täcklocket. Muttrarnas tätningssida ska vara vänd inåt

8.3 Kontrollera kugghjulens axialspel

9.2A Ta bort fjäderlocket . . .

9.2B . . . följt av fjädern . . .

8 Oljepump – kontroll

1 Undersök om kugghjulen eller pumphuset har slitkanter eller är repade. Om så är fallet, byt ut pumpen.
2 Undersök insidan på täcklocket. Om det är repigt, låt bearbeta eller byt ut det.
3 Om pumpen verkar vara i godtagbart skick, kontrollera kugghjulens axialspel med bladmått och linjal (se bild). Om spelet är större än specificerat, byt ut pumpen.
4 Smörj in kugghjulen ordentligt innan de sätts tillbaka i pumpen och pumphuset. Om en ny pump monteras, observera eventuellt speciella instruktioner angående smörjning eller snapsning.

9 Oljeövertrycksventil – demontering, kontroll och montering

1 Lyft upp bakvagnen och stöd den på pallbockar (se "Lyftning och stödpunkter").
2 Lossa det stora skruvlocket längst ner på vevhuset, nära sumpens avtappningsplugg. Ta bort locket och brickan, följt av fjädern och kolven (se bilder). Var beredd på oljespill.
3 Undersök om komponenterna är slitna eller skadade och byt ut dem vid behov. Den enda säkra metoden att kontrollera fjädern är att

jämföra dess längd och styrka med en ny. Se till att kolven rör sig fritt i loppet.
4 Smörj kolven och sätt tillbaka den, följd av fjädern, brickan och skruvlocket. Dra åt skruvlocket till specificerat åtdragningsmoment.
5 Kontrollera motoroljenivån och fyll på om så behövs (se "Veckokontroller"). Kör motorn och kontrollera att oljetryckslampan slocknar och att inget läckage förekommer.
6 Sänk ner bilen på marken.

10 Vevaxelns oljetätningar – byte

Främre tätning (svänghjulsände)

1 Demontera svänghjulet eller drivplattan enligt beskrivning i kapitel 2B. Observera att nya bultar kommer att behövas vid ihopsättning. Ta reda på brickorna.
2 Undersök tätningens friktionsyta på svänghjulet. Om den är allvarligt repad eller spårig kan det bli nödvändigt att maskinbearbeta eller byta ut svänghjulet. Små slitagemärken kan eventuellt undvikas genom noggrann placering av den nya oljetätningen.
3 Bänd ut den gamla oljetätningen men var försiktig så att inte tätningshuset i vevhuset skadas.
4 Smörj den nya tätningen ordentligt och sätt den på plats i huset med läpparna inåt (se bild).

9.2C . . . och kolven

5 Knacka in tätningen tills den är jäms med eller strax under vevhusets yta (se bild). Om det finns slitagemärken på svänghjulet, placera den nya tätningen så att den inte ligger an mot dessa.
6 Montera svänghjulet eller drivplattan enligt beskrivning i kapitel 2B, med en ny O-ring mellan svänghjulet och vevaxeln. Kom ihåg att använda nya bultar.

Bakre tätning (remskiveände)

7 Demontera vevaxelremskivan enligt beskrivning i avsnitt 7.
8 Undersök tätningens friktionsyta på remskivan. Om den är allvarligt repad eller spårig kan det bli nödvändigt att maskinbearbeta eller byta ut skivan. Små slitagemärken kan eventuellt undvikas genom noggrann placering av den nya oljetätningen.

10.4 Montera en ny oljetätning på änden av svänghjulet

10.5 Oljetätningen på plats på svänghjulsänden

10.10 Montera en ny oljetätning på kolvänden

10.11 Knacka på tätningen tills den sitter helt på plats

9 Bänd ut den gamla oljetätningen men var försiktig så att inte tätningshuset i vevhuset skadas.

10 Smörj den nya tätningen ordentligt och sätt in den i huset med läpparna inåt **(se bild)**.
11 Knacka in tätningen tills den är jäms med eller just under vevhusets yta **(se bild)**. Om det finns slitagemärken på remskivan, placera den nya tätningen så att den inte ligger an mot dessa.
12 Montera vevaxelremskivan.

11 Motorfästen – demontering och montering

1 Motorfästena monterade på olika modeller kan skilja sig åt när det gäller vissa detaljer, men grundutförandet är detsamma **(se bilder)**.

2 Innan ett fäste byts ut, stötta motorn med en motorlyft eller med en domkraft med trämellanlägg. Lyft motorn tillräckligt för att ta vikten av fästena men utan att påfresta dem (se *"Lyftning och stödpunkter"*).
3 Skruva loss fästet från motorbalken och balkfästet. Lyft motorn lite till om så behövs och dra ut motorfästet.
4 Montera det nya fästet, sänk ned motorn och dra åt muttrarna och bultarna till specificerade åtdragningsmoment.

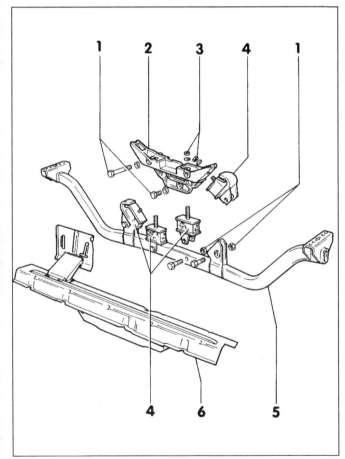

11.1A Motorbalk, balkfäste och motorfästen – tidiga modeller

1 Muttrar och bultar till balkfäste och motorfästen
2 Balkfäste
3 Monteringsmuttrar
4 Motorfästen
5 Motorbalk
6 Avgastäckplatta

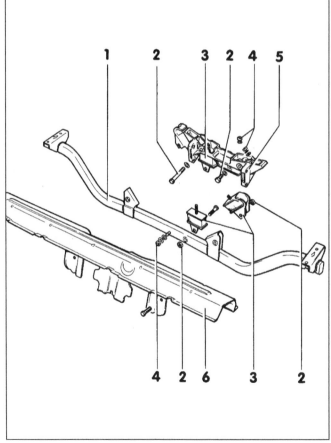

11.1B Motorbalk, balkfäste och motorfästen – senare modeller

1 Motorbalk
2 Muttrar och bultar till balkfäste och motorfästen
3 Motorfästen
4 Monteringsmuttrar
5 Balkfäste
6 Avgastäckplatta

Anteckningar

Kapitel 2B
Demontering av motor och allmänna renoveringar

Innehåll

Svårighetsgrader

Enkelt, passar novisen med lite erfarenhet	**Ganska enkelt,** passar nybörjaren med viss erfarenhet 	**Ganska svårt,** passar kompetent hemma-mekaniker	**Svårt,** passar hemmamekaniker med erfarenhet	**Mycket svårt,** för professionell mekaniker 

Specifikationer

För specifikationer relaterade till arbeten möjliga med motorn kvar i bilen, se kapitel 2A.

Vevaxel

Antal ramlager	4
Ramlagertapparnas diameter – nominellt mått:	
Nr 1	60,00 mm
Nr 2 och 3	55,00 mm
Nr 4	40,00 mm
Ramlagertapparnas diameter – faktiskt mått:	
Nr 1, 2 och 3 (blå markering)	0,010 till 0,020 mm mindre än nominellt mått
Nr 1, 2 och 3 (röd markering)	0,021 till 0,029 mm mindre än nominellt mått
Nr 4	0,016 mm mindre än nominellt mått
Storändstapparnas diameter:	
nominellt mått	55,00 mm
faktiskt mått	0,004 till 0,017 mm mindre än nominellt mått
Maximal ovalitet på tapparna (föreslagen gräns)	0,03 mm
Vevaxelns axialspel:	
Ny	0,07 till 0,13 mm
Slitagegräns	0,15 mm

Vevstakar

Typ	Smidesstål
Maximalt axialspel på tappen	0,7 mm

Kamaxel och lager

Kast	max 0,04 mm
Kamaxelns axialspel	max 0,16 mm
Drevens kuggspel	0 till 0,5 mm

Cylinderfoder

Typ	Enkel trumma, gjutjärn
Cylinderlopp diameter:	
Nominellt mått	94 mm
Faktiskt mått:	
Blå	94,005 till 94,016 mm
Rosa	94,016 till 94,027 mm

Kolvar och ringar

Kolvspel i cylinder:
Ny	0,03 till 0,06 mm
Slitagegräns	0,2 mm

Ringens spel i spåret:
Övre ring (kompressionsring):
Ny	0,05 till 0,08 mm
Slitagegräns	0,12 mm

Mittersta ring (kompressionsring):
Ny	0,04 till 0,07 mm
Slitagegräns	0,10 mm

Oljering:
Ny	0,02 till 0,05 mm
Slitagegräns	0,10 mm

Kolvringarnas ändgap:
Övre och mittersta ring	0,30 till 0,90 mm
Oljering	0,25 till 0,95 mm

Ventiler

Motorkoder DF, EY

Ventiltallrikens diameter:
Insug	35,5 mm
Avgas	30,0 mm

Skaftets diameter:
Insug	7,94 till 7,95 mm
Avgas	8,91 till 8,92 mm

Motorkoder DG, DJ, MV, SS

Ventiltallrikens diameter:
Insug	40,0 mm
Avgas	34,0 mm

Skaftets diameter:
Insug	7,96 till 7,97 mm
Avgas	8,91 till 8,92 mm

Alla motorer

Maximal sidledsrörelse ("vaggning") i styrningen	1,2 mm
Ventilsätets bredd	1,4 till 2,5 mm
Ventilsätets vinkel	45°

Åtdragningsmoment

	Nm
Luftkonditioneringskompressorns fäste till vevhus	35

Vevstakarnas storändsöverfall, muttrar:
Stela bultar (se text)	45

Stretchbultar* (se text):
Steg 1	30
Steg 2	Dra ytterligare 180°

Vevhusets halvor:
M8 mutter	20
M10 muttrar – tidiga modeller**	35
M10 muttrar – senare modeller**	45

Vevaxelremskivans bult:
Remskiva med ett spår	60
Remskiva med tre spår	315 till 350

Topplocksmuttrar:
Steg 1	10
Steg 2	50
Motorbalkens fäste till vevhuset	45
Motorbalk till motorfästen	45
Motorbalk till chassiskenor	25
Motorfästen till balkfäste	20
Motor till växellåda	30

Svänghjul eller drivplatta till vevaxel*:
Steg 1	60
Steg 2	Dra ytterligare 90°
Insugsrör till topplock	20
Oljekylarens mittersta fästmutter	25
Oljeavtappningsplugg	25

Oljepåfyllningsrörets muttrar 20
Oljetrycksvarningslampans kontakt:
   Primär (lågtrycks) kontakt (på vänster sida av motorn) 30
   Sekundär (högtrycks) kontakt (under oljepumpen när monterad) . . . 25
Oljepumplockets fästmuttrar* 25
Oljeövertrycksventilens lock 20
Vipparmsaxel till topplock 25
Momentomvandlare till drivplatta 20
Växellådsfästen 30

*Använd nya muttrar eller bultar
**Tidiga modeller: Motornummer till och med DF 035 607, DG 064 473, EY 000 352.
Senare modeller: Motornummer från och med DF 035 608, DG 064 474, EY 000 353, SP 000 001, och alla DJ, MV och SS

1 Demontering och renovering av motorn – allmän information

Demontering

När du har väl har bestämt att motorn måste demonteras för renovering eller övergripande reparationsarbete måste ett antal förberedelser utföras.

Det är viktigt att ha en passande arbetsplats. Bra arbetsutrymme och en förvaringsplats för bilen kommer att behövas. Om du inte har möjlighet att utnyttja en verkstad eller ett garage måste du åtminstone ha tillgång till en plan ren arbetsyta av betong eller asfalt.

Rengöring av motorrummet och motorn/växellådan innan demonteringsarbetet påbörjas hjälper till att hålla verktygen rena.

Om detta är första gången du demonterar en motor bör du helst ta hjälp av någon. Råd och hjälp från någon som har mer erfarenhet av den här typen av arbeten är också värdefullt.

Planera arbetet väl i förväg. Se till att ha alla verktyg och annan utrustning till hands innan arbetet påbörjas. En del av den utrustning som behövs för att demontera en motor säkert och utan komplikationer, och som kan behöva hyras eller lånas, är följande:

a) en motorlyft och/eller en kraftig garagedomkraft
b) ett eller två par stadiga höga pallbockar (se "Lyftning och stödpunkter")
c) några träblock
d) ett motorstativ (en låg hjulförsedd plattform som klarar av motorns/växellådans vikt, så att enheten på ett enkelt sätt kan flyttas runt när den är demonterad)

En uppsättning nycklar och hylsor kommer naturligtvis att behövas, liksom massor av trasor till att torka upp spilld olja, kylvätska och bränsle. Om motorlyften måste hyras, se till att göra detta i god tid och utför alla arbetsmoment som är möjliga utan den i förväg. Detta sparar pengar och tid.

Planera för att bilen kommer att stå stilla ett bra tag. Du kommer inte nödvändigtvis att veta vilka reservdelar som måste beställas förrän motorn är isärtagen och undersökt. En motorrenoveringsspecialist kommer att behöva utföra en del av arbetet eftersom viss specialutrustning krävs. Dessa har ofta lång väntetid och det är en god idé att konsultera dem innan motorn demonteras, för att kunna bedöma hur lång tid det kommer att ta att sätta ihop eller renovera komponenter som eventuellt behöver åtgärdas.

Var alltid ytterst försiktig när motorn demonteras och monteras. Oförsiktighet kan resultera i allvarliga skador. Om du planerar väl och tar tid på dig kan arbetet (även om det är en omfattande uppgift) utföras med framgång.

Renovering

Det är inte alltid lätt att avgöra när eller om en motor bör totalrenoveras, eftersom ett antal faktorer måste övervägas. Det är också en fråga om att begränsa sig. Om till exempel cylinderfodren rubbas när topplocken demonteras, kommer dessa att behöva demonteras så att deras bastätningar kan bytas ut, och om detta görs kan man lika gärna också byta ut kolvringarna o.s.v. En totalrenovering av motorn innebär att man återställer motorns alla inre delar till en ny motors specifikationer.

Lång körsträcka innebär inte nödvändigtvis att renovering behövs, medan kort körsträcka inte utesluter behovet. Tätt och regelbundet underhåll är förmodligen den viktigaste faktorn. En motor som har fått regelbundna och täta byten av olja och filter, så väl som annat nödvändigt underhåll, kommer troligtvis att ge många tusen mil pålitlig tjänstgöring. En försummad motor å andra sidan, kan behöva en renovering tidigt.

Förhöjd oljeförbrukning indikerar att kolvringar, ventiltätningar och/eller ventilstyrningar behöver undersökas. Försäkra dig om att inte en oljeläcka är orsaken innan du bestämmer att ringar och/eller styrningar är slitna. Utför ett kompressionsprov (kapitel 2A) för att avgöra hur omfattande arbetet kommer att bli.

Kraftförlust, ojämn gång, knackning eller metalliska motorljud, högt ventilslammer och hög bränsleförbrukning kan också tyda på att en renovering behövs, speciellt om de förekommer samtidigt. Om en full service inte åtgärdar problemen är övergripande mekaniska arbeten den enda lösningen. Cylinderfodren på dessa motorer kan inte borras om. Om de är märkbart slitna måste

HAYNES TiPS *Kontrollera alltid först vilka reservdelar som finns att tillgå innan renoveringsarbetet planeras. VW-verkstäder, bra motorrenoveringsspecialister eller reservdelsleverantörer kan kanske föreslå alternativ som gör att du kan förbigå bristen på reservdelar.*

nya foder och kolvar monteras. Ram- och storändslagren byts i allmänhet. Omslipning av vevaxellagren rekommenderas inte; lager av överstorlek finns i alla fall inte att få tag i som VW reservdelar. Ventilerna bör renoveras vid en motorrenovering eftersom de vid det här laget oftast är i ganska dåligt skick. När motorn renoveras kan även andra komponenter bytas, som startmotor och generator, eller byggas om ifall nödvändiga delar kan införskaffas. Slutresultatet bör bli en motor i nyskick som ger många och problemfria mil.

Observera: *Kritiska komponenter i kylsystemet som slangar, drivrem, termostat och vattenpump MÅSTE bytas ut när motorn renoveras. Kylaren bör undersökas noggrant så att den inte är blockerad eller läcker (se kapitel 3). Som en allmän regel bör också oljepumpen bytas ut när en motor byggs om.*

Innan motorrenoveringen påbörjas, läs igenom hela arbetsbeskrivningen för att bekanta dig med arbetets omfattning och krav. Att renovera en motor är inte nödvändigtvis svårt, men det är tidskrävande. Planera för att bilen kommer att stå stilla i minst två veckor, speciellt om delar måste tas till verkstad för reparation eller bearbetning. Kontrollera tillgången på delar och se till att införskaffa specialverktyg och utrustning som behövs i förväg. Största delen av arbetet kan utföras med vanliga handverktyg, men ett antal precisionsmätinstrument krävs också för undersökning av vissa delar och för att man ska kunna avgöra om de måste bytas ut. Ofta kan en motorverkstad utföra inspektionen och även ge råd angående bearbetning och utbyte.

Observera: *Vänta alltid tills motorn har tagits isär helt och alla delar har undersökts innan du avgör vilka arbeten som ska överlämnas till en motorverkstad. Omfattning av och kostnad för*

3.3 Demontera motorns oljepåfyllningsrör

3.4 Mätstickerörets fästclips

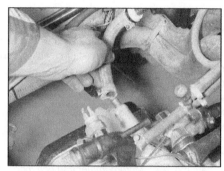

3.5 Koppla bort bromsservons vakuumslang

reparationerna är den största avgörande faktorn du bör överväga när du ska bestämma om motorn ska renoveras eller om du ska köpa en utbytesmotor.

Generellt sett är tid den största kostnaden vid en motorrenovering, så det lönar sig inte att montera slitna eller lågkvalitativa delar.

Slutligen, för att försäkra maximal livslängd och minimala problem från en renoverad motor måste allting monteras ihop noggrant i en absolut ren miljö.

2 Metoder för motorrenovering

Motorn demonteras genom att den sänks ned och ut ur motorrummet. Den kan demonteras separat eller tillsammans med växellådan (som en enhet). Det förstnämnda rekommenderas såvida det inte finns någon speciell anledning till att växellådan ska demonteras samtidigt. En kraftig garagedomkraft eller en motorlyft kommer att behövas i båda fallen.

Vissa detaljer för demonteringsarbetet varierar beroende på vilken motorvariant det handlar om. Motorn som visas här är förgasarförsedd och monterad i en pick-up. Skillnader i åtkomlighet och tillhörande utrustning påpekas där dessa är kända, men läsaren bör göra egna anteckningar över speciella saker som påträffas under demonteringens gång – det kommer att vara användbart vid monteringen.

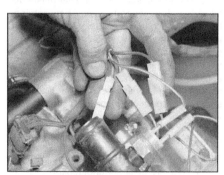

3.7 Identifiera motorns elektriska ledningar innan de kopplas bort

3 Motor (separat) – demontering och montering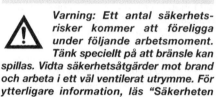

⚠ *Varning: Ett antal säkerhetsrisker kommer att föreligga under följande arbetsmoment. Tänk speciellt på att bränsle kan spillas. Vidta säkerhetsåtgärder mot brand och arbeta i ett väl ventilerat utrymme. För ytterligare information, läs "Säkerheten främst!" i början av boken.*

1 Koppla loss batteriets negativa anslutning.
2 Även om det inte är väsentligt i detta läge så rekommenderar vi att kylsystemet tappas av (kapitel 1). Detta besparar dig en del besvär längre fram.
3 Demontera motorns oljepåfyllningsrör **(se bild)**.
4 Ta bort mätstickan och dess rör. Röret kan dras ut efter det att man lossat på eventuella fästclips **(se bild)**.
5 Koppla loss bromsservons vakuumslang från insugsrörets vänstra sida **(se bild)**.
6 Koppla loss tändkablarna från tändstiften och tändspolen och ta sedan bort fördelarlocket.
7 Ta loss de elektriska ledningarna på motorns vänstra sida **(se bild)**, anteckna hur och var de sitter för att underlätta monteringen. Dessa varierar från modell till modell.
8 Koppla loss fördelarens lågspänningsanslutning.
9 Skruva loss jordflätan från vevhusets vänstra sida.

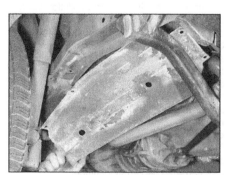

3.20 Demontering av stänkskärm

10 Demontera luftintagstrumman från förgasaren eller insugsröret. Lossa också vakuumröret/rören från luftintagets temperaturstyrningssystem, där tillämpligt.
11 Lossa bränslematnings- och returledningarna. Var beredd på bränslespill, speciellt på bränsleinsprutningsmodeller där slangarna kan stå under tryck – vira trasor runt anslutningarna när de kopplas loss. Kläm ihop eller plugga slangarna.
12 Lossa gasvajern från förgasaren eller trottelhuset.
13 Lossa de två huvudkylvätskeslangarna från motorns vänstra sida. Var beredd på kylvätskespill.
14 Koppla loss de mindre kylvätskeslangarna runt motorn. Dessa är många och antalet varierar beroende på modell. Lossa också och ta bort kylvätskans överflödestank.
15 Lossa generatorns kablage och för det åt sidan.
16 På modeller med servostyrning, skruva loss servostyrningspumpen och flytta den åt sidan. Gör likadant med luftkonditioneringens kompressor (om sådan är monterad).

⚠ *Varning: Lossa inte kylmedialedningarna från kompressorn.*

17 På modeller med automatväxellåda, skruva loss momentomvandlaren från drivplattan enligt beskrivning i kapitel 7B. Ta också loss växellådans mätsticka och mätstickerörets genomföring.
18 Ta bort de två övre muttrarna och bultarna mellan motorn och växellådan.
19 Gör en kontroll för att se efter om det är någonting annat som måste kopplas loss ovanifrån. Lyft sedan upp och stöd bakvagnen på pallbockar. Den måste stå tillräckligt högt för att motorn ska kunna dras ut underifrån.
20 Demontera eventuella stänkskärmar under bilen om de är i vägen **(se bild)**.
21 Lossa varmluftsintagets slangar från kåpan runt höger avgasrör.
22 Lossa, men ta inte bort, muttern och bulten på växellådans främre fäste **(se bild)**.
23 Om det inte redan har gjorts, tappa av motoroljan. Det är lättare att göra det nu än när motorn ligger på arbetsbänken. Sätt tillbaka avtappningspluggen.

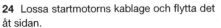
3.22 Lossa på växellådsfästena

3.27A Demontera motorbalkens muttrar . . .

3.27B . . . ta vara på brickorna . . .

24 Lossa startmotorns kablage och flytta det åt sidan.
25 På modeller med automatväxellåda, lossa trottellänkstaget från kickdown-armen.
26 Anslut lyft- eller stödanordningen till motorn. Om en motorlyft används, fäst sling eller kedjor till insugsröret; om en garage-domkraft används måste en lämplig vagga tillverkas. Ta vikten av motorn.
27 Lossa de två muttrarna och bultarna på var sida som håller motorbalken till chassi-skenorna. Ta vara på brickor och förstärk-ningsplattor (se bilder).
28 Sänk motorn och växellådan ca 80 mm, men var försiktig så att inte kopplingens slangar överbelastas (där tillämpligt).
29 Stöd växellådan med en garagedomkraft eller pallbockar (se "Lyftning och stöd-punkter").
30 Ta bort de två kvarvarande muttrarna och bultarna mellan motor och växellåda.
31 Kontrollera att alla kablar, rör och in-fästningar i motorrummet är ur vägen och lyft sedan försiktigt motorn bakåt, bort från växellådan. På modeller med automat-växellåda, se till att momentomvandlaren stannar kvar på växellådan.
32 Fortsätt sänka motorn och dra sedan ut den bakåt under bilen (se bild).
33 Montering av motorn sker i omvänd ordning, men tänk på följande:

a) På fordon med manuell växellåda, smörj växellådans ingående axel lätt med molybdendisulfidfett
b) På fordon med automatväxellåda, kontrollera att momentomvandlaren är korrekt placerad enligt beskrivning i kapitel 7B innan motorn monteras
c) Notera riktningspilarna på motorbalken (se bild). De pekar mot bilens front
d) Justera trottellänkaget enligt beskrivning i kapitel 4
e) Dra åt alla muttrar och bultar till specificerat åtdragningsmoment (där tillämpligt)
f) Fyll på och avlufta kylsystemet enligt beskrivning i kapitel 1

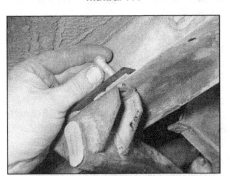
3.27C . . . demontera bultarna . . .

3.27D . . . och ta vara på förstärkningsplattorna

4 Motor och växellåda – demontering och montering

1 Se föregående avsnitt och utför momenten beskrivna i punkt 1 till 24 med undantag av punkt 17 och 18.
2 Lossa bultarna som håller drivaxlarnas inre CV-knutar till differentialens drivflänsar. Flytta undan drivaxlarna och bind upp dem så att de inte hänger utan stöd.
3 Lossa kopplingshydraulrörets stödfäste från växellådans sida och lossa slavcylinderns två fästmuttrar och bultar. Flytta cylinder åt ena sidan, med hydraulrör och slangar fortfarande anslutna.

4 På fordon med automatväxellåda, demon-tera trottelstaget, gasvajern och väljarvajern från växellådans arm. Ta också bort väljar-spaken från växellådans sida. Ta bort de två bultarna och flytta väljarvajern och stödfästet åt sidan.
5 På bilar med manuell växellåda, lossa växlingsstaget från växellådslänkaget.
6 På alla bilar, lossa bulten och ta bort jordflätan från fästbygeln.
7 Lossa backljusets två kablar från kontakten.
8 Använd en garagedomkraft tillsammans med en kran eller annan passande utrustning, ta vikten av motor-/växellådsenheten.
9 Lossa muttern och ta bort den långa bulten som fäster växellådans bygel till gummifästet.
10 Lossa de två bultarna på varje sida som håller motorbalken till chassiskenorna.

3.32 Sänk ned motorn och ta ut den ur bilen

3.33 Pilen på motorbalken pekar framåt

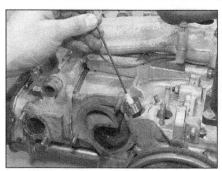

7.3 Demontera fördelarens drivaxel

11 Kontrollera att alla kablar, rör och infästningar är ur vägen och sänk sedan sakta ned motorn och växellådan på marken. Dra ut enheten bakåt under bilen.

12 Montering sker i omvänd ordning. Se punkterna i slutet av föregående avsnitt.

5 Motor och växellåda – delning och ihopsättning

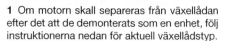

1 Om motorn skall separeras från växellådan efter det att de demonterats som en enhet, följ instruktionerna nedan för aktuell växellådstyp.

Manuell växellåda

2 Detta är helt enkelt en fråga om att lossa de två övre och nedre fästmuttrarna och bultarna och dra bort växellådan från motorn. Låt inte motorns vikt vila på växellådans ingående axel.

3 Innan montering, smörj den ingående axelns splines med lite molybdendisulfidfett.

4 Sätt ihop de två enheterna, säkra med muttrarna och dra åt dem till specificerat moment.

 HAYNES TiPS *Byt kopplingens komponenter medan motorn är ute såvida du inte är säker på att de är i perfekt skick.*

Automatväxellåda

5 Ta bort pluggen upptill på vevhuset, vrid motorn till dess att momentomvandlarens bultar kan nås genom pluggöppningen och ta bort de tre bultarna.

6 Lossa de fyra muttrarna som håller växellådan till motorn och ta isär de två enheterna. Se till att momentomvandlaren sitter kvar på växellådan.

7 Montering sker i omvänd ordning, men kontrollera att momentomvandlaren sitter korrekt enligt beskrivning i kapitel 7B innan muttrarna och bultarna sätts tillbaka och dras åt till specificerat moment.

6 Isärtagning av motorn för renovering – allmän information

Om motorn har demonterats för renovering eller om individuella komponenter har tagits loss för reparation eller byte, observera följande allmänna information angående isärtagning och ihopsättning.

Tappa av oljan i en passande behållare (om det inte redan har gjorts) och rengör motorns utsida noggrant med ett fettlösande rengöringsmedel eller fotogen. Ta bort så mycket smuts och fett som möjligt före isärtagningen.

Alltefter som delar demonteras, rengör dem i ett bad av fotogen eller annat lämpligt lösningsmedel. Sänk dock inte ner de delar som har inre oljekanaler i fotogen eftersom det är svårt att få bort och vanligtvis kräver en högtrycksslang. Rengör oljekanaler med piprensare av nylon.

Undvik att arbeta med motorn eller någon av dess komponenter direkt på ett betonggolv – smågrus kan orsaka stora problem.

Närhelst det är möjligt bör arbetet med motorn eller dess delar utföras på en kraftig arbetsbänk. Om arbetet måste utföras på golvet, täck det med kartong eller tidningspapper.

Ha massor av rena luddfria trasor till hands och även några behållare eller brickor för förvaring av små delar. Detta kommer att underlätta monteringen och även minska risken för att något tappas bort.

Införskaffa alltid en komplett uppsättning nya packningar och oljetätningar om motorn tas isär fullständigt, eller de som behövs för de individuella komponenter eller enheter som ska renoveras.

När så är möjligt, sätt tillbaka muttrar, bultar och brickor på sina platser efter demonteringen. Detta hjälper till att skydda gängorna och minskar risken att de tappas bort eller förväxlas. Notera att vissa fixturer (t ex svänghjulsbultar) måste bytas ut som en rutinåtgärd – detta påpekas i texten.

Under ihopsättningen, smörj alla komponenter ordentligt (där så är tillämpligt) med motorolja, men undvik att få olja på packningar och fogytor.

7 Motorns tillhörande komponenter – demontering

1 Innan den huvudsakliga isärtagningen påbörjas måste de externt monterade komponenterna demonteras enligt följande.

2 Demontera kopplingsenhet, generator, mekanisk bränslepump, fördelare, termostathus och kylvätskepump (se relevanta kapitel).

3 Demontera fördelarens drivaxel med hjälp av en avdragare med förlängare, eller ett smalt stag med tejp virat runt änden så att den passar in i hålet i mitten på axeln **(se bild)**.

4 Anteckna hur olika kabelage sitter och märk upp varje kabel. Lossa sedan och ta bort motorns alla kablar.

5 Demontera insugsröret och förgasaren eller bränsleinsprutningsutrustningen.

6 Demontera avgassystemet men var noga med att inte skada stiften eller gängorna i topplocket. Dessa infästningar kan vara envisa. Om gängorna skadas, skriv upp detta och kom ihåg att de måste åtgärdas genom montering av gänginsatser.

7 Förhindra att vevaxeln roterar genom att spärra svänghjulets krondrev. Lossa vevaxelremskivans bult och ta bort bulten och skivan. Bulten sitter mycket hårt.

8 Demontera övriga kylvätskefördelarrör och slangar. Gör noteringar, eller markeringar på delarna, för att underlätta monteringen.

9 Där tillämpligt, skruva loss och ta bort ventilationshuset ovanpå vevhuset.

8 Topplock, kolvar och foder – demontering

1 Böj tillbaka hållklamman och lyft av ventilkåpan **(se bild)**.

2 Lossa vipparmsaxelns fästmuttrar och demontera axeln **(se bild)**.

3 Lyft ut tryckstängerna och förvara dem i rätt ordning **(se bild)**.

8.1 Lyft av ventilkåpan

8.2 Lossa vipparmsaxelns fästmuttrar

8.3 Lyft ut tryckstängerna

8.9 Använd det särskilda VW-verktyget för att dra ut kolvbulten

4 Lossa topplocksmuttrarna i motsatt ordning mot den visad i bild 16.19C. Ta bort muttrarna och dra av locket från stiften och cylinderfodren. Ta vara på metalltätningsringarna. (Om locket sitter fast i fodren kan topplocket och fodren dras av som en enhet – var dock försiktig så att inte kolvarna skadas när de kommer ut. Separera då fodren från topplocket på arbetsbänken, eventuellt efter att ha blötlagt dem i lösningsmedel.)

5 Demontera tryckstångsrören med deras tätningar. Ventillyftarna kan nu demonteras, håll dem i rätt ordning om de ska återanvändas.

6 Ta bort gummitätningsringarna längst upp på varje foder. Ta också bort packningen runt vattenmantelns läpp.

9.4 Dra bort svänghjulet

TiPS

Spärra svänghjulet med en bit metallskrot formad som i bilden och fäst den till en av vevhusets nitar.

7 Markera cylindrarna och deras motsvarande foder 1 till 4 (efter tillämplighet) om de ska återanvändas och dra sedan ut varje foder. Ta reda på tätningsringen från basen på varje foder.

8 Om du inte avser att dela på de två vevhushalvorna, stoppa trasor i öppningen så att inga låsclips kan falla i under följande moment.

9 Arbeta genom öppningen i vattenmantelns remskiveände, dra av låsclipset från kolvbulten närmast hålet. Dra ut kolvbulten. Det finns ett speciellt verktyg från VW (nr 3091) med en expanderande ände för detta ändamål **(se bild)**, men om inte bulten sitter mycket hårt kan en bit kraftig vajer med en böjd krok i änden användas i stället.

10 Ta bort kolven, gör eventuella markeringar för att visa vilken cylinder den hör till och vilken väg den sitter. Originalutrustningens kolvar har en pil som pekar mot svänghjulet.

11 Upprepa momentet på kolven i svänghjulsänden. Denna är lättare att komma åt.

12 Upprepa ovanstående moment på det andra topplocket.

9 Vevhus, vevaxel och kamaxel – isärtagning

1 Ta hjälp av kapitel 2A för beskrivning och demontera vevaxelremskivan och oljepumpen.

2 Skruva loss oljeövertrycksventilen och ta ut fjädern och kolven.

3 Spärra svänghjulets krondrev, lossa fästbultarna som håller svänghjulet eller drivplattan till vevaxeln. Nya bultar kommer att behövas vid ihopsättningen.

4 Dra bort svänghjulet eller drivplattan, observera O-ringstätningen på insidan **(se bild)**. Var försiktig, svänghjulet är tungt. Mellanläggen som styr vevaxelns axialspel sitter bakom oljetätningen och kan tas ut när vevhusets delar tas isär.

5 Lossa muttrarna som håller ihop vevhushalvorna. Arbeta metodiskt, använd träblock till att stödja vevhuset eftersom nitar sticker ut åt alla håll.

6 Knacka isär halvorna med en trä- eller plastklubba, men slå inte för hårt. Om delarna inte går att separera, leta efter fler nitar och bultar. När alla dessa är borttagna bör det vara relativt enkelt att dela på halvorna. Bänd inte isär ytorna med en kil. Knacka på den högra halvan och lyft av den från den vänstra så att vevaxeln och kamaxeln lämnas kvar i den vänstra (på bänken liggande) halvan.

7 Lägg försiktigt undan den högra halvan av vevhuset. Lyft ut kamaxeln och ta bort skållagren från båda vevhushalvorna, anteckna vilken väg de tas ut **(se bild)**.

8 Med kamaxeln demonterad, ta bort oljetätningen och mellanläggen från vevaxeländen, följt av själva vevaxeln **(se bild)**.

9.7 Ta bort kamaxelns skållager. Det här kragade lagret sitter på fördelaränden

9.8 Demontera vevaxeln

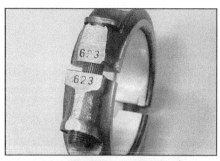

9.9 Identifikationsmärken på storändslageröverfall och vevstake

9.10A Demontera vevstaksbultarna . . .

9.10B . . . och ta bort överfallet

9.12A Ta bort låsclipset . . .

9.12B . . . och dra av drevet från vevaxeln

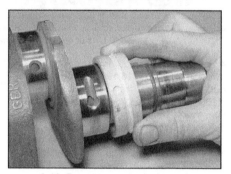

9.13 Demontera ramlager nr 3

9 Markera storändslagrens överfall, eller gör anteckningar angående de existerande markeringarna **(se bild)** så att de kan monteras samma väg och på sina ursprungliga platser.

10 Demontera muttrarna från vevstaksbultarna och lirka av överfallet från staken **(se bilder)**. Demontera vevstaken från axeln och sätt tillbaka överfallet på vevstaken. Förvara lagerskålarna med sina respektive vevstakar.

11 Lyft av oljekastaren och dra av ramlager nr 4 från vevaxelns remskiveände.

12 Ta bort låsclipset och dra av vevaxeldrevet och fördelardrivningens drev tillsammans med hjälp av en avdragare **(se bilder)**. Ta vara på woodruffkilen och förvara den på säker plats.

13 Demontera ramlager nr 3 **(se bild)**.

14 Demontera ramlager nr 1 från vevaxelns svänghjulsände. På senare modeller med

tunnväggade ramlager, ta också bort tryckbrickan.

15 På den högra halvan, ta ut oljeupptagningsröret och silen som hålls av en enda skruv **(se bild)**.

10 Vevhus, vevaxel och kamaxel – kontroll

1 Alla delar bör nu rengöras igen och oljas lätt.

2 Undersök vevhusets två halvor. Leta efter sprickor, borrskägg, lösa pinnbultar och tecken på att rörliga delar kommer i kontakt med vevhuset. Om allt ser ut som det ska, lägg halvorna åt sidan.

3 Undersök därefter om vevaxeln eller ramlagerytorna är slitna.

4 Alla lagerytor på vevaxeln måste undersökas angående repor och tecken på överhettning. Mät dem noga med en mikrometer, jämför diametern med den specificerade och undersök också om de är ovala **(se bild)**.

HAYNES **TiPS**

En snabb kontroll av vevtapparnas skick kan göras om man gnider en bit koppar längs dem. Om tappen är så skrovlig att den river av koppar behöver den förmodligen bearbetas.

5 Kontrollera att inte vevstakarna är vridna eller böjda. Om inte specialverktyg finns till hands är detta ett arbete som bör överlämnas till en motorverkstad. Såvida inget drastiskt har inträffas torde dock inte vevstakarna vara skadade. Om motorn har skurit eller stannat plötsligt bör vevstakarna kontrolleras. Om vevstakarna byts ut måste de matchas för vikt. Även detta är ett jobb för specialisten.

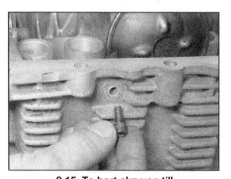

9.15 Ta bort skruven till oljeupptagningsröret

10.4 Mät vevaxelns lagerytor med en mikrometer

6 Förutsatt att vevstakarna och vevaxeln är i godtagbart skick är nästa steg att undersöka storändslagerskålarna. Med skålarna korrekt monterade och överfallen åtdragna till rätt moment kan lagrets rundhet eller ovalitet mätas med en invändig mikrometer. Om inte lagren är så gott som nya är det oekonomiskt att inte montera nya lagerskålar. Om de gamla ändå av någon anledning ska återanvändas måste de sättas tillbaka på sina ursprungliga platser.

7 Omslipning av vevaxeln rekommenderas inte av VW. Det betyder inte att det är omöjligt, men en motorverkstad som utför detta måste då på något sätt hitta passande lagerskålar. Försäkra dig om att verkstaden har utfört jobbet tillfredsställande när du får tillbaka bilen, att vevaxeln är väl ihopmonterad och inte kärvar.

8 Ett acceptabelt test för en ny störande när den är ihopmonterad är att vevstaken skall falla sakta av sin egen vikt från ett läge just efter ÖD (övre dödpunkt). Om den inte gör det sitter den för hårt. Den måste dock falla sakta, annars är spelen för stora.

9 Undersök ramlagren. Som med storändslagren bör även dessa bytas som en rutinåtgärd såvida de inte är i perfekt skick. Notera att det finns två standardstorlekar på lagren; storleken monterad på en särskild vevaxel identifieras av en röd eller blå målad punkt på ett av de ställen som visas (se bild). Det är också skillnader mellan tidiga (tjockväggade) och senare (tunnväggade) lager.

10 Undersök nållagret i vevaxelns svänghjulsände. Demontera det endast om det ska bytas ut. Använd en avdragare med förlängningsbar ände. Alternativt, skruva in någonting liknande ett murfäste med en förlängningsbar hylsa och använd en draghammare till att dra ut lagret. Montera sedan det nya lagret med bokstavsmarkeringen vänd utåt.

11 Vevstakarnas och vevaxelns axialspel bör kontrolleras under ihopsättningen.

12 Kamaxeln får inte visa några tecken på slitage eller överhettning på lager- eller kamytorna och drevet måste vara stadigt nitat till axeln. Om något av dessa krav inte uppfylls måste axeln bytas ut. Kamaxeldrev av olika storlekar finns för att man ska kunna erhålla

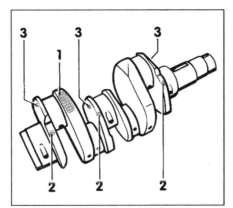

10.9 Betydelsen av färgkodningen på vevaxeln

1 Grönt märke inedtifierar 2.1 litersversionen
2 Blå eller röd prick för lageridentifikation
3 Alternativa platser för blå eller röd prick

rätt kuggspel. Drev av standardstorlek är markerade '0', drev av överstorlek och understorlek är markerade '+1', '-2' etc. Det är inte troligt att hemmamekanikern har tillgång till ett urval kamaxlar för att kunna pröva detta, så montera en kamaxel med drev av samma storlek som den som demonteras, såvida det inte finns god anledning att tro att det var fel.

13 Kamaxellagrens skålar måste nu kontrolleras. De är alla olika, så se till att rätt delar förvaras ihop i par. Undersök om de är tydligt slitna eller skadade. Om det råder den minsta tvekan, byt ut allihop.

11 Cylinderfoder, kolvar och ringar – kontroll

1 Undersök om kolvarna, kolvringarna eller cylinderfodren är repiga, brända eller har slitkanter eller andra skador.

2 Ta bort ringarna från kolvarna och märk dem om de ska återanvändas. Kompressionsringarna är sköra och kommer att gå av om man bänder ut dem för mycket. Det finns speciella kolvringstänger, men ett par gamla bladmått kan också föras in under varje ring när den böjs ut och ringen kan sedan dras av.

Observera! Var noga med att inte repa kolvarna!

3 Fodren bör kontrolleras med en cylinderloppsmätare eller invändig mikrometer angående konicitet och ovalitet. Mät längst upp på fodret, ovanför kanten som slitits av den översta kolvringen, och därefter halvvägs ner på fodret.

4 Nya kolvar kan monteras till existerande foder förutsatt att fodret är i godtagbart skick. Om fodren är slitna måste både nya kolvar och foder införskaffas. Kolvar och foder finns tillgängliga i två standardstorlekar och om en enhet byts ut måste den nya enheten vara av samma storleksgrupp som de andra tre kolvarna och fodren.

5 Kolvarna bör undersökas angående ovalitet med hjälp av en mikrometer och ringarnas spel i spåren bör också kontrolleras.

6 Kolvringsgapen kan kontrolleras genom att man placerar varje ring i rät vinkel i fodret och mäter gapet med bladmått (se bild). Om gapet är för stort måste ringarna bytas.

7 Om nya ringar skall monteras på de existerande kolvarna, rengör spåren i kolven med en bit av en gammal kolvring. Skydda fingrarna, kolvringarna är vassa! Den nya översta kompressionsringen ska ha en liten profil på den övre ytan. Om sådana ringar inte kan erhållas måste eventuella slitkanter längst upp i fodren tas bort med hjälp av en kantbrotsch, annars kan de nya ringarna slå i kanten och gå sönder.

12 Topplock och ventilreglering – kontroll och avluftning av ventillyftare

Kontroll

1 Ta ut varje ventil från sin plats genom att trycka ihop fjädersätena och lyfta ut knastren. Ta ut fjädrarna och sätet och ta därefter ut ventilen från styrningen (se bilder). Demontera alla ventiler på detta sätt och förvara dem i rätt ordning sedan de demonterats.

2 Kontrollera topplockets skick efter det att alla spår av sot från förbränningskamrarna och portarna tagits bort. Små sprickor (mindre än 0,5 mm breda) mellan ventilsätena eller runt tändstiftsöppningen kan ignoreras.

11.6 Kontroll av kolvringsgapet

12.1A Tryck ihop ventilfjädern för att lösgöra knastren

12.1B Demontering av en ventil från sin styrning

12.5A Ta bort fjäderclipset . . .

12.5B . . . och dra av komponenterna från vipparmsaxeln

Ventilsätena får dock inte ha frätgropar eller andra tecken på skador. Sätena kan fräsas om med specialutrustning, men om de är ohjälpligt skadade måste ett nytt topplock skaffas.

3 Ventilstyrningarnas skick kan undersökas genom att man "vaggar" ventilen i styrningen. Om rörelsen är stor, mät ventilskaftets diameter med en mikrometer. Om ventilen inte är sliten behövs ändå nya styrningar och detta måste överlämnas till en VW-specialist eller motorverkstad.

4 Om ventilerna verkar vara i godtagbart skick när allt sot har avlägsnats kan de slipas in i sina säten med grov och därefter fin slippasta. Omslipning av ventilerna är inte tillåtet.

5 Undersök om vipparmarna och vipparmsaxeln visar tecken på slitage eller om armarnas spel på axeln är stort. Komponenterna kan demonteras från axeln efter det att fjäderclipset i änden tagits bort **(se bilder)**. Håll komponenterna i rätt ordning och se till att alla oljevägar är fria.

6 Kontrollera om ventilfjädrarna är brustna eller på annat sätt skadade. Det är en god idé att byta fjädrarna rutinmässigt när motorn renoveras. Kontrollera också att tryckstängerna är raka.

7 Undersök om de hydrauliska ventillyftarna är slitna eller har repor på utsidan. Om de har varit väldigt högljudda oberoende av motorns övriga skick bör de bytas ut. Om tryckkolvarna ger efter när de trycks ner stadigt

med tummen tyder det på att det finns luft i tryckkammaren och ventillyftaren måste då tas isär för avluftning. Detta måste även göras om nya lyftare monteras.

Avluftning av ventillyftare

8 För att avlufta lyftaren, plocka isär den genom att ta bort clipset och lyft ut komponenterna i den ordning som visas **(se bild)**.
9 Fyll lyftaren med ren motorolja tills nivån är upp till hålet på sidan **(se bild)**.
10 Sätt in fjädern följd av tryckkolven och ventilenheten **(se bilder)**.
11 För in en smal stång genom hålet i tryckkolven, tryck ner den fjäderbelastade kulan så att luften släpps ut **(se bild)**.

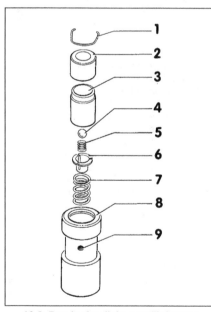

12.8 Den hydrauliska ventillyftarens komponenter

1 Låsring	5 Ventilfjäder
2 Tryckstångs-	6 Ventilhållare
fattning	7 Fjäder
3 Tryckkolv	8 Lyftaren
4 Ventilkula	9 Hål

12.9 Fyll lyftaren med ren olja

12.10A Montera fjädern . . .

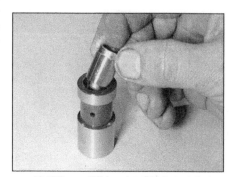

12.10B . . . följd av tryckkolven och ventilenheten

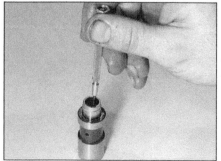

12.11 Tryck ned kulan för att låta luften komma ut

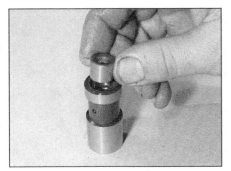

12.12 Montera tryckstångsfästet

12 Ta bort stången och montera tryckstångs-fattningen **(se bild)**.
13 Tryckstångsfattningen måste nu tryckas ner med ett trubbigt verktyg (helst en gammal

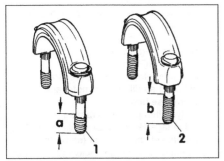

13.2 Olika typer av storändsöverfallsbultar

1 Stel bult – kan återanvändas
2 Stretchbult – måste bytas
a = ca 13 mm
b = ca 22 mm

14.1 Vevaxeln klar för ihopsättning

14.3A Montera drevet med den fasade kanten inåt . . .

12.13A Tryck ned tryckkolven i ett skruvstäd . . .

tryckstång som kapats på mitten, men en bult går också bra) så att clipset kan sättas fast. Det kan behövas ganska stor kraft till att trycka ner fattningen. Sätt lyftaren på sidan i ett skruvstäd, med borrningen i sidan uppåt, och tryck ner den lite i taget till dess att clipset kan fästas **(se bilder)**.
14 När lyftarna har avluftats, förvara dem upprätt nedsänkta i ett bad av ren motorolja till dess att de ska monteras.

13 Ihopsättning av motorn – allmän information

1 För att erhålla maximal livslängd från en ombyggd motor och hålla problemen till ett minimum, måste inte bara allt vara korrekt ihopsatt, det måste också vara absolut rent. Alla oljekanaler måste vara öppna och låsbrickor och fjäderbrickor måste monteras där så är indikerat. Olja alla lager och andra

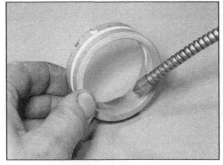

14.2 Smörj lagren före monteringen

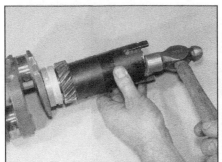

14.3B . . . och knacka in det med en hammare och ett rör . . .

12.13B . . . så att låsringen kan monteras

arbetande ytor ordentligt med motorolja under ihopsättningen.
2 Innan ihopsättningen påbörjas, byt alla bultar eller nitar som har trasiga gängor. Nya bultar till svänghjulet/drivplattan samt till oljepumplocket kommer att behövas i vilket fall som helst. Bultarna till vevstakarnas storändsöverfall måste bytas om de är av "stretch"-typ; stela bultar kan återanvändas **(se bild)**.
3 Samla ihop momentnyckel, oljekanna, rena trasor, en uppsättning motorpackningar och oljetätningar samt ett nytt oljefilter.

14 Vevhus, vevaxel och kamaxel – ihopsättning

1 Placera vevaxeln på en ren yta. Spruta in olja i oljekanalerna och smörj lagerytorna **(se bild)**.
2 Smörj ramlager nr 3 och sätt det på vevaxeln **(se bild)**. På tidiga modeller med tjockväggade lager måste bottenhålet vara bredvid mellanstycket. På senare modeller med tunnväggade lager går styrklackarna på höger sida och oljeborrningarna är vända nedåt (om man tänker sig motorn i sitt monterade läge).
3 Montera vevaxelns woodruffkil om den demonterats. Värm upp kamaxelns driv-pinjong i vatten eller med en varmluftspistol till 80°C och för den på plats, med den fasade kanten på borrningen först. Knacka den på plats med ett passande rör och sätt sedan dit distansen **(se bilder)**.

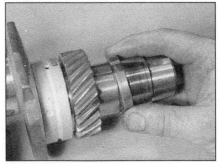

14.3C . . . följt av distansen

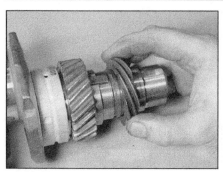

14.4A Montera fördelarens drivpinjong . . .

14.4B . . . och knacka den på plats med en dorn av mjuk metall

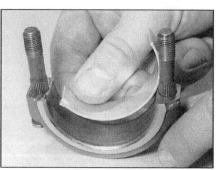

14.5 Montering av en storändslagerskål i sitt överfall

4 Värm nu upp fördelarens drivpinjong till 80°C och för den på plats. Knacka den på plats med en dorn av mjuk metall om så behövs och sätt därefter clipset på plats **(se bilder)**.

5 Placera storändslagerskålarna i vev-stakarna och överfallen och placera sedan varje vevstaks- och överfallsenhet intill motsvarande storändstapp på vevaxeln **(se bild)**. Numren på änden av överfallet och

staken måste vara samma och de måste vara vända åt samma håll, och de smidda märkena på vevstakarna måste vara uppåt när de är i sitt normala arbetsläge.
6 Smörj lagerskålarna. Sätt ihop överfallen och vevstakarna och dra stegvis åt muttrarna till specificerat åtdragningsmoment **(se bilder)**. Kom ihåg att använda nya bultar om de är av "stretch"-typ.
7 Mät axialspelet på varje vevstake med bladmått och se till att det motsvarar speci-fikationerna **(se bild)**.
8 Sätt styrstiften på plats i ramlagertapparna, sätt sedan lagerskålarna för ramlager nr 2 på plats i vevhusets båda halvor **(se bilder)**.
9 På tidiga modeller med tjockväggade lager, för ramlager nr 1 (svänghjulsänden) på vevaxeln med stifthålet vänt mot svänghjulet, följt av ramlager nr 4 (remskiveänden), med oljespåret mot remskivan **(se bilder)**.
10 På senare modeller med tunnväggade

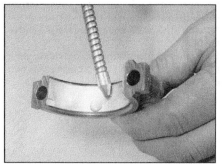

14.6A Smörj lagerskålarna

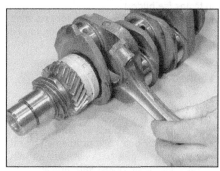

14.6B Montering av en vevstake till vevaxeln

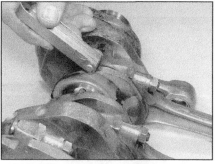

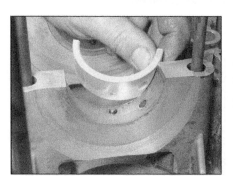

14.6C Dra åt muttrarna

14.7 Mät axialspelet på varje vevstake

14.8A Montera styrstiften . . .

14.8B . . . och lagerskålarna för ramlager nr 2

14.9A Montera ramlager nr 1 med stifthålet mot svänghjulet. . .

14.9B . . . och ramlager nr 4 med oljespåret mot remskivan

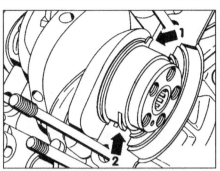

14.10 Placering av ramlager nr 1 och tryckbricka – senare modeller

1 Tryckbrickans klack
2 Oljeborrningar i lagret

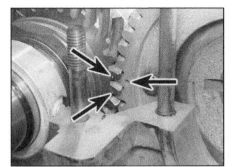

14.13 Korrekt justering av kamaxelns inställningsmärken (vid pilarna)

14.14A Lägg tätningsmassa på pluggens urtag . . .

14.14B . . . och montera sedan själva tätningspluggen

lager, sätt på tryckbrickan på vevaxelns svänghjulsände, följd av ramlager nr 1. Notera hur klacken på tryckbrickan och oljeborrningarna i lagret är placerade **(se bild)**. Sätt på ramlager nr 4 på vevaxelns remskiveände.

11 Montera kamaxellagren i vevhuset, pröva lägga kamaxeln på sin plats och ta bort den igen. Observera att det flänsade trycklagret ska vara i fördelaränden.

12 Olja lagerytorna på vevaxeln och kamaxeln. Lyft vevaxeln i andra och fjärde cylinderns vevstakar och sänk ned den i vevhuset så att första och tredje vevstaken matas genom hålen i vevhuset. Kontrollera att ramlager nr 1, 3 och 4 har satt sig ordentligt, med stiften på plats, och att ramlagerskålen för nr 2 är på plats.

13 Rotera vevaxeln så att de två körnmarkeringarna på sidan av drevet är horisontella och installera kamaxeln så att prickmarkeringen på kamaxeldrevet hamnar mellan de två markeringarna på drevet **(se bild)**. Kontrollera alla lagerskålarna igen.

14 Sätt tätningspluggen för kamaxeländen på plats, lägg tätningsmedel (VW AMV 188 001 02 eller liknande) på pluggen och i dess urtag **(se bilder)**.

15 Gå nu över till den andra halvan av vevhuset. Montera oljeupptagningsrör och sil, använd en ny tätningsring. Sätt i och dra åt fästskruven.

16 Kontrollera att ramlagerskål nr 2 sitter

korrekt och att kamaxellagerskålarna sitter säkert på plats.

17 Torka noggrant av runt de två fogytorna på vevhuset och lägg tätningsmedel på den i vilken vevaxeln placeras. Använd samma medel som lades på kamaxelns tätningsplugg, men var sparsam med det.

18 Olja lagerytorna. Håll vevhuset i pinnbultarna och sänk försiktigt ned det över vevaxeln och kamaxeln, så att vevstakarna matas genom cylinderöppningarna medan det sänks.

19 Lägg tätningsmedel på vevhusets pinnbultar och sätt dit muttrar och brickor. Dra alla muttrarna lätt i diagonal ordning.

20 Montera temporärt ett par svänghjulsbultar till vevaxeln, använd en hävstång mellan bultarna till att vrida vevaxeln 360° för att se att ingenting tar i. En viss tröghet kan förväntas om nya komponenter har monterats, men det får inte kärva eller haka upp sig.

21 Dra åt vevhusets muttrar stegvis till specificerat moment. Börja med M8 (den mindre) muttern vid lyftarborrningarna, följd av M10 (de större) muttrarna och till sist resten av M8 muttrarna **(se bilder)**. Notera att åtdragningsmomentet specificerat för M10 muttrarna är olika för tidigare och senare modeller.

22 Kontrollera vevaxelns rotation igen. Om den kärvar, lossa muttrarna, ta isär vevhuset och undersök orsaken. Det är förmodligen ett lager som inte sitter korrekt.

23 Vevaxelns axialspel måste nu mätas.

Detta justeras genom att man ändrar tjockleken på mellanläggen mellan vevaxeln och svänghjulet/drivplattan. Det förekommer vissa detaljskillnader beroende på om tjockväggade eller tunnväggade ramlager är monterade. Gör enligt följande:

Tidiga modeller (tjockväggade lager)

24 Montera svänghjulet med två mellanlägg bakom det **(se bild)**. Montera inte oljetätningen eller O-ringen än. Sätt i svänghjulsbultarna och dra åt dem måttligt.

25 Sätt upp en mätklocka så att den vilar på svänghjulets yta **(se bild)**. Häv svänghjulet fram och tillbaka och observera förändringen i avläsningen på mätklockan – detta är axialspelet, anteckna detta mått.

14.21A Dra år vevhusets muttrar. Börja med M8 muttern (vid pilen) vid lyftarborrningarna

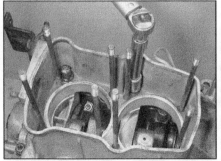

14.21B Dra åt vevhusets muttrar inuti vattenmanteln

14.24 Montera de två mellanläggen innan vevaxelns axialspel mäts

14.25 Mätning av vevaxelns axialspel med en mätklocka

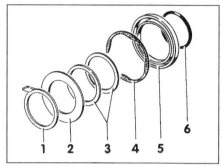

14.27 Mellanläggsbrickor och tillhörande komponenter – senare modeller

1 Tryckbricka   4 Hållarring
2 Stor bricka   5 Tätning
3 Selektiva brickor   6 O-ring

14.32 Åtdragning av svänghjulsbulten

26 Dra ifrån 0,10 mm från det erhållna axialspelet så får du tjockleken på det tredje mellanlägget som behövs. Mellan lägg av olika tjocklekar finns; de har tjockleken ingraverad men det är ändå bäst att kontrollera dem med en mikrometer. Om inte övergripande reparationer har gjorts räcker det oftast att återmontera de gamla mellanläggen.

Senare modeller (tunnväggade lager)

27 Smörj tryckbrickan och montera den med styrklacken mot ramlagret. Montera den stora mellanläggsbrickan **(se bild)**.
28 Montera svänghjulet utan andra mellanlägg eller tätningar. Sätt i svänghjulsbultarna och dra åt dem måttligt.
29 Mät och anteckna vevaxelns axialspel enligt beskrivning för tidigare modeller.
30 Dra ifrån 0,10 mm från det erhållna axialspelet så får du den kombinerade tjockleken för de två mellanlägg som behövs. Mellanlägg av olika tjocklekar finns; de har tjockleken ingraverad men det är ändå bäst att kontrollera med en mikrometer. Om inte övergripande reparationer har gjorts räcker det oftast att återmontera de gamla mellanläggen.

Alla modeller

31 Ta loss svänghjulet, montera mellanläggen och montera O-ringen på svänghjulet samt en ny oljetätning i vevhuset. Knacka in tätningen helt på sin plats (se kapitel 2A).
32 Montera svänghjulet och fäst det med nya

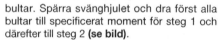

14.35 Montera oljekastaren på vevaxelns remskiveände

bultar. Spärra svänghjulet och dra först alla bultar till specificerat moment för steg 1 och därefter till steg 2 **(se bild)**.
33 Montera oljeövertrycksventilens komponenter och skruva i pluggen. Montera också oljetryckskontakten (kontakterna).
34 Montera oljepumpen enligt beskrivning i kapitel 2A, kom ihåg att använda nya muttrar till locket.
35 Montera oljekastaren på vevaxelns remskiveände **(se bild)**.
36 Montera en ny oljetätning på vevaxelns remskiveände, se kapitel 2A vid behov. Montera vevaxelremskivan, bulten och brickan. Spärra svänghjulet och dra åt remskivebulten till specificerat moment **(se bild)**.

14.36 Dra åt remskivebulten

15 Topplock – ihopsättning

1 De rena topplocken skall nu sättas ihop med ventilerna. Ventilerna har slipats in och är färdiga att monteras. Om gamla komponenter återanvänds måste de sättas tillbaka på sina ursprungliga platser.
2 Smörj ventilskaftet och sätt in ventilen i styrningen. För fjädrarna över skaftet, montera fjädersätet, tryck ihop fjädrarna med en ventilfjäderkompressor och sätt knastren på plats **(se bilder och Haynes Tips)**.
3 När ventilkomponenterna är ihopsatta,

15.2A Montera den inre ventilfjädern . . .

15.2B . . . och den yttre fjädern . . .

15.2C . . . montera fjädersätet . . .

15.2D ... tryck ihop fjädrarna och sätt knastren på plats

släpp försiktigt kompressorn, knacka sedan på ventilskaftet hårt med en hammare och en dorn av mjuk metall **(se bild)**. Detta visar om knastren har satt sig ordentligt.

4 Upprepa momenten på det andra topplocket.

16 Kolvar, foder och topplock – montering

Kolvar och foder

1 Avlufta hydraullyftarna enligt beskrivning i avsnitt 12 om inte detta redan har gjorts. Smörj sedan varje lyftare och sätt in den i sitt ursprungliga lopp **(se bilder)**.

2 Om nya kolvringar ska monteras, gör detta

Om knastren är svåra att sätta på plats, håll dem i änden på en skruvmejsel med en klick fett och peta på så sätt in dem på plats.

nu. Observera eventuella 'TOP' markeringar och följ instruktioner som medföljer ringarna **(se bilder)**. Placera ringgapet med 180° mellanrum och på avstånd från tryckkolvshålen, så att gapen hamnar längst upp och längst ner på kolven när den är installerad.

3 Lägg ut kolvarna och fodren så att det är tydligt vilken som skall sitta var. Montera en tryckkolvslåsring framtill (svänghjulsänden) på varje kolv **(se bild)**.

4 Börja med en kolv och ett foder som ska sitta vid svänghjulsänden. Smörj kolven och montera en kolvringskompressor på den. För in kolven i fodret – försäkra dig om att båda är vända rätt väg (pilen på kolvkronan ska peka

15.3 Säkra ventilkomponenterna genom att knacka på ventilskaftet på detta sätt

mot svänghjulet och de gjutna klackarna längst upp på fodren ska vara vända mot varandra). Tryck in kolven i fodret så långt att ringarna är inne men tryckkolvshålet fortfarande utanför och släpp sedan kompressorn **(se bilder)**.

5 Montera en ny bastätning på cylinderfodret **(se bild)**. Blanda inte ihop de övre tätningarna med bastätningarna; bastätningarna är tjocka och svarta medan de övre är tunna och gröna.

6 Vrid vevaxeln så att den vevstake som hör ihop med kolven hamnar så långt utanför vevhuset som möjligt.

7 Stoppa in rena trasor i vevhuset för att fånga upp eventuella clips som faller ner under följande moment.

8 Smörj tryckkolven och tryck in den en bit i kolven, sänk sedan kolven/fodret över vevstaken. Vicka vevstaken fram och tillbaka

16.1A Olja in lyftarna ...

16.1B ... och sätt in dem i sina lopp

16.2A Montera ringexpandern ...

16.2B ... föjd av ringskenan ...

16.2C ... och kompressionsringarna. Observera 'TOP' markeringen

16.3 Montering av en tryckkolvslåsring

16.4A För in kolven i fodret

16.4B Kolvringarna är innanför fodret men kolvbultshålet är fortfarande utanför

16.5 Montera en ny bastätning

16.8 Tryck in kolven i vevstakens lillände

16.9 Montera den andra låsringen. Notera trasan som hindrar den från att falla ned i vevhuset

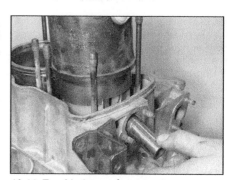

16.11 Tryckkolven måste monteras genom hålet i vattenmanteln

tills tryckkolven kan tryckas genom lilländen **(se bild)**.

9 Tryck in tryckkolven helt och fäst det andra clipset **(se bild)**.

16.13 Montera en ny övre tätning

10 Tryck in fodret på sin plats i vevhuset.

11 Upprepa dessa moment på den andra kolven på samma sidan av motorn, men arbeta denna gång genom hålet i vattenmanteln när du ska sätta i tryckkolven och clipset **(se bild)**.

12 Ta bort trasan och upprepa hela arbetsmomentet på andra sidan av motorn.

Topplock

13 Arbeta på en sida av motorn åt gången och montera en ny övre tätning (tunn grön) på varje foder **(se bild)**.

14 Förbered tryckstångsrören genom att försiktigt sträcka vart och ett till dess att avståndet mellan de yttre ändarna av de korrugerade delarna är ca 194 mm **(se bild)**.

Var försiktig när du gör detta, de korrugerade delarna spricker om de behandlas ovarsamt och skadan märks kanske inte förrän olja börjar läcka ut efter det att motorn har startats.

15 Montera nya tätningar i båda ändarna av tryckstångsrören och sätt in rören i vevhuset **(se bilder)**.

16 Montera en ny gummipackning i kanten på vattenmanteln. Lägg på en tunn sträng tätningsmedel (VW D 000 400 01 eller liknande) på packningens fogyta **(se bilder)**. När tätningsmedlet har lagts på måste topplocket monteras och dras åt inom 45 minuter. Lägg inte på stora mängder tätningsmedel – kylvätskepassagerna kan blockeras.

17 Smörj de nya metalltätningsringarna lätt och sätt in dem i topplocket **(se bild)**.

18 Sänk ned topplocket på pinnbultarna, var

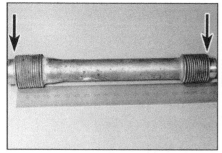

16.14 Sträck tryckstångsrören så att avståndet mellan pilarna blir ca 194 mm

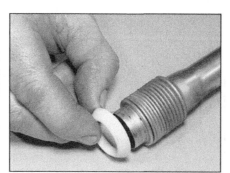

16.15A Sätt på nya gummipackningar i ändarna på tryckstångsrören . . .

16.15B . . . och sätt in röret i vevhuset

16.16A Montera en ny vattenmantelpackning . . .

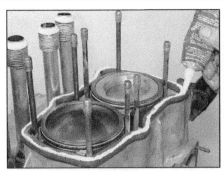

16.16B . . . ooh lägg på en sträng tätningsmedel

16.17 Smörj tätningsringarna så att de inte faller ut

16.18 Montera nytt topplock

16.19A Täck kontaktytorna på topplocksmuttrarna med tätningsmedel . . .

16.19B . . . och dra sedan åt dem stegvis till specificerat moment

försiktig så att inte metalltätningsringarna faller ut och se till att tryckstångsrören passar in i sina fattningar (se bild).

19 Täck kontaktytorna på topplocksmuttrarna med tätningsmedel (VW AKD 456 000 02 eller liknande). Sätt på muttrarna och dra åt dem stegvis i den ordning som visas till specificerat moment (se bilder).

20 Smörj tryckstängerna och sätt tillbaka dem på sina ursprungliga platser. Se till att var och en går in i urtaget i mitten på motsvarande lyftare.

21 Montera vipparmsmekanismen på pinnbultarna och se samtidigt till att tryckstängernas toppar går i kuporna. Montera brickorna och fästmuttrarna och dra åt muttrarna till specificerat moment (se bild).

22 Upprepa momenten på den andra sidan av motorn.

16.19C Åtdragningsordning för topplocksmuttrar

3 Sätt in drivaxeln på sin plats så att den, när den roterar på grund av de snedställda drevens ikuggning, intar det slutgiltiga

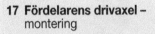

17 Fördelarens drivaxel – montering

1 Vrid motorn i normal rotationsriktning till dess att kolv nr 1 når ÖD i kompressionsslaget. Kontrollera detta genom att studera insugsventilens vipparm för cylinder nr 1; den måste just ha slutat stänga när märket på vevaxelremskivan närmar sig den övre skarven mellan vevhushalvorna. Ställ in märkena så att kolv nr 1 är i ÖD.

2 Placera tryckbrickan (brickorna) över änden på drivaxeln och håll dem på plats med lite fett (se bild).

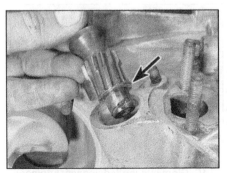

17.2 Sätt fördelarens drivaxel på plats. Tryckbrickorna (vid pilen) hålls på plats med lite fett

16.21 Dra åt vipparmsaxelns muttrar

monterade läget som visas (se bild). Det mindre segmentet, eller förskjutningen, är vänt mot kylvätskepumpen. Man kan behöva

17.3 Korrekt justering av drivaxeln – skåran i axeln måste vara i linje med det gängade hålet som visas med den streckade linjen

försöka flera gånger innan korrekt placering erhålls **(se bild)**.
4 Med drivaxeln på plats, för den förspända fjädern på plats i mitten av drivaxeln.

18 Motorns tillhörande komponenter – montering

1 Montera ventilationshuset (där tillämpligt) uppe på vevhuset, använd en ny O-ring. Observera jordledningsanslutningen längst ner på ventilatorn **(se bilder)**.
2 Anslut de olika kylvätskefördelarrören och -slangarna, använd nya tätningar och packningar efter tillämplighet.
3 Montera avgassystemet, se kapitel 4 om så behövs.
4 Montera insugsröret och förgasaren eller bränsleinsprutningsutrustningen. Se även här kapitel 4 om så behövs.
5 Monteringen av de övriga komponenterna och resten av ihopsättningen sker i omvänd ordning mot beskrivningen i avsnitt 7. Använd alltid nya packningar och tätningar där så är tillämpligt. Se vid behov de olika kapitlen för detaljbeskrivningar om montering och justering.

18.1A Montera ny O-ring i botten på ventilatorn . . .

17.4 Montera den förspända fjädern

19 Hydrauliska ventillyftare – grundinställning

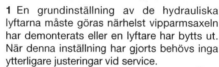

1 En grundinställning av de hydrauliska lyftarna måste göras närhelst vipparmsaxeln har demonterats eller en lyftare har bytts ut. När denna inställning har gjorts behövs inga ytterligare justeringar vid service.
2 Placera motorn så att kolv nr 1 är i ÖD i kompressionsslaget med fördelarens rotorarm pekande mot märket i fördelarhusets kant.
3 Lossa vipparmslåsmuttern för cylinder nr 1. Backa justerskruvarna tills de är helt ur vägen för ventilskaften, skruva sedan tillbaka dem tills de har lätt kontakt utan spel. I denna position, dra åt skruvarna ytterligare två varv och dra sedan åt muttrarna utan att låta skruvarna rubbas alls **(se bild)**.
4 Rotera vevaxeln ett halvt varv så att cylinder nr 4 är i ÖD i kompressionsslaget och upprepa justeringen på vipparmarna för denna cylinder. Upprepa för cylinder 3 och 2.
5 När denna inställning har gjorts, montera ventilkåporna med nya packningar.
6 När motorn startas kommer ventillyftarna till en början att leva om och det kan ta ganska lång tid (till och med efter många mil) innan allt oljud upphör helt. Detta är normalt och inget att oroa sig för.
7 Observera att det också är normalt för lyftarna att föra oljud ett tag efter det att

motorn först startas på dagen, och vid tomgång efter körning i hög hastighet. Montering av nya lyftare kommer inte nödvändigtvis att förbättra situationen. Att pröva olika typer och grader av motorolja kan minimera dessa symptom – konsultera en VW-specialist om ytterligare information behövs.

20 Första start efter renovering – allmän information

Med motorn monterad i bilen och redo att starta, kontrollera vätskenivåerna igen (se *"Veckokontroller"*), se till att batteriet är fulladdat och gör en sista kontroll så att inga trasor eller verktyg har lämnats i motorrummet.
Deaktivera tändsystemet genom att koppla loss fördelarens lågspänningsanslutning, dra sedan runt motorn på startmotorn till dess att oljetrycksvarningslampan slocknar. Detta snapsar också bränslesystemet.
Återanslut fördelaren och starta motorn. Rusa den inte, men låt den gå på snabb tomgång. Titta runt och under motorn för att se efter om någonting läcker. Försäkra dig om att oljetrycksvarningslampan förblir släckt.
Var beredd på underliga lukter och rök från delar som nu blir heta och bränner av oljeavlagringar.
Avlufta kylsystemet enligt beskrivning i kapitel 1 medan motorn värms upp.
När motorn har värmts upp, kontrollera tändinställningen och justera tomgångshastigheten om så behövs.
Slå av motorn och låt den kallna, kontrollera sedan vätskenivåerna igen och undersök noggrant förekomsten av läckor. Om allt är som det ska, ta ut bilen på en provtur.
Om nya kolvar, ringar eller vevaxellager har monterats måste motorn köras in de första 800 km. Kör inte fortare än 100 km/tim, inte full gas och låt inte motorn gå på låga varvtal i någon växel.
Byt motorolja och filter i slutet av inkörningsperioden (se kapitel 1)

18.1B . . . och anslut sedan ventilatorn till vevhuset

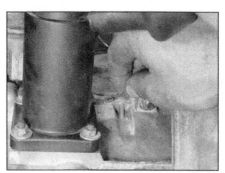

18.1C Glöm inte jordledningsanslutningen

19.3 Grundjustering av hydrauliska ventillyftare

Kapitel 3
System för kylning, värme och luftkonditionering

Innehåll

Svårighetsgrader

Enkelt, passar novisen med lite erfarenhet	Ganska enkelt, passar nybörjaren med viss erfarenhet	Ganska svårt, passar kompetent hemma-mekaniker 	Svårt, passar hemmamekaniker med erfarenhet	Mycket svårt, för professionell mekaniker

Specifikationer

Allmänt

Kylsystemtyp .... Övertryck med pumpad cirkulation, frontmonterad kylare, elektrisk kylfläkt
Kylvätskekapacitet .... Se kapitel 1 "Specifikationer"
Tryck för expansionskärlets lock .... 0,90 till 1,15 bar

Termostat

Börjar öppna .... 85°C
Helt öppen .... 105°C
Slag .... 8 mm

Kylfläkt, termostatkontroll

Förgasarmotor:
  Första stegets aktiveringstemp (öppnar vid) .... 93° - 98°C
  Första stegets deaktiveringstemp (stänger vid) .... 88° - 93°C
  Andra stegets (där tillämpligt) aktiveringstemp (öppnar vid) .... 99° - 105°C
  Andra stegets (där tillämpligt) deaktiveringstemp (stänger vid) ..... 91° - 97°C
Bränsleinsprutningsmotor:
  Första stegets aktiveringstemp (öppnar vid) .... 89° - 94°C
  Första stegets deaktiveringstemp (stänger vid) .... 81°C
  Andra stegets (där tillämpligt) aktiveringstemp (öppnar vid) .... 95° - 100°C
  Andra stegets (där tillämpligt) deaktiveringstemp (stänger vid) ..... 87°C

Åtdragningsmoment

	Nm
Kylpump till motor	20
Kylpumpens flänsbultar (senare modeller)	20
Kylpumpens remskivebultar	20
Termostathus till kylpump (tidiga modeller)	20
Termostathuskåpans bultar (tidiga modeller)	7
Termostathuskåpans bultar (senare modeller)	10
Temperaturgivare till termostathus	10
Kylarens fästbultar	15
Fläktens termokontakt till kylare	25

1 Allmän information och säkerhetsföreskrifter

Allmän information

Kylsystemets främsta uppgift är att motverka hettan som genereras av motorn. Systemet är designat till att låta motorn värmas upp så fort som möjligt efter kallstart och behålla optimal arbetstemperatur efter uppvärmningsstadiet. Det förser också passagerarutrymmet med värme när detta efterfrågas. Kylsystemet fungerar på följande sätt:

Kylvätska (en blandning av vatten och frostskyddsvätska) cirkulerar i motorns vattenmantlar med hjälp av en remdriven pump. Kylvätskan passerar också genom kanaler i insugsröret för att hålla grenröret varmt och underlätta förgasningen av bränslet så att det lättare kan blandas med den omgivande luften.

När motorn är kall stänger en termostat av cirkulationen till motorn, grenröret och elementet. När kylvästketemperaturen är tillräckligt hög, öppnar termostaten och låter kylvätska flöda till kylaren i fören på bilen. Kylvätskan strömmar uppifrån och nedåt i kylaren och kyls ned av luftflödet, som skapas när bilen körs, och återvänder sedan till motorn. På modeller med automatväxellåda passerar kylvätskan även genom en värmeväxlare som sitter på växellådan; en liknande värmeväxlare används till att kyla ned motoroljan på bränsleinsprutningsmodeller. Det finns en stor mängd fördelarrör och -slangar (se bilder).

Om kyltemperaturen i kylaren övergår ett visst värde, kommer en termokontakt som sitter monterad på sidan på kylaren, att starta en elektrisk kylfläkt för att minska luftflödet till kylaren. Beroende på modell och specifikation kan en fläkt med en eller två hastigheter monteras.

Ett expansionskärl finns för den volymökning som beror på att kylvätskan värms upp. Själva expansionskärlet övergår i en ytterligare "överflödestank" som inte är trycksatt.

Förutom "överflödestanken" som just nämndes, är kylsystemet förseglat och trycksatt. Om systemet behöver fyllas på ofta kan detta bara bero på att det finns en läcka. Detta bör undersökas och åtgärdas innan det blir ett allvarligt problem.

Vissa modeller har luftkonditionering. Se beskrivning i avsnitt 13.

Viktigt att veta

Kylsystemet på Transportern är mer komplicerat, och kanske mer krävande, än det på många bilar. Det främsta skälet till detta är att motorn och kylaren sitter så långt ifrån varandra som det bara går på horisontalplanet, men att det inte är någon nämnvärd höjdskillnad. Följ noggrant påfyllnings- och avluftningsinstruktionerna i kapitel 1 varje gång du arbetat på kylsystemet.

En annan komplikation beror på det faktum att vattenkylningssystemet har byggts runt den gamla luftkylda motorn, vilket gör det lättare och billigare att lägga till extra rör än att gjuta om komponenter på motorn. De två huvudslangarna av gummi i motorrummet är

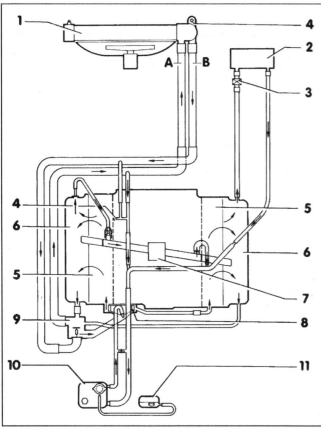

1.3A Kylsystemets rör- och slanganslutningar – tidiga modeller med manuell växellåda

1 Kylare	5 Cylindervatten- mantel	9 Termostat
2 Värmeelement	6 Topplock	10 Expansionskärl
3 Värmeventil	7 Insugsrör	11 Överflödes- (påfyllnings-) tank
4 Avluftningsskruv	8 Kylvätskepump	

1.3B Kylsystemets rör- och slanganslutningar – tidiga modeller med automatväxellåda

1 Kylare	6 Topplock	11 Överflödes- (påfyllnings-) tank
2 Värmeelement	7 Insugsrör	12 Förgasare
3 Värmeventil	8 Kylvätskepump	13 Automatväxel- lådans vätske- kylare
4 Avluftningsskruv	9 Termostat	
5 Cylindervatten- mantel	10 Expansionskärl	

mycket långa och dyra att ersätta. Detta är kanske det pris man får betala för nöjet att få ha en boxermotor.

Observera! Det är ytterst viktigt att det alltid finns korrekt koncentration av frostskydd i kylsystemet. Om frostskyddet späds ut genom upprepad påfyllning av vatten, finns det en risk för att motorns vattenmantlar börjar rosta. Rosten kan försvaga topplockets fästpinnbultar vilket i sin tur kan leda till katastrofalt motorhaveri.

Säkerhetsanvisningar

Varning: Ta inte bort expansionskärlets lock och vidrör inte någon del av systemet medan motorn är varm, eftersom det då finns risk för skållning. Om locket måste tas bort innan systemet svalnat helt, täck locket med en tjock trasa och skruva av det långsamt, vänta på att väsande ljud ska sluta innan locket lyfts bort helt.

Varning: Låt inte frostskyddsvätska komma i kontakt med huden eller målade ytor. Eventuellt spill ska spolas bort omedelbart och med mycket vatten. Förvara aldrig frostskyddsvätska i öppna behållare och låt den inte ligga kvar i pölar på garagegolv eller uppfart. Barn och djur kan lockas av den söta lukten, och förtäring av frostskyddsvätska kan få dödlig utgång.

Varning: Om kylaren är varm kan den elektriska kylfläkten starta även om motorn är avstängd.

Ovservera: Se avsnitt 13 för säkerhetsåtgärder som bör vidtas när man arbetar på modeller med luftkonditionering.

2 Kylsystemets slangar – byte

Observera: Se Varningarna i avsnitt 1 i detta kapitel innan du fortsätter.

1 Om kontrollerna beskrivna i kapitel 1 avslöjar en defekt slang måste den bytas enligt följande:

2.3 En av huvudkylvätskeslangarna lossas

2 Börja med att tappa av kylsystemet (se kapitel 1). Om kylvätskan inte behöver förnyas kan den återanvändas om den sparas i en ren behållare.

3 En slang kopplas bort genom att man först lossar dess fästclips och sedan flyttar dem längs slangen så att de går fria från relevant intags-/uttagsanslutning **(se bild)**. Slangclips som monterats som originalutrustning lossas genom att deras ändar trycks ihop med en tång. Frigör slangen försiktigt. Slangarna kan demonteras relativt lätt när de är nya eller varma, men **försök inte** koppla bort någon del av systemet medan det fortfarande är varmt.

4 För att kunna förnya slangen som kopplar samman termostathuset med det vänstra topplocket, måste termostathuset demonteras.

5 Tänk på att vissa av kylvätskeanslutningarna är ömtåliga, särskilt avluftningsventilen i plast som sitter i motorrummet; använd inte överdriven kraft när du försöker lossa slangarna. Om en slang verkar svår att ta bort, försök lossa på den genom att snurra

HAYNES TiPS *Om allt annat misslyckas, skär av slangen med en skarp kniv och slitsa sedan upp den så att den kan skalas av i två delar. Även om detta verkar vara ett dyrt sätt om slangen annars är intakt, är det ändå oftast billigare att skaffa ny slang än komponenten den sitter kopplad till.*

på slangändarna innan försök görs att ta bort den.

6 När en slang monteras, sätt först på clipsen på slangen och arbeta sedan in slangen på plats. Byt slangclipsen om det finns minsta tvivel angående deras skick. Om slangen är stel, använd lite såpvatten som smörjmedel, eller mjuka upp slangen genom att dränka den i varmt vatten.

7 Sätt slangen på plats, kontrollera att den sitter som den ska och för sedan varje clips längs slangen tills det passerar över den vidgade änden på tillämplig intags-/uttagsanslutning.

8 Fyll på kylsystemet (se kapitel 1).

9 Leta grundligt efter läckor så snart som möjligt efter arbete på någon del av kylsystemet.

3 Kylare – demontering och montering

Observera 1: Se Varningarna i avsnitt 1 i detta kapitel innan du fortsätter.

Observera 2: På modeller med luftkonditionering är kondensatorn ansluten till kylaren, från vilken den kan separeras sedan kylaren sänkts ned. **Koppla inte bort ledningarna till kylmediat från kondensatorn –** se avsnitt 13.

1 Koppla bort batteriets negativa anslutning.

2 Lyft och stötta framdelen på fordonet (se "Lyftning och stödpunkter").

3 Ta bort reservdäcket och dess hållare. Hållarens stöd är fästa med hårnålsclips som kan tas ut med en skruvmejsel **(se bild)**.

4 Demontera brickan som sitter under kylaren. Denna är fäst med två självgängande skruvar **(se bild)**.

5 Placera en behållare under kylarens högra sida. Koppla bort slangarna från botten på kylaren och låt kylvätskan rinna ned i behållaren **(se bild)**.

6 Demontera frontgrillens paneler. Den övre grillen hålls fast med tre eller fem fästen, som måste vridas 90° för att kunna lossas. Den nedre grillen är fäst med fem skruvar.

7 Koppla bort kabelaget från kylfläkten och

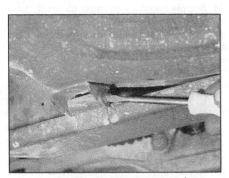

3.3 Ett hårnålsclips tas bort från reservhjushållaren

3.4 Skruv till brickan under kylaren skruvas ur

3.5 Kylvätskeslanganslutning längst ner på kylaren

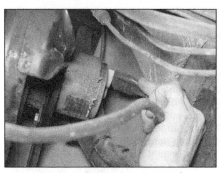

3.7A Koppla bort kabelaget från kylfläkten . . .

3.7B . . . och från termokontakten

3.8 Kylarens fästbygel

fläktens termokontakt. Frigör kabelaget från eventuella kabelband **(se bilder)**.

8 Ta hjälp av någon som kan stödja kylaren och skruva ur bultarna till de två nedre fästena **(se bild)**. Sänk ned kylaren och ta bort den. *Observera! Var försiktig! Kylaren är ganska tung och dess lameller vassa.*

9 Ta vara på monterinsbussningarna av gummi från fästena på kylaren **(se bild)**.

10 Montering sker i omvänd arbetsordning. Montera inte tillbaka den övre grillens panel förrän kylsystemet har fyllts på och avluftats enligt beskrivning i kapitel 1.

3.9 Ta vara på gummibussningarna

4 Kylare – kontroll och reparation

1 Om kylaren demonterats därför att man misstänker blockering, spola den med stora mängder rent vatten, först i den ena riktningen och sedan i den andra. Att skaka kylaren lätt samtidigt som man spolar kan hjälpa till att få envisa partiklar att lossna. Användning av kemiska preparat bör ses som en sista utväg.

2 Tvätta bort smuts och skräp från kylarlamellerna med tryckluft (ha skydd för ögonen) eller en mjuk borste. *Observera! Var försiktig! Kylaren är ganska tung och dess lameller vassa.*

3 Om så är nödvändigt kan en kylarspecialist utföra ett flödestest på kylaren för att fastställa om det finns en inre blockering eller

inte. Om det finns en blockering kan det vara möjligt att rensa den mekaniskt (med en stång el dyl), men i svåra fall måste själva värmeväxlaren bytas ut. Båda dessa arbeten bör utföras av en specialist, som vanligtvis utfärdar en försäkring av något slag.

4 Läckor från kylaren kan oftast kännas igen på de karakteristiska gröna eller vita fläckarna. Låt en specialist utföra eventuella reparationer av permanent art. Försöka inte svetsa eller löda en läckande kylare eftersom detta kan skada den.

5 I en nödsituation kan mindre läckor ibland tätas med lämplig kylartätning, som överensstämmer med tillverkarens rekommendationer, utan att man behöver demontera kylaren. Dessa produkter erbjuder oftast inte någon lösning i det långa loppet.

6 Om kylaren måste skickas iväg för reparation eller byte, demontera kylfläktkontakten.

5 Termostat – demontering, kontroll och montering

Observera: *Se Varningarna i avsnitt 1 i detta kapitel innan du fortsätter.*

Demontering

1 Koppla bort batteriets negativa anslutning.

2 Tappa av kylsystemet (se kapitel 1). Om kylvätskan inte behöver förnyas kan den återanvändas om den sparas i en ren behållare.

3 Koppla bort kabelaget från kyltemperaturgivaren/givarna.

4 På tidiga modeller (före juli 1985), ta bort de två bultar som fäster termostathusets nedre kåpa **(se bild)**. Det är inte lätt att komma åt när motorn är i bilen; om du får problem kan det vara lättare att ta ut termostathuset som en enhet (avsnitt 9).

5 På senare modeller sitter termostathuset ovanför motorn **(se bild)**. Ta bort bultarna som fäster toppkåpan.

6 På alla modeller, ta undan kåpan och var försiktig så att inte kylslangarna utsätts för tryck. Demontera termostaten, notera vilken väg den är monterad **(se bild)**. Ta vara på o-ringen.

Kontroll

7 Ett ungefärligt termostattest kan göras genom att man hänger upp termostaten i ett snöre i en behållare full med vatten. Värm upp vattnet så att det börjar koka – termostaten måste öppna när vattnet kokar. Om inte, byt ut den. (Observera emellertid att temperaturen för "helt öppen" på vissa modeller är högre än vattnets kokpunkt).

8 Om en termometer finns tillgänglig kan termostatens precisa öppningstemperatur mätas och jämföras med specifikationerna. Öppningstemperaturerna finns också angivna på termostaten. Om termostaten inte stänger när vattnet svalnar måste den också bytas.

Montering

9 Passa in termostaten i sitt hus och montera en ny o-ring **(se bild)**.

10 Montera och fäst termostathuskåpan.

11 Koppla tillbaka kabelaget till kylvätsketemperaturgivaren/givarna.

12 Fyll på och avlufta kylsystemet enligt beskrivning i kapitel 1.

6 Kylfläkt och termokontakt – testning

1 Om problem med överhettning uppstår (speciellt i trafik) och kylfläkten inte verkar fungera, kontrollera först säkringen (se kapitel 12). Om säkringen är intakt, testa systemet på följande sätt:

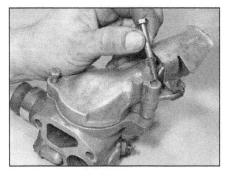

5.4 Bultar till termostathusets kåpa tas bort (tidig typ visas) – huset har demonterats och vänts upp och ner så att bultarna ska kunna ses

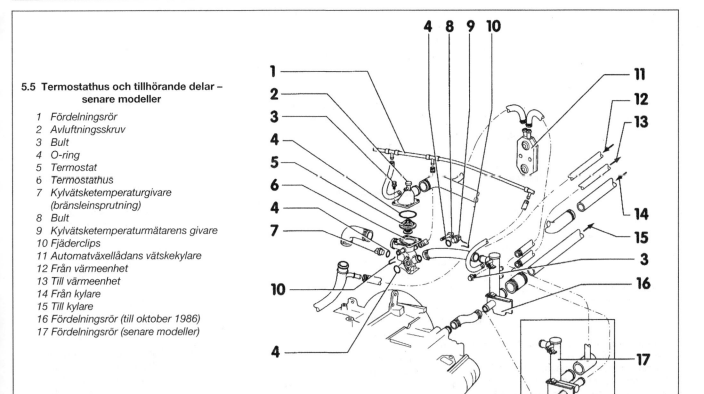

5.5 Termostathus och tillhörande delar – senare modeller

1 Fördelningsrör
2 Avluftningsskruv
3 Bult
4 O-ring
5 Termostat
6 Termostathus
7 Kylvätsketemperaturgivare (bränsleinsprutning)
8 Bult
9 Kylvätsketemperaturmätarens givare
10 Fjäderclips
11 Automatväxellådans vätskekylare
12 Från värmeenhet
13 Till värmeenhet
14 Från kylare
15 Till kylare
16 Fördelningsrör (till oktober 1986)
17 Fördelningsrör (senare modeller)

2 Demontera den nedre grillens panel och böj tillbaka luftavvisaren för att kunna nå termokontakten.

En-stegsfläkt

3 Koppla bort kabelaget från termokontakten och fäst ihop kabelanslutningarna med ett pappersclips eller liknande typ av kabel. (Låt inte oskyddad kabel komma i kontakt med fordonets metall, då går säkringen.)
4 Slå på tändningen. Om fläkten nu fungerar så är det med största säkerhet termokontakten som är defekt och bör bytas.

Två-stegsfläkt

5 Tillvägagångssättet är likadant, men endast två av de tre kablarna ska fästas ihop med detsamma. Av de tre möjliga ihopparningarna ska en inte ge något resultat, en ska göra att fläkten går på låg hastighet och en att den går på hög hastighet.

Alla modeller

6 Om fläkten inte går under testet ovan och säkring och kablar är OK, är motorn defekt och ska demonteras enligt beskrivning i nästa avsnitt.
7 Koppla tillbaka kablarna till deras ursprungliga anslutningar och avsluta med att montera grillens panel.

7 Kylfläkt – demontering och montering

Observera: *I princip är det möjligt att demontera fläkten sedan kylaren har sänkts ned, utan att koppla ifrån kylslangarna. Om du väljer detta sätt, var noga med att inte skada slangarna eller själva kylaren.*
1 Demontera kylaren enligt beskrivning i avsnitt 3, man behöver inte nödvändigtvis koppla loss slangarna (se *"Observera"* ovan).
2 Ta loss bultarna och lossa fläktkåpan från kylaren, demontera den komplett med fläkt **(se bild)**.

5.6 Demontering av termostat (tidig typ visad)

5.9 Använd en ny O-ring vid montering av termostaten

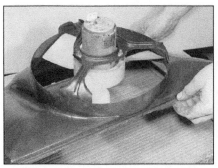

7.2 Demontering av fläkt och hölje från kylaren

7.3 Fläkten demonteras från kåpan

3 Lossa på fästmuttrarna och ta bort fläkt och motor från kåpan **(se bild)**.
4 Om fläktmotorn är defekt ska den bytas ut.
5 Montering sker i omvänd arbetsordning.

8 Kylfläktens termokontakt – demontering och montering

Observera: *Se Varningarna i avsnitt 1 i detta kapitel innan du fortsätter.*
1 Koppla bort batteriets negativa anslutning.
2 Demontera den nedre grillens panel och böj tillbaka luftavvisaren för att kunna nå termokontakten.
3 Ta bort expansionskärlets trycklock och ha ersättningskontakten eller en lämplig propp till hands. Om detta inte är möjligt, tappa av kylsystemet enligt beskrivning i kapitel 1.

4 Lossa kabelaget från termokontakten. Skruva loss kontakten från kylaren **(se bild)**. Var beredd på kylvätskespill.
5 Skruva i den nya kontakten, med ny tätningsbricka. Dra åt den och koppla till alla elektriska anslutningar.
6 Fyll på med kylvätska (se *"Veckokontroller"*). Låt motorn gå och undersök att det inte finns några läckor samt att kylfläkten arbetar som den ska.
7 Avsluta med att montera grillens panel.

9 Kylvätskepump – demontering och montering

Observera: *Se Varningarna i avsnitt 1 i detta kapitel innan du fortsätter. Kylvätskepumpen kan inte repareras; om den läcker eller för mycket oljud när den är igång ska den bytas ut.*

1 Koppla bort batteriets negativa anslutning.
2 Tappa av kylsystemet enligt beskrivning i kapitel 1.
3 Demontera drivremmen/remmarna enligt beskrivning i kapitel 5A.
4 Lossa bultarna och demontera kylvätskepumpens remskiva **(se bild)**.

Tidiga modeller (t o m juli 1985)

5 Koppla bort rör och slangar från kylvätskepumpen och termostathuset. När det gäller

8.4 Skruva loss termokontakten från kylaren

den mycket korta slangen som ansluter termostathuset till det vänstra topplocket, lossa bara på slangclipset **(se bild)**.
6 Koppla bort kabelaget från temperaturgivaren/givarna på termostathuset.
7 Lossa bultarna och ta bort termostathuset från kylvätskepumpen, lösgör samtidigt pinnbulten **(se bilder)**. Ta tillfället i akt och byt denna slang om du tvivlar det minsta på skicket.
8 Lossa kylvätskepumpen från motorn och ta bort den **(se bild)**. Beroende på utrustning kan det vara nödvändigt att demontera ett av kylvätskefördelarrören om det är i vägen.
9 Påbörja monteringen genom att sätta en ny o-ring i skåran i pumpflänsen **(se bild)**.
10 Håll fast pumpen mot motorn och dra åt dess fästen till specificerade åtdragningsmoment.
11 Montera termostathuset till pumpen med

9.4 Demontering av kylvätskepumpens remskiva

9.5 Lossa på slangclipset på den korta slangen (tidiga modeller)

9.7A Termostathuset skruvas loss från kylvätskepumpen (tidiga modeller)

9.7B Termostathuset separeras från kylvätskepumpen (tidiga modeller)

9.8 Demontering av kylvätskepumpen

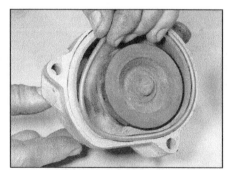

9.9 Placera en ny O-ring i kylvätskepumpens fläns

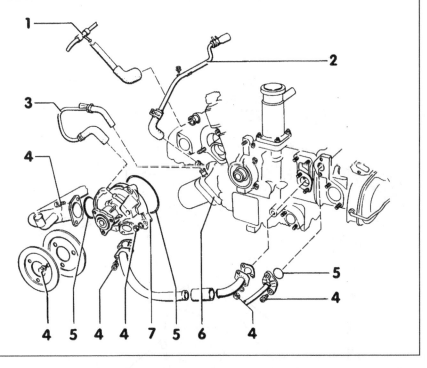

9.13 Kylvätskepump och tillhörande delar – senare modeller

1 Fördelningsrör
2 Från oljekylare
3 Till oljekylare
4 Flänsbult
5 O-ring
6 Oljekylare (om monterad)
7 Kylvätskepump

en ny packning på pumpytan och ny o-ring på fördelarröret. Dra åt bultarna till specificerade åtdragningsmoment.
12 Resten av monteringen sker i omvänd arbetsordning. Använd nya packningar och o-ringar oavsett skick och byt slangar och slangclips om det behövs.

Senare modeller

13 Följ beskrivningen ovan, men ignorera referenserna till termostathuset eftersom detta är avlägset placerat på dessa motorer **(se bild)**.

10 Kylsystemets givare – allmän information

1 Alla modeller har en kylvätskenivågivare i expansionskärlet. Demontera givaren genom att koppla bort kabelanslutningen och skruva loss den **(se bild)**.
2 Temperaturmätarens givare sitter på termostathuset. På modeller med bränsleinsprutning finns det även en andra givare, vilken ger information till den elektroniska styrenheten (ECU).
3 På modeller med en insugsrörsvärmare

finns termokontakten, som kontrollerar värmaren, i det intilliggande kylvätskefördelarröret **(se bild)**. För närmare beskrivning av detta system, se kapitel 4A.
4 För kylfläktens termokontakt, se avsnitt 6 och 8.
5 Byte av en defekt eller misstänkt givare ska alltid ske när systemet är kallt och sedan expansionskärlets trycklock tagits bort. Om den nya givaren eller en lämplig plugg finns till hands så behöver kylsystemet inte avtappas, men det ska fyllas på och avluftas efteråt om en större mängd kylvätska gått förlorad (se *"Veckokontroller"* och kapitel 1)

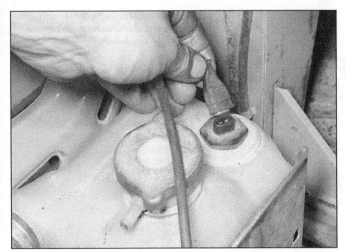

10.1 Koppla bort anslutningen från kylvätsketemperaturgivaren

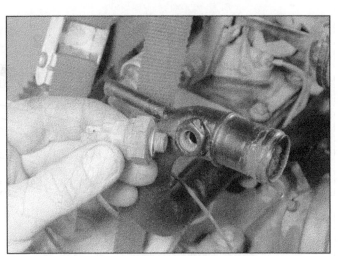

10.3 Demontering av insugsrörsvärmens termokontakt

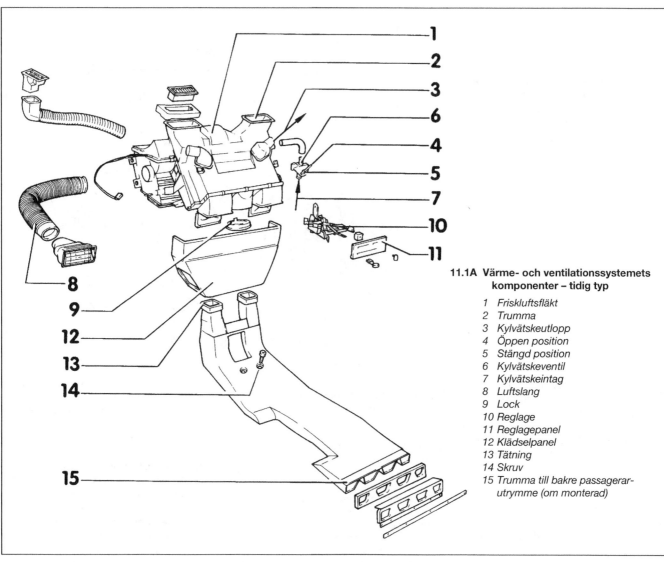

11.1A Värme- och ventilationssystemets komponenter – tidig typ

1 Friskluftsfläkt
2 Trumma
3 Kylvätskeutlopp
4 Öppen position
5 Stängd position
6 Kylvätskeventil
7 Kylvätskeintag
8 Luftslang
9 Lock
10 Reglage
11 Reglagepanel
12 Klädselpanel
13 Tätning
14 Skruv
15 Trumma till bakre passagerar-utrymme (om monterad)

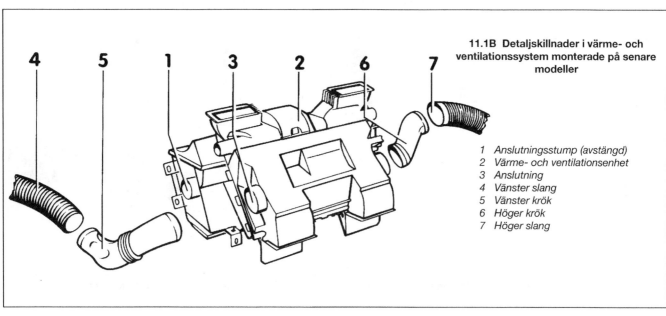

11.1B Detaljskillnader i värme- och ventilationssystem monterade på senare modeller

1 Anslutningsstump (avstängd)
2 Värme- och ventilationsenhet
3 Anslutning
4 Vänster slang
5 Vänster krök
6 Höger krök
7 Höger slang

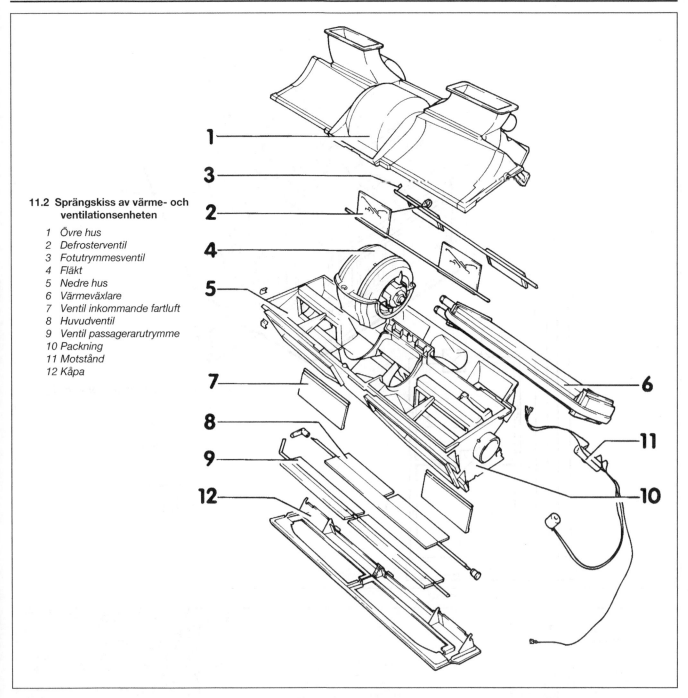

11.2 Sprängskiss av värme- och ventilationsenheten

1 Övre hus
2 Defrosterventil
3 Fotutrymmesventil
4 Fläkt
5 Nedre hus
6 Värmeväxlare
7 Ventil inkommande fartluft
8 Huvudventil
9 Ventil passagerarutrymme
10 Packning
11 Motstånd
12 Kåpa

11 Värme- och ventilationssystem – allmän information

1 Det värme- och ventilationssystem som monteras som standard, är av konventionell typ **(se bilder)**. Värmarhuset i förarhytten innehåller luftledningar, ventiler, en fläktmotor och en värmeväxlare. De olika funktionerna gör att föraren eller passageraren kan kontrollera friskluftsintaget, justera temperaturen genom att alternera flödet av varm kylvätska genom värmeväxlaren samt rikta luftströmmen mot vindrutan, fotbrunnen och (på vissa modeller) baksätet. Fläkten kan öka luftflödet när det "naturliga" flödet, som beror på att bilen rör sig framåt, inte är tillräckligt.

2 För att få tillgång till hela värmarenheten måste man först demontera instrumentbrädan, se beskrivning i kapitel 11. Sedan detta gjorts kan enheten demonteras och om nödvändigt tas isär för byte av enstaka komponenter **(se bild)**. För att dela på ventilhuset krävs att fästflikarna öppnas med en kniv eller stämjärn; fjäderclips finns att tillgå för montering. Kom ihåg att avlufta och fylla på kylsystemet sedan arbetet avslutats om anslutningen till elementet avbrutits (se *"Veckokontroller"* och kapitel 1).

3 En extra kylvätskematad värmare för passagerarutrymmet finns på vissa modeller **(se bild)**. Bensintänd extravärmare finns också; arbete på detta system ska **inte** utföras av okvalificerade personer, eftersom konsekvenserna av ett fel kan bli allvarliga.

4 För modeller med luftkonditionering, se även avsnitt 13.

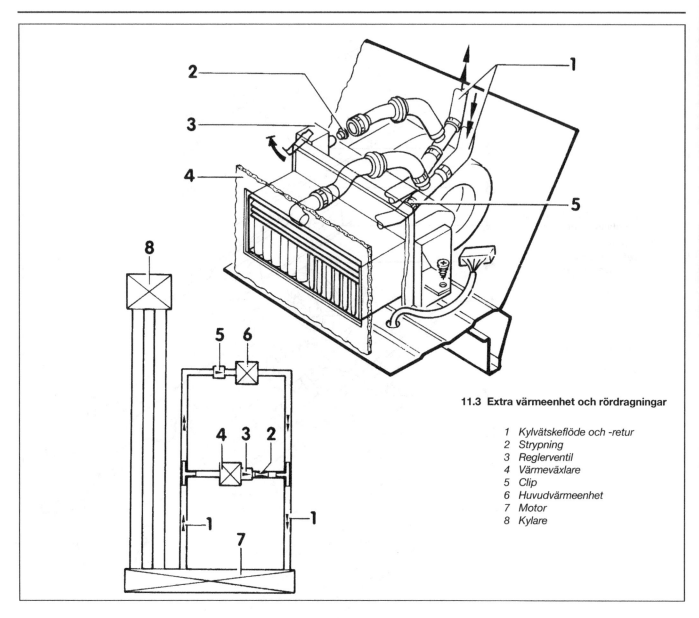

11.3 Extra värmeenhet och rördragningar

1 Kylvätskeflöde och -retur
2 Strypning
3 Reglerventil
4 Värmeväxlare
5 Clip
6 Huvudvärmeenhet
7 Motor
8 Kylare

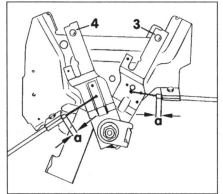

12.2 Värmereglagekablarnas anslutningar – nedre armar

3 Arm för huvudventil
4 Arm för passagerarutrymmets ventil
a = ca 3 mm

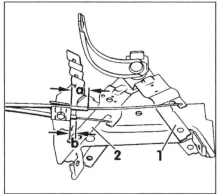

12.3 Värmereglagekablarnas anslutningar – övre armar

1 Fördelningsventil (ruta/fotutrymme)
2 Temperaturreglage
a = 30 mm   b = 20 mm

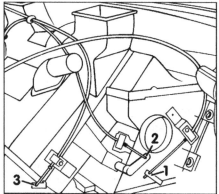

12.4 Värmereglagekablarnas anslutningar till värmarhuset

1 Ventil passagerarutrymme
2 Huvudventil
3 Ventil ruta/fotutrymme

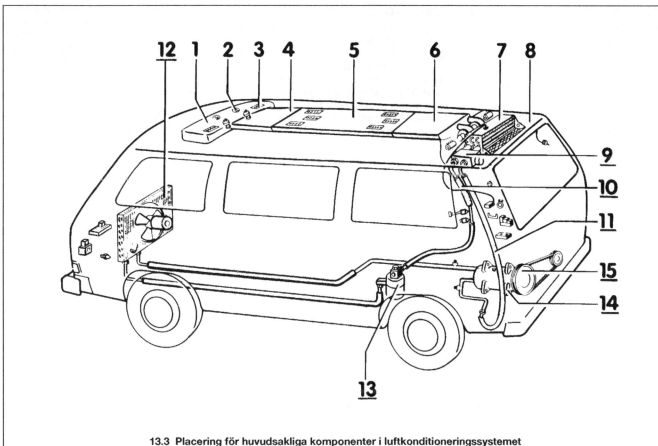

13.3 Placering för huvudsakliga komponenter i luftkonditioneringssystemet

1 Vindrutans trumma	6 Bakre trumma	11 Kylmediaslang
2 Luftutlopp	7 Förångningsenhet	12 Kondensator
3 Luftutlopp	8 Vattendräneringsslang	13 Vattenabsorberande enhet
4 Främre trumma	9 Expansionsventil	14 Kompressor
5 Mittre trumma	10 Kylmediaslang	15 Kompressorkoppling

12 Värmereglagets kablar – justering

1 Detta är inte ett rutinarbete. Det bör endast vara nödvändigt sedan man bytt ut kablar eller om komponenterna har rubbats ur sitt läge. Observera att den kabel och arm, som kontrollerar det bakre passagerarutrymmets luftfördelning, inte finns på alla fordon.
2 Reglagekabeln för passagerarutrymmet (när sådan finns) är markerad med två gröna märken. Spärrventilens huvudkabel har ett grön/gult märke. De är fästa vid armen som visat **(se bild)**.
3 Fördelarkabeln till vindrutan/fotbrunnen är markerad med ett rött märke och temperatur-reglerkabeln med två blå och ett gult märke. De är kopplade som visat **(se bild)**.

4 Med anslutningarna kopplade som visat, pröva de olika värmereglagen och kontrollera hur ventiler och armar på sidan av värmar-huset och styrventilen rör sig **(se bild)**.

13 Luftkonditionering – allmän information och säkerhetsföreskrifter

Allmän information

Luftkonditionering finns som tillval på vissa modeller. Detta kan sänka temperaturen på den inkommande luften och gör också luften torrare, vilket bidrar till att imma av rutorna och göra det mer behagligt.

Den del av systemet som arbetar med kylning fungerar på samma sätt som ett vanligt hushållskylskåp. Kylmedia i gasform dras in i en remdriven kompressor och fortsätter till en kondensator som sitter framför kylaren, där den förlorar värme och blir flytande. Vätskan passerar genom en expansionsventil till en förångare, där den omvandlas från vätska under högt tryck till gas under lågt tryck. Denna omvandling åtföljs av en temperatursänkning som kyler ned förångaren. Kylmediat återvänder till kompressorn och cykeln påbörjas igen.

Luft som blåser genom förångaren fortsätter till luftfördelningsledningar i taket, där den uppnår den temperatur som önskas i passagerarutrymmet **(se bild)**.

Den del av systemet som ansvarar för uppvärmningen fungerar på samma sätt som på modeller utan luftkonditionering (se avsnitt 11).

Det enda arbete som kan utföras lätt och utan att man behöver tappa ur kylmediat är byte av kompressorns drivrem, vilket tas upp i kapitel 1. Allt annat arbete måste lämnas till en VW-verkstad eller luftkonditionerings-specialist. Om det behövs kan kompressorn, sedan drivremmen demonterats, skruvas loss och flyttas åt sidan utan att dess böjliga slangar behöver kopplas loss,.

Får man problem med systemet ska detta lämnas åt en VW-verkstad.

Säkerhetsföreskrifter

 Varning: Kylkretsen innehåller ett flytande kylmedium (freon) och det är därför farligt att koppla bort någon del av systemet utan specialistkunskap och särskild utrustning. Kylmediat utgör en potentiell risk och bör endast hanteras av kvalificerade personer. Om det kommer i kontakt med huden kan det orsaka köldskador. Kylmediat i sig är inte giftigt, men i närheten av oskyddad låga (inklusive en tänd cigarett) omvandlas den till en giftig gas. Okontrollerad avtappning av kylmediat är farligt och skadar miljön.

 Varning: Använd inte luft-konditioneringen om du vet att det saknas kylmedia i systemet, eftersom detta kan skada kompressorn.

Kapitel 4A
Bränsle- och avgassystem – modeller med förgasare

Innehåll

Svårighetsgrader

Enkelt, passar novisen med lite erfarenhet	Ganska enkelt, passar nybörjaren med viss erfarenhet	Ganska svårt, passar kompetent hemma-mekaniker	Svårt, passar hemmamekaniker med erfarenhet	Mycket svårt, för professionell mekaniker

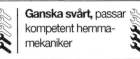

Specifikationer

Systemtyp
Alla modeller . . . .   Mekanisk bränslepump, en- eller tvåcylindrig fallförgasare

Bränslepump
Typ . . . .   Mekanisk, driven av kamaxel
Matartryck . . . .   0,2 till 0,3 bar

Förgasare
Typ:
   Motorkod DF och EY . . . .   Solex 34 PICT-5
   Motorkod DG och SP . . . .   Pierburg 2E3 eller 2E4

Förgasarspecifikationer – Solex 34 PICT-5

	Motorkod DF	Motorkod EY (när annan)
Stryprörsdiameter	26 mm	
Huvudmunstycke	127,5	132,5
Luftkorrigeringsmunstycke	60Z	
Tomgångsmunstycke	50	55
Tomgångsluftmunstycke	140	
Tillsatsbränslemunstycke	45	
Tillsatsluftmunstycke	90	
Accelerationspump, insprutningsmängd	1,30 ± 0,15 ml/slag	
Flottörhusventil	1,5 mm	
Flottörvikt	11,0 ± 0,5 g	
Flottörhusventilens bricktjocklek	0,5 mm	

Chokeklafföppning .... 2,8 ± 0,2 mm
Snabbtomgångshastighet .... 1900 ± 100 rpm
Tomgångshastighet .... se kapitel 1 *"Specifikationer"*
Avgasernas CO-halt .... se kapitel 1 *"Specifikationer"*

Förgasarspecifikationer – Pierburg 2E3 och 2E4

	Primär	Sekundär
2E3 – modeller t o m oktober 1985 (endast motorkod DG):		
Stryprörsdiameter .... 22 mm		26 mm
Huvudmunstycke 102,5		110
Luftkorrigeringsmunstycke 50		45
Tomgångsbränslemunstycke 45		-
Tomgångsluftmunstycke 110		-
Fullastberikning .... -		1,1 mm

Accelerationspumpinsprutning:
   Manuell växellåda .... 0,45 mm   -
   Automatisk växellåda .... 0,30 mm   -
Accelerationspump, insprutningsmängd:
   Manuell växellåda .... 1,35 ± 0,20 ml/slag
   Automatisk växellåda .... 1,00 ± 0,20 ml/slag
Chokeklafföppning .... 3,3 ± 0,2 mm
Snabbtomgångshastighet .... 2000 ± 200 rpm
Tomgångshastighet .... se kapitel 1 *"Specifikationer"*
Avgasernas CO-halt .... se kapitel 1 *"Specifikationer"*
2E3 och 2E4 – modeller från november 1985 (motorkod DG och SP) – som ovan förutom:
   Styrluftmunstycke 125
   Fullastberikning .... 0,5 mm
   Chokeklafföppning .... 2,5 ± 0,2 mm
   Snabbtomgångshastighet (2E4) .... 3600 ± 200 rpm

Bränsletankens kapacitet .... ca 60 liter

Bränslets oktantal
Alla förgasarmodeller .... minst 91 RON

Åtdragningsmoment
                                                 Nm
Bränsletankens fästbultar 25
Avgassystem M8, fästbultar 20

---

1 Allmän information och föreskrifter

Bränslesystemet på förgasarmodeller består av en bränsletank, en mekanisk driven bränslepump samt en en- eller tvåcylindrig fallförgasare. Luftfiltret är av papper (av engångstyp) och har automatisk lufttemperaturreglering.

Ett stort antal olika avgassystem används beroende på motorstorlek, produktionsår och land.

Bränsleinsprutningsutrustning och samhörande system tas upp i del B i detta kapitel.

⚠️ *Varning: Flera av arbetsmomenten i detta kapitel inbegriper demontering av bränslerör och -anslutningar, vilket kan medföra bränslespill. Innan du utför något som helst arbete på bränslesystemet, se säkerhetsföreskrifterna i "Säkerheten främst!" i början av boken och följ dem noga. Bensin är en mycket farlig och flyktig vätska och säkerhetsåtgärderna som är nödvändiga när man handskas med den kan inte nog understrykas.*

2 Luftrenare och luftintagstrumma – demontering och montering

1 Demontering av luftfiltret beskrivs i kapitel 1.
2 För att demontera luftrenarenheten, sök upp alla vakuumrör och koppla bort dem från luftrenarhuset (se bilder).
3 Koppla loss in- och utloppsslangarna, ta bort enheten från friskluftsintaget och ta bort den från motorn.

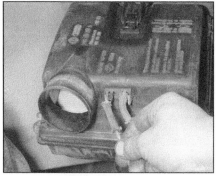

2.2A Koppla bort vakuumrören från temperaturregleraren ...

2.2B ... och från vakuumenheten

2.4A Koppla bort vevhusets ventilationsslang

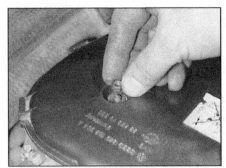

2.4B Demontera muttern . . .

2.4C . . . ooh ta bort luftintagstrumman

4 Demontera luftintagstrumman från uppe på förgasaren sedan vevhusets ventilationsslang kopplats loss och fästmuttrarna tagits bort **(se bilder)**.

5 Montering sker i omvänd arbetsordning

3 Luftintagets temperaturreglering – kontroll

1 Lufttemperaturreglagets funktion kan kontrolleras på följande sätt:
2 Med luftrenaren på plats och motorn på tomgång vid normal arbetstemperatur, koppla loss vakuumrören från temperaturregleraren på luftrenaren och anslut dem till varandra **(se bild 2.2A)**.

3 Lossa vakuumröret från vakuumenheten. Om systemet fungerar som det ska, ska man höra att klaffventilen i vakuumenheten stänger när röret kopplas bort. Om detta inte händer kan det vara fel på temperaturregleraren, eller också saknas det vakuum p g a en läcka eller skada på vakuumröret.

4 Bränslepump – demontering, kontroll och montering

⚠️ **Varning: Se avsnitt 1 innan du påbörjar arbetet.**

1 Bränslepumpen sitter uppe på vevhuset, intill fördelaren. Pumpen är förseglad och kan inte tas isär.

2 För att demontera pumpen, börja med att koppla bort batteriets negativa anslutning.
3 Tänk på hur bränslerören sitter och märk ut dem för att undvika förvirring. Lossa rören från pumpen och plugga igen dem för att hindra bränslespill **(se bild)**.
4 Ta bort de två fästmuttrarna och brickorna **(se bild)**.
5 Ta ut pumpen från sin plats och ta vara på isoleringsblock och packningar **(se bild)**. Även pumpens stötstång kan demonteras om det behövs i det här läget.
6 För att kontrollera pumpens funktion, montera bränsleintagsröret till pumpintaget och håll en tjock trasa nära utloppet. Sänk pumparmen med ett stag eller liten bult. Om pumpen fungerar tillfredsställande ska en stark bränslestråle sprutas från utloppet när armen släpps upp. Om så inte är fallet, försäkra dig om att bränsle flödar från tanken när röret hålls under tankens nivå. Om det gör det är pumpen defekt och ska bytas.
7 Före montering, tvätta bort tecken på gammal packning på alla kontaktytor. Packa isoleringsblocket med fett **(se bild)**.
8 Montera isoleringsblocket med en ny packning på varje sida. Montera även stötstången om den togs bort, med den konformade änden mot kamaxeln **(se bilder)**.
9 Montera pumpen och fäst den med brickor och muttrar.
10 Sätt tillbaka bränslerören på sina ursprungliga platser enligt tidigare gjorda märken.

4.3 Koppla bort bränslerören från pumpen

4.4 Ta bort bränslepumpens fästmuttrar

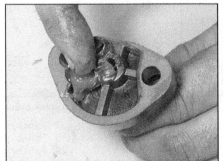

4.5 Demontera bränslepumpen

4.7 Packa bränslepumpens isoleringsblock med fett

4.8A Montera ny packning . . .

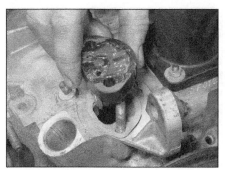

4.8B ... sedan isoleringsblocket ...

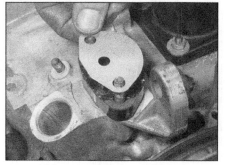

4.8C ... en till ny packning ...

4.8D ... och stötstången, med den konformade änden nedåt

5 Bränsletank – demontering, service och montering

⚠ **Varning: Se avsnitt 1 innan du påbörjar arbetet.**

1 Koppla bort batteriets minuspol.
2 Systemet är inte försett med en avtappningsplugg. Det rekommenderas att tanken töms genom att bränsle sifoneras eller handpumpas ut före demontering. Förvara bränslet i en lämplig, tillsluten behållare.
3 Sedan tanken tömts, lyft upp framdelen på bilen och stöd den säkert på pallbockar (se *"Lyftning och stödpunkter"*).
4 Lossa på klämman som fäster påfyllningsröret vid påfyllningsöppningens krök, koppla loss ventilationsslangen och demontera påfyllningsröret **(se bild)**. Var beredd på att eventuellt bränsle som finns kvar i tanken kommer att rinna ut.
5 Koppla bort bränslematnings- och returrör från tanken och plugga igen ändarna, plugga även igen tankens utlopp.
6 Stöd tanken på en domkraft med träblock emellan.
7 Lossa bultarna som fäster tankens stödfästen vid underredet på ena sidan och för ut de andra ändarna från sina lokaliseringskanaler.
8 Märk ut anslutningarna för alla tillgängliga

ventilatorrör och lossa dem **(se bild)**. Antalet rör, och var de sitter, varierar beroende på modell och exportområde.
9 Sänk långsamt ned tanken och koppla loss resten av ventilatorrören samt bränslemätargivarenhetens kabelage.
10 När allting kopplats bort, sänk ned tanken

så långt det går och ta bort den från under bilen.
11 Expansionskärlen kan om det behövs demonteras genom att man lossar på fästmuttrarna och tar ut dem från hjulhuset.
12 Om tanken är förorenad med avlagringar eller vatten, demontera givarenheten enligt

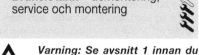

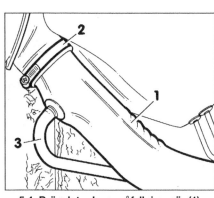

5.4 Bränsletankens påfyllningsrör (1), klämma (2) och ventilationsslang (3)

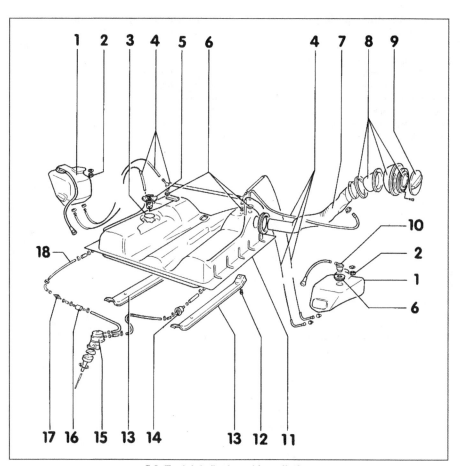

5.8 Typisk bränsletankinstallation

1 Expansionskärl	7 Påfyllningsrör	13 Skena
2 Mutter	8 Påfyllningskrök	14 Filter
3 Tätning	9 Påfyllningslock	15 Bränslepump
4 Ventilatorrör	10 Ventil	16 Förgasaranslutningar
5 Bränslemätargivare	11 Tank	17 Strypning
6 Packning	12 Mutter	18 Returledning

beskrivning i avsnitt 7 och spola ur tanken med rent bränsle. Om tanken är skadad eller läcker ska den lagas av en specialist eller bytas ut. **Försök inte** *under några omständigheter löda tanken.* Det finns tätningsmassa att tillgå för reparation av mindre läckor, men var noga med att massan du väljer passar för kontakt med bensin.

13 Montering av tanken sker i omvänd arbetsordning mot demontering.

6 Bränslemätarens givarenhet – demontering och montering

1 Se avsnitt 5 och demontera bränsletanken.
2 Observera vinkeln som den elektriska anslutningen på givarenheten tar i relation till tanken och märk ut den **(se bild)**.
3 Sätt i en skruvmejsel, platt stång eller annat lämpligt verktyg i fästet på låsringen och vrid ringen moturs för att lossa den.
4 Ta bort låsring, tätning och givarenhet.
5 Montering sker i omvänd arbetsordning, men använd alltid nya tätningar och sätt

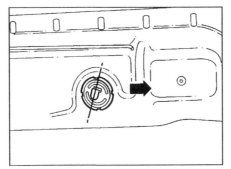

6.2 Korrekt vinkel för bränslemätarenheten. Pilen pekar framåt i bilens körriktning

tillbaka givarenheten enligt markeringarna gjorda vid demonteringen.

7 Trottelvajer (bilar med manuell växellåda) – justering

1 Innan du justerar vajern, kontrollera konditionen för gaspedalens stötstång, arm

och själva vajern och försäkra dig om att bussningar eller länkage inte är slitna **(se bild)**. Byt vid behov ut slitna delar och smörj pedallänkaget med universalfett.
2 Be något trycka ned pedalen i botten (med motorn avstängd) och håll den i det läget.
3 Trottelarmen vid förgasaren ska nu precis komma i kontakt med sitt stopp (ej under spänning) eller inte mer än 1 mm från det.
4 Om spelrummet inte är enligt specifikationerna, lossa på vajern vid klämtappen eller dra åt tappen och flytta länkaget tills spelrummet är korrekt.

8 Trottellänkage (bilar med automatväxellåda) – kontroll och justering

1 Innan några kontroller eller justeringar utförs, inspektera visuellt trottellänkagets komponenter och leta efter förslitningar, överdrivet spelrum eller om de skyddande gummidamaskerna är slitna. Byt ut slitna delar och smörj pedallänkaget med univeralfett.

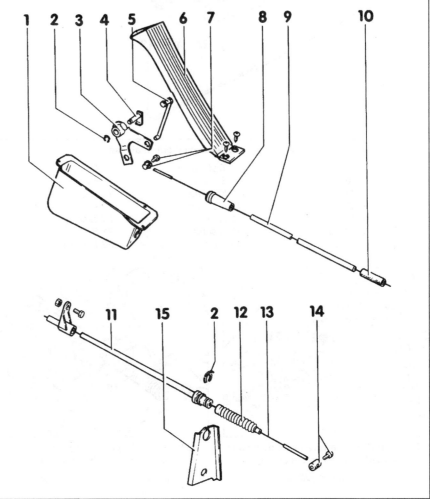

7.1 Trottellänkage – modeller med manuell växellåda

1 Kåpa
2 Låsring
3 Arm
4 Stift
5 Tryckstång
6 Pedal
7 Stift
8 Genomföring
9 Rör
10 Slang
11 Hylsa
12 Damask
13 Vajer
14 Klämstift
15 Fäste

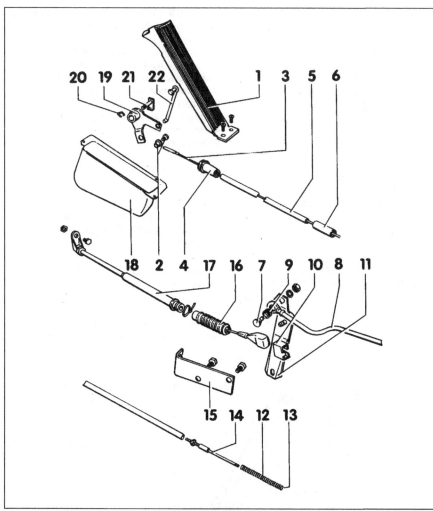

8.1 Trottellänkage – modeller med automatväxellåda

1 Pedal	8 Trottelstag	16 Damask
2 Klämstift	9 Bussning	17 Hylsa
3 Pedalvajer	10 Klamma	18 Kåpa
4 Genomföring	11 Kick-down arm	19 Arm
5 Rör	12 Fjäder	20 Låsring
6 Slang	13 Låsring	21 Stift
7 Stift	14 Ändfäste	22 Tryckstång
	15 Monteringsfäste	

2 För kontroll av länkagejusteringen, be en assistent trycka ned gaspedalen till fullgasläge så att trottelarmen är mot sitt stopp på förgasaren. Håll pedalen i detta läge.

3 Kontrollera att armen på sidan av växellådan inte är i kick-downläge.

4 Tryck nu ner pedalen helt till golvet. Kontrollera att överbelastningsfjädern på justerstagets ände är under tryck och att växellådsarmen är mot sitt stopp i kick-downläge (se bild). Om så inte är fallet, justera länkaget enligt följande:

5 Lossa på justerstagets låsmutter, ta bort låsringen och demontera överbelastningsfjädern.

6 Starta motorn, låt den uppnå normal arbetstemperatur och gå på tomgång.

7 Om det behövs, justera motorns tomgångshastighet enligt beskrivning i kapitel 1.

8 Stäng av motorn och dra trottelstaget så långt det går, för hand, tills trotteln är i helt stängt läge (se bild).

9 Använd en skruvmejsel och vrid på justerstaget så som det behövs så att dess axel precis kontaktar svängtappsbussningen i länkaget eller trottelarmen.

10 Montera överbelastningsfjädern, starta motorn och kontrollera att justeringarna inte har ändrat tomgångshastigheten. Vrid vid behov justerstaget för att återställa den specificerade hastigheten. Dra sedan åt justerstagets låsmutter och stäng av motorn.

11 Tryck ned gaspedalen i botten och håll kvar den där.

12 Kontrollera att växellådsarmen är i kick-downläge. Släpp nu upp pedalen och kontrollera att växellådsarmen återvänder till tomgångsläge, bort från kick-downläget. Om det behövs, demontera skyddet under gaspedalen och justera vajerns position vid klämbulten (se bild).

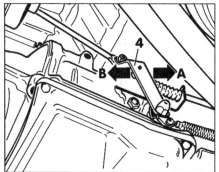

8.4 Armen (4) måste vara i kick-downläge (A) med pedalen helt nedtryckt

B Tomgångsläge

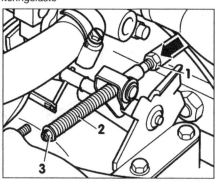

8.8 Trottelstagsjustering. Pilen visar riktningen för helt stängd

1 Låsmutter   3 Justerstag
2 Fjäder

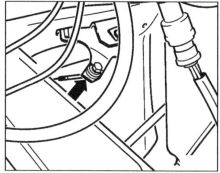

8.12 Justera trottelvajern vid klämbulten (vid pilen)

9.2A Sprängskiss över toppdelens komponenter på förgasare (34 PICT)

1 Bränsleretur	8 Skruv
2 Strypning	9 Chokens
3 Skruv	aktiverarenhet
4 Bränsleintag	10 Packning
5 Chokespindel	11 Nålventil
6 Packning	12 Bricka
7 Chokekåpa	

9 Förgasare (Solex 34 PICT) – beskrivning

1 Förgasaren Solex 34 PICT är av typen encylindrig fallförgasare med fast munstycke och har mekanisk accelerationspump, automatchoke för kallstartberikning och en trotteldämpare.

2 Enheten består av två delar; huvuddel och toppdel **(se bilder)**. Huvuddelen innehåller bl a flottörhuset, trottelcylinderns stryprör, accelerationspumpen, de olika munstyckena och interna borrningar samt trottelventilen och länkageenheten. Den inbegriper även förbiledningens strypventil, som avbryter tomgångsblandningskretsen när motorn stängs av. Toppdelen innehåller bränsleintagets nålventil och automatchoken.

3 Förgasaren är enkelt utformad och alla justeringar och inställningar kan utföras med verktyg som det är lätt att få tag på.

9.2B Sprängskiss över huvuddelens komponenter på en förgasare (34 PICT)

1 Plugg	11 Fördröjningsventil
2 Huvudmunstycke	12 Trotteldämpare
3 Tätning	13 Plugg
4 CO justerskruv	14 Tillsatsbränsle-
5 Stift	munstycke
6 Flottör	15 Insprutningsrör
7 Luftkorrigerings-	16 Justerskruv för
munstycke och rör	snabbtomgångs-
8 Tomgångs-	hastighet
munstycke	17 Förbiledande
9 Ventil	avstängningsventil
10 Justerskruv för	18 Tomgångs-
trottelpump	justerskruv

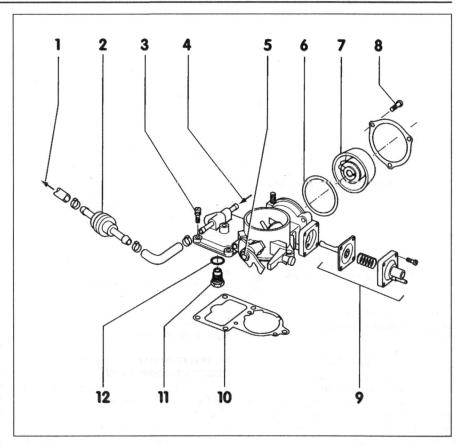

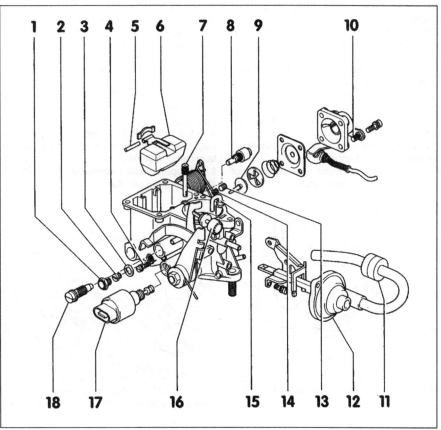

10.3 Demontering av ett bränslerör från förgasaren

10 Förgasare (alla typer) – demontering och montering

⚠️ **Varning: Se avsnitt 1 innan du påbörjar arbetet.**

1 Koppla bort batteriets minuspol.
2 Demontera luftrenaren och luftintagstrumman enligt beskrivning i avsnitt 3.
3 Koppla bort bränsleintags- och returrör vid förgasarens toppdel och plugga igen rören efter demonteringen (se bild). På förgasare med ett kylvätskeuppvärmt chokehus, koppla även från och plugga kylvätskeslangarna. Vidta säkerhetsåtgärder mot skållning om kylvätskan fortfarande är varm.
4 Koppla bort den elektriska ledningen vid automatchoken och vid förbiledningens strypventil.
5 Anteckna de olika vakuumrörens anslutningspunkter till förgasaren och koppla bort dem. Gör likadant med andra elektriska anslutningar.
6 Koppla bort gasvajern från förgasarlänkaget.
7 Ta bort muttrarna som fäster förgasaren vid grenröret och ta ut enheten.
8 Montering sker i omvänd arbetsordning mot demontering, kom ihåg följande:

a) *Använd en ny packning mellan förgasaren och insugsröret och var noga med att kontaktytorna är rena.*
b) *Justera gasvajern enligt beskrivning i avsnitt 8 eller 9.*
c) *Fyll på med kylvätska där tillämpligt (se "Veckokontroller").*
d) *Justera förgasarens tomgångsinställning enligt beskrivning i kapitel 1.*

11 Förgasare (Solex 34 PICT) – inställning och justering av komponenter

Observera: *Under normala omständigheter är det endast förgasarens tomgångsjustering som behöver uppmärksamhet och detta beskrivs i kapitel 1. Kontrollerna och justeringarna i detta avsnitt är inte rutinarbete och bör behövas endast sedan förgasaren reparerats eller om man misstänker att förgasaren inte går som den ska. Där justersäkra förseglingar är monterade ska dessa bytas ut sedan alla justeringar utförts; i vissa länder är det ett lagbrott att inte göra detta.*

Accelerationspumpens insprutningsmängd

⚠️ **Varning: Se avsnitt 1 innan du påbörjar arbetet.**

1 För att kontrollera insprutningsmängden, värm upp motorn till normal arbetstemperatur och stäng sedan av den.
2 Koppla bort batteriets minuspol och demontera luftrenaren och luftintagstrumman enligt beskrivning i avsnitt 3.
3 Placera ett lämpligt rör över insprutningsröret och ha ett graderat mätglas tillgängligt att samla upp bränsle i.
4 Manövrera trottellänkaget för hand för att fylla röret och rikta sedan ned röret i mätglaset.
5 Manövrera trottellänkaget genom fem fulla slag, med tre sekunder mellan varje slag, och ta sedan undan mätglaset.
6 Dela upp bränslet i mätglaset i fem delar för att få mängden per slag.

7 Om mängden inte överensstämmer med specifikationerna, vrid på justerskruven tills rätt mängd erhålls (se bild). Kontrollera även att det insprutade bränslet sprutar rakt nedåt.
8 Montera luftrenaren och koppla in batteriet.

Chokeklafföppning

9 Denna justering kan utföras antingen med förgasaren på plats i motorn eller demonterad.
10 Märk ut relationen mellan automatchoken (själva komponenten) och huset på förgasarens toppdel.
11 Ta bort skruvarna, sedan fästringen och demontera slutligen automatchoken med packning.
12 Tryck vakuummembranets dragstång mot vakuumenheten så långt det går med hjälp av en skruvmejsel.
13 Håll chokeklaffarmen mot dragstången och vrid sedan vakuumenhetens justerskruv så som behövs tills en spiralborr med en diameter som motsvarar den specificerade chokeklaffsöppningen precis passar in mellan chokeklaffen och trottelns cylindervägg (se bild).
14 Efter justeringen, montera automatchoken och var noga med att stiftet på chokeklaffarmen sätter sig på sin plats i choken. Se till att markeringarna gjorda under demonteringen är i linje innan fästringens skruvar dras åt.

Snabbtomgångshastighet

15 Värm upp motorn tills den når normal arbetstemperatur och stäng sedan av den. Anslut en varvräknare till motorn.
16 Sätt trottelventilens justeringsskruv på det tredje steget på snabbtomgångskammen, starta sedan motorn igen utan att röra acceleratorn. Kontrollera att motorvarvet är överensstämmande med det specificerade värdet för snabbtomgång.
17 Ta om nödvändigt bort det justersäkra skyddet och vrid skruven tills den specificerade hastigheten för snabbtomgång uppnås (se bild). Stäng av motorn och koppla bort varvräknaren.

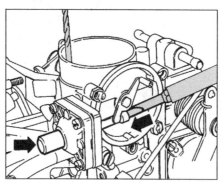

11.7 Trottelpumpens justerskruv (34 PICT)

11.13 Chokeventiljustering (34 PICT). Vänstra pilen visar justerskruven

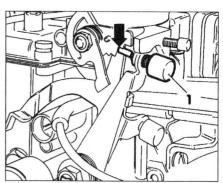

11.17 Snabbtomgångsjustering (34 PICT). Pilen visar skruven på tredje steget på kammen

1 Justerskruv

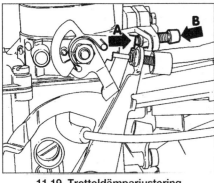

11.19 Trotteldämparjustering
(34 PICT)

A Tryck armen   B Justerskruv
mot skruven

Trotteldämparjustering

18 Värm upp motorn tills den når normal arbetstemperatur och låt den sedan gå på tomgång.

19 Tryck armen på länkaget mot juster-skruven på toppdelen **(se bild)** och kontrollera att motorns varvtal ökar till ca 1300 rpm. Om nödvändigt, vrid på justerskruven sedan det justersäkra skyddet tagits bort för att uppnå specificerat varvtal.

20 Öka motorn varvtal till ca 3000 rpm så att trottelns dämpararm trycks mot justerskruven.

21 Släpp trottelventilarmen. Dämpararmen ska långsamt lyfta justerskruven och trottel-ventilen ska vara helt stängd efter ca 3 sekunder.

12 Förgasare (Pierburg 2E3 och 2E4) – beskrivning

1 Pierburg 2E3 är en tvåcylindrig fallförgasare med fast munstycke och automatchoke. Den har även en mekanisk trottelpump. Öppnande av den andra cylinderns trottelplatta kontrol-leras av vakuum.

2 Enheten består av två delar; huvuddel och toppdel **(se bilder)**. Huvuddelen innehåller bl a flottörhuset, trottelcylinderns stryprör, trottelpump, dellastberikning, de olika mun-styckena och interna borrningar samt trottel-ventilen och länkageenheten. Den inbegriper även förbiledningans strypventil, som avbryter tomgångsblandningskretsen när motorn stängs av. Toppdelen innehåller bränsle-intagets nålventil och automatchoken.

3 2E4 förgasaren har utvecklats från 2E3 förgasaren som är monterad på vissa senare modeller med automatväxling, servostyrning och/eller luftkonditionering. Den största skillnaden är att tomgångshastigheten över-

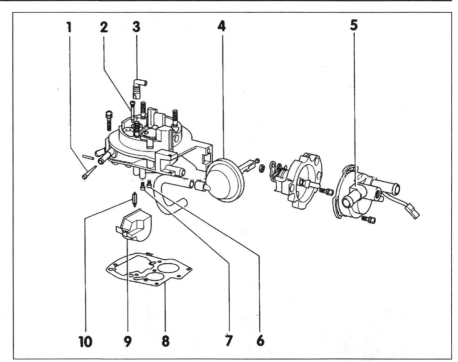

12.2A Sprängskiss över förgasarens toppdelskomponenter (2E3 / 2E4)

1 Renare	4 Chokeaktiverarenhet	7 Primärt huvudmunstycke
2 Tomgångsmunstycke	5 Chokekåpa	8 Packning
3 Ventilationsrör	6 Sekundärt huvudmunstycke	9 Flottör
		10 Nålventil

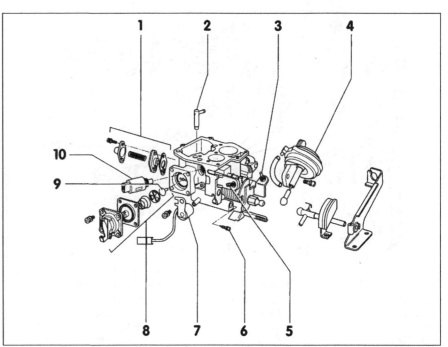

12.2B Sprängskiss över förgasarens huvuddels komponenter (2E3 / 2E4)

1 Delbelastnings-berikningsventil	4 Vakuumenhet (endast 2E3)	7 Delbelastn.ledningsvärmare
2 Insprutningsrör	5 Tomgångsjustering (endast 2E3)	8 Trottelpump
3 Tomgångsjusterskruv	6 CO justerskruv	9 Ventil
		10 Förbiledande avstängningsventil

vakas elektroniskt; en elektronisk lägesställare för trottelventilen används för att behålla en stadig tomgångshastighet även om belastningen ändras. De externa anslutningarna till denna förgasare sitter som visat **(se bild)**.

13 Förgasare (Pierburg 2E3 och 2E4) – inställning och justering av komponenter

1 Se anmärkningarna i början av avsnitt 12 innan du fortsätter.

Trottelpumpens insprutningsmängd

⚠️ *Varning: Se avsnitt 1 innan du påbörjar arbetet.*

2 Demontera förgasaren. Se till att flottörhuset är fyllt med bränsle.
3 Placera ett graderat mätglas under förgasaren.
4 Vrid på snabbtomgångskammen så att den inte kommer i kontakt med snabbtomgångens justerskruv.
5 Manövrera trottellänkaget genom fem fulla

slag, med tre sekunder mellan varje slag, och ta sedan undan mätglaset.
6 Dela upp bränslet i mätglaset i fem delar för att få mängden per slag.
7 Om mängden inte överensstämmer med specifikationerna, lossa på klämskruven och vrid kammen så som det behövs. Kontrollera även att det insprutade bränslet sprutar rakt nedåt **(se bilder)**.

Chokeklafföppning

8 Denna justering kan utföras antingen med förgasaren på plats i motorn eller demonterad.

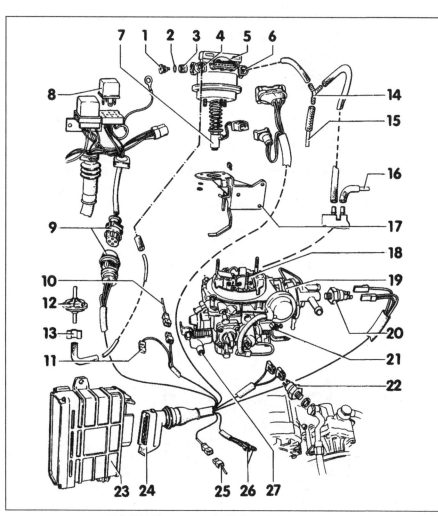

12.3 2E4 förgasare och tillhörande komponenter

1 Skydd	11 Till tändspole	21 Trottelgrund-positionsskruv
2 O-ring	12 Filter	
3 Filter	13 Clips	22 Tryckkontakt (modeller med servostyrning)
4 Ventilator	14 Anslutning	
5 Trottelventilpositionsgivare	15 Vakuumrör till fördelare	23 Tomgångsstabiliserings-styrningsenhet
6 Vakuumventil	16 Vakuumrör till temperaturregulator	
7 Trottelventilkontakt		24 Anslutning
8 Relä	17 Monteringsfäste	25 Till luftkonditionerings-kompressor
9 Anslutning	18 Chokeventil	
10 Till tändningsstyrningen	19 Snabbtomgångskam	26 Jordledning
	20 Termokontakt	27 Justerskruv

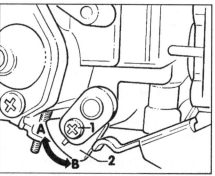

13.7A Trottelpumpsjustering (2E3 / 2E4)

1 Klämskruv	A Öka insprutning
2 Kam	B Minska insprutning

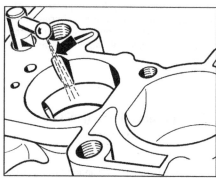

13.7B Korrekt justering av trottelpumpens spray (vid pilen)

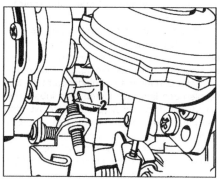

13.11 Chokeventiljustering (2E3 / 2E4) – snabbtomgångsskruven (2) måste vara på högsta steget på kammen (1)

9 Märk ut relationen mellan automatchoken (själva komponenten) och huset på förgasarens toppdel.

10 Ta bort skruvarna och demontera automatchoken med packning.

11 Öppna trotteln och placera snabbtomgångens justerskruv på det högsta steget på kammen **(se bild)**.

12 Tryck vakuummembranets dragstång mot vakuumenheten så långt det går med hjälp av en skruvmejsel.

13 Håll dragstången i den här positionen och vrid sedan vakuumenhetens justerskruv så som behövs så att en spiralborr med en diameter som motsvarar den specificerade chokeklafföppningen precis passar in mellan chokeklaffen och trottelns cylindervägg **(se bild)**.

14 Efter justeringen, montera automatchoken och var noga med att stiftet på chokeklaffarmen sätter sig ordentligt på plats i choken. Se till att markeringarna gjorda under demonteringen är i linje innan skruvarna dras åt.

Snabbtomgångshastighet

15 Värm upp motorn tills den når normal arbetstemperatur och stäng sedan av den. Anslut en varvräknare till motorn.

16 Med motorn igång, placera trottelventilens justerskruv på den andra steget (2E3) eller det översta steget (2E4) på snabbtomgångskammen. Kontrollera att motorns varvtal stämmer överens med det specificerade värdet för snabbtomgång.

17 Om det behövs, vrid på justerskruven för att uppnå rätt snabbtomgångshastighet. Stäng av motorn och koppla bort varvräknaren.

Chokeaktiverarvakuumenhet

18 Demontera luftintagstrumman. Starta motorn och låt den gå på tomgång.

19 Känn motståndet från chokeventilen när det stängs för hand. Den ska vara ganska lätt att stänga tills mellanrummet är ungefär 3 mm; sedan ska det vara ganska svårt.

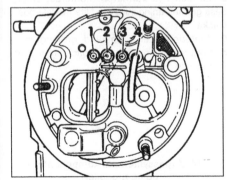

14.7A Munstycken (2E3 / 2E4) – toppdelen

1 Tomgångsluftmunstycke
2 Primärt luftkorrigeringsmunstycke
3 Sekundärt luftkorrigeringsmunstycke
4 Fulltrottelberikningsrör

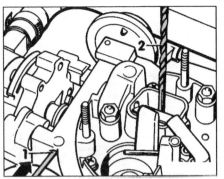

13.13 Chokeventiljustering (2E3 / 2E4)

1 Justerskruv   *2 Spiralborr*

20 Om man kan stänga chokeventilen helt utan att det finns något motstånd är aktiverarenheten defekt eller också finns det en läcka i dess vakuumtillförsel. Det behövs specialutrustning för att fastställa problemet och detta bör överlåtas åt en VW-verkstad eller annan specialist.

Andra test

21 Det går inte att testa den sekundära trottelvakuumenheten eller trottelventilens lägesställare (2E4) utan specialutrustning. Även grundinställning av trottelventilen och ingrepp i tomgångshastighetens stabiliseringssystem är arbete för en specialist. Rådfråga en VW-verkstad eller förgasarspecialist om det verkar som att dessa justeringar behöver utföras.

14 Förgasare (alla typer) – renovering

1 Större reparationer på förgasare är inget rutinarbete och bör endast utföras när komponenterna är tydligt slitna. Oftast räcker det med att ta av toppdelen och tvätta ut avlagringar från flottörhuset samt rensa munstyckena med tryckluft för att en förgasare ska arbeta effektivt. När en enhet har tjänstgjort under lång tid är det förmodligen mer ekonomiskt att byta ut den mot en ny eller utbytes förgasare istället för att börja ersätta individuella delar. Följande instruktioner är av allmän natur och är menade att assistera den erfarne mekanikern.

2 Med förgasaren uttagen ur motorn och tvättad utvändigt, börja isärtagningen på följande sätt:

3 Ta bort fästskruvarna och separera toppdelen från huvuddelen. Ta vara på packningen.

4 Demontera trottelpump- och vakuumenhetshusen och undersök försiktigt membranen, leta efter tecken på sprickor eller förslitningar.

5 Placera ett finger över bränslereturens utlopp och blås genom bränslematningens

utlopp. Kontrollera att nålventilen stänger av flödet när den reses och öppnar igen så snart den släpps.

6 Kontrollera förbiledningsstrypventilens funktion genom att ansluta 12 volt till den. När spänningen är ansluten ska man kunna höra och känna att den arbetar. Om ventilen är defekt ska det vara svårt eller omöjligt att justera tomgångshastigheten på ett tillfredsställande sätt. Byt ut ventilen om det behövs.

7 Identifiera och skruva loss alla munstycken **(se bilder)**. Blås genom dem och förgasarens borrhål med tryckluft.

8 Det rekommenderas att automatchoken, trottellänkaget och de olika skyddade justerskruvarna lämnas orörda.

9 Rengör noggrant flottörhuset, ta bort alla avlagringar och skaffa sedan en reparationsutrustning för förgasare, innehållande nya membran, packningar och brickor om dessa delar behövs.

10 Sätt ihop förgasaren i omvänd arbetsordning mot demontering, men utför behövliga kontroller och justeringar beskrivna i avsnitt 12 eller 14 under arbetets gång.

15 Avgasreningssystem – allmänt

Den enda avgasreningsutrustningen som finns på förgasarmodeller är vevhusventilationssystemet.

En sluten krets används, där motorns vevhusavgaser återcirkuleras till luftrenaren. Från en oljeseparator på vevhuset sänder en ventilatorslang rökgaser till luftrenaren, där de blandas med den inkommande luften och senare förbränns i motorn.

Observera att en bieffekt på det här systemet är att avgasernas CO-halt kan öka vid tomgång, särskilt om bilen oftast bara körs korta sträckor. Bränsle kondenseras och blandas med oljan när motorn är kall och bränsleångan blandas följaktligen med intags-

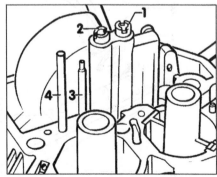

14.7B Munstycken (2E3 / 2E4) – huvuddelen

1 Primärt huvudmunstycke
2 Sekundärt huvudmunstycke
3 Fulltrottelberikningsrör
4 Övergångsrör

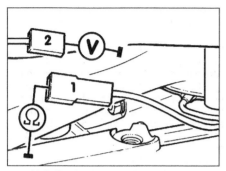

16.2 Test av insugsrörets värmare

1 Elementets resistans
2 Spänningsmatning

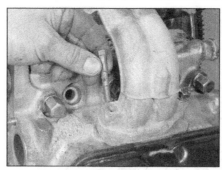

16.6A Demontering av en av insugsrörets bultar

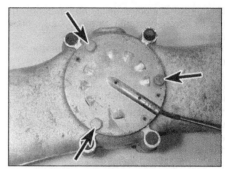

16.6B Fästskruvar till insugsrörets värmare (vid pilarna) – röret demonterat för tydlighetens skull

luften och gör tomgångsblandningen alltför fet. Detta kan avhjälpas genom att man tar bilen på en lång snabb tur, eller (tillfälligt) genom byte av motoroljan.

16 Insugsrörets värmare – kontroll, demontering och montering

1 Alla förgasarmodeller har en värmare för insugsröret, vilken är till för att förbättra bränsleekonomin och bidra till mjuk och jämn gång under uppvärmningsperioden. Värmaren är ett elektriskt element som sitter vid insugsrörets bas under förgasaren. Den styrs av en termokontakt som finns i ett närliggande kylvätskerör (tidiga modeller) eller i termostathuset (senare modeller). Kontakten bryter värmarkretsen när kylvätsketemperaturen når ca 60° C.

Kontroll

2 Om man misstänker att värmaren inte fungerar, kontrollera först att det finns spänning vid matningsanslutningen (tändningen på, motorn kall) **(se bild)**. Om inte så är antingen termokontakten defekt eller så är det något annat fel på kretsen.
3 Om det finns spänning, kontrollera värmeelementets resistans. Det specificerade värdet är 0.25 till 0.50 ohm; en digital multimätare behövs för att urskilja denna typen av resistans från en kortslutning. Hög eller oändlig resistans indikerar att värmaren är defekt.

Demontering och montering

4 Demontera förgasaren enligt beskrivning tidigare i detta kapitel.
5 Lossa kylvätskefördelarröret från insugsröret (endast tidiga modeller).
6 Lossa insugsröret från topplocken. Lyft upp insugsröret och ta bort de tre skruvar som fäster värmaren **(se bilder)**.
7 Stöd röret på träblock och driv ut värmaren med en hammare av trä eller plast.
8 När den nya värmaren monteras, smörj dess gummitätningsring med lite frostskyddsvätska.
9 Montering sker i omvänd ordning mot demontering. Använd nya packningar vid topplocken.

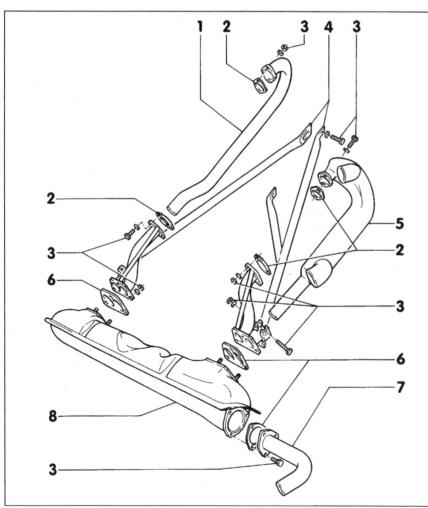

17.1A Avgassystemets komponenter – tidiga modeller

1 Rör
2 Packningar
3 Muttrar
4 Monteringsfästen
5 Höger rör och värmeväxlare
6 Packning
7 Avgasrör
8 Ljuddämpare

17.1B Avgassystemskomponenter – senare modeller

A Till ljuddämpare
B Till ljuddämpar-
   fästet
1 Monteringsfäste
2 Packning
3 Främre rör
4 Tvärstag
5 Packning
6 Insugsrör
7 Tätning

8 Monteringsfäste
9 Bakre rör
10 Monteringsfäste
11 Värmeskjöld
   (tillval)
12 Rör
13 Brickor
14 Distans
15 Rör (alternativ
   till 12)

17 Avgassystem – demontering och montering

1 Flera olika avgassystem har monterats beroende på motorstorlek, land och produktionsår. Största skillnaden är mellan tidiga och senare modeller **(se bilder)**.
2 Demontering och montering av systemens komponenter är inte alltid en lätt uppgift. Även om systemen företrädesvis består av ihop-bultade sektioner är korrosion och svårigheter att komma åt vanliga problem. Var särskilt försiktig vid demontering av avgas-rören från topplocken; det är lätt att man förvrider skruvgängorna i topplocken.
3 Om man först tar sig en grundlig titt på den egna bilens system och sedan refererar till bilderna så förstår man hur systemet ska tas isär och i vilken ordning. Innan arbetet påbörjas, smörj alla bultar och muttrar rikligt med inträngande olja, vänta en stund och smörj dem igen. Om det inte utgör någon fara, skär av riktigt envisa fästen eller rör – man måste ändå använda nya om korrosionen gjort så mycket skada.
4 Förnya alla packningar när systemet monteras och var noga med att alla kontakt-ytor är rena, med alla tecken på gamla packningar borttagna **(se bilder på nästa sida)**. Om man använder ett kopparbaserat antikärvningsmedel på muttrar, bultar och rörliga anslutningar blir isärtagningen lättare nästa gång.

17.1C Ljuddämparkomponenter – senare modeller

A Till huvudröret i avgassystemet
B Bakre rörets stödpunkt
1 Monteringsfäste
2 Monteringsfäste
3 Packningar
4 Avgasrör
5 Förstärkningsjärn
6 Ljuddämpare

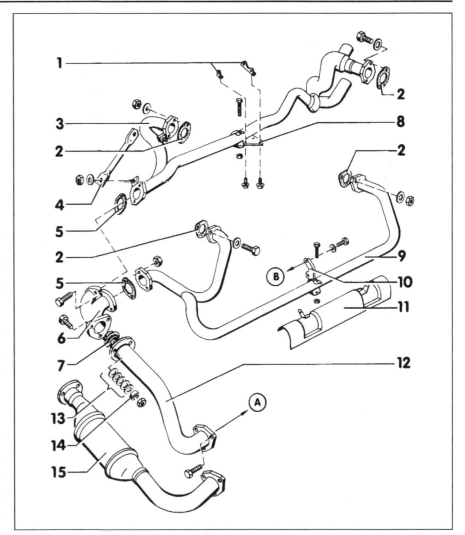

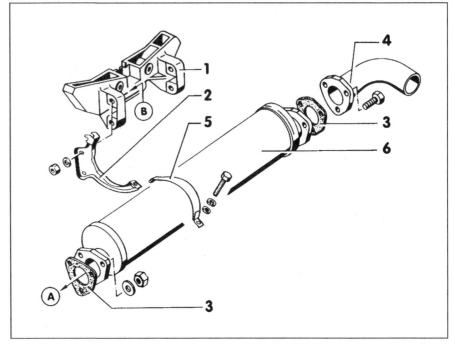

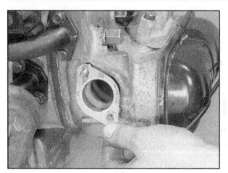

17.4A Packning mellan topplock och avgasrör

17.4A Packning till avgasljuddämpare

17.4C Högra sidans avgasrör ihopsamlade

Kapitel 4B
Bränsle- och avgassystem –
modeller med bränsleinsprutning

Innehåll

Svårighetsgrader

Enkelt, passar novisen med lite erfarenhet	Ganska enkelt, passar nybörjaren med viss erfarenhet	Ganska svårt, passar kompetent hemma-mekaniker	Svårt, passar hemmamekaniker med erfarenhet	Mycket svårt, för professionell mekaniker

Specifikationer

Systemtyp
Motorkod GW, DJ .... Digijet
Motorkod MV, SS .... Digifant

Bränslepump
Matarhastighet (minimum) .... 500 ml på 30 sekunder
Reglerat tryck .... Se text

Tomgångshastighetens styrventil
Motstånd .... 2 till 10 ohm
Strömkvantitet .... 430 ± 20 mA

Givartest
Motstånd, kylvätsketemperaturens givare:
   Vid 50° C .... ca 800 ohm
   Vid 75° C .... ca 350 ohm
   Vid 100° C .... ca 200 ohm
Motstånd, intagslufttemperaturens givare:
   Vid 0° C .... ca 5500 ohm
   Vid 20° C .... ca 2500 ohm
   Vid 45° C .... ca 1000 ohm
Motstånd, servostyrningstryckets givare (motorn gående):
   Styrningen riktad rakt framåt .... Oändligt (öppen krets)
   Styrningen på fullt utslag .... 1,5 ohm eller mindre

Bränsletankens volym
ca 60 liter

Bränslets oktantal
Motorkod GW, DJ .... Minst 98 RON, normal eller blyfri, eller 95 oktan med justering för tändningsinställningen (se även avsnitt 2)
Motorkod MV, SS .... Minst 95 RON, endast blyfri bensin (se även avsnitt 2)

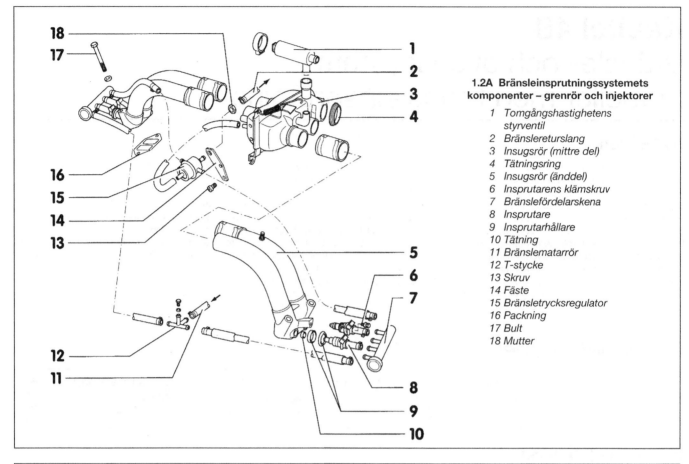

1.2A Bränsleinsprutningssystemets komponenter – grenrör och injektorer

1 Tomgångshastighetens styrventil
2 Bränslereturslang
3 Insugsrör (mittre del)
4 Tätningsring
5 Insugsrör (änddel)
6 Insprutarens klämskruv
7 Bränslefördelarskena
8 Insprutare
9 Insprutarhållare
10 Tätning
11 Bränslematarrör
12 T-stycke
13 Skruv
14 Fäste
15 Bränsletrycksregulator
16 Packning
17 Bult
18 Mutter

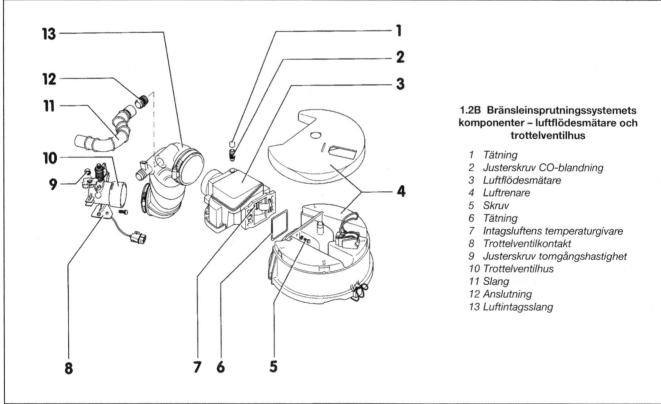

1.2B Bränsleinsprutningssystemets komponenter – luftflödesmätare och trottelventilhus

1 Tätning
2 Justerskruv CO-blandning
3 Luftflödesmätare
4 Luftrenare
5 Skruv
6 Tätning
7 Intagsluftens temperaturgivare
8 Trottelventilkontakt
9 Justerskruv tomgångshastighet
10 Trottelventilhus
11 Slang
12 Anslutning
13 Luftintagsslang

1 Allmän information och föreskrifter

Det elektroniska bränsleinsprutningssystemet på vissa 1.9 och alla 2.1 liters modeller kallas för Digijet eller Digifant, det senare har utvecklats från det tidigare. Den största skillnaden mellan de två systemen är att Digijet endast styr bränsleinsprutningen medan Digifant är ett integrerat motorstyrningssystem som kontrollerar både bränsleinsprutningssystemet och tändsystemet. Modeller med Digifant har en katalysator i avgassystemet.

Systemets huvudkomponenter består av en elektriskt driven bränslepump, en elektronisk styrd (dator)enhet samt nödvändiga givare, bränsleinjektorer, bränsleledningar och grenrör (se bilder).

Den mängd bränsle som matas beror på hur mycket luft som sugs in i motorn. Detta beror i sin tur på temperaturen och motorns arbetsbelastning. Digifant-systemet styr syrehalten i avgaserna med hjälp av en syresensor (Lambdagivare) och kontrollerar också tändsystemet.

Perifera komponenter (luftrenare, bränsletank, avgassystem etc) liknar dem på förgasarmodeller. För information om dessa se del A i detta kapitel.

Bränsleinsprutningssystem är vanligtvis mycket tillförlitliga. Arbetsmomenten i detta kapitel är begränsade till sådana som kan utföras av en hemmamekaniker med vanliga verktyg. Om man vill veta mer om dessa system rekommenderas *Bilens motorstyrnings- och bränsleinsprutningssystem* från Haynes (boknummer SV3390), som kan införskaffas från återförsäljare av Haynes Gör-det-själv-handböcker.

Säkerhetsföreskrifter

Den elektroniska styrenheten är elektriskt känslig. Koppla bort båda batterianslutningarna om batteriet ska laddas eller om elektrisk lödning ska utföras. Var noga med att elsystemet inte utsätts för spänningsvågor (t ex när man laddstartar ett fordon med urladdat batteri). Testutrustning ska endast kopplas till eller ifrån med tändningen avslagen.

Vid arbete med tändningsrelaterade komponenter eller komponenter som sitter nära sådana, följ säkerhetsföreskrifterna mot elchock – se kapitel 5B.

Var mycket noga med renligheten vid arbete på bränsleinsprutningssystemet. Gör rent runt bränsleanslutningarna innan de kopplas loss, och sätt igen öppna anslutningar. Använd bara rena, luddfria trasor för rengöring av komponenter och packa inte upp nya komponenter förrän de ska monteras.

⚠️ **Varning: Vissa av arbetsmomenten inbegriper bortkoppling av bränslerör och bränsleanslutningar, vilket kan**

resultera i visst bränslespill. I andra ingår avtappning av bränsle för olika test. Innan något arbete utförs på bränslesystemet, se säkerhetsföreskrifterna i "Säkerheten Främst!" i början av denna handbok och följ dem mycket noggrant. Bensin är en mycket farlig och flyktig vätska och de nödvändiga säkerhetsåtgärderna kan inte nog understrykas.

2 Blyfri bensin – allmän information

Observera: *Informationen i detta avsnitt är korrekt i skrivandets stund, men rådfråga en VW-återförsäljare om du är tveksam. Vid resa utomlands, speciellt i länder utanför EU, skaffa information angående bränslekvalitet och tillgängliga oktantal från en motororganisation.*

1 Alla bränsleinsprutningsmodeller som täcks av denna handbok kan använda uteslutande blyfri bensin utan att ta skada. Modeller med katalysator **måste** använda blyfritt, annars kommer katalysatorn att förgiftas.

2 Motorer med kod GW (1.9 liter) och DJ (2.1 liter) kan gå på 98 oktan blyfri bensin (så kallad "super blyfri") utan att tändinställningen behöver justeras. Om man ska använda 95 oktanigt bränsle måste tändningsinställningen vridas tillbaka lite – se kapitel 5B.

3 Alla andra motorer kan köras på 95 oktan (om tillgängligt) utan justering; 98 oktan kan användas om man så önskar, men det finns ingen fördel med detta.

3 Bränsleinsprutningssystem – tryckavlastning

1 Bränsleinsprutningssystemet måste tryckavlastas innan man kopplar bort bränsleledningar eller anslutningar på systemets högtryckssida. Detta minimerar risken för bränslespill.

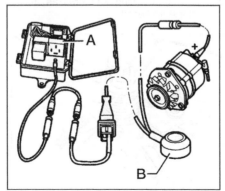

4.3 Anslutningar för test av bränslepumpens matning

A Reläfattning
B Kontakt

2 På Digijet modeller, koppla bort jordledningen från bränslepumpen under fordonet.

3 På Digifant modeller, demontera bränslepumpens relä från sin fattning (se avsnitt 10). (Detta fungerar inte på Digijet modeller eftersom det är samma relä som används till både pumpen och injektorerna. Om inte injektorerna matas med ström kommer inte trycket att minska.)

4 På alla modeller, försök starta motorn genom att låta startmotorn dra runt den. Den kan komma att gå en kort stund och sedan stanna. Bränslesystemet är nu tryckavlastat.

5 När arbetet är utfört, återanslut bränslepumpens jordanslutning eller montera tillbaka reläet.

4 Bränslepump – tester, demontering och montering

Observera: *Se varning i slutet på detta avsnitt innan arbetet påbörjas.*

Tester

Enkelt test

1 Ett enkelt test kan utföras genom att man tar sig in under bilen och känner på bränslepumpen medan en medhjälpare vrider om tändningen. När tändningen aktiveras ska pumpen börja arbeta; det ska kännas att den vibrerar i ungefär en sekund och sedan sluta.

2 Om pumpen inte startar, kontrollera om det finns spänning i pumpens elektriska anslutning när tändningen först slås på. Om det inte finns någon spänning är bränslepumpens relä eller reläkretsen defekt. Om det finns spänning men pumpen ändå inte går är själva pumpen trasig och måste bytas,

Matartest

3 För att kontrollera matningen till pumpen, koppla först bort batteriets jordledning. Demontera bränslepumpens relä och anslut en startkabel och en kontakt mellan generatorns utmatningsterminal (+) och terminal 87 på reläfattningen (se bild). Koppla tillbaka batteriets jordledning men slå inte av kontakten på startkabeln ännu.

4 Koppla bort och sätt skydd för returslangen från bränsletryckregulatorn. Var beredd på bränslespill.

5 Anslut en kort bit böjlig bränsleslang till returanslutningen på bränsletryckregulatorn och led ned den i ett rent mätglas (se bild).

6 Slå av kontakten på startkabeln; bränslepumpen kommer att börja arbeta. Mät efter exakt 30 sekunder hur mycket bränsle som matats ut och jämför med specifikationerna. För lite bränsle kan bero på ett blockerat bränslerör, blockerat bränslefilter eller defekt pump.

7 Återanslut slangarna till sina ursprungliga platser och antingen returnera bränslet till tanken eller, om det är smutsigt, gör dig av med det på ett säkert sätt.

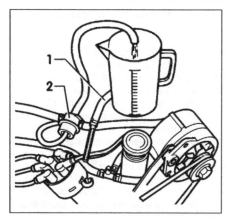

4.5 Kontroll av bränslepumpens matning

1 Bränslereturslang   2 Tryckregulator

Trycktest

8 Koppla bort bränslets matningsledning från T-stycket. Anslut en lämplig tryckmätare (skala ca 0 till 3 bar) till bränslematarledningen som visat (se bild).

9 Kör bränslepumpen som beskrivet ovan i matartestet tills ett tryck på 2,5 bar har uppnåtts och är stabilt. Stoppa pumpen och kontrollera mätaravläsningen. Trycket måste hålla sig över 1,5 bar i minst 10 minuter. Om trycket faller snabbare än så finns det antingen en läcka eller också är det fel på backventilen inne i bränslepumpen.

Demontering och montering

10 Tryckavlasta bränslesystemet enligt beskrivning i avsnitt 3 och koppla sedan bort batteriets jordledning.

11 Från under bilen, kläm åt eller förbered att plugga igen slangarna till och från pumpen.

12 Koppla bort pumpens elledningar och lossa på bränsleanslutningarna. Lossa bultarna och frigör pumpen från sin infattning, koppla loss bränslerören och demontera pumpen. Var beredd på bränslespill.

13 Montering sker i omvänd arbetsordning. När allt är klart, kontrollera att allt fungerar

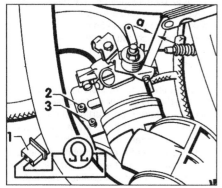

6.4 Trottelventilkontaktens justering

1 Ohmmätare ansluten mellan terminalerna	2 Säkerhetsskruv
	3 Justerskruv
	a Bladmått

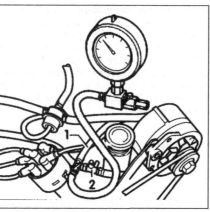

4.8 Kontroll av bränslepumptrycket

1 Bränslematnings-   2 T-stycke
  ledning

som det ska och att det inte uppstått några läckor.

5 Trottelvajer – justering

Manuell växellåda

1 Se del A i detta kapitel, avsnitt 8, som ersätter referenserna för trottelventilhuset med dem för förgasare.

Automatisk växellåda

2 Se del A i detta kapitel, avsnitt 9, som ersätter referenserna för trottelventilhuset med dem för förgasare.

3 Justerpunkterna på trottelventilhuset är som visat (se bild).

6 Trottelventilkontakt – kontroll och justering

1 Korrekt justering av trottelventilkontakten är viktig för jämn gång. Ojämnheter, motorstopp och felaktig tomgång kan orsakas av en felaktigt inställd kontakt.

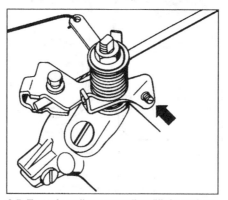

6.5 Trottelventilens grundinställningsskruv (vid pilen) – justera den inte

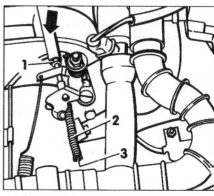

5.3 Justering av trottelvajer – modeller med automatväxellåda

1 Låsmutter   3 Justerstag
2 Fjäder

2 Koppla loss anslutningen från trottel-ventilkontakten. Anslut en ohmmätare över kontaktterminalerna.

3 Öppna och stäng trotteln, titta på ohm-mätaravläsningen. Motståndet ska vara 1,5 ohm eller mindre vid tomgång och när trotteln är helt öppen, och oändlig i alla andra lägen.

4 Justera genom att föra in ett bladmått, 0,05 till 0,10 mm tjockt, mellan trottelventilarmen och tomgångsstoppet (se bild).

5 Lossa på fästskruven till kontakten och vrid justerskruven tills kontakten precis öppnar (oändligt motstånd). **Försök inte** justera grundinställningsskruven (se bild).

6 Dra åt skruvarna, ta bort bladmåttet och kontrollera att kontakten fungerar.

7 Tomgångshastighetens styrventil – kontroll, demontering och montering

Kontroll

1 Starta motorn och låt den gå på tomgång. Känn på tomgångshastighetens styrventil (se bild). Man ska kunna känna att den vibrerar.

2 Om ventilen inte vibrerar, stäng av motorn och koppla bort den elektriska anslutningen från ventilen. Mät motståndet över ventil-

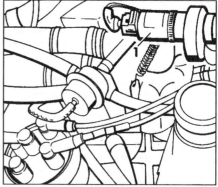

7.1 Tomgångshastighetens styrventil (1)

terminalerna; det måste vara enligt specifikationerna.

3 Om motståndet inte är det specificerade måste ventilen bytas. Om motståndet är korrekt men ventilen inte fungerar så finns det ett problem i tomgångshastighets styrenhet eller dess kabelage.

Demontering och montering

4 Plugga ur den elektriska anslutningen från ventilen. Koppla bort luftslangen från ventilen och demontera den från insugsröret.

5 Montering sker i omvänd arbetsordning. Kontrollera avslutningsvis samtliga funktioner

8 Bränsleinjektorer – kontroll, demontering och montering

Observera: *Se varning i slutet på detta avsnitt innan arbetet påbörjas.*

Kontroll

1 Demontera injektorns klämskruv och ta ut injektorparet från insugsröret på tillämplig sida, lämna elektriska anslutningar och bränsleanslutningar orörda.

2 Plugga ur elanslutningarna från injektorerna på den andra sidan motorn.

3 Rikta de injektorer som ska testas mot ett tråg eller något annat lämpligt. Be en medhjälpare dra runt motorn på startmotorn några sekunder och observera spraystrålen från injektorerna (se bild).

4 Varje injektor ska spraya en konformad bränslestråle, om inte, byt ut den.

5 Plugga ur elanslutningarna från de injektorer som testas. Slå på tändningen i 5 sekunder för att trycksätta bränslesystemet och slå sedan av den igen. Se på injektorernas spetsar; det får inte läcka bränsle från dem. Ett läckage på mer än två droppar per minut ska inte tolereras. Om en injektor läcker måste den bytas.

6 Montera injektorerna och koppla tillbaka de ursprungliga anslutningarna, se till att injektorernas tätningsringar är i god kondition.

Demontering och montering

7 Gå till väga så som just beskrivits, men lossa även klämmorna och koppla bort injektorerna från bränslefördelarskenan. Var beredd på att bränsle sprutas ut när detta gjorts, eller tryckavlasta bränslesystemet enligt beskrivning i avsnitt 3.

9 Bränsletrycksregulator – kontroll, demontering och montering

Observera: *Se varning i slutet på detta avsnitt innan arbetet påbörjas.*

Kontroll

1 Kontrollera att bränslepumpmatningen är korrekt (avsnitt 4).

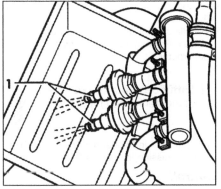

8.3 Kontroll av bränsleinjektorer. Byt ut tätningarna (1) om så behövs.

2 Anslut en lämplig tryckmätare (skala ca 0 till 3 bar) till T-stycket på bränslefördelarskenan som visat (se bild).

3 Starta motorn och låt den gå på tomgång. Läs av trycket; det måste vara ca 2 bar.

4 Koppla bort vakuumslangen från tryckregulatorn (se bild). Bränsletrycket måste stiga till ca 2,5 bar.

5 Slå av tändningen titta på mätaren. Trycket måste hålla sig över 1,5 bar i minst tio minuter.

6 Om trycket faller för snabbt, upprepa testet ovan men med tillägget att du klämmer ihop bränslereturslangen när tändningen slås av. Om trycket ändå faller finns felet någon annanstans (beror på läckage eller att pumpens backventil är defekt).

7 Avsluta med att koppla in alla anslutningar på sina ursprungliga platser.

Demontering och montering

8 Tryckavlasta bränslesystemet (avsnitt 3) eller förbered för att bränsle kommer att sprayas ut från bortkopplade ledningar.

9 Gör rent runt bränsleanslutningarna på tryckregulatorn och koppla bort dem. Koppla även ifrån vakuumslangen.

10 Skruva ur muttern som håller tryckregulatorn till sitt fäste och demontera regulatorn.

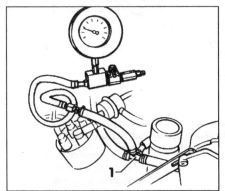

9.2 Kontroll av bränsletrycksregulatorn – anslutning av tryckmätaren

1 T-stycke

11 Montering sker i omvänd arbetsordning. Avsluta med att kontrollera att allt fungerar och att det inte finns några läckor.

10 Givare och reläer – allmän information

1 Detta avsnitt förklarar placering och funktion för de många givare och reläer som sitter i anslutning till bränsleinsprutningssystemet **(se bild på nästa sida)** Utan specialutrustning begränsas testen vanligtvis till att man byter ut en misstänkt defekt enhet. Där så är tillämpligt finns motstånd och andra grundvärden angivna i specifikationerna. Alla komponenter beskrivna här finns inte på alla modeller.

Givare

Kylvätsketemperatur

2 Givaren sitter i termostathuset, där den är fäst med ett hårnålsclips. Den förser den elektroniska styrenheten (ECU) med information om kylvätsketemperatur, som ligger till grund för hur mycket extra bränsle som ska matas till en kall motor.

Servostyrningstryck

3 Givaren sitter inskruvad i styrpumpens utloppsanslutning. Den informerar ECU när servostyrningen är belastad så att tomgångshastigheten vid behov kan korrigeras.

Lambdagivare (Syresensor)

4 Se avsnitt 14.

Reläer

Tomgångshastighetens stabiliserarenhet

5 Egentligen är detta en styrenhet och inte ett relä. Den sitter framför högra sidans bakljusenhet. Enheten tar emot signaler som indikerar motorvarvtal och belastning, vilket bestämmer öppnande och stängande av tomgångshastighetens styrventil.

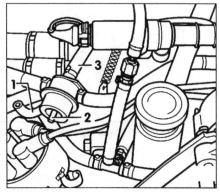

9.4 Kontroll av bränsletrycksregulatorn – koppla bort vakuumslangen (1)

2 Vakuumslanganslutning
3 Bränslereturslang

Bränslepumpens relä

6 Detta relä sitter i en plastlåda på väggen i motorrummet. På Digijet-system ger det ström till bränslepumpen och förser även injektorerna med arbetsspänning. På Digifant-system matar det endast bränslepumpen.

7 För alla system gäller att när tändningen är påslagen ska man kunna höra eller känna att reläet arbetar.

Strömmatarrelä

8 Detta relä sitter i samma låda som bränslepumpens relä. På Digijet-system matar det tomgångshastighetens stabilisararenhet och servostyrningens tryckgivare. På Digifant-system matar det även bränsleinjektorerna,

syresensorvärmaren och bränslepumpens relä.

9 För alla system gäller att när tändningen är påslagen ska man kunna höra eller känna att reläet arbetar.

11 Luftflödesmätare – kontroll, demontering och montering

1 Koppla loss ledningsanslutningen och ta bort luftintagsslangen från luftflödesmätaren.

Kontroll

2 Anslut en ohmmätare till följande anslutningar och läs av motståndet (se bild):

3 Mellan anslutning 3 och 4 ska motståndet vara mellan 500 och 1000 ohm.

4 Mellan anslutning 2 och 3 ska motståndet variera när luftflödesmätarklaffen flyttas fram och tillbaka.

5 Mellan anslutning 1 och 4 ska motståndet följa specifikationerna för luftintagets temperaturgivare.

6 Om motstånden inte specificeras måste luftflödesmätaren bytas ut. Om det är temperaturgivaren som är defekt, rådfråga en specialist om det är möjligt att byta den delen separat.

7 Avsluta med att återansluta alla slangar och ledningar.

Demontering och montering

8 Ta bort fästskruvarna och demontera luftflödesmätaren från luftrenaren. Var försiktig, den är ömtålig.

9 Montering sker i omvänd arbetsordning.

12 Elektronisk styrenhet – demontering och montering

Observera: Ett fullständigt test av den elektroniska styrenheten (ECU) är inte möjligt utan specialutrustning. För att undersöka om den anslutande syresensorn (Lambdagivaren) fungerar som den ska, där tillämpligt, se avsnitt 14. ECU är vanligtvis mycket tillförlitlig och om problem uppstår är det den komponent man sist bör misstänka.

1 Koppla bort batteriets jordanslutning.

Digijet-system

2 Demontera vänstra sidans bakljusenhet för att få tillgång till styrenheten.

3 Koppla loss anslutningen från styrenheten och demontera den.

4 Montering sker i omvänd arbetsordning.

Digifant-system

5 Gå tillväga på samma sätt som för Digijet-systemet, men observera att styrenheten på Digifant sitter under baksätets sittdyna (på modeller där sådant finns) eller på

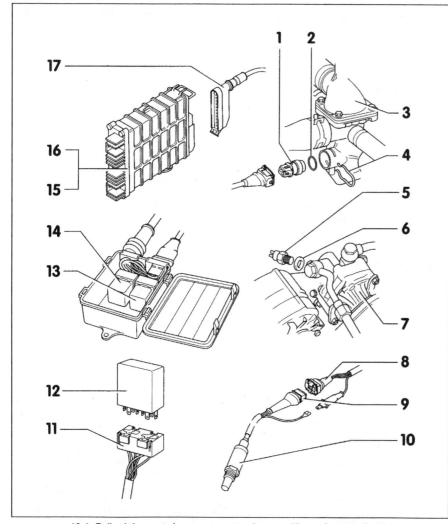

10.1 Bränsleinsprutningssystemets givare, reläer och styrenheter

1 Kylvätsketemperatur-givare
2 O-ring
3 Termostathus
4 Hårnålsclips
5 Servostyrningens tryck-givare
6 Tätning
7 Styrpump
8 Kontakt
9 Kontakt
10 Lambdagivare (syresensor) (endast Digifant)
11 Fattning
12 Tomgångshastighetens stabiliserarenhet
13 Bränslepumprelä
14 Strömmatarrelä
15 Digijet styrenhet
16 Digifant styrenhet
17 Kontakt

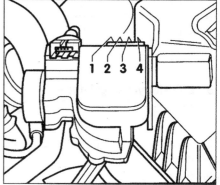

11.2 Luftflödesmätarens kontrollpunkter. För 1, 2, 3 och 4 se text

motsvarande plats i lastutrymmet. På pick-up modeller är det i skåpet under flaket.

13 Avgasreningssystem – allmän information

Observera: *Fyra olika avgasreningssystem kan användas, delvis eller i sin helhet, beroende på land och produktionsår. Dessa är vevhusventilationssystem, katalysator, styrning av bränsleavdunstning samt luftflödesbegränsare*

Vevhusventilationssystem

1 En sluten krets används genom vilken motorns vevhusavgaser återcirkuleras till luftrenaren. Från en oljeseparator på vevhuset leder en ventilatorslang ångorna direkt till luftrenaren där de blandas med intagsluften och senare förbränns i motorn.

Katalysator

2 På Digifant-modeller finns det en katalysator i avgassystemet som omvandlar koloxid och kolväten till koldioxid och vatten. Katalysatorn sitter i avgassystemet mellan insugsröret och ljuddämparen och avgaserna passerar genom den innan de släpps ut i atmosfären.
3 En Lambdagivare i avgasgrenröret övervakar syreinnehållet i avgaserna och för denna information vidare till Digifants styrenhet. Styrenheten ändrar sedan bränsleinsprutningstiden så som behövs för att motorn alltid ska få rätt luft/bränsleblandning. Förbränningen är då som mest effektiv och föroreningarna i avgaserna på sin lägsta nivå.

Styrning av bränsleavdunstning

4 Bränslesystem, tank och bränsleledning är effektivt tätade för att förhindra att kolväten avdunstar och kommer ut i atmosfären. Bränsletankens ventilering sker genom expansionskärl som låter bränslet expandera och krympa utan att någon ånga kommer ut.
5 Ett kolfilter finns i tankens ventilationsledningar för att ta bort kolväten från bränsleångorna. Frisk luft som kommer in i filtret renar kolet och för tillbaka kolvätena till motorn där de förbränns under normal förbränning.

Luftflödesbegränsare

6 Se avsnitt 16.

14 Lambdagivare (syresensor) – kontroll, demontering och montering

Observera: *Det finns särskilda kontrollinstrument för Lambdagivare att tillgå. Om ett sådant instrument används, följ tillverkarens instruktioner. I testen i detta avsnitt ingår inte kontroll av själva givaren, utan endast effekten (eller bristen på effekt) som givaren har på CO-*

halten i avgaserna. Utifrån detta går det inte att skilja på en trasig givare och en dålig anslutning i ledningsdragningarna till givaren.

Kontroll

1 Justera tomgångshastigheten och blandningen enligt beskrivning i kapitel 1. Lämna varvräknaren och CO-mätaren anslutna och låt motorn gå på tomgång.
2 Berika bränsleblandningen artificiellt genom att koppla bort och plugga igen vakuumslangen från bränsletryckregulatorn. Se vad som händer med CO-halten. Den ska öka en aning och sedan återgå till det tidigare värdet. Om det inte gör det är det fel på antingen Lambdagivaren eller ECU. Ta reda på vilket på följande sätt:
3 Koppla bort ledningskontakten som går mellan Lambdagivaren och styrenheten **(se bild)**. Jorda ECU-sidan av anslutningen; CO-halten måste öka. Anslut nu 12 volt till ECU-sidan av anslutningen; CO-halten ska nu minska.
4 Om CO-halten inte ändrades under något av testen är det förmodligen fel på ECU. Om CO-halten inte ändrades under det första testet (punkt 2) men däremot under det andra testet (punkt 3), fungerar ECU och det är förmodligen Lambdagivaren det är fel på. I vilket fall som helst, gör en grundlig kontroll av kabelaget innan någon komponent byts ut.

Demontering och montering

5 Koppla bort givarens ledningskontakter och lösgör kabelaget från eventuella kabelband.
6 Skruva loss Lambdagivaren från katalysatorn och demontera den.
7 Montering sker i omvänd arbetsordning. Stryk lite anti-kärvmedel i givarens gängor, men var försiktig så att det inte kommer något på den aktiva änden eller i givarens skåror.

15 Katalysator – säkerhetsföreskrifter

Katalysatorn är ett tillförlitligt och enkelt instrument och är en del av avgassystemet. Den behöver inget underhåll i sig, men det finns vissa faktorer som man ska vara medveten om för att katalysatorn ska fungera effektivt under hela sin livslängd.

a) *ANVÄND INTE blyad bensin till ett fordon utrustat med katalysator – blyet kommer att förgifta ädelmetallerna och reducera deras omvandlingsförmåga och slutligen förstöra katalysatorn.*
b) *Håll alltid tänd- och bränslesystemen i gott skick.*
c) *Om motorn misständer, kör inte bilen alls (eller åtminstone så lite som möjligt) tills felet är avhjälpt.*
d) *FÖRSÖK INTE putta igång bilen eller dra igång den med bogserlina – detta kommer att dränka katalysatorn i oförbränt bränsle och orsaka överhettning när motorn startar.*

e) *SLA INTE av tändningen vid höga hastigheter.*
f) *ANVÄND INTE bränsle- eller motoroljetillsatser – dessa kan innehålla substanser som är skadliga för katalysatorn.*
g) *FORTSÄTT INTE använda bilen om motorn förbränner så mycket olja att den lämnar synliga spår av blå rök.*
h) *Kom ihåg att katalysatorn arbetar vid mycket höga temperaturer. Parkera därför INTE över torr vegetation, högt gräs eller högar med torra löv efter en lång tur.*
i) *Kom ihåg att insidan av katalysatorn är ÖMTÅLIG – tappa den inte och var mycket aktsam med verktyg om du utför underhållsarbeten.*
j) *I vissa fall kan en lukt av svavel (liknar ruttna ägg) märkas från avgaserna. Detta är vanligt på många fordon utrustade med katalysator. Ibland kan byte av bensintyp reducera lukten.*
k) *En katalysator som blivit väl underhållen och körts på rätt sätt bör hålla i mellan 32 000 och 62 000 km. När katalysatorn inte längre är effektiv måste den bytas ut.*

16 Luftflödesbegränsare – allmän information

1 Luftflödesbegränsaren finns endast monterad på motorer med kod SS. Den används till att begränsa avgasutsläpp under vissa arbetsförhållanden vid höga motorvarvtal (över 4500 rpm).
2 Systemet består av en modifierad styrventil, en vakuummanövrering för denna ventil, en kontrollenhet med tillhörande slangar, kontrollventiler och styrventiler **(se bild)**.
3 Det går inte att testa systemet utan specialutrustning. Om man misstänker ett fel, kontrollera att alla elektriska anslutningar och vakuumanslutningar är intakta. Hittar man inget uppenbart fel ska en VW-verkstad eller specialist rådfrågas.

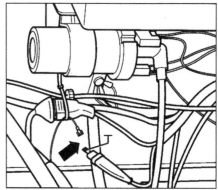

14.3 Koppla loss kontakten mellan Lambdagivaren och styrenheten (vid pilen)

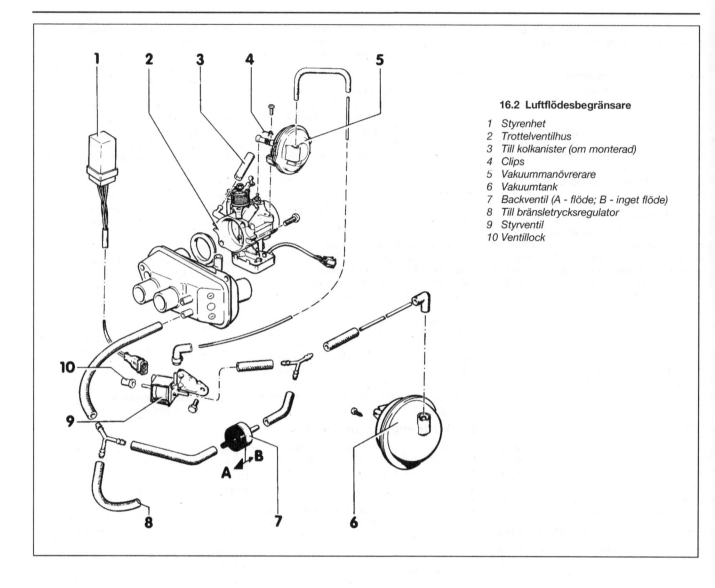

16.2 Luftflödesbegränsare

1 Styrenhet
2 Trottelventilhus
3 Till kolkanister (om monterad)
4 Clips
5 Vakuummanövrerare
6 Vakuumtank
7 Backventil (A - flöde; B - inget flöde)
8 Till bränsletrycksregulator
9 Styrventil
10 Ventillock

Kapitel 5A
Start- och laddningssystem

Innehåll

Svårighetsgrader

Enkelt, passar novisen med lite erfarenhet 	Ganska enkelt, passar nybörjaren med viss erfarenhet	Ganska svårt, passar kompetent hemma-mekaniker	Svårt, passar hemmamekaniker med erfarenhet	Mycket svårt, för professionell mekaniker

Specifikationer

Batteri

Typ .... Lågunderhålls- eller underhållsfritt ("livstidsförseglat") batteri
Kapacitet .... 45, 54 eller 63 amperetimmar

Generator

Typ .... Bosch
Max uteffekt .... 45 eller 65 ampere
Borstlängd:
    Ny .... 13 mm
    Minsta längd .... 5 mm
Drivremmens nedböjning .... Cirka 15 mm under måttligt tryck mitt emellan remskivorna

Startmotor

Typ .... Bosch, föringrepp
Minsta bortslängd .... 11,5 mm

Åtdragningsmoment

	Nm
Generatorns remskivemutter	35
Generatorns fästen	30
Generatorns spännarfäste	20

1 Allmän information och föreskrifter

Allmän information

Motorns elektriska system består huvudsakligen av laddnings- och startsystem. På grund av deras motorrelaterade funktioner tas dessa system upp separat från karossens elektriska komponenter som belysning, instrument etc (vilka behandlas i kapitel 12). Se kapitel 5B för information om tändsystemet.

Det elektriska systemet är av typen 12 volt negativ jord. Batteriet är av lågunderhålls- eller underhållsfri typ och laddas av generatorn, vilken är remdriven från vevaxelremskivan.

Startmotorn är av föringreppad typ och inkluderar en integrerad solenoid.

Föreskrifter

Ytterligare information om de olika systemen ges i relevanta avsnitt i detta kapitel. Vissa reparationsprocedurer beskrivs, men den vanligaste åtgärden är att byta ut aktuell komponent. Den bilägare vars intresse sträcker sig bortom byte av komponenter kan införskaffa boken *"Bilens elektriska och elektroniska system"*, tillgänglig från denna handboks utgivare.

Det är viktigt att vara extra försiktig när man arbetar med det elektriska systemet, detta för att undvika personskador och skador på komponenter med halvledare (dioder och transistorer). Utöver föreskrifterna i *"Säkerheten främst!"* i början av boken, observera följande vid arbete på elsystemet:

Ta alltid av ringar, klocka etc innan arbete med elsystemet påbörjas. Även om batteriet är frånkopplat kan urladdning ske om en komponents spänningsförande stift jordas genom ett metallföremål. Detta kan orsaka stöt eller brännskada.

Kasta inte om batteripolerna. Komponenter som generator, elektroniska styrenheter eller andra komponenter som har halvledarkretsar kan skadas så allvarligt att de inte går att reparera.

2.3 Batteriets minuspol

Om motorn startas med startkablar och ett startbatteri, anslut batterierna plus till plus och minus till minus (se "Starthjälp"). Detta gäller också när en batteriladdare ansluts.

Koppla aldrig loss batterikablar, generator, elkontakter eller testinstrument medan motorn är igång.

Låt inte motorn driva generatorn om inte generatorn är ansluten.

"Testa" aldrig generatorn genom att gnistra strömkabeln mot jord.

Använd aldrig en ohmmätare av den typ som har en handvevad generator för testning av kretsar eller kontinuitet.

Försäkra dig alltid om att batteriets negativa (jord) ledning är urkopplad när du arbetar med elsystemet.

Innan någon typ av elsvetsning utförs på bilen, koppla loss batteri, generator och (om tillämpligt) komponenter som elektroniska styrenheter för att skydda dessa mot skador.

Om en radio/kassettbandspelare med inbyggd säkerhetskod är monterad kommer stöldskyddssystemet att aktiveras när batteriet kopplas loss. Även om strömmen omedelbart återställs kommer inte ljudanläggningen att fungera förrän korrekt säkerhetskod knappas in. Koppla därför inte loss batteriet om du inte känner till koden. Se tillverkarens instruktioner om så behövs.

2 Batteri – demontering och montering

⚠ *Varning: Se föreskrifterna i avsnitt 1 i detta kapitel innan arbetet påbörjas.*

1 Batteriet är placerat i förarutrymmet, under höger framsäte.
2 För att komma åt batteriet, flytta sätet framåt så långt det går eller, om svängbara säten är monterade, vrid det 180°.
3 Lyft upp batterilådans lock, lossa den negativa (–) polens klämmutter eller bult och lyft av polen **(se bild)**.
4 Lossa den positiva (+) polens klämmutter eller bult och lyft av polen.
5 Lossa batteriets fästklamma och dra ut batteriet. Var försiktig, det är tungt. Håll det upprätt – kom ihåg att det innehåller svavelsyra.
6 Innan montering, lägg lite vaselin på batterianslutningarna för att motverka korrosion.
7 Montering av batteriet sker i omvänd ordning. Dra inte åt anslutningsklämmorna för hårt.

3 Batteri – laddning

⚠ *Varning: Se föreskrifterna i avsnitt 1 i detta kapitel innan arbetet påbörjas.*

1 Vid normal användning bör batteriet hållas tillräckligt laddat via generatorn. Om det regelbundet behöver laddas med hjälp av extern källa tyder det på ett problem med batteriet eller laddningssystemet (se avsnitt 7). Laddning kommer dock att behövas om batteriet har laddats ur på grund av att man lämnat lysen eller annan elektrisk utrustning på. Laddning kan också ibland tillfälligt regenerera ett slutkört batteri.
2 Det kan också vara bra att ladda batteriet då och då om bilen ska stå stilla under en längre period – varje månad eller var sjätte vecka rekommenderas.
3 Laddningsstyrkan skall vara ca 10% av batterikapaciteten, så för ett 45 ampere-timmars batteri skall alltså laddningsstyrkan vara 4,5 ampere. Inte i något fall får laddningsstyrkan överskrida 6 ampere. De flesta hushållsbatterier faller inom dessa gränser.
4 Om batteriet lämnas kvar i bilen för laddning, koppla loss båda ledningarna från det. När laddning utförs, se till att det görs i ett väl ventilerat utrymme.
5 Ledningarna från batteriladdaren och batterianslutningarna måste anslutas positiv till positiv och negativ till negativ. Se till att laddaren är avslagen innan laddningskablarna kopplas till eller från.
6 På batterier som kan fyllas på, se till att elektrolytnivån hålls mellan MIN och MAX markeringarna på batterilådan och fyll på med destillerat vatten om så behövs. Skruva loss ventilationslocken innan laddning. Kontrollera elektrolytnivån igen när laddningen är slutförd.
7 Snabbladdning bör endast utföras av en VW-verkstad eller bilelektriker. Man måste övervaka laddningsstyrkan och elektrolyt-temperaturen när man laddar med hög styrka och vissa underhållsfria batterier är denna metod inte lämplig. Om det råder någon som helst tvekan angående laddningsutrustning, kontakta en specialist.

4 Generatorns drivrem – demontering och montering

⚠ *Varning: Se föreskrifterna i avsnitt 1 i detta kapitel innan arbetet påbörjas.*

1 Koppla loss batteriets negativa anslutning.
2 Lossa på generatorfästets och spänningsfästets muttrar och bultar. Flytta generatorn mot motorn och lyft av drivremmen från remskivorna **(se bild)**.

4.2 Demontering av generatorns drivrem (motorn demonterad för tydlighets skull)

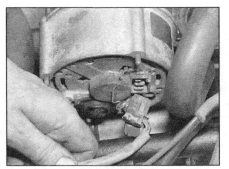

6.2 Koppla bort ledningarna bak på generatorn

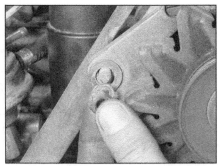

0.3A Ta bort spännarfästets mutter och bricka. . .

3 Montera den nya drivremman och spänn den enligt beskrivning i kapitel 1.
4 Återanslut batteriet. Om en ny drivrem har monterats, kontrollera spänningen igen efter ca 80 mil.

5 Generator – allmän beskrivning

Bilar som behandlas i denna handbok är utrustade med Bosch generatorer. Alla är i stort sett lika i konstruktion men har olika uteffekt. Generatorn alstrar växelström som via dioder omvandlas till likström eftersom detta är den ström som behövs för laddning av batteriet.

Generatorn är av typen ventilerad med roterande fält och består i stort sett av en laminerad stator (med uteffektslindningen), en rotor med fältlindningen och en diodlikriktare. En spänningsregulator/borsthållare är separat monterad baktill. Generatorn alstrar strömmen i statorlindningarna och rotorn bär fältet. Fältborstarna behöver därför endast bära en lätt ström och eftersom de löper på släta släpringar har de relativt lång livslängd. Utförandet gör generatorn till en pålitlig maskin som inte kräver mycket underhåll.

Rotorn är remdriven från vevaxeln via en remskiva fastkilad i rotoraxeln.

6 Generator – demontering och montering

> ⚠ **Varning: Se föreskrifterna i avsnitt 1 i detta kapitel innan arbetet påbörjas.**

1 Demontera generatorns drivrem enligt beskrivning i avsnitt 4.
2 Lossa ledningarna bak på generatorn **(se bild)**.
3 Ta loss generatorspännarfästets mutter och bult **(se bilder)**.
4 Ta bort generatorfästets mutter och bult och lyft bort generatorn från motorn **(se bild)**.
5 Montering sker i omvänd ordning. Justera avslutningsvis drivremsspänningen enligt beskrivning i kapitel 1.

7 Laddningssystem – felsökning och åtgärdande

> ⚠ **Varning: Se föreskrifterna i avsnitt 1 i detta kapitel innan arbetet påbörjas**

1 Om laddningslampan inte tänds när tändningen slås på, kontrollera först att generatorns ledningsanslutningar sitter säkert. Om

så är fallet, kontrollera att inte varningslampans glödlampa eller LED har gått sönder och att glödlampshållaren sitter säkert på plats i instrumentpanelen (kapitel 12). Om lampan fortfarande inte tänds, kontrollera att ström går genom varningslampans matningsledning från generatorn till lamphållaren. Om allt är tillfredsställande är generatorn förmodligen defekt och bör bytas ut eller tas till en bilelektriker för kontroll och reparation.
2 Om laddningslampan tänds när motorn är igång, stanna motorn och kontrollera att drivremmen har korrekt spänning (se kapitel 1) och att generatorns anslutningar sitter ordentligt. Om problemet inte kan hittas där måste bilen tas till en bilelektriker för kontroll av generatorn och spänningsregulatorn **(se bilder)**.
3 Om generatorns uteffekt misstänks vara otillfredsställande trots att varningslampan fungerar som den ska, kan den reglerade spänningen kontrolleras enligt följande:
4 Anslut en voltmätare över batterianslutningarna och starta motorn.
5 Öka motorhastigheten till dess att voltmätaravläsningen förblir stadig. Avläsningen bör vara ca 13 volt – inte mindre än 12 och inte mer än 14 volt.
6 Slå på så många elektriska tillbehör som möjligt (t ex strålkastare, uppvärmd bakruta, värmefläkt) och kontrollera att generatorn håller den reglerade spänningen runt 13 volt.

6.3B . . . samt spännarfästesbulten

6.4 Ta bort generatorfästets mutter

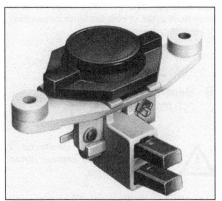

7.2A Generatorns spänningsregulator och borstenhet

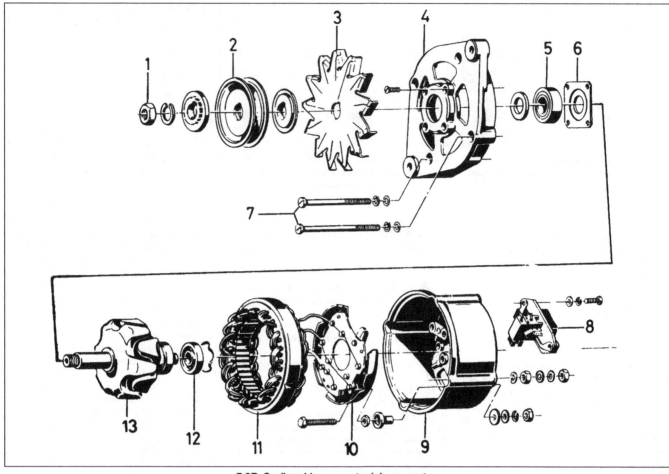

7.2B Sprängskiss av en typisk generator

1 Remskivemutter	4 Drivändskåpa	8 Borsthållare/regulator	12 Lager
2 Remskiva	5 Lager	9 Släpringsändkåpa	13 Rotor
3 Fläkt	6 Lagerhållarplatta	10 Ändplatta	
	7 Genomgående bultar	11 Stator	

7 Om den reglerade spänningen avviker från specifikationen kan felet bero på slitna borstar, svaga borstfjädrar, en defekt spänningsregulator, en defekt diod, en trasig faslindning eller slitna eller skadade släpringar. För byte av borstar och spänningsregulator, se nästa avsnitt. I annat fall skall generatorn bytas ut eller tas till en bilelektriker för kontroll och reparation.

8 Generatorborstar – kontroll och byte

⚠ **Varning: Se föreskrifterna i avsnitt 1 i detta kapitel innan arbetet påbörjas.**

1 Om detta moment utförs med generatorn på plats på motorn, lossa först batteriets negativa anslutning.

2 Ta bort de två skruvarna och brickorna (fjäder och vanlig) som håller spänningsregulatorn till generatorn. Lyft bort spänningsregulatorn komplett med borstar.
3 Kontrollera att kolborstarna kan glida mjukt i sina styrningar utan att kärva.
4 Mät längden på borstarna. Om de är slitna under specificerad gräns måste de bytas.
5 I det här läget rekommenderas att du konsulterar en bilelektriker. Om nya borstar finns tillgängliga separat, låt montera sådana. Detta arbete kräver viss lödningskunskap och rekommenderas inte för amatören. Det är en god idé att samtidigt byta borstfjädrarna.
6 Om nya borstar inte finns tillgängliga separat måste hela spänningsregulator-/borsthållarenheten bytas. Detta bör göras i vilket fall som helst om spänningsregulatorns funktion inte varit tillfredsställande.
7 Montering av spänningsregulatorn och borsthållaren sker i omvänd ordning.

9 Startmotor – allmän beskrivning

När startkontakten aktiveras flödar ström från batteriet till solenoiden som är monterad i startmotorn. Kolvbulten i solenoiden rör sig inåt och gör därmed att en ledad arm trycker drivpinjongen så att den kuggar i krondrevet. När solenoidens kolvbult når slutet av sin rörelsebana stänger den en intern kontakt och full startström flödar till fältspolarna. Ankaret kan sedan rotera vevaxeln och på så sätt starta motorn.

En frihjulskoppling är monterad till drivpinjongen så att när motorn tänder och börjar arbeta själv, driver den inte längre startmotorn.

När startkontakten deaktiveras avmagnetiseras solenoiden och fjädern flyttar tillbaka kolvbulten till viloläget. Detta får den ledade armen att dra tillbaka drivpinjongen från krondrevet.

10 Startmotor – kontroll

⚠️ **Varning: Se föreskrifterna i avsnitt 1 i detta kapitel innan arbetet påbörjas.**

1 Om startmotorn inte klarar av att dra runt motorn när startkontakten är aktiverad finns det fem möjliga orsaker:

a) Batteriet är urladdat

b) Någonstans i de elektriska anslutningarna mellan kontakt, solenoid, batteri och startmotor finns en defekt som gör att ström inte kan matas hela vägen från batteriet genom startmotorn till jord

c) Solenoidens kontakt är defekt

d) Startmotorn är defekt elektriskt eller mekaniskt

e) Startmotorpinjongen och/eller svänghjulets krondrev behöver bytas ut på grund av slitage

2 För att kontrollera batteriet, slå på strålkastarna. Om de blir svagare efter några sekunder är batteriet urladdat. Om de lyser starkt, vrid tändningsnyckeln till startläge och kontrollera vad som händer med lysena. Om de blir svagare vet du att ström når startmotorn men inte drar runt den. Om startmotorn går runt sakta när den slås på, fortsätt till nästa kontroll.

3 Om strålkastarna fortsätter att lysa starkt när tändningsnyckeln är i startläge, når inte tillräckligt med ström fram till motor. Lossa batterianslutningarna, startmotorns/-solenoidens strömanslutning och motorns/växellådans jordfläta, rengör dem noggrant och sätt tillbaka dem. (Lossa batteriets jordledning först och sätt tillbaka den sist). Korroderade anslutningar är den vanligaste orsaken till problem med elsystemet.

4 När kontrollerna ovan och rengöring har utförts och det trots allt inte har hjälpt, kan du möjligtvis ha hört ett klickande ljud varje gång startkontakten aktiverats. Detta är solenoidkontakten som aktiveras, men det betyder inte nödvändigtvis att huvudkontakterna stängde ordentligt. (Om inget klickande ljud har hörts från solenoiden är den med säkerhet defekt). Solenoidkontakten kan kontrolleras om man placerar en voltmätare eller en glödlampa mellan huvudledningsanslutningen på solenoidens startmotorsida och jord. När kontakten är aktiverad skall voltmätaren ge utslag eller glödlampan tändas. Om ingen avläsning kan göras eller om lampan inte lyser är solenoiden defekt och måste bytas.

5 Om startmotorn arbetar men inte drar runt motorn, kontrollera först att dess fästbultar sitter ordentligt och även muttrarna mellan motorn och växellådan. Om dessa sitter säkert beror problemet förmodligen på att startmotorpinjongen och/eller svänghjulets krondrev är väldigt slitna, i vilket fall

11.5A Startmotorns nedre fästmutter (vid pilen)

startmotorn troligtvis har fört oljud när den varit igång.

6 Om det är fastställt att solenoiden inte är defekt och 12 volt kommer till startmotorn är det motorn själv som är defekt. Den måste då demonteras för inspektion.

11 Startmotor – demontering och montering

⚠️ **Varning: Se föreskrifterna i avsnitt 1 i detta kapitel innan arbetet påbörjas.**

1 Lyft upp bakvagnen och stöd den på pallbockar (se "Lyftning och stödpunkter").

2 Koppla loss batteriets negativa anslutning.

3 Även om det inte är absolut nödvändigt kommer det att förbättra åtkomligheten om höger drivaxel lossas från växellådan (se kapitel 8).

4 Arbeta under höger sida av bilen. Anteckna hur ledningsanslutningarna sitter i solenoiden och ta loss dem. Om kablaget är fäst till startmotorn eller solenoiden med ett clips eller fästband, lossa det och flytta kablaget åt sidan.

5 Lossa de två muttrar och bultar som håller startmotorn till kopplingshuset och ta ut startmotorn (se bilder). Det är lättare att komma åt den övre bulten uppifrån.

6 Montering sker i omvänd ordning.

12 Renovering av startmotorn – allmänt

Startmotorn är så pass pålitlig och motståndskraftig att det är ytterst liten risk för att den måste plockas isär innan den är så sliten att den måste bytas ut i sin helhet.

Om motorn dock inte har fått mycket underhåll och en solenoid eller borste misstänks vara defekt, kan det vara värt att demontera startmotorn från motorn och ta isär den enligt beskrivning i följande avsnitt. Kontrollera tillgänglighet och kostnad för reservdelar innan arbetet påbörjas.

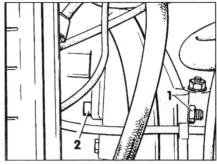

11.5B Startmotorns övre fästmutter (1) och bult (2)

13 Startsolenoid – demontering och montering

1 Med startmotorn demonterad och placerad på en ren bänk, lossa fästmuttern och brickan baktill på solenoiden och dra av startmotorns elektriska matningsledning från solenoidens pinnbult.

2 Lossa de två skruvarna som håller solenoiden till startmotorns drivändskåpa.

3 Koppla loss solenoidaxeln från pinjonghållarens manövreringsarm och dra bort solenoiden (se bild).

4 Montering sker i omvänd ordning.

14 Startmotorborstar – kontroll och byte

1 Med startmotorn demonterad från motorn och placerad på en ren bänk, börja med att ta bort ankarets ändkåpa som hålls av två små skruvar på änden av motorn. Ta loss ankarets fästclips, brickor och gummitätningsring som nu blivit synliga. Ta bort de två långa bultarna som håller ihop motorenheten. Ändkåpan kan nu tas loss så att borstar och fästplatta blir åtkomliga (se bilder).

2 Ta borstarna från hållaren och dra av hållaren från ankarets axel. Ta vara på

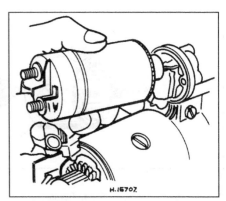

13.3 Lossa solenoiden från manövreringsarmen

14.1A Demontera ankarets ändkåpa . . .

14.1B . . . följd av fästclips, brickor och tätningsring

14.1C Lossa och ta bort de två långa genomgående bultarna. . .

14.1D . . . och ta bort ändkåpan

14.1E Kommutatorns och fältspolarnas bussningar

14.5 Borsthållare med borstar redo för montering

distansbrickorna (om monterade) mellan borstplattan och ankarblocket.

3 Undersök borstarna. Om de är slitna ner till eller under minsta längd angiven i specifikationerna bör de bytas. De gamla borstarna måste krossas och nya borstar lödas på plats.

Hemmamekanikern rekommenderas att ta borstplattan och oket till en bilelektriker för att få nya borstar monterade.

5 Sätt tillbaka borstarna i hållaren **(se bild)** och sätt tillbaka hållaren över ankaraxeln. Kom ihåg att montera de två brickorna mellan

hållaren och ankaret (där så är tillämpligt).

6 Sätt tillbaka motorns ändkåpa och säkra den med två långa bultar.

7 Montera ankaraxelns ändkåpa efter det att gummitätningsringen, brickan och axelns clips satts på plats.

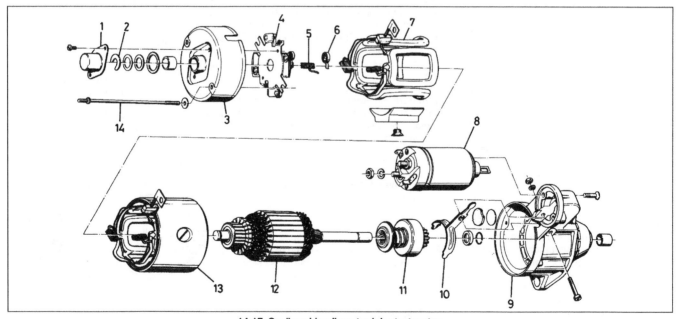

14.1F Sprängskiss över typisk startmotor

1 Ändkåpa	4 Borsthållare	7 Fältspolar	10 Manövreringsarm	12 Ankare
2 Ankarets fästclips	5 Borste	8 Solenoid	11 Pinjong och	13 Magnetring
3 Kommutatorns ändkåpa	6 Borstfjäder	9 Drivändskåpa	kopplingsenhet	14 Genomgående bult

Kapitel 5B
Tändsystem

Innehåll

Svårighetsgrader

Enkelt, passar novisen med lite erfarenhet 	Ganska enkelt, passar nybörjaren med viss erfarenhet	Ganska svårt, passar kompetent hemma-mekaniker	Svårt, passar hemmamekaniker med erfarenhet	Mycket svårt, för professionell mekaniker

Specifikationer

Allmänt

Typ:

Alla 1.9 liters motorer och 2.1 liters motor med kod DJ .... TCI-H, brytarlöst, mekanisk förtändning och fördröjning

2.1 liters motorer med koderna MV, SR och SS .... Digifant (integrerat med bränsleinsprutningssystemet), elektronisk förtändning och fördröjning

Tändföljd .... 1 – 4 – 3 – 2 (Cylinder nr 1 på höger sida av motorn närmast svänghjulet)

Fördelare

Typ .... Bosch

Rotationsriktning .... Medurs (sett från locket)

Tändinställning

1.9 liters motorer:

Kod DF .... 5° ± 1° EÖD vid 750 ± 50 rpm, vakuum anslutet

Kod DG och SP .... 5° ± 1° FÖD vid 900 ± 50 rpm, vakuum ej anslutet

2.1 liters motorer:

Kod DJ, för 98 oktans bränsle .... 10° ± 1° FÖD vid 800 ± 50 rpm, vakuum ej anslutet

Kod DJ, för 95 oktans bränsle .... 5° - 1° FÖD vid 800 ± 50 rpm, vakuum ej anslutet

Kod MV, SR and SS .... 5° ± 1° FÖD vid 2000 till 2500 rpm (inget vakuum på detta system)

Tändspole

Tillverkare .... Bosch

Primär resistans .... 0,5 till 0,8 ohm

Sekundär resistans:

Spole med grön etikett .... 2,4 till 3,5 k ohm

Spole med grå etikett .... 6,9 till 8,5 k ohm

1 Allmän information

TCI-H system

Tändsystemet är uppdelat i två kretsar, lågspänning och högspänning. Högspänningskretsen (sekundära) består av högspänningsspolar, den tunga tändningsledningen från spolens mitt till fördelarlocket, rotorarm, tändstift och tändstiftskablar. Lågspänningskretsen (primära) består av batteri, tändningslås, lågspänningsspolar (primärspolar) och en utlösarplatta/pick-up enhet som arbetar i samspel med en elektronisk styrenhet. Utlösarplattan/pick-up enheten finns i fördelaren och har samma funktion som brytarspetsar och kondensator som används i ett konventionellt system **(se bild)**.

Utlösarplattan är ett hjul med fyra kuggar (en kugge per cylinder) som är monterat på fördelaraxeln. Pick-up enheten är monterad till fördelarens basplatta och består i stort sett av en spole och en permanentmagnet.

Styrenheten är placerad i motorrummet. Den består av en förstärkarmodul som används till att förstärka spänningen som producerats av pick-up spolen. När tändningen är påslagen är tändningens primärkrets magnetiserad. När kuggarna på utlösarplattan närmar sig den magnetiska spolen produceras spänning som signalerar till styrenheten att stänga av spolens primärkrets. En tidkrets i förstärkarmodulen slår på spolens ström igen efter det att det magnetiska fältet har kollapsat.

När tändningen är påslagen flödar ström från batteriet genom tändningslåset, genom spolens primärlindning, genom förstärkarmodulen och sedan till jord. När strömmen är avslagen kollapsar det magnetiska fältet i tändspolen, vilket producerar en hög ström i spolens sekundära lindningar. Denna förs till fördelarlocket där rotorarmen leder den till

relevant tändstift. Denna process upprepas för motorns varje arbetstakt.

Fördelaren är utrustad med don för styrning av själva tändpunkten i enlighet med motorns hastighet och belastning. När motorhastigheten ökar flyttas två centrifugala vikter, som finns i fördelaren och är anslutna till utlösarplattans armatur, utåt. Detta ändrar utlösarplattans läge i förhållande till fördelaraxeln och påskyndar tändningen. En enhet för vakuumförställning och fördröjning är monterad externt till fördelaren och ansluten till basplattan med en dragstång. Variationer i insugsrörets vakuum gör att ett membran inuti enheten böjer sig och på så sätt påverkar dragstången. Basplattan och pick-up enheten flyttas under påverkan av dragstången och därmed påskyndas eller fördröjs gnistan beroende på motorns belastning.

En tomgångsstabiliserare som består av ytterligare en elektronisk modul placerad i motorrummet intill styrenheten, uppehåller en stabil tomgångshastighet. Enheten påskyndar eller fördröjer gnistan efter behov när motorn går på tomgång, så att en i stort sett konstant tomgångshastighet erhålls oberoende av motorbelastning.

Digifant system

Digifant systemet är mycket likt TCI-H systemet beskrivet ovan, men det har en kraftfullare styrenhet, som delas med bränsleinsprutningssystemet. Förändringar i tändinställning efter hastighet och belastning styrs elektroniskt och det finns inget behov av centrifugala eller vakuumstyrda don monterade till fördelaren.

Styrenheten sitter under baksätets sittdyna (på modeller så utrustade) eller i motsvarande plats i lastutrymmet. På pick-up modeller finns den i facket under lastplattformen.

Information om de bränslerelaterade delarna av Digifants systemet finns i kapitel 4B.

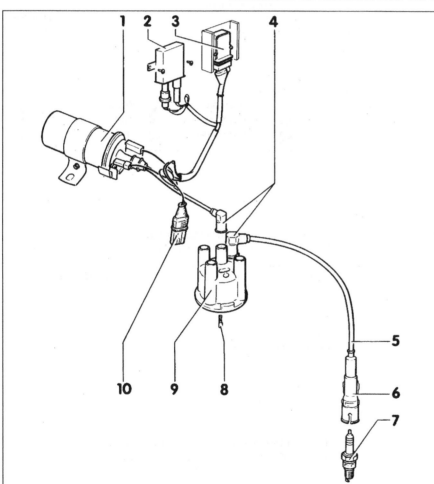

1.1 TCI-H tändsystemskomponenter

1 Spole	6 Tändstiftsanslutning
2 Tomgångsstabiliserarenhet	7 Tändstift
3 Styrenhet	8 Kolborste
4 Högspänningsanslutningar	9 Fördelarlock
5 Högspänningskabel	10 Anslutning

2 Elektroniskt tändsystem – föreskrifter

Varning: Vid arbete på det elektroniska tändsystemet måste följande föreskrifter följas noggrant för att personskador och skador på komponenter ska undvikas.

1 Den spänning som produceras är betydligt högre än den som produceras av ett konventionellt system. Man måste vara extremt försiktig om arbete utförs med tändningen på, speciellt personer med pacemaker.

2 Tändningen måste vara avslagen innan några tändningsledningar, inklusive tändkablar eller testutrustning, kopplas till eller från.

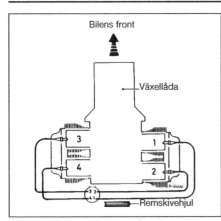

3.1 Cylindernumreringsföljd och högspänningskablarnas dragningar

Bilens front

Växellåda

Remskivehjul

3 Om motorn av någon anledning skall dras runt av startmotorn utan att startas, ta då loss tändkabeln mitt på fördelarlocket och jorda den (TCI-H system) eller ta loss fördelarens lågspänningsanslutning (Digifants system).

4 Om motorn ska ångtvättas, avfettas eller tvättas på något sätt måste tändningen vara avslagen.

5 Batteriet måste vara helt frånkopplat (båda kablarna losstagna) innan någon typ av

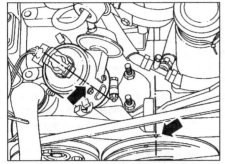

3.5 Korrekt position för tändinställningsmärke och fördelarens rotorarm (vid pilen) – cylinder nr 1 tänder

elektrisk svetsning eller punktsvetsning utförs.

6 Om det finns en känd eller misstänkt defekt i tändsystemet måste kontakten vid styrenheten kopplas loss om bilen skall bogseras med tändningen på.

7 Anslut inte en kondensator till den negativa anslutningen (1) på tändspolen.

8 Ersätt aldrig den standard 1 k ohm rotorarm (markerad R 1) som är monterad med en annan typ.

9 För att erhålla fungerande radioavstörning, använd endast 1 k ohm tändkablar med 1 till 5 k ohm tändstiftsanslutningar.

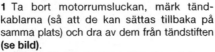

3 Fördelare – demontering och montering

1 Ta bort motorrumsluckan, märk tändkablarna (så att de kan sättas tillbaka på samma plats) och dra av dem från tändstiften **(se bild)**.

2 Lossa fördelarlockets fästclips, lyft av locket och lägg det åt sidan **(se bild)**.

3 Ta loss tändstiftet från cylinder nr 1 (på höger sida av motorn, närmast svänghjulet).

4 Placera ett finger över tändstiftsöppningen, rotera motorn med hjälp av en nyckel på vevaxelremskivans bult tills man kan känna att kompression byggs upp i cylindern.

5 När kompression kan kännas i cylinder nr 1, fortsätt rotera motorn tills tändinställningsmärket på vevaxelremskivan är uppåt och i linje med skarven i vevhushalvorna **(se bild)**.

6 Med motorn i detta läge bör fördelarens rotorarm peka mot den första cylinderns tändkabelsegment i locket och den ska också peka mot hacket i kanten på fördelaren. Gör inställningsmärken om så behövs.

7 Om tillämpligt, koppla loss förställnings- och fördröjningsrören från fördelarens vakuumenhet. Anteckna till vilken sida av enheten respektive rör är anslutet **(se bild)**.

8 Koppla loss styrenhetens kontakt från fattningen på fördelaren.

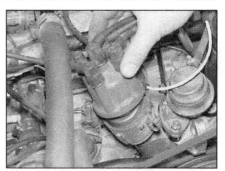

3.2 Demontera fördelarlocket

9 Lossa muttern och ta bort brickan som håller fördelarens klamma till pinnbulten på vevhuset och dra sedan ut fördelaren uppåt **(se bild)**.

10 Innan fördelaren monteras, kontrollera att motorn inte har vridits när fördelaren demonterades. Om så är fallet, vrid tillbaka den till utgångsläget enligt beskrivning i paragraf 4 och 5.

11 Placera rotorarmen så att den pekar mot hacket i kanten på fördelaren och sätt sedan fördelaren på plats. Vrid rotorarmen något efter behov så att medbringaren nertill på fördelaren hakar i drivaxeln. Placera klamman över pinnbulten och tryck in fördelaren ordentligt på plats. Sätt tillbaka brickan och fästmuttern och dra åt muttern.

12 Om tillämpligt, återanslut vakuum- och fördröjningsrören till vakuumenheten. Återanslut styrenhetens kontakt till fattningen på fördelaren.

13 Kontrollera att rotorarmen fortfarande pekar mot hacket i kanten på fördelaren. Om inte, lossa klämbulten till fördelarens klamma och vrid fördelaren efter behov. Dra nu åt klämbulten.

14 Montera tändstiftet, fördelarlocket och tändkablarna.

15 Se avsnitt 5 och justera tändinställningen.

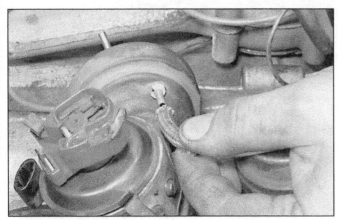

3.7 Bortkoppling av vakuumrör från fördelaren

3.9 Demontering av fördelarens fästmutter

4.2A Börja isärtagningen av fördelaren genom att lyfta av rotorarmen . . .

4.2B . . . följd av det skyddande plastlocket

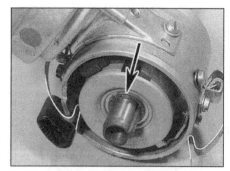

4.3A Ta ut låsringen (vid pilen) . . .

4.3B . . . och bänd sedan försiktigt bort utlösarplattan (vid pilen), använd ett par skruvmejslar om det behövs

4.4 Ta vara på det lilla styrstiftet . . .

4.5 . . . och ta sedan ut den andra låsringen

4 Fördelare – isärtagning, kontroll och ihopsättning

TCI-H system

1 Demontera fördelaren från motorn enligt beskrivning i avsnitt 3 och förbered en ren och fri arbetsyta.
2 Börja isärtagningen genom att lyfta av rotorarmen följd av det skyddande plastlocket **(se bilder)**.

3 Använd en låsringstång och dra bort utlösarplattans fästlåsring **(se bild)**. Bänd försiktigt loss utlösarplattan från fördelaraxeln med hjälp av två tunna skruvmejslar **(se bild)**.
4 Ta vara på det lilla styrstiftet från spåret i fördelaraxeln **(se bild)**.
5 Ta bort den andra låsringen på fördelaraxeln med en låsringstång **(se bild)**.
6 Lossa de skruvar runt kanten på fördelaren som håller vakuumenheten, fördelarlockets clips och basplattan. Notera skruvarnas olika längd och var de sitter **(se bild)**.

7 Ta loss vakuumenhetens dragstång från basplattans stift och ta loss enheten.
8 Lossa ledningsanslutningen från fördelarens sida och lyft sedan ut basplattan **(se bild)**.
9 Detta är så långt man kan gå när det gäller isärtagning eftersom ingen av delarna under basplattan kan bytas ut separat. Lägg ut alla delar i den ordning de demonterats och var speciellt uppmärksam på eventuella brickor (deras antal och placering) som kan ha monterats för att styra axelns axialspel **(se**

4.6 Ta bort skruvarna längs kanten på fördelaren (vid pilarna) och ta loss vakuumenheten

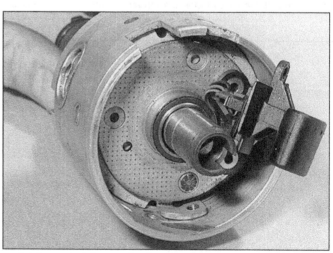

4.8 Lossa ledningsanslutningen och lyft sedan ut basplattan

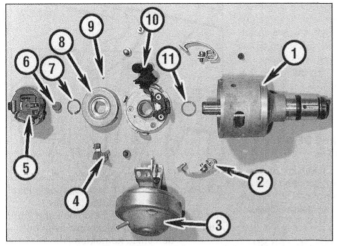

4.9 TCI-H fördelarkomponentdelar

1 Fördelare	7 Låsring
2 Fördelarlockclips	8 Utlösarplatta
3 Vakuumenhet	9 Styrstift
4 Stöd för basplattan	10 Basplatta och
5 Rotorarm	pick-up enhet
6 Filtplatta	11 Låsring

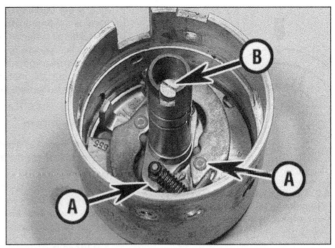

4.13 Smörj både centrifugalförställningsvikternas pivåer och kontaktytor (A) och fördelaraxeln (B)

bild). Undersök de andra komponenterna noggrant enligt följande:

10 Undersök om rotorarmen är sprucken och försäkra dig om att den har tät passning på fördelaraxeln. Eventuell lätt förbränning i änden på armens metalldel kan tas bort med en fin fil. Om rotorarmen är allvarligt bränd eller sprucken eller om den sitter löst på fördelaraxeln bör den bytas ut.

11 Håll medbringaren längst ner på fördelaren med ena handen och vrid den övre delen av fördelaraxeln medurs med den andra. Kraftigt fjädermotstånd skall kännas utan glapp eller kärvhet. Kontrollera att centrifugalförställningens vikter rör sig fritt och går tillbaka under fjädertrycket. Om defekter upptäcks under denna kontroll måste hela fördelaren bytas ut eftersom separata delar inte finns tillgängliga.

12 Vakuumenheten kan kontrolleras genom att man suger i vakuumrörens anslutningar och samtidigt observerar dragstången. Om stången inte rörs alls är det möjligt att

4.18 Om det behövs, byt O-ringen i änden på fördelaren

membranet i vakuumenheten är punkterat vilket i så fall innebär att denna enhet måste bytas ut.

13 Börja ihopsättningen med att lägga några droppar motorolja på centrifugalförställningsvikternas pivåer och på mitten av fördelaraxeln **(se bild)**.

14 Sätt basplattan på plats och fäst den till fördelaren med skruvarna.

15 Haka i vakuumenhetens dragstång i basplattans stift och sätt sedan tillbaka vakuumenhetens fästskruvar och fördelarlockets clips. Dra åt alla skruvar ordentligt.

16 Sätt fast den nedre låsringen på fördelaraxeln. Placera det lilla styrstiftet i sitt spår och tryck försiktigt in utlösarplattan mot ringen. Säkra enheten med den andra låsringen.

17 Sätt tillbaka plastlocket och därefter rotorarmen.

18 Använd en ny O-ring längst ner på fördelaren om så behövs **(se bild)**.

19 Fördelaren kan nu monteras enligt beskrivning i avsnitt 3.

Digifant system

20 Fördelaren som används med Digifants system är mycket lik den som används med TCI-H beskrivet ovan, men med följande olikheter **(se bild)**:

a) *Det finns inga centrifugal- eller vakuumförställningskomponenter*

b) *Axeln kan demonteras från fördelaren efter det att det stift som håller medbringaren till axelns bas tagits bort*

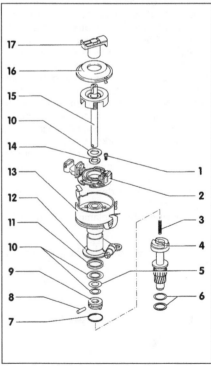

4.20 Sprängskiss av fördelaren i Digifants system

1 Skruv	9 Medbringare
2 Basplatta och	10 Shim(s)
pick-up enhet	11 Tätning
3 Fjäder	12 Klamma
4 Drivaxel	13 Fördelare
5 Plastbricka	14 Plastbricka
6 Tryckbricka	15 Axel
7 Fjäder	16 Lock
8 Stift	17 Rotorarm

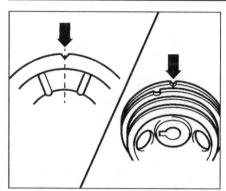

5.2 Tändinställningsmärken (vid pilarna). Remskivan till höger har också ett ÖD-märke; den vänstra har det inte

5 Tändinställning – justering

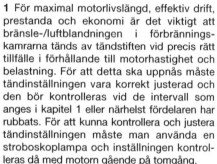

1 För maximal motorlivslängd, effektiv drift, prestanda och ekonomi är det viktigt att bränsle-/luftblandningen i förbrännings-kamrarna tänds av tändstiften vid precis rätt tillfälle i förhållande till motorhastighet och belastning. För att detta ska uppnås måste tändinställningen vara korrekt justerad och den bör kontrolleras vid de intervall som anges i kapitel 1 eller närhelst fördelaren har rubbats. För att kunna kontrollera och justera tändinställningen måste man använda en stroboskoplampa och inställningen kontrolleras då med motorn gående på tomgång.
2 Tändinställningsmärkena utgörs av två hack på vevaxelremskivan – ett markerar ÖD och det andra tändpunkten för just den motorn **(se bild)**.
3 Starta motorn, låt den nå normal arbets-temperatur och slå sedan av den.
4 Anslut en stroboskoplampa till den första

cylinderns tändkabel (höger sida av motorn närmast svänghjulet) och följ tillverkarens instruktioner gällande andra eventuella anslut-ningar (kan variera beroende på vilken typ av stroboskoplampa det gäller). Anslut en varvräknare till motorn och följ även här medföljande instruktioner.

TCI-H system

1.9 liters motor med kod DF och 2.1 liters motor med kod DJ

5 Koppla loss de två elektriska stiften i tomgångsstabiliseraren och sätt ihop dem **(se bild)**. På 2.1 liters motorn (kod DJ), koppla också loss den enkla kontakten framför tomgångsstabiliseraren.

1.9 liters motor med kod DG och SP och 2.1 liters motor med kod DJ

6 Koppla loss vakuumslangen (slangarna) från fördelaren.

Alla TCI-H motorer

7 Starta motorn igen och låt den gå på tomgång. Kontrollera att motorn har den tomgångshastighet som specificeras för tändinställning och justera hastigheten om så behövs enligt beskrivning i kapitel 1.
8 Se specifikationerna för korrekt tänd-inställning och rikta lampan mot inställnings-märkena **(se bild)**. Hacken på vevaxelrem-skivan kommer att se ut som om de står stilla. Om tändinställningen är korrekt är inställ-ningsmärket i linje med skarven i vev-hushalvorna.

> **HAYNES TiPS** Om 2.1 liters motorn med kod DJ justeras för blyfritt bränsle, gör ett märke på remskivan halvvägs mellan det ursprungliga inställningsmärket (10° FÖD) och ÖD-märket.

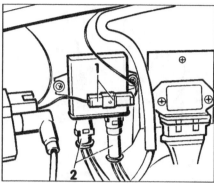

5.5 På motorkoder DF och DJ, koppla loss de elektriska stiften (2) från tomgångsstabilisatorenheten och sätt ihop dem. På motorkod DJ, koppla även bort den enkla kontakten (1)

9 Om markeringarna inte är i linje, lossa fördelarklammans klämbult och vrid för-delaren sakta i den riktning som behövs för att markeringarna ska riktas in. Håll fördelaren i detta läge och dra åt klämbulten **(se bild)**.

Observera! Var försiktig så att du inte fastnar i drivremmen (-arna). Stanna motorn om så behövs innan några justeringar görs.

10 Öppna trotteln något och notera inställ-ningsmärkenas rörelse. Om centrifugalförstä-llningsmekanismen i fördelaren fungerar som den ska bör det se ut som om märkena rör sig ifrån varandra när motorhastigheten ökar. Frånkoppling eller inkoppling av fördelarens vakuumrör skall också göra att märkena flyttar sig. Om märkena inte flyttar sig när detta görs är antingen vakuumenheten defekt eller så är trottelventilens grundinställning eller trottel-länkagets justering inkorrekt (se kapitel 4A).
11 När justering har gjorts, återställ motorns tomgångshastighet om så behövs och stäng av motorn. Ta loss instrumenten och koppla tillbaka vakuum- och elanslutningarna.

5.8 Rikta lampan mot inställningsmärkena

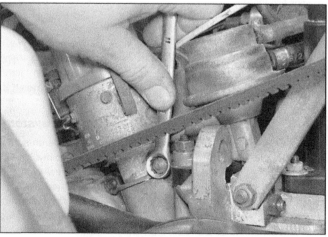

5.9 Dra åt fördelarklammans klämbult

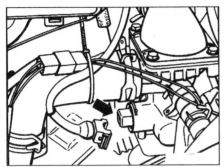

5.12 Innan tändningen på Digifantsystemet kontrolleras, koppla bort temperaturgivaren (vid pilen) när motorn är igång

Digifant system

12 Starta motorn och låt den gå med en hastighet på 2 000 till 2 500 varv/min. Koppla loss den blå kontakten från kylvätsketemperaturgivaren **(se bild)**.
Observera: *Om motorn stannar, återanslut temperaturgivaren innan den startas igen, annars kommer den elektroniska styrenheten att registrera ett fel.*
13 Håll den specificerade motorhastigheten och rikta stroboskoplampan mot inställningsmärkena. Om tändinställningen är korrekt är märket i linje med skarven i vevhushalvorna.
14 Om märkena inte är korrekt uppriktade, lossa fördelarklammans klämbult och vrid sedan fördelaren sakta i den riktning som behövs för att rikta in märkena. Håll fördelaren i detta läge och dra åt klämbulten.
Observera! Var försiktig så att du inte fastnar i drivremmen (-arna). Stanna vid behov motorn innan några justeringar görs.

15 Inga ytterligare test är möjliga att utföra på detta system utan specialanpassad testutrustning.
16 När justering gjorts, koppla loss instrumenten och återanslut kylvätsketemperaturgivaren.

6 Tändspole – kontroll och byte

1 Tändspolen är placerad ovanpå motorkåpan, intill fördelaren. Med jämna mellanrum bör man kontrollera att de elektriska anslutningarna sitter ordentligt och spolen torkas ren för att förhindra högspänningsförlust genom gnistbågsbildning.
2 Om spolens funktion misstänks kan primär- och sekundärlindningarnas motstånd kontrolleras med en ohmmätare. För att göra detta, lossa ledningarna vid spolens anslutningar efter att först ha markerat dem så att de kan sättas tillbaka på samma plats **(se bild)**.
3 Använd en ohmmeter, mät spolens primära resistans mellan de två lågspänningsanslutningarna (1 och 15). Mät sedan den sekundära resistansen mellan den negativa lågspänningsanslutningen (1) och högspänningsanslutningen mitt i spolen (4). Jämför värdena med de som anges i specifikationerna. Om primär eller sekundär resistans ligger utanför de specificerade gränsvärdena måste spolen bytas.
4 För att byta spole, lossa ledningarna (om detta inte redan har gjorts för kontrollen), lossa klämbulten och dra ut spolen ur sitt fäste. Montering sker i omvänd ordning mot demontering.

6.2 Koppla bort högspänningskabeln

7 ÖD-givare – allmänt

Alla modeller som behandlas i denna handbok har en ÖD-givare som används för kontroller av tändsystemet, tillsammans med VW:s testutrustning.
Utan en passande tändningstestare är det inte troligt att denna givare är till någon nytta för hemmamekanikern, men det är bra att känna till dess placering och funktion.
Givaren sitter på den övre ytan på vevhuset och består av en ledning med en kontakt i ena änden. När den är ansluten till testutrustningen övervakar givaren i den andra änden av ledningen exakt vevaxelns position genom att känna av läget hos två metallstift i svänghjulet.
Demontering och montering av givaren kan endast göras om motorn är isärtagen. Den tas loss genom att den trycks ut ur vevhuset mot svänghjulsänden. Montering sker i omvänd ordning.

Anteckningar

Kapitel 6
Koppling

Innehåll

Svårighetsgrader

Enkelt, passar novisen med lite erfarenhet	**Ganska enkelt,** passar nybörjaren med viss erfarenhet	**Ganska svårt,** passar kompetent hemma-mekaniker	**Svårt,** passar hemmamekaniker med erfarenhet	**Mycket svårt,** för professionell mekaniker

Specifikationer

Allmänt
Typ . . . . Enkel torr lamell, tallriksfjäder, hydrauliskt manövrerad
Lamelldiameter . . . . 215 eller 228 mm, beroende på modell
Kopplingspedalens spel . . . . ca 0,5 mm

Åtdragningsmoment   Nm
Kopplingskåpa till svänghjul 25
Huvudcylinder till fäste 25
Slavcylinder till fäste 25
Slavcylinderfäste till växellåda 45
Fästbult för urtrampningsaxelns bussning 15

---

1 Allmän beskrivning

Alla modeller med manuell växellåda är utrustade med en enkel torrlamellskoppling med tallriksfjäder. Enheten består av en stålkåpa som är fastbultad i svänghjulet och innehåller tryckplatta och tallriksfjäder.

Lamellen rör sig fritt på växellådans ingående axel och hålls på plats mellan svänghjulet och tryckplattan av trycket från tallriksfjädern. Friktionsbelägg är nitade på lamellen, vilken har ett fjädrande nav som tar upp stötar i kraftöverföringen och hjälper till att ge ett smidigt kraftupptagande.

Kopplingen manövreras hydrauliskt av en huvudcylinder och en slavcylinder. Urtrampningsmekanismen består av en axel och ett lager som sitter i kopplingshuset på änden av växellådan **(se bild)**.

Kopplingsenheten är självjusterande och kräver inget underhåll utöver regelbundna kontroller av hydraulvätskenivån i huvudcylinderns behållare. Hydraulvätskan till kopplingen matas från bromshuvudcylinderns behållare och för kontroll av nivån hänvisas till avsnittet *"Veckokontroller"*.

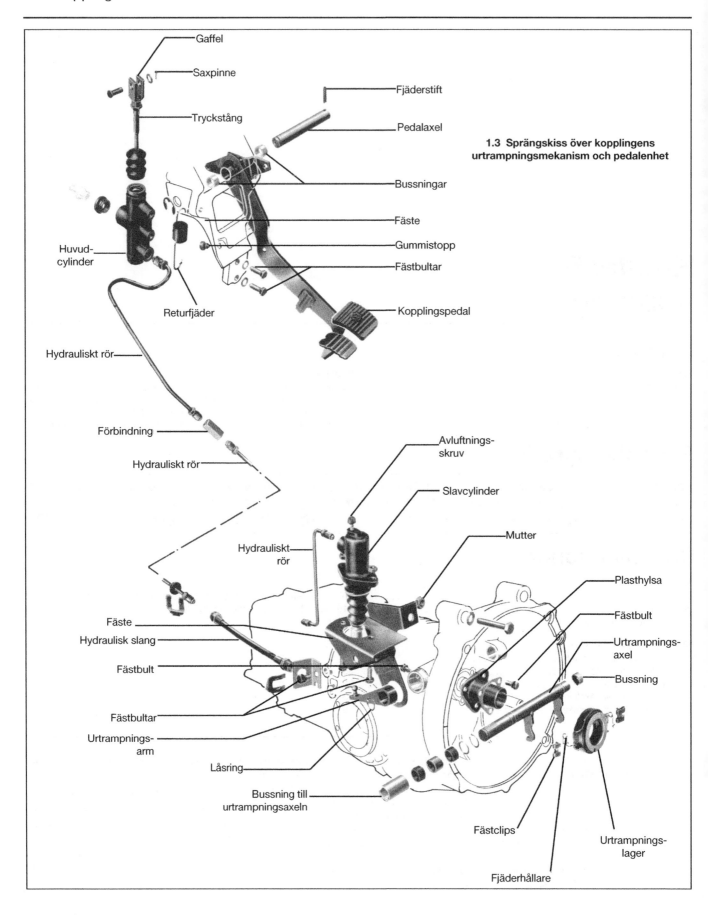

Gaffel

Saxpinne

Fjäderstift

Tryckstång

Pedalaxel

1.3 Sprängskiss över kopplingens urtrampningsmekanism och pedalenhet

Bussningar

Fäste

Gummistopp

Huvud-cylinder

Fästbultar

Returfjäder

Kopplingspedal

Hydrauliskt rör

Förbindning

Hydrauliskt rör

Avluftnings-skruv

Slavcylinder

Hydrauliskt rör

Mutter

Plasthylsa

Fäste

Fästbult

Hydraulisk slang

Urtrampnings-axel

Fästbult

Bussning

Fästbultar

Urtrampnings-arm

Låsring

Bussning till urtrampningsaxeln

Fästclips

Urtrampnings-lager

Fjäderhållare

2 Hydraulsystem – luftning

⚠️ **Varning: Bromsvätska kan skada dina ögon och förstöra målade ytor, så var ytterst försiktig vid hanteringen.** Tvätta bort spilld vätska från huden eller lackerade ytor omedelbart med stora mängder kallt vatten. Använd inte vätska som har stått i öppen behållare under någon tid. Vätskan absorberar fukt från luften vilket kan orsaka korrosion i kopplings- och bromssystemens komponenter. För säkerhets skull, använd endast vätska från en nyöppnad behållare.

1 Om någon av de hydrauliska delarna har demonterats eller kopplats loss har med säkerhet luft kommit in i systemet. För att kopplingen ska fungera tillfredsställande måste all luft avlägsnas från systemet. Detta kallas luftning.
2 För att lufta systemet, samla först ihop en ren glasburk, en bit plast- eller gummislang av lämplig längd som passar snävt över avluftningsnippeln på slavcylindern samt en behållare specificerad hydraulvätska. Du kommer också att behöva ta hjälp av någon. Om en enmans luftningssats som används för bromssystemet finns tillgänglig, kan denna även användas för kopplingen. Fullständig information om hur dessa satser används finns i kapitel 10.
3 Lyft upp bakvagnen och stöd den på pallbockar (se *"Lyftning och stödpunkter"*).
4 Demontera instrumentpanelens kåpa och fyll vid behov på vätska i bromshuvudcylinderns behållare tills nivån når MAX-märket. (Kopplings- och bromssystemen matas båda från en gemensam behållare). Håll nivån vid MAX under följande moment.
5 Baktill under bilen, torka rent området kring avluftningsnippeln på slavcylindern och ta bort dammskyddet.
6 Anslut ena änden på slangen till avluftningsnippeln och placera den andra änden i glasburken. Denna måste innehålla tillräckligt mycket ren hydraulvätska för att slangänden ska hållas under ytan hela tiden.
7 Öppna avluftningsnippeln ett halvt varv och låt din medhjälpare trampa ned kopplingspedalen. När pedalen når botten, stäng avluftningsnippeln. Med avluftningsnippeln stängd, släpp upp kopplingspedalen. Upprepa denna procedur tills vätskan som kommer ut är fri från luftbubblor. Var noga med att vätskenivån i behållaren inte sjunker till cylinderutloppet eftersom luft då kommer in i systemet.
8 Kontrollera kopplingspedalens funktion. Pedalen kan behöva tryckas ned ytterligare några gånger innan trycket byggs upp, men därefter bör den kännas normal. Om den känns svampig på något sätt tyder det på att det fortfarande finns luft i systemet.

9 När avluftningen är slutförd, ta undan slangen och sätt tillbaka dammskyddet på nippeln. Fyll på huvudcylinderbehållaren om så behövs och sätt tillbaka locket och instrumentpanelens kåpa. Avtappad vätska skall nu kasseras eftersom den är förorenad med luft och smuts och därför inte kan återanvändas.
10 Sänk ner bilen på marken och kontrollera kopplingens funktion.

3 Koppling – demontering och montering

⚠️ **Varning: Damm från kopplingsslitage kan innehålla asbest vilket är mycket hälsovådligt. Blås INTE rent med tryckluft och ANDAS INTE IN dammet.** Använd INTE bensin eller petroleumbaserade lösningsmedel för att tvätta bort dammet. Använd bromsrengöring eller träsprit för att skölja ner dammet i en lämplig behållare. När kopplingskomponenterna har torkats rena med trasor ska de förorenade trasorna och rengöringsmedlet förvaras i en förseglad och tydligt märkt behållare.

1 För att komma åt kopplingsenheten, demontera först växellådan enligt beskrivning i kapitel 7A.
2 Innan kopplingsenheten demonteras från svänghjulet, undersök om kopplingskåpan har några inställningsmärken kring fästbultarna. Om inga markeringar finns, ritsa en linje mellan kopplingskåpan och svänghjulet så att korrekt ihopsättning kan göras om originaldelarna ska användas.
3 Demontera kopplingsenheten genom att skruva loss de sex fästbultarna i diagonal ordning ett halvt varv i taget, för att undvika att kåpans fläns blir skev.
4 När bultarna är borttagna, lyft av kopplingsenheten från svänghjulets styrstift. Var beredd på att ta emot lamellen som nu kommer att falla ut – den är inte fäst i kåpan eller svänghjulet.
5 Det är viktigt att inte låta olja eller fett

komma i kontakt med lamellens friktionsbelägg, eller med tryckplattans eller svänghjulets yta. Handskas med delarna med rena händer och torka av tryckplattan och svänghjulet med en ren torr trasa innan kontroll och ihopsättning påbörjas.
6 Vid montering av kopplingen, placera lamellen mot svänghjulet med den förlängda centrumdelen på navet vänd bort från svänghjulet. Lamellen är oftast märkt 'SCHWUNGRAD' eller 'FLYWHEEL SIDE' på svänghjulssidan.
7 Placera kåpan på styrstiften och (om tillämpligt) rikta upp de tidigare gjorda inställningsmärkena **(se bild)**. Säkra kåpan med de sex fästbultarna och dra åt dem med fingrarna så hårt att lamellen greppas men ändå fortfarande kan röras.
8 Lamellen måste nu centreras så att splinesen på växellådans ingående axel går genom lamellens splines. Om centrering inte utförs noggrant kommer det att bli svårt, eller omöjligt, att montera växellådan.
9 Centrering kan utföras genom att man för in en rund stång eller en lång skruvmejsel genom hålet i mitten av navet, så att änden på stången vilar i det lilla hålet i vevaxeln som innehåller ingående axelns tapplager. Genom att röra på stången i sidled eller upp och ner kan man flytta på lamellen i den riktning som behövs för att den ska centreras.
10 Centreringen kan enkelt bedömas om man tar bort stången och tittar på lamellens nav i relation till vevaxelns tapplager och hålet i mitten på tallriksfjädern. När navet är exakt i mitten är centreringen korrekt. Alternativt kan en gammal ingående axel eller ett speciellt kopplingscentreringsverktyg **(se bild)** användas, i vilket fall man inte behöver gissa eller göra någon visuell bedömning.
11 Dra åt kåpans fästbultar i diagonal ordning för att vara säker på att plåten dras ned jämnt och att inte flänsen blir skev. Dra åt bultarna till de åtdragningsmoment som anges i specifikationerna.
12 Växellådan kan nu monteras i bilen enligt beskrivning i kapitel 7A. Se till att splinesen på växellådans ingående axel är rena och lägg lite kopparbaserat antikärvningsmedel på dem.

3.7 Montera kopplingsskivan och kåpan

3.10 Ett kopplingscentreringsverktyg kan användas för att centralisera kopplingsskivan

5.2 Urtrampningslagrets fjäderhållare (A) och fästclips (B)

5.4 Slavcylinder och monteringsfästesenhet

A Slavcylinder   C Monteringsfästbult
B Slavcylinderns fästmuttrar   D Urtrampningsarm

4 Koppling – kontroll

Observera: *Läs varningen i början av föregående avsnitt.*
1 Med lamellen och tryckplattan demonterade från svänghjulet, torka bort allt damm med en fuktig trasa. Lägg trasan i en plastpåse, förslut den väl och kassera den på lämpligt sätt.
2 Undersök om lamellens friktionsbelägg är slitna eller har lösa nitar. Kontrollera också om lamellen är skev eller sprucken, har trasiga navfjädrar eller slitna splines. Ytan på friktionsbeläggen kan vara väldigt glansig, men så länge materialets mönster kan ses tydligt är de i godtagbart skick. Om friktionsmaterialet är tunnare än 1 mm ovanför nitskallarna eller om materialet är svartfläckigt (vilket tyder på oljeförorening), måste lamellen bytas ut. Eventuell olja kommer vanligtvis från en läckande vevaxeloljetätning eller en tätning på växellådans ingående axel, detta måste åtgärdas innan kopplingen monteras ihop.

3 Undersök de maskinbearbetade ytorna på svänghjulet och tryckplattan. Om någon av dem är spårig eller har djupa repor måste antingen ytan bearbetas till dess att den är slät eller, vilket är att föredra, komponenten bytas ut.
4 Om tryckplattan är sprucken eller om tallriksfjädern är skadad eller inte har nog spänst måste en ny enhet monteras.
5 Kontrollera också att urtrampningslagret fungerar tillfredsställande. Det får inte kärva eller vara för glappt. Det ska rotera relativt fritt, men tänk också på att det har packats med fett.

Observera! När du överväger att byta ut individuella delar i kopplingen, tänk på att nya delar (eller delar från en annan tillverkare) inte alltid kan arbetas in tillfredsställande med de gamla. En tryckplatta eller lamell som byts ut separat kan ibland orsaka skakningar eller vibrationer. Tryckplattan, lamellen och urtrampningslagret bör därför bytas ut tillsammans som en enhet om detta är möjligt.

5 Urtrampningsmekanism – demontering, renovering och montering

Observera: *Kopplingens urtrampningsmekanism finns i kopplingshuset och man måste demontera växellådan enligt kapitel 7A för att komma åt dessa komponenter.*
1 Med växellådan på arbetsbänken, kontrollera om urtrampningslagret fungerar tillfredsställande. Det får inte kärva eller vara för glappt och det ska rotera relativt fritt; tänk dock på att det har förpackats med fett. Om tydlig kärvhet känns bör lagret bytas ut. Man kan inte ta isär urtrampningslagret för rengöring eller infettning. Om du är tveksam, byt ut lagret.
2 För att demontera lagret, bänd försiktigt loss fjäderhållarna och clipsen och lyft av lagret från urtrampningsaxeln och styrhylsan (se bild).
3 Kontrollera urtrampningsaxelns spel i stödbussningarna. Om tydligt spel förekommer är det troligtvis i änden närmast urtrampningsarmen. Om bussningarna är slitna bör axeln demonteras och bussningarna bytas enligt följande:
4 Lossa och ta bort slavcylinderns två fästmuttrar och bultar, lyft av cylindern. Lossa och ta bort den stora muttern och bulten som håller slavcylinderns fästbygel till växellådshuset. Dra ut låsclipset, dra av urtrampningsarmen och ta bort fästbygeln (se bild).
5 Lossa och ta bort bulten som håller urtrampningsaxelns bussningar i huset (se bild).
6 Inifrån kopplingshuset, dra ut urtrampningsaxelns inre clips ur dess spår (se bild) och dra det, tillsammans med skivan, mot mitten av axeln.
7 Dra axeln åt vänster för att frigöra ena änden från dess bussning och dra därefter

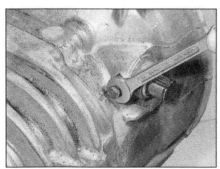

5.5 Ta bort bulten som håller urtrampningsaxelns bussningar

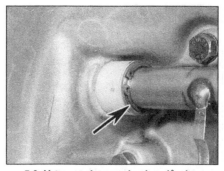

5.6 Urtrampningsaxelns inre låsring (vid pilen)

5.8 Urtrampningsaxelns stödbussningar och fettätningar

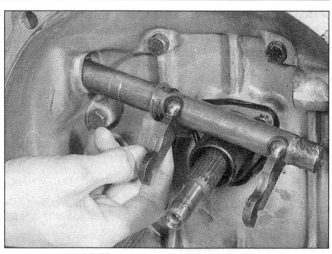

5.9 Montera urtrampningsaxeln . . .

bort axeln från kopplingshuset. Bussningarna och de två ihoptryckbara tätningarna kan nu också tas bort.

8 Urtrampningsmekanismen är nu helt isärtagen. Rengör alla delarna och undersök noggrant om de är slitna. Var speciellt uppmärksam på bussningarna och fett-tätningarna och byt ut delar som är slitna **(se bild)**. Observera att bussningen som stöder den andra änden av urtrampningsaxeln fortfarande sitter kvar i växellådshuset. Specialverktyg krävs för att demontera och montera denna bussning och arbetet bör överlämnas åt en VW-verkstad. Bussningen utsätts dock inte för samma belastning som de andra och det är inte vanligt att den är sliten.

9 Smörj komponenterna med universalfett och börja ihopsättningen med att sätta urtrampningsaxeln på plats. Se till att det inre låsclipset och brickan är på plats på axeln innan du gör detta **(se bild)**.

10 Trä nu på den stora bussningen **(se bild)**, följd av den inre fettätningen, den lilla bussningen och därefter den yttre tätningen. Se till att hålen i bussningarna är vända mot styrbultshålen och är så inriktade att bulten kan sättas in. Sätt i bulten och dra åt den helt.

11 Dra urtrampningsaxelns inre låsclips och bricka mot änden på axeln och passa in clipset i sitt spår.

5.10 . . . och den stora stödbussningen

12 Montering av resten av urtrampnings-mekanismen sker i omvänd ordning mot demonteringen. När lagret monteras, lägg på lite molybdendisulfidbaserat fett på styr-hylsan, kontaktfingrarna och lagrets tryckyta. Se också till att fjäderhållarna och clipsen sitter korrekt och säkert.

13 Urtrampningslagret är självcentrerande. På ett nytt lager kan det verka som om tryckringen sitter förskjutet i förhållande till lagerhuset, men det kommer att korrigera sig självt automatiskt.

14 Kontrollera att mekanismen fungerar problemfritt och montera därefter växellåds-huset enligt beskrivning i kapitel 7A.

6 Huvudcylinder – demontering och montering

Observera: *Läs först varningen i början av avsnitt 2.*
Observera: *Huvudcylindern är placerad inne i förarutrymmet längst ner på kopplings- och bromspedalsfästet. Hydraulvätska för enheten matas från bromshuvudcylinderns behållare.*

1 När huvudcylindern ska demonteras, täck först golvet under pedalerna med trasor. En del hydraulvätska kommer oundvikligen att spillas under demonteringen.

2 Dra försiktigt bort hydraulvätskeslangen från utloppet på cylindern och plugga snabbt igen slangen med en gammal bult eller stång av passande tjocklek.

3 Skruva loss hydraulrörsanslutningen längst ner på cylindern och ta försiktigt ut röret.

4 Skruva till sist loss de två fästbultarna och lyft ut cylindern. Observera att tryckstången och gaffeln är monterade till kopplingspedalen och därför blir kvar i bilen när cylindern tas ut.

5 Montering sker i omvänd ordning. Avlufta kopplingens hydraulsystem när huvud-cylindern har monterats (se avsnitt 2).

6 Kontrollera spelet mellan tryckstången och huvudcylinderns kolv när monteringen är

avslutad och justera tryckstången om spelet är mer än 0,5 mm. Justeringen görs genom att låsmutterns lossas och tryckstången vrids i önskad riktning för ökat eller minskat spel.

7 Huvudcylinder – isärtagning, kontroll och ihopsättning

Observera: *Läs först varningen i början av avsnitt 2.*

1 Innan huvudcylindern tas isär, förbered en ren och fri arbetsyta på bänken.

2 Ta bort dammskyddet från huvudcylindern och dra ut kolvens fästclips och bricka.

3 Knacka änden på cylindern på ett träblock tills kolven kommer fram i cylinderloppet.

4 Dra ut kolven ur cylindern tillsammans med returfjädern **(se bild)**. Ta försiktigt bort fjädern från kolven och ta vara på fjäderhållaren.

5 Lägg ut delarna i den ordning de demon-teras **(se bild)** och ta därefter bort de två skålformade tätningarna från kolven, notera vilken väg de sitter.

6 Rengör komponenterna i ren hydraulvätska och torka dem torra med en luddfri trasa.

7 Undersök cylinderloppet och kolven och leta efter repor, gropar, rost eller slitkanter. Om skador förekommer, byt ut huvud-cylindern. Om delarna är i godtagbart skick

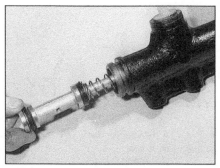

7.4 Dra ut kolven och fjäderenheten ur huvudcylindern

måste en ny uppsättning gummitätningar införskaffas. Återanvänd aldrig gamla tätningar – de slits med tiden även om detta kanske inte är uppenbart vid kontrollen.
8 Börja ihopsättningen med att smörja de inre komponenterna i cylinderloppet med ren hydraulvätska.
9 Sätt tillbaka de två skålformade tätningarna med tätningsläpparna vända mot fjädern. Använd endast fingrarna, inga verktyg.
10 Sätt fjäderhållaren och fjädern på plats över kolven och för försiktigt in enheten i cylinderloppet. Var försiktig så att inte tätningsläpparna rullar över när de förs in.
11 Tryck in kolvenheten helt i cylinderloppet och sätt tillbaka brickan och fästclipset. Smörj insidan av dammskyddet med gummifett och sätt det på plats på änden av cylindern.
12 Den ihopsatta huvudcylindern kan nu monteras i bilen enligt beskrivning i avsnitt 6.

8 Slavcylinder – demontering och montering

Observera: Läs varningen i början av avsnitt 2.
1 Lyft upp bakvagnen och stöd den på pallbockar (se *"Lyftning och stödpunkter"*).
2 Använd en bromsslangklamma eller ett par självlåsande klämmor med käftarna skyddade på lämpligt sätt och kläm åt hydraulvätskeslangen på vänster sida om växellådan. Detta förhindrar vätskeförlust när hydraulvätskerörets anslutning vid slavcylindern lossas.
3 Torka området kring hydraulrörets anslutning på slavcylinderns sida och skruva sedan loss anslutningsmuttern. Dra försiktigt undan röret från cylindern.

4 Lossa och ta bort de två muttrarna och bultarna som håller slavcylindern till fästbygeln och lyft bort cylindern.
5 Montering sker i omvänd ordning, men tänk på följande:
a) Smörj urtrampningsarmen med universalfett
b) Sätt den slavcylinderbult som är närmast motorn på plats i fästet innan cylindern monteras
c) När monteringen är avslutad, lufta hydraulsystemet enligt beskrivning i avsnitt 2

9 Slavcylinder – isärtagning, kontroll och ihopsättning

Observera: Läs varningen i början av avsnitt 2.
1 Med slavcylindern placerad på bänken, torka bort all smuts på utsidan med en ren trasa.
2 Lossa den lilla metallringen som håller dammskyddet till tryckstången och dra ut stången.
3 Lossa därefter den stora metallringen som håller dammskyddet till cylindern och ta bort dammskyddet.
4 Dra ut låsclipset och knacka cylindern på ett träblock tills kolven kommer fram i cylinderloppet. Lyft ut kolven och returfjädern.
5 Ta bort dammskyddet från avtappningsnippeln och skruva loss nippeln.
6 Rengör alla delar ordentligt i ren hydraulvätska och torka dem torra med en luddfri trasa.
7 Lägg ut alla delar i den ordning de demonterats så att de kan undersökas **(se bild)**.

8 Undersök kolven och loppet, leta efter repor, gropar, rost eller slitkanter. Om skador förekommer måste hela cylinderenheten bytas. Om delarna är i godtagbart skick måste en ny uppsättning gummitätningar införskaffas. Återanvänd aldrig gamla tätningar – de slits med tiden även om detta kanske inte är uppenbart vid undersökningen.
9 Börja ihopsättningen med att ordentligt smörja de inre komponenterna och cylinderloppet med ren hydraulvätska.
10 Ta bort den gamla tätningen från kolven och sätt försiktigt dit den nya. Tätningsläppen måste vara mot kolvens fjäderände.
11 För in fjädern och därefter kolven i cylinderloppet. Var försiktig så att inte tätningsläppen rullar över när den förs in.
12 Tryck in kolven helt i cylinderloppet och sätt tillbaka låsclipset.
13 Smörj insidan på dammskyddet med gummifett och sätt det på plats över änden på cylindern. Fäst det med den stora metallringen.
14 Sätt in tryckstången i dammskyddet och för försiktigt in änden på skyddet i spåret i tryckstången. Fäst dammskyddet till tryckstången med den lilla metallringen.
15 Sätt slutligen tillbaka avluftningsnippeln och dammskyddet.
16 Den ihopsatta slavcylindern kan nu monteras enligt beskrivning i avsnitt 8

10 Kopplingspedal – demontering och montering

Kopplingspedalen demonteras tillsammans med bromspedalen. Fullständig information finns i kapitel 10.

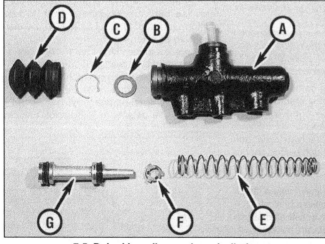

7.5 Delar i kopplingens huvudcylinder

A Huvudcylinder
B Bricka
C Låsring
D Dammskydd av gummi
E Returfjäder
F Fjäderhållare
G Kolvenhet

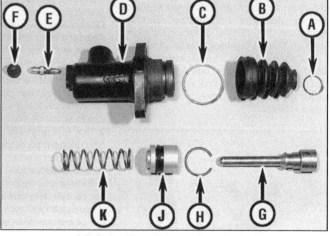

9.7 Delar i kopplingens slavcylinder

A Kabelfästring (liten)
B Dammskydd av gummi
C Kabelfästring (stor)
D Slavcylinder
E Avluftningsskruv
F Dammskydd
G Tryckstång
H Låsring
J Kolv och tätning
K Returfjäder

Kapitel 7A
Manuell växellåda

Innehåll

Svårighetsgrader

Enkelt, passar novisen med lite erfarenhet	**Ganska enkelt,** passar nybörjaren med viss erfarenhet	**Ganska svårt,** passar kompetent hemma-mekaniker
Svårt, passar hemmamekaniker med erfarenhet 	**Mycket svårt,** för professionell mekaniker	

Specifikationer

Typ .... Fyra eller fem växlar framåt (helt synkroniserad) och backväxel
.... Slutväxeln integrerad med huvudväxellådan

Identifikationskod
4-växlad 091/1
5-växlad 094

Utväxling (typisk)
4-växlad:
  1:an .... 3,78 : 1
  2:an .... 2,06 : 1
  3:an .... 1,26 : 1
  4:an .... 0,85 : 1
  Back .... 3,67 : 1
5-växlad:
  1:an .... 4,11 : 1
  2:an .... 2,33 : 1
  3:an .... 1,48 : 1
  4:an .... 1,02 : 1
  5:an .... 0,76 : 1
  Back .... 3,67 : 1

Slutväxelutväxling (typisk)
4-växlad .... 4,57 : 1 eller 4,86 : 1
5-växlad .... 4,86 : 1

Justering
Växlingslänkagets justeringsmått:
  4-växlad .... 23 mm
  5-växlad .... 3 mm

Åtdragningsmoment — Nm
	Nm
Kopplingshus till motor	30
Drivaxel till differentialfläns	45
Växellådans främre fästbygel till kaross	25
Backljuskontakt	30
Avtappnings- och påfyllningspluggar	20
Växlingsarm till växlingsaxel	25
Växlingslänkagets klämbult	25
Växelspak till främre växelstång	10
Växelspaksplatta till fästplatta	10

2.3 Kopplingens slavcylinderfästbultar (vid pilarna) . . .

2.4 . . . och fästbulten till slangstödfästet (vid pilen)

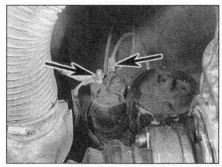

2.6 Koppla bort startmotorledningarna vid de anslutningar som pilarna indikerar

1 Allmän beskrivning

De manuella växellådor som är monterade i de bilar som behandlas i denna handbok har fyra eller fem växlar framåt och en backväxel. Alla växlar framåt är synkroniserade för att ge mjuka tysta växlingar.

Växellådan består av fyra huvudsakliga hus, ihopmonterade till en komplett enhet. Kopplingshuset innehåller urtrampnings-mekanismen och, när växellådan är monterad till motorn, även svänghjulet och kopplings-enheten. Växellådshuset innehåller slutväxeln (differentialen) och är placerad mellan kopp-lings- och drevhuset. Ingående axel, pinjong, drev och väljarmekanism finns i drevhuset som har växlingshuset bultat på framsidan i form av en ändkåpa. Denna sista enhet innehåller växelväljaraxeln och anslutning för det yttre växelväljarlänkaget.

Växling sker med en golvmonterad spak, kopplad till mekanismen i växlingshuset via ett fjärregleringshus och en serie stänger.

2 Växellåda – demontering och montering

1 Eftersom den största delen av arbetet utförs från bilens undersida måste den antingen ställas över en smörjgrop, köras upp på ramper eller så måste bakvagnen ställas upp på pallbockar (se *"Lyftning och stöd-punkter"*). Koppla sedan loss batteriets negativa anslutning

2 På vissa modeller måste man lossa trottel-vajerns stöd (och vajern) från motorns/växel-lådans övre bult för att växellådan ska kunna demonteras.

3 Lossa de två muttrarna och bultarna som håller kopplingens slavcylinder till stödfästet på kopplingshuset **(se bild)**.

4 Lossa bulten som håller slangens stödfäste till växellådshuset **(se bild)**. Lyft ut slav-cylindern från sin plats och bind upp den så att den är ur vägen, med hydraulvätskeröret fortfarande anslutet.

5 Ta bort muttern som håller armen till växlingsaxeln. Skruva loss stödplattan, ta loss det bakre växlingsstaget och tillhörande delar och lägg staget åt sidan.

6 Anteckna hur ledningsanslutningarna sitter baktill på startmotorsolenoiden och koppla loss dem **(se bild)**.

7 Använd en insexnyckel, lossa och ta bort insexbultarna som håller drivaxlarnas båda inre CV-knutar till differentialens drivflänsar. Ta vara på brickorna under bultskallarna och bind upp drivaxlarna med hjälp av ett snöre eller en vajer. Låt inte drivaxlarna hänga utan stöd.

8 Ta loss de två övre muttrarna som håller motorn till växellådan. Beroende på modell kan det vara nödvändigt att demontera luftrenaren för åtkomlighet. Lossa de två muttrarna inifrån motorrummet medan bult-arna hålls fast från undersidan **(se bild)**.

9 Ta loss de två ledningarna från back-ljuskontakten **(se bild)**.

10 Placera en domkraft under motorn och använd ett träblock som mellanlägg. Lyft upp domkraften till dess att den precis tar upp motorns vikt.

11 Placera en annan domkraft under växellådan på samma sätt.

12 Lossa de två muttrarna längst ned på kopplingshuset som håller växellådan till motorns pinnbultar.

13 Om sådana finns, lossa muttern och bulten som håller jordflätan till växellådans fästbygel **(se bild)**.

14 Lossa de fyra bultar som håller växel-lådans främre fästbygel till bilens underrede, sänk ned de två domkrafterna till dess att växellådan går fri framtill och dra bort enheten från motorn. Var försiktig, växellådan är mycket tung.

15 Montering av växellådan sker i omvänd ordning, men tänk på följande:

a) *Lägg ett lager molybdendisulfidfett på ingående axelns splines innan växellådan sätts tillbaka*

b) *Se till att växellådan är helt säkrad till motorn innan bultarna till växellådans fästbyglar slutgiltigt dras åt*

c) *Fyll på växellådan med specificerat smörjmedel*

2.8 Motor-till-växellåda, övre fästmuttrar (vid pilarna)

2.9 Koppla bort ledningen till backljuskontakten

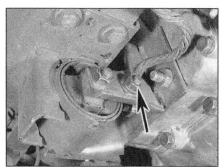

2.13 Koppla bort jordflätan till växellådans fästbygel

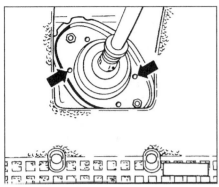

4.3 Justerhålen i växelspaksplattan (vid pilarna) – tidiga modeller

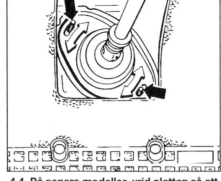

4.4 På senare modeller, vrid plattan så att urtagen vidrör stiften (vid svarta pilar)

4.6 Klämbult (vid pilen) som håller ihop växlingsstagen

3 Renovering av växellåda – allmänt

Reparation och renovering av växellådan är ett komplicerat arbete och det kan inte utföras med framgång om man inte har omfattande utrustning och helst tillgång till speciella VW-verktyg. Även om växellådan med viss improvisation kan tas isär i huvudsakliga delar, kan problem uppstå om ytterligare isärtagning görs, speciellt om nya komponenter krävs. Förbelastningar, spel och justeringar ställs vid tillverkningen in med hjälp av speciella jiggar. Även om delar kan märkas vid isärtagningen och sättas tillbaka på sina ursprungliga platser, är detta endast möjligt om exakt samma delar återanvänds. Om nya delar ska monteras krävs också de speciella jiggarna för att delarna ska kunna monteras ihop korrekt. Detta kan endast utföras av en VW-verkstad eller annan specialist som har tillgång till nödvändig utrustning. Det är också en kostnadsfråga; nya delar och kostnad för arbetet kan tillsammans bli dyrare än att köpa en bra begagnad växellåda.

Om växellådan utvecklar ett fel eller om den inte fungerar normalt, kontrollera först oljenivån samt att olja av rätt typ används. Om felet ligger hos själva växellådan rekommenderas att noggrann diagnos ställs medan växellådan fortfarande är kvar i bilen, även om professionell hjälp behövs för detta. En VW-verkstad eller växellådsspecialist kan därefter avgöra om en reparation är ekonomiskt försvarbar.

> **HAYNES TIPS** Svårighet att lägga i växlar kan bero på slitage eller feljustering i växlingslänkaget eller ett fel i kopplingen. Oljud eller vibration som uppenbart kommer från växellådan kan orsakas av slitna drivaxelknutar.

4 Växlingslänkage – justering

1 Lyft upp framvagnen och stöd den säkert på pallbockar (se "Lyftning och stödpunkter"). Ta undan reservhjulet.
2 Dra upp gummidamasken runt växelspaken.
3 På tidiga modeller (fram till juni 1988), kontrollera att de två hålen i växelspaksplattan är i linje med de två hålen precis under i fästplattan (se bild). Om inte, lossa de två fästmuttrarna eller bultarna, ställ in de två plattorna mot varandra och dra åt muttrarna/-bultarna.
4 På senare modeller finns inga inställnings-hål. Lossa fästmuttrarna och vrid plattan i endera riktningen till dess att urtagen i plattan vidrör stiften (se bild). Dra åt muttrarna.
5 Ställ växelspaken i neutralläge. Kontrollera att växellådan nu verkligen är i neutralläge.
6 Under bilen, lossa klammans bult som håller ihop växlingsstagen (se bild).
7 Ställ armen på växellådan i vertikalt läge (se bild).

4-växlad

8 Se specifikationerna för växlingslänkagets justeringsmått. Tillverka ett mätverktyg av lämpligt material med motsvarande vidd.
9 Placera metallbläcket eller "stoppfingret" längst ner på växelspaken centralt i förhållande till stopplattan i huset. Placera mätverktyget mellan stoppfingret och stopplattan och dra åt klammans bult (se bild). Ta bort mätverktyget.

5-växlad

10 Med armen på växellådan i vertikalt läge, tryck in växlingsaxeln i växellådan tills ett fjädertryck känns.
11 Se specifikationerna för växlingslänkagets justeringsmått. Tillverka ett mätverktyg av lämpligt material med motsvarande bredd, böjd 90° i ena änden.
12 Ta nu hjälp av någon, flytta växelspaken till 1:ans/backens läge, flytta den sedan fram och tillbaka till dess att mätverktyget precis passar in mellan backväxelns stopp och klacken på växlingsstaget (se bild).

4.7 Armen på växellådan måste vara i vertikalt läge

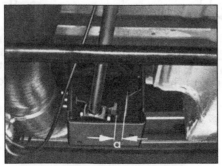

4.9 Placera mätverktyget i mellanrum 'a' (4-växlade modeller)

4.12 Placera mätverktyget i mellanrum 'a' (5-växlade modeller)

4.13 Plastdamasken ska precis vidröra huset

13 Låt nu växelspaken flytta sig till vänster in i 2:ans/3:ans läge och tryck den lätt åt höger så att plastdamasken precis vidrör växlingslänkagehuset **(se bild)**. Håll spaken i detta läge och dra åt klammans bult.

Alla modeller

14 Kontrollera alla växlarnas inkoppling. När den första växeln är ilagd måste det vara ett avstånd på minst 15 mm mellan växelspakens bas och värmarpanelen **(se bild)**. Om detta inte är fallet, lossa fästplattans muttrar eller bultar och placera om växelspaken inom gränserna för monteringsspåren.
15 Sätt tillbaka reservhjulet och sänk ned bilen på marken.

5 Växlingslänkage – demontering, renovering och montering

1 Ställ bilen över en smörjgrop eller lyft upp den och stöd den säkert på pallbockar (se "Lyftning och stödpunkter").
2 Ta bort reservhjulet.
3 Lossa muttern och dra ut bulten som håller det främre växlingsstaget till växelspaken.
4 Lossa klämbulten som håller ihop det mittre och bakre växlingsstagen.
5 Sänk länkaget framtill, dra sedan bort det främre och mittre växlingsstagen från det bakre växlingsstaget och den mittersta stödbussningen.
6 I växellådsänden, ta bort den mutter som håller armen till växlingsaxeln. Skruva loss stödplattan och ta bort det bakre växlingsstaget och tillhörande komponenter.
7 Undersök stödbussningarna, gummidamasken/damaskerna och växlingsstagen **(se bild)**. Byt ut slitna delar.
8 Smörj alla bussningar, anslutningar och friktionsytor med VW:s speciella smörjmedel.
9 Montering av länkaget sker i omvänd ordning. På modeller med gummidamasker på var sida om den bakre fästbussningen, justera den främre damaskens läge så som visas **(se bild)** genom att flytta clipset längs växlingsstaget.
10 På alla modeller, utför justeringsmomentet som beskrivs i föregående avsnitt innan klämbulten dras åt.

6 Växelspak och hus – demontering, renovering och montering

1 Lyft upp framvagnen och stöd den säkert på pallbockar (se "Lyftning och stödpunkter"). Ta bort reservhjulet.
2 Från bilens undersida, lossa muttern och dra ut bulten som håller det främre växlings - staget till växelspaken.
3 Skruva loss växelspaksknoppen och dra av gummidamasken.
4 Lossa de två muttrar eller bultar som håller växelspaksplattan till fästplattan och lyft ut växelspaksenheten.
5 Lossa skruvstiftet och dra av bussningen och fjädern uppåt längs växelspaken. Spaken kan nu dras nedåt och ut ur lagringsenheten.
6 Om ytterligare isärtagning behövs, tryck ut gummistyrningen ur växelspaksplattan, ta isär de två skålarna och dra ut den övre kulhalvan, fjädern och den nedre kulhalvan.
7 Undersök delarna innan de sätts ihop. På 5-växlade modeller, var uppmärksam på backväxelspärrens komponenter. Täck alla rörliga och glidande delar med VW:s speciella smörjmedel.
8 Placera de två skålarna i gummistyrningen och kom ihåg att styrningen sätts in i växelspaksplattan med kragen uppåt.
9 Sära på skålarna och sätt in den nedre kulhalvan följd av fjädern och den övre kulhalvan. Sätt nu in denna enhet i spakplattan.
10 Resten av ihopsättningen sker i omvänd ordning mot isärtagning och demontering.

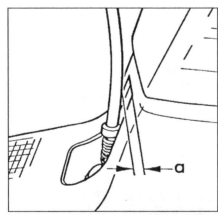

4.14 Med växellådan i första läget ska avstånd 'a' vara minst 15 mm

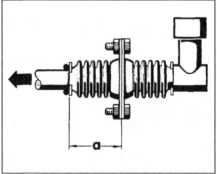

5.9 Justering av den bakre fästbussningen (där tillämpligt). Pilen pekar mot fören på bilen)

a   60 mm

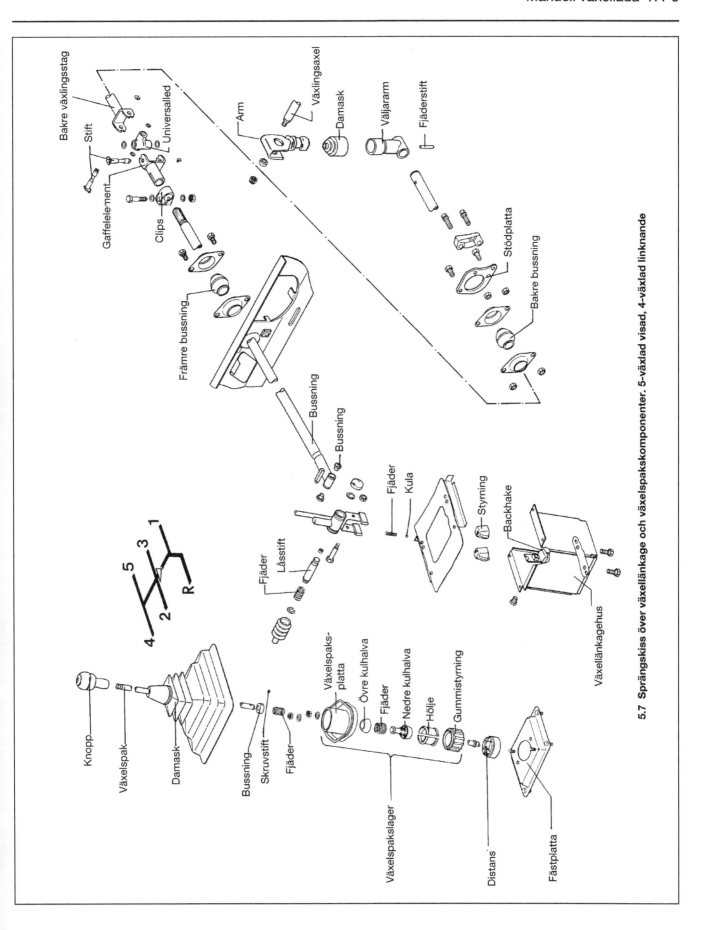

5.7 Sprängskiss över växellänkage och växelspakskomponenter. 5-växlad visad, 4-växlad linknande

Anteckningar

Kapitel 7B
Automatväxellåda

Innehåll

Svårighetsgrader

Enkelt, passar novisen med lite erfarenhet	Ganska enkelt, passar nybörjaren med viss erfarenhet	Ganska svårt, passar kompetent hemma-mekaniker	Svårt, passar hemmamekaniker med erfarenhet	Mycket svårt, för professionell mekaniker

Specifikationer

Typ	Tre-elements momentomvandlare, hydrauliskt styrd planetväxel och integrerad slutväxelenhet
Identifikation	Tillverkarens typ 090

Utväxling (typisk)

Slutväxel	4,09 : 1 eller 3,74 : 1
1:an	2,71 : 1
2:an	1,50 : 1
3:an	1,00 : 1
Back	2,43 : 1

Volym

Automatväxellåda:	
Påfyllning efter vätskebyte	ca 3,0 liter
Total volym – torr enhet	ca 6,0 liter
Slutväxel	ca 1,25 liter

Åtdragningsmoment	**Nm**
Växellådans avtappningsplugg	30
Oljesump till växellåda	20
Oljekylare till växellåda	40
Drivaxel till drivfläns	45
Drivfläns till differential	25
Momentomvandlare till drivplatta	30
Växellåda till slutväxelhus	30
Motor till växellåda	55
Främre fäste till växellåda	55
Främre fäste till kaross	40

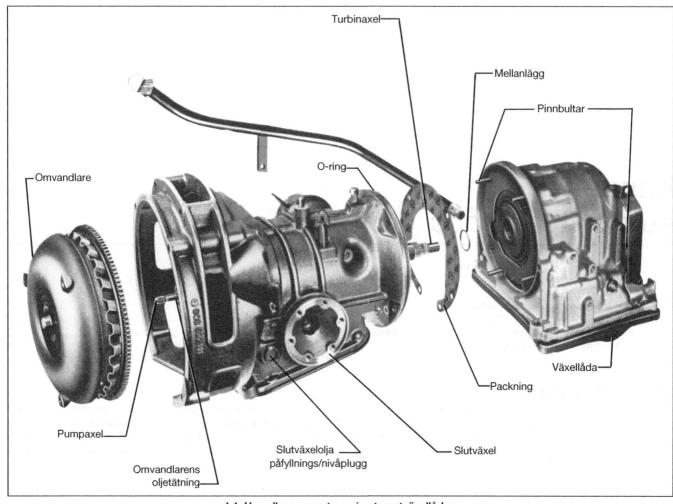

Turbinaxel

Mellanlägg

Pinnbultar

Omvandlare

O-ring

Växellåda

Packning

Pumpaxel

Slutväxelolja
påfyllnings/nivåplugg

Slutväxel

Omvandlarens
oljetätning

1.1 Huvudkomponenterna i automatväxellådan

1 Allmän beskrivning

Automatväxellådan som monteras som tillval består av tre huvudenheter – momentomvandlaren som ersätter den konventionella kopplingen, planetväxlarna och slutväxeln **(se bild)**.

Med tanke på automatväxellådans komplexitet och behovet av specialverktyg och utrustning vid reparationer eller renovering, är följande avsnitt begränsade till allmän information och serviceuppgifter eller instruktioner som kan vara användbara för ägaren. Om ett fel utvecklas på växellådan eller om en betydande justering krävs, bör detta arbete lämnas åt en VW-verkstad eller växellådsspecialist som har nödvändiga instrument och verktyg för diagnos och reparation.

2 Automatväxellåda –
demontering och montering

Observera: *Automatväxellådan kan antingen demonteras tillsammans med motorn enligt*

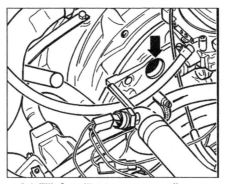

2.4 Tillgång till momentomvandlarens fästbultar genom hålet i vevhuset

beskrivning i kapitel 2B, eller separat enligt beskrivning i detta avsnitt, där motorn lämnas kvar i bilen.

1 Koppla loss batteriets jordanslutning.
2 Om så behövs för åtkomlighet, demontera luftrenaren.
3 Dra bort genomföringen upptill på vänster sida på vevhuset så att momentomvandlarens fästbultar kan nås.
4 Vrid vevaxeln tills en av momentomvandlarens tre fästbultar kan nås genom öppningen där genomföringen suttit. Lossa och ta bort bulten och vrid därefter vevaxeln så att de andra två bultarna kan tas loss **(se bild)**.
5 Ta bort de två övre bultarna som håller motorn till växellådshuset.
6 Ta bort växellådans mätsticka från påfyllningsröret.
7 Lyft upp bakvagnen och stöd den på pallbockar placerade under den bakre tvärbalken (se *"Lyftning och stödpunkter"*).

8 Använd en insexnyckel och lossa de sex bultarna på var sida som håller drivaxelns inre knutar till växellådans drivflänsar. Flytta undan knutarna från drivflänsarna och bind upp drivaxlarna så att de är ur vägen.

9 Koppla loss ledningarna från startmotorn.

10 Lossa och ta bort bulten som håller mätsticks-/påfyllningsrörets fäste till växellådshuset.

11 Lossa och ta bort muttern och fjäderbrickan som håller trottelns manöverstång till armen på sidan av växellådshuset **(se bild)**.

12 Använd en bredbladig skruvmejsel, lirka försiktigt loss gasvajerns kabelsko från kickdownarmen. Lossa vajern från sitt fäste och flytta den åt sidan.

13 Dra bort låsclipset som håller väljarvajern till växellådans väljararm och dra av vajern.

14 Kläm åt kylvätskeslangarna som leder till och från växellådans vätskekylare och ta sedan loss dem. Var beredd på ett visst spill.

15 Lossa och ta bort bulten som håller jordflätan till växellådshuset och lyft av flätan **(se bild)**.

16 Lossa och ta bort de två bultarna som fäster väljarvajerns stödfäste till växellådshuset. Flytta vajern och fästet åt sidan.

17 Placera en passande domkraft under växellådan. Lägg ett träblock som mellanlägg för att skydda växellådan och sprida vikten och höj sedan domkraften till dess att den precis bär upp växellådans vikt.

18 Lossa och ta bort de fyra bultar som håller växellådans fästbygel till karossens tvärbalk.

19 Stöd motorn med en andra domkraft och använd även nu ett träblock som mellanlägg. Ta bort de två nedre fästmuttrarna som fäster växellådshuset till motorn.

20 Växellådan kan nu dras bort från motorn och, så snart den går fri från de två nedre stiften, sänkas ned på marken. Var försiktig så att inte momentomvandlaren faller ut under detta moment. Så snart det är möjligt kan den säkras på sin plats med hjälp av en vajer som sticks in genom öppningarna i sidorna på huset. Observera att man kanske också måste sänka de två domkrafterna något för att skapa tillräckligt med utrymme mellan växellådan och tvärbalken. Om detta är fallet, kontrollera att ingenting är i vägen eller kommer att belastas i motorrummet eller under bilen när domkrafterna sänks.

21 När växellådan sänkts till marken, dra ut den på sidan av bilen.

22 Montering av automatväxellådan sker i omvänd ordning, men tänk på följande:

a) *Se till att momentomvandlaren sitter på plats på växellådan och är korrekt monterad (enligt beskrivning i avsnitt 3) innan växellådan monteras*

b) *Observera korrekta åtdragningsmoment för alla fästmuttrar och bultar där sådana anges*

c) *När växellådan monterats, fyll den med specificerad vätska (se kapitel 1)*

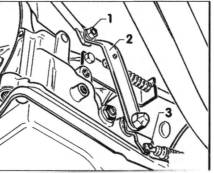

2.11 Styranslutningar på höger sida av växellådshuset

1 *Fästmutter till trottelns manöverarm*
2 *Trottelvajerns kulfäste*
3 *Väljarkabellåsring*

d) *Kontrollera kylvätskenivån och fyll på vid behov (se "Veckokontroller")*

e) *Justera växelväljarmekanismen om så behövs, se beskrivning längre fram i detta kapitel*

3 Momentomvandlare – demontering och montering

1 Börja med att demontera växellådan från bilen enligt beskrivning i föregående avsnitt.

2 Ta loss den vajer som använts till att hålla momentomvandlaren på plats och dra enheten av pumpens drivaxel och envägs kopplingssplines. Ha trasor till hands för att samla upp eventuellt spill när momentomvandlaren demonteras. Lägg omvandlaren på en arbetsbänk med startkransen uppåt.

3 Det går inte att renovera momentomvandlaren eftersom den är ihopsvetsad och inte kan tas isär. Om test har visat att enheten är defekt måste den bytas. Den enda del som kan bytas ut separat är bussningen i mitten av navet. Specialverktyg krävs dock för detta och om bussningen är sliten bör arbetet överlämnas åt en VW-verkstad.

4 Om växellådsoljan är smutsig på grund av slitage i kopplingens belägg eller om växellådan renoveras eller byts ut, skall vätskan i momentomvandlaren sifoneras ut enligt följande:

5 Använd en bit tunt plaströr och en plastflaska med ett tätt lock (vindrutespolarrör och en gammal spolarvätskeflaska fungerar utmärkt). Fäst en ände av röret till flaskan, antingen genom att göra ett hål i locket, stoppa in röret och försegla hålet, eller genom att fästa röret i anslutningen eller ventilen i locket om en sådan typ används. Placera den andra änden av röret i momentomvandlarens nav så att den vidrör botten. Tryck ihop

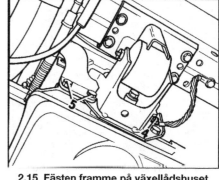

2.15 Fästen framme på växellådshuset

4 *Jordfläta*
5 *Fästbultar till väljarkabelns stödfäste*

flaskan och släpp ut den igen för att påbörja sifoneringen. När vätska börjar flöda in, lossa lite på locket för att lätta på trycket i flaskan **(se bild)**.

Observera: *Vätskan i momentomvandlaren kan endast tappas av helt genom sifonering. Det finns andra sätt att starta sifoneringen än den beskriven här, men starta den under inga omständigheter genom att suga på röret – växellådsoljan är giftig.*

6 När momentomvandlaren skall monteras tillbaka på växellådan, placera den rakt över pumpens drivaxel och envägskopplingens stöd och vrid den fram och tillbaka lite för att haka i splinesen. Se till att momentomvandlaren sitter korrekt på plats, annars finns det risk för att drivplattan och själva momentomvandlaren skadas när växellådan monteras.

7 Håll momentomvandlaren på plats med en bit vajer till dess att växellådan är monterad i bilen.

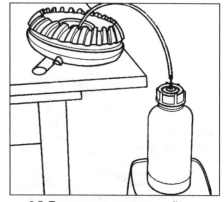

3.5 Tappa av momentomvandlaren med en sifon

5.3 Ta bort slutväxelflänsens fästbult

a) Se till att brickan för axialspelsjustering är på plats på pinjongaxeln innan montering
b) Använd alltid en ny packning mellan slutväxeln och huvudväxellådan och en ny O-ring på slutväxelhusets ytterkant
c) Dra alla fästmuttrar och bultar till specificerat moment där sådant anges
d) Se till att pumpens drivaxel är helt insatt i pumpens drivplatta innan momentomvandlaren monteras
e) När den ihopsatta växellådan har monterats i bilen, fyll på slutväxeln med växellådsolja av specificerad typ och mängd (se kapitel 1)

4 Slutväxel – demontering och montering

1 Demontera först automatväxellådan enligt beskrivning i avsnitt 2 och momentomvandlaren enligt föregående avsnitt.
2 Man kan nu demontera slutväxelhuset från växellådan och därmed separera växellådan i dess tre huvudsakliga enheter. Dessa kan bytas individuellt eller tas till en VW-verkstad för reparation eller renovering.
3 Rengör husen noggrant utanpå med fotogen eller lämpligt lösningsmedel och rena trasor.
4 Lossa och ta bort de fyra muttrar och brickor som håller ihop slutväxelns och växellådans hus och sära på de två enheterna. Ta reda på packningen från växellådan och brickan för axialspelsjustering från pinjongaxeln. Observera att tjockleken på den här brickan är kritisk och den måste räknas ut på nytt om någon av komponenterna i huvudväxellådan eller slutväxeln tas isär eller byts ut. Att räkna ut tjockleken är relativt komplicerat och vi rekommenderar att de två enheterna tas till en VW-verkstad där tjockleken kan bestämmas.
5 Montering av slutväxeln sker i omvänd ordning, men tänk på följande:

5 Slutväxelflänsens oljetätning – demontering och montering (växellådan i bilen)

1 Lyft upp bakvagnen och placera pallbockar under tvärbalken (se "Lyftning och stödpunkter").
2 Använd en insexnyckel och skruva loss de sex bultarna som håller drivaxelns inre knut till slutväxelflänsen.
3 Lossa och ta bort fästbultarna i mitten av slutväxelflänsen. För att förhindra att flänsen roterar, sätt tillbaka drivaxelns två fästbultar och häv mot dem med en skruvmejsel eller annat passande stag (se bild).
4 Placera ett fat eller en skål under drivflänsen för att samla upp eventuell spilld olja och dra sedan ut flänsen. Om den sitter hårt, hjälp försiktigt till med två skruvmejslar som hävstänger.
5 Oljetätningen kan nu tas ut med hjälp av ett passande hakförsett verktyg eller en skruvmejsel.
6 Fyll området mellan läpparna på en ny tätning med universalfett och montera tätningen i huset. Knacka in tätningen helt med hjälp av ett träblock.
7 Resten av monteringen sker i omvänd ordning mot demonteringen. Fyll på slutväxeln med specificerad växellådsolja när monteringen är avslutad (se kapitel 1).

6 Växelväljarmekanism – justering

⚠️ Varning: Var försiktig så att inte bilen oförutsett rubbas under detta moment.

1 För justering av växelväljarmekanismen finns ett spår i den främre änden på väljarstaget. Justering utförs enligt följande:
2 Med växelspaken i läge 'P', starta motorn och låt den gå på tomgång.
3 Klossa bakhjulen och se till att handbromsen är helt åtdragen. Flytta sakta växelspaken till läge 'R'. När du gör detta, notera förändringen i motorhastighet och vid vilken punkt du kan känna växellådan börja ta upp kraft. Flytta nu spaken till läge 'N' och notera även nu förändringen i motorhastighet samt vid vilken punkt växellådan släpper kraften.
4 Om mekanismen är rätt justerad skall växellådan börja arbeta just innan växelspaken går in i urtaget för läge 'R'. Drivkraften ska släppa just efter det att spaken har flyttats ut från 'R' och mot 'N'.
5 Om detta inte är fallet, flytta växelspaken till läge 'P' och stäng av motorn.
6 Under fronten på bilen, lossa och ta bort muttern, bulten och brickorna som håller väljarstaget till växelspaken (se bild).
7 Flytta manöverarmen på höger sida av växellådan helt bakåt till läge 'P' (se bild).
8 Tryck nu väljarstaget bakåt och, medan du håller fast staget i detta läge, sätt tillbaka och dra åt muttern, bulten och brickorna som håller staget till växelspaken.
9 Utför de kontroller som beskrivs i paragraf 2 och 3 igen. Om så behövs, justera väljarstagets läge lite grann.
10 Kontrollera slutligen att motorn endast startar när växelspaken är i läge 'P' eller 'N'. Detta förhållande uppnås genom att en kontaktplatta inuti växelspakskonsolen placeras i korrekt läge. Om justering behövs, demontera konsolen enligt beskrivning i avsnitt 7 och flytta plattan så mycket som behövs.

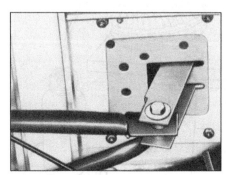

6.6 Väljarstag-till-växelspak; fästmutter, bult och brickor

6.7 Justera väljarmekanismen med växelspaken i läge 'P' och växelväljarstaget framflyttad i pilens riktning

7 Växelväljarmekanism – demontering och montering

Väljarstag och vajer

1 Lyft upp bakvagnen och stöd den på pallbockar placerade under den bakre tvärbalken (se "Lyftning och stödpunkter")
2 Använd en liten skruvmejsel, lirka försiktigt loss det lilla låsclipset som håller väljarvajern till växellådans väljararm, på höger sida om växellådshuset. Dra vajern av armstiftet och ta vara på tätningsringen.

3 Lossa och ta bort de två bultarna som fäster väljarvajerfästet till växellådshuset. Anteckna hur distansen på den yttre bulten sitter.

4 Lossa och ta bort de två muttrarna och bultarna som håller det mellersta stödfästet till karossens tvärbalk **(se bild)**.

5 Vid bilens front, lossa och ta bort muttern, bulten och brickorna som håller väljarstaget till växelspaken.

6 Dra ut staget och vajerenheten bakåt genom tvärbalken och ta ut dem från bilen.

7 Om du vill skilja staget från vajern, dra tillbaka gummidamasken och knacka ut fjäderstiftet som håller ihop de två delarna med en parallell pinndorn.

8 Ihopmontering av vajern och staget och montering av enheten i bilen sker i omvänd ordning mot demontering och isärtagning. Justera väljarmekanismen enligt beskrivning i avsnitt 6 efter det att monteringen är slutförd.

Växelväljarspak och konsol

9 Lossa och ta bort det lilla skruvstiftet som håller handtaget till spaken och lyft av handtaget **(se bild)**.

10 Bänd försiktigt upp växelväljarplattan med en liten skruvmejsel och ta bort den från konsolen.

11 Lossa och ta bort de fyra skruvarna som håller konsolen till golvet och lyft upp den över spaken. Koppla loss ledningarna för belysningsglödlamporna.

12 Under framvagnen på bilen, lossa och ta bort muttern, bulten och brickorna som håller väljarstaget till spaken och de fyra muttrar som håller spakfästet till golvet.

13 Spaken och fästet kan nu tas ut inifrån bilen efter det att kontaktplattans ledningar lossats.

14 Montering sker i omvänd ordning. Justera väljarmekanismen enligt beskrivning i avsnitt 6 efter det att monteringen är slutförd.

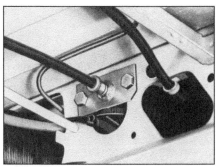

7.4 Väljarvajerns stödfäste

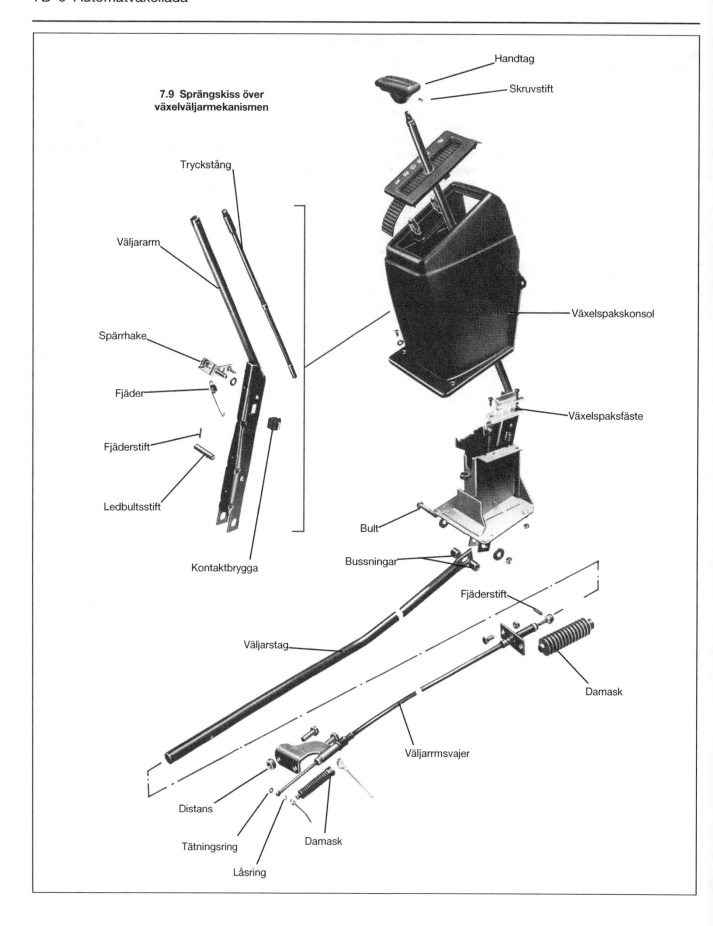

7.9 Sprängskiss över växelväljarmekanismen

Handtag

Skruvstift

Tryckstång

Väljararm

Växelspakskonsol

Spärrhake

Fjäder

Växelspaksfäste

Fjäderstift

Ledbultsstift

Bult

Kontaktbrygga

Bussningar

Fjäderstift

Väljarstag

Damask

Väljarrmsvajer

Distans

Tätningsring

Damask

Låsring

Kapitel 8
Bakhjulsfjädring och drivaxlar

Innehåll

Svårighetsgrader

Enkelt, passar novisen med lite erfarenhet 	Ganska enkelt, passar nybörjaren med viss erfarenhet	Ganska svårt, passar kompetent hemma-mekaniker	Svårt, passar hemmamekaniker med erfarenhet	Mycket svårt, för professionell mekaniker 

Specifikationer

Bakfjädring

Typ	Individuell med bärarmar, spiralfjädrar och teleskopstötdämpare
Cambervinkel	- 30' ± 30'
Maximalt tillåten skillnad mellan sidorna	30'
Toe-inställning (per hjul)	0° ± 10'

Drivaxlar

Typ	Solid axel med inre och yttre homokinetiska CV-knutar

Drivaxellängd

Manuell växellåda	547,8 mm
Automatväxellåda:	
Vänster axel	531,0 mm
Höger axel	579,3 mm

Åtdragningsmoment

	Nm
Bärarm till fästbygel	100
Stötdämpare till bärarm och kaross	90
Hjullagerhus till bärarm	140
Drivaxel till differential och hjulaxel	45
Hjulnav till hjulaxel (kronmutter) – se texten:	
Gammalt mönster – mutter med 6 skåror för saxsprint	350
Nytt mönster – mutter med 10 skåror för saxsprint	500
Bromsbackens pivåenhet till hjullagerhus	65
Bromshjulcylinder till hjullagerhus	20
Hjul till nav	175

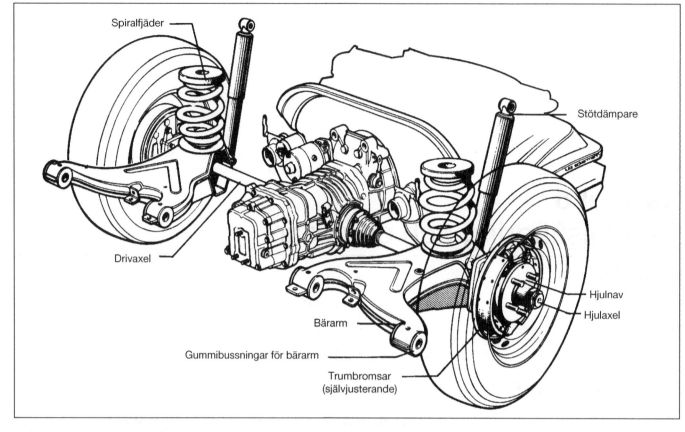

Spiralfjäder

Stötdämpare

Drivaxel

Hjulnav

Hjulaxel

Bärarm

Gummibussningar för bärarm

Trumbromsar
(självjusterande)

1.1 Bakfjädring

1 Allmän beskrivning

Den individuella bakfjädringen har bärarmar, spiralfjädrar och teleskopstötdämpare **(se bild)**. Drift tas från differentialen till bakhjulen via två solida drivaxlar av stål, vilka har en CV-knut i varje ände.

Bärarmarna hålls till fästena på underredet med bultar som går genom gummibussningen i armen. Fästena har avlånga horisontella och vertikala skåror/hål för att tillåta justering av bakhjulsinställning och cambervinkel.

Drivaxlarnas CV-knutar är bultade till differentialens drivflänsar i de inre ändarna och till hjulaxlarnas flänsar i de yttre. Hjulaxlarna stöds i rull- och kullager som finns i ett hus fastskruvat i bärarmen. Hjulaxlarna har splines för att passa ihop med de bakre naven till vilka bromstrummor och hjul är monterade.

Inget annat underhåll krävs för den bakre fjädringen än regulbunden kontroll av CV-knutarnas gummidamasker. Dessa får inte vara slitna eller skadade.

2 Drivaxel – demontering och montering

1 Lyft upp bakvagnen och stöd den på pallbockar (se *"Lyftning och stödpunkter"*)
2 Använd en insexnyckel av passande storlek och ta loss bultarna som håller den inre CV-knuten till differentialens drivfläns **(se bild)**. Ta vara på brickorna som sitter bakom bultarna.
3 Bultarna som håller den yttre knuten till hjulaxeln är svåra att komma åt då knuten sitter i ett urtag i bärarmen. Om en vanlig nyckel delas kan en metrisk hylsa av lämplig

storlek placeras över nyckeln och bultarna tas loss med hjälp av en spärrhake och förlängare **(se bild)**. När alla fästbultarna har tagits loss tillsammans med brickorna, lyft bort drivaxeln.
4 Montering sker i omvänd ordning. Dra åt bultarna till de åtdragningsmoment som anges i specifikationerna.

3 CV-knut – isärtagning, kontroll och ihopsättning

1 Demontera drivaxeln från bilen enligt beskrivning i föregående avsnitt.

2.2 Ta loss bultarna som håller den inre CV-knuten till differentialens drivsläns

2.3 Den yttre CV-knutens fästbultar är svåra att komma åt. Spärrhake och förlängare behövs

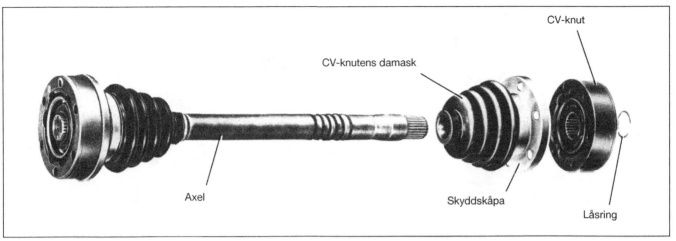

CV-knut

CV-knutens damask

Axel

Skyddskåpa

Låsring

3.2a Drivaxel och CV-knut

2 Sätt fast drivaxeln i ett skruvstäd och dra loss låsringen från axelns ände **(se bilder)**.
3 Använd en passande dorn, knacka skyddskåpan från knuten och dra sedan kåpan och gummidamasken mot drivaxelns mitt **(se bild)**.
4 Stöd knuten tvärs över skruvstädets käftar med drivaxeln hängande nedåt. Använd en stor dorn och driv axeln nedåt och ut ur knuten. Gummidamasken och skyddskåpan kan nu tas bort från drivaxeln.
5 Med knuten demonterad från drivaxeln, vrid kulnavet och kulkorgen ungefär 90° och tryck ut enheten ur knutens yttre del **(se bild)**.
6 Ta ut de sex kulorna från korgen, vicka på kulnavet och placera det så att de två spåren i kulbanan är i linje med korgens kant och separera de två delarna **(se bild)**.
7 Rengör alla delar i fotogen och torka dem torra med en luddfri trasa.
8 Undersök noggrant de sex stålkulorna, kulnavet, kulkorgen och den yttre delen. Se efter om de har slitkanter, gropar eller repor. Kontrollera att kulbanorna inte är spåriga eller

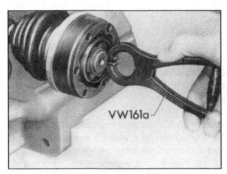

3.2b Låsringen tas bort från drivaxelns ände

3.3 En dorn används till att knacka av knutens skyddskåpa

skadade och att öppningarna i kulkorgen inte verkar vara större än kulorna. Kulorna själva måste vara absolut runda och får inte ha slitkanter eller gropar. Undersök också om gummidamasken är sliten eller har sprickor.

Observera! Det rekommenderas att gummidamasken byts ut som en rutin-åtgärd närhelst en knut tas isär. Om en

gummidamask går sönder kommer vatten och smuts in i knuten vilket gör att de inre komponenterna slits ut i förtid.

9 Om det visar sig att någon av knutens delar är sliten eller skadad måste en ny komplett enhet införskaffas. Kulorna, kulnavet, kulkorgen och den yttre delen tillhör alla en toleransgrupp som bestäms vid tillverkningen.

3.5 Kulnavet och kulkorgen tas ut ur CV-knutens yttre del

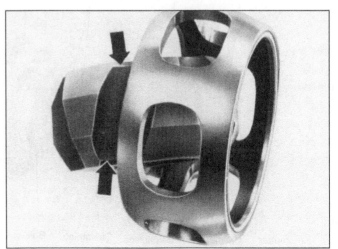

3.6 Med de två spåren i kulnavet (vid pilarna) i linje med korgens kant kan de två delarna separeras

3.13 Se till att en bred kulbana i den yttre delen (a) och en smal kulbana i kulnavet (b) är på samma sida när navet vrids i pilens riktning

3.14 Slutlig ihopsättning av kulnav och korg med den yttre delen. Pilarna visar korrekt läge för navet för att kulorna ska kunna gå in i sina spår

Av denna anledning kan delar inte köpas separat, endast som en komplett ihopsatt CV-knut. Gummidamasken kan däremot köpas separat.

10 Om knutens delar är i godtagbart skick skall enheten sättas ihop enligt följande:

11 Börja med att införskaffa en 90 g tub av VW:s G-6 fett från din återförsäljare. Använd inte någon annan typ av fett i knuten.

12 Rikta in de två spåren i navets kulbana med kulkorgens kant och sätt in navet i korgen. Tryck sedan in de sex kulorna i korgens öppningar och navets kulbanor.

13 När knuten är ihopsatt måste avfasningen på den inre diametern på kulnavets splines vara mot den yttre delens större diameter **(se bild)**. Var noga med att en bred kulbana i den yttre delen och en smal kulbana i kulnavet är på samma sida när navet vrids på plats.

14 Vrid in kulnavet och korgen i den yttre delen, se till att alla kulor hamnar rätt i banorna. För att uppnå detta kan det bli nödvändigt att vrida ut kulnavet ur korgen en aning **(se bild)**.

15 Tryck kanten på kulkorgen hårt mot den yttre delen tills enheten svänger helt på plats.

16 Kontrollera att kulnavet kan föras in och ut för hand över hela axialrörelsens spännvidd.

17 Med leden helt ihopmonterad, pressa in sammanlagt 90g av specialfettet i var sida på leden (45g i varje sida).

18 Sätt den nya gummidamasken på plats på drivaxeln och montera sedan leden. Tryck eller driv in leden på drivaxelns splines tills den får kontakt med lokaliseringsaxeln. Montera nu låsclipset i dess skåra, se till att det sitter ordentligt. Knacka det på plats med lämpligt rör om det behövs.

19 För upp gummidamasken och placera den skyddande kåpan över leden. Knacka försiktigt i ytterkanterna på kåpan tills den sitter helt på plats.

20 Drivaxeln kan nu monteras på bilen enligt beskrivning i avsnitt 2.

4 Bakre hjullagerhus och axelenhet – demontering och montering

1 Demontera navkapseln och ta bort saxsprinten från hjulaxelns kronfästmutter **(se bild)**.

2 Med handbromsen hårt åtdragen, lossa på hjulaxelns mutter med en hylsa och förlängning. Denna mutter sitter mycket hårt. Om den har sex skåror för saxsprint ska en ny

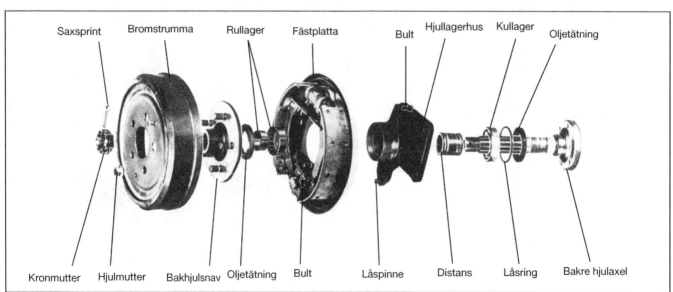

Saxsprint — Bromstrumma — Rullager — Fästplatta — Bult — Hjullagerhus — Kullager — Oljetätning

Kronmutter — Hjulmutter — Bakhjulsnav — Oljetätning — Bult — Låspinne — Distans — Låsring — Bakre hjulaxel

4.1 Sprängskiss av bakre hjullager, hus och axel

mutter med tio skåror användas vid monteringen.

3 Lyft upp den bakre delen av bilen och stöd den på pallbockar (se *"Lyftning och stödpunkter"*). Ta bort tillämpligt bakhjul.

4 Demontera drivaxeln enligt beskrivning i avsnitt 2.

5 Se kapitel tio och demontera den bakre bromsbacken. På modeller med ABS, demontera även bakhjulets hastighetsgivare.

6 Skruva ur hjulaxelns kronfästmutter och dra sedan av bakhjulsnavet med en universalavdragare.

7 Använd en bromsslangklämma eller självlåsande tång, med käftarna skyddade på lämpligt sätt, och kläm åt den böjliga hydraulbromsslangen som sitter på den främre delen av fjädringens bärarm. Detta hindrar hydraulvätska från att rinna ut under arbetets gång.

8 Ta loss bromshydraulrörets anslutningar bak på hjulcylindern. Ta försiktigt ut röret ur cylindern och skydda dess ände mot smutsintrång.

9 Demontera handbromsvajern från dess plats i fästplattan.

10 Från framdelen på fästplattan, lossa och ta bort de två bultar som håller bromsbackens pivåenhet och fästplatta till hjullagerhuset. Lyft bort pivåenheten. Det kan bli nödvändigt att använda en skruvmejsel eftersom enheten sitter på plats med en låspinne som ofta sitter mycket hårt.

11 Från bak på fästplattan, lossa och ta bort den bult som håller hjulcylindern och fästplatta till hjullagerhuset. Ta loss hjulcylinderns avluftningsskruv och demontera sedan cylindern.

12 Fästplattan kan nu demonteras från hjullagerhuset. Observera låspinnen.

13 Slutligen, lossa och ta bort de fyra bultar och brickor som håller hjullagerhuset till bärarmen och ta ut enheten.

14 Montering sker i omvänd arbetsordning från montering, kom ihåg följande:

a) *Dra åt alla muttrar och bultar till specificerade åtdragningsmoment där sådana finns.*

b) *Det är nödvändigt att avlufta bromshydraulsystemet sedan bromsbackar och trumma monterats. Fullständig beskrivning finns i kapitel 10.*

c) *När hjulaxelns fästmutter monteras, notera de olika åtdragningsmomenten för gamla och nya skårmuttrar. VW rekommenderar att den gamla skårmuttern ersätts med en ny. Dra åt muttern till specificerat åtdragningsmoment och fortsätt tills saxsprinthålen är i linje. Använd en ny saxsprint och var noga med att bilen står på marken när muttern dras åt.*

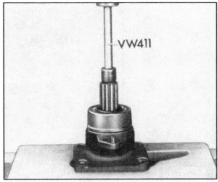

5.2 Press och specialverktyg används till att demontera hjulaxeln från lagerhuset

5 Bakre hjullager och axel – isärtagning, kontroll och ihopsättning

1 Demontera det bakre hjullagerhuset och axelenheten från fordonet enligt beskrivning i föregående avsnitt.

2 Med lagerhuset i ett skruvstycke, tryck ut hjulaxeln med en upprymningsdorn av mjuk metall eller allra helst, en press **(se bild)**.

3 Med hjälp av en stor skruvmejsel, tryck ut oljetätningarna på båda sidor av lagerhuset **(se bild)**. Det är nödvändigt att skaffa nya oljetätningar innan ihopsättningen eftersom de gamla blir förstörda under demonteringen.

4 Från hjulsidan på huset, demontera rullagrets inre bana med en dorn av mjuk metall.

5 Vänd nu på huset och knacka ut rullagrets yttre bana med samma dorn.

6 Ta ut låsringen från bakom kullagret och ta sedan bort detta lager på samma sätt.

7 Tvätta alla delarna grundligt i fotogen och torka med luddfri trasa.

8 Undersök rullarna och rullagrens inre bana, leta efter tecken på slitkanter, gropar eller repor. Snurra på båda lagren och kontrollera om de kärvar. Kom ihåg att de är torra. Om du tvekar, packa om dem med universalfett och

5.3 Lagerhusets oljetätningar tas loss med hjälp av en skruvmejsel

snurra igen. Om de verkar misstänkta, byt ut lagren tillsammans med oljetätningarna.

9 Börja ihopsättningen med att packa båda lagren med universalfett.

10 Sätt kullagret på plats i huset och tryck in det med ett rör av lämplig diameter mot den yttre banan. Var noga med att lagret hålls vinkelrätt under monteringen och tryck in det tills det får kontakt med lokaliseringsaxeln i huset.

11 Montera lagrets fästlåsring och den inre oljetätningen. Använd en träkloss när du knackar in tätningen och se till att tätningens öppna sida är vänd mot mitten av huset.

12 Packa utrymmet mellan lagren i mitten av huset med fett och sätt lagerdistansen (eller på ABS sensorhjul) på plats.

13 Tryck in rullagrets yttre bana på samma sätt som för kullagret. För in rullagrets inre bana följt av oljetätningen. Knacka in oljetätningen tills den är i jämnhöjd med huset.

14 Lägg hjulaxelns fläns med ovansidan nedåt på bänken och placera det monterade lagerhuset på axeln. Se till att axeln går in i kullagrets innerbana och lagerdistansen rakt.

15 Med ett rör (av lämplig diameter) i kontakt med rullagrets inre bana, tryck eller driv upp lagerhuset på hjulaxeln så långt det går. Medan du gör detta, se till att lagrets innerbana inte lutar lätt och trycks mot axeln eftersom de då kan spricka.

16 Efter ihopsättningen, kontrollera att axeln kan vridas fritt och smidigt i lagren och montera sedan huset på fordonet enligt beskrivning i föregående avsnitt.

6 Bakre stötdämpare – demontering och montering

1 Lyft upp den bakre delen av fordonet och stöd den på pallbockar (se *"Lyftning och stödpunkter"*).

2 Placera en domkraft under tillämplig fjädringsbärarm och höj den en aning.

3 Lossa och ta bort muttern och bulten som håller stötdämparen till bärarmen samt bulten som säkrar den till fästet på bilens undersida **(se bilder)**. Lirka ut stötdämparen från sin plats och ta bort den.

4 Med enheten demonterad, håll den i upprätt position och dra ut och tryck ihop den helt flera gånger. Stötdämparen ska arbeta med ett smidigt, jämnt tryck utan att någonsin förlora sin spänst. Om den gör det måste stötdämparen bytas. Den måste även förnyas om det finns skador eller förslitningar på förkromningen på kolvstången eller om det finns tydliga bevis för överdriven vätskeförlust. Det finns ett relativt stort antal olika stötdämpare för Transportern och dess olika

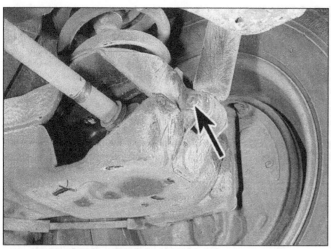
6.3A Infästning mellan stötdämpare och bärarm ...

6.3B ... och mellan stötdämpare och underrede

6.5 Nya stötdämparbussningar pressas in med hjälp av ett skruvstycke

modeller, så var uppmärksam på att rätt typ monteras.

Observera: Stötdämpare kan förnyas individuellt om det tidigt blir något fel på dem. Vårt råd är dock att man byter dem i par om de varit i tjänst i mer än 48 000 km.

5 Stötdämparens gummibussning och stålhylsa kan förnyas separat. De demonteras genom att man pressar ut dem i ett skruvstycke med hjälp av rör av lämplig diameter **(se bild)**. Vid monteringen, se till att bussning och hylsa tryckts in helt på sin plats och smörj gummibussningen med lite flytande tvättmedel för att underlätta installationen.
6 Montering sker i omvänd arbetsordning.

7 Bakre spiralfjäder – demontering och montering

1 Lyft upp den bakre delen av fordonet och stöd den på pallbockar så att den bakre fjädringens bärarm är fri (se *"Lyftning och stödpunkter"*).

2 Sätt en domkraft under bärarmen och lyft den lätt.
3 Lossa och ta bort den mutter och bult som fäster stötdämparens nedre fäste vid bärarmen. Lossa fästet och vrid loss stötdämparen från armen.
4 Sänk sakta domkraft och bärarm tills all spänning försvunnit från fjädern. Dra nu bärarmen nedåt och ta ut fjäder, nedre packning och övre fjäderplatta **(se bild)**. På vissa modeller kan det vara nödvändigt att demontera drivaxelns inre led från differentialen (se beskrivnig i avsnitt 2) för att bärarmen ska kunna sänkas tillräckligt.
5 Fjädrarna är kodade med färgmarkeringar enligt belastnings- och fordonsgrupp. Antalet färgmarkeringar anger belastningsgrupp och färgen vilket fordon fjädrarna ät monterade på. Endast fjädrar i samma belastningsgrupp får monteras på en axel. Vad gäller stötdämpare är det en god idé att förnya fjädrarna i par om de har tjänstgjort länge.
6 Montering sker i omvänd arbetsordning. Se till att styrspårningen, i den nedre packningen, sätter sig korrekt i bärarmen och att änden på fjädern fäster i spåret. Den övre fjäderplattan ska vridas så att änden på fjädern sitter i nedsänkningen.

8 Bakre bärarm – demontering och montering

1 Lyft upp den bakre delen av fordonet och stöd den på pallbockar så att bärarmarna är fria (se *"Lyftning och stödpunkter"*). Ta loss bakhjulet.
2 Se avsnitt 2 och demontera drivaxeln.
3 Använd en bromsslangklämma eller självlåsande tång, med käftarna skyddade på lämpligt sätt, och kläm åt den böjliga

hydraulbromsslangen som sitter på den främre delen av fjädringens bärarm. Detta hindrar hydraulvätska från att rinna ut under arbetets gång.
4 Rengör området runt anslutningen mellan bromsslangen och bromsmetallröret på bärarmen. Skruva loss bromsrörsanslutningen, ta bort fästclipset och ta ut slangen. Plugga igen slangen för att undvika smutsintrång.
5 Torka området runt anslutningen mellan bromsmetallröret och hjulcylindern bak på bromsskölden. Skruva loss anslutningsmuttern och ta loss röret från cylindern. Lossa röret från fästclipset på bärarmen och ta bort metallröret.
6 Lossa och ta bort de fyra bultar som håller hjullagerhuset och bromsenheten till bärarmen. Lossa handbromskabeln från stödclipset på undersidan av armen och sänk ned huset och bromsenheten på marken.
7 Se avsnitt 7 och demontera den bakre spiralfjädern.
8 Märk ut placeringen för bärarmens fästbultar på monteringsfästena som hjälp vid monteringen. Monteringsfästena har långa skåror för att tillåta justering av bakfjädringen och om de ursprungliga placeringarna inte märks ut går inställningen förlorad.
9 Lossa och ta bort bärarmens fästmuttrar, bultar och brickor och lyft bort armen från sina fästen. Observera att den yttre fästbulten har en skyddande kapsel över skallen som först måste tas bort.
10 Ta nu ut armen från under bilen.
11 Om det behövs kan monteringsbussningarna av gummi demonteras genom att man drar ut dem med ett rör med stor diameter, lämpliga packningsbrickor och en lång bult eller pinnbult och mutter. Nya bussningar monteras på samma sätt, var noga med att de smörjs rikligt med flytande tvättmedel för att underlätta installeringen.

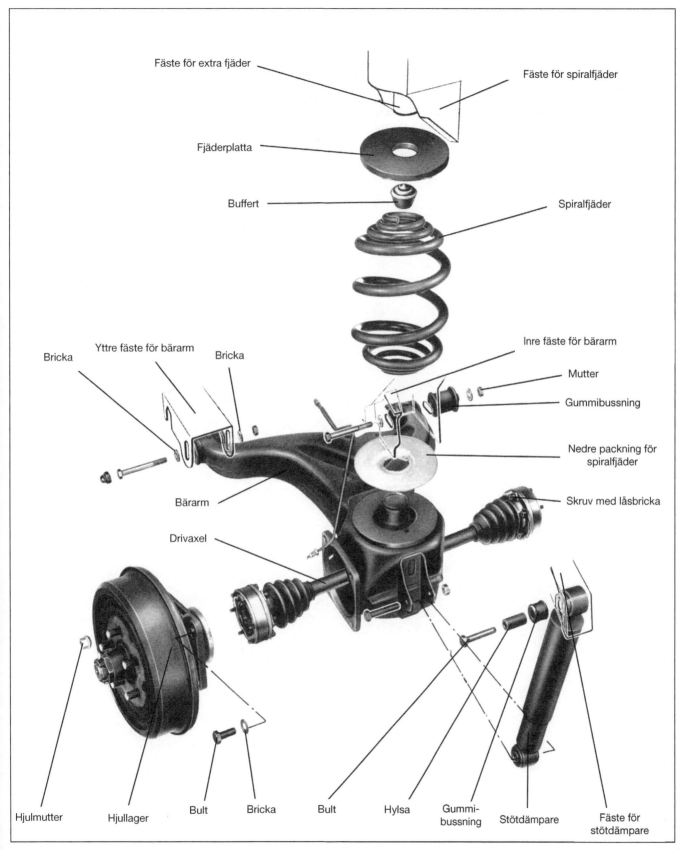

7.4 Sprängskiss över bakre bärarm och fjädringskomponenter

12 Montering sker i omvänd arbetsordning, kom ihåg följande:

a) *Försäkra dig om att alla bultar och muttrar dragits åt till rätt åtdragningsmoment där sådana finns specificerade.*

b) *Avlufta bromsarnas hydraulsystem efter montering enligt beskrivning i kapitel 10.*

c) *Det är att rekommendera att man får bakfjädringsgeometrin kontrollerad av en VW-specialist även om placeringen för bärarmens fästbultar märkts ut korrekt före demonteringen (se avsnitt 9).*

9 Bakfjädringens geometri – allmänt

1 Bakfjädringens bärarms monteringsfästen har långa skåror för fästbultarna för att man ska kunna justera fjädringsvinklarna.

2 Det yttre fästet har en vertikal skåra för camberjustering och det inre fästet en horisontell skåra för justering av bakhjulsinställningen (toe-inställning).

3 Justering görs genom att man lossar på fästbultarna och flyttar bärarmen i tillämplig riktning för att uppnå rätt inställning.

4 På grund av behovet av speciella mätare och särskild utrustning rekommenderas att arbetet utförs av en VW-specialist. Justering bör endast vara nödvändigt om bärarmens fästskruvar har rubbats eller om slitaget på bakhjulen verkar ojämnt eller överdrivet.

Kapitel 9
Framhjulsfjädring och styrning

Innehåll

Svårighetsgrader

Enkelt, passar novisen med lite erfarenhet	Ganska enkelt, passar nybörjaren med viss erfarenhet	Ganska svårt, passar kompetent hemma-mekaniker	Svårt, passar hemmamekaniker med erfarenhet	Mycket svårt, för professionell mekaniker

Specifikationer

Framhjulsfjädring
Typ	Individuell med övre och undre bärarmar, spiralfjäder, teleskop-stötdämpare, svängningshämmarstag och krängningshämmare

Styrväxel
Typ	Kuggstångsstyrning med reläenhet och anslutande axel; servostyrning på vissa modeller
Rattutslag (lås till lås):	
Utan servo	3,75
Med servo	Ingen information finns i skrivandets stund
Vändcirkel	drygt 9,0 m

Fjädringsgeometri (olastad)
Camber	0° ± 30'
Caster	7° 15'± 15'
Caster – max skillnad sida till sida	1°
Toe-inställning	20' ± 30' (2,0 ± 3,5 mm) toe-in

Åtdragningsmoment
Nm

Framhjulsfjädring
Övre bärarm till kaross	75
Undre bärarm till kaross	90
Stötdämparens övre fäste	25
Stötdämparens nedre fäste	150
Övre kulled till bärarm	55
Övre kulled till styrknoge*	110
Nedre kulled till mellanstycke*	110
Mellanstycke till undre bärarm	65
Svängningshämmarstag till karossfäste	100
Svängningshämmarstag till undre bärarm (endast senare modeller) . . .	180
Krängningshämmarlänk till svängningshämmarstag eller undre bärarm	30
Krängningshämmare till kaross	20
Styrstagskulled till styrknoge	30
Bromsok till styrknoge	160

Atdragningsmoment

Styrning   **Nm**

Styrhus till kaross*	25
Servostyrningshus, vätskeanslutningar (banjobultar)	20
Reläenhet till kaross	25
Tvåarmsfläns till böjlig kopplingsskiva*	20
Tvåarmsfläns till rattstång, anslutande axel eller kuggdrev*	20
Ratt till rattstång	50
Rattstång till kaross	25
Styrstagets inre led till kuggstång	70
Styrstagets kulled till styrknoge	30
Styrstagets kulled, låsmutter	50
Servostyrningspump, vätskeanslutningar (banjobultar)	40
Servostyrningspumpens fästskruvar	20
Servostyrningspumpens ledbultsmutter	35
Servostyrningspumpens remskivebultar	20

Använd alltid självlåsande muttrar

1 Allmän beskrivning

Framhjulsfjädringen är av individuell typ med övre och undre bärarmar, spiralfjädrar, teleskopstötdämpare, svängningshämmarstag och krängningshämmare **(se bilder)**.

Den övre bärarmen är ansluten till fordonet vid sin innerände med gummibussningar och en axel som har excenterbrickor för camberjustering. Vid sin ytterände är bärarmen ansluten till styrknogen med en kulled.

Den undre bärarmen är ansluten (med svängtapp) vid sin innerände till en gummibussning och vid sin ytterände till styrknogen med ett mellanstycke och en kulled. Rörelser i den undre bärarmen kontrolleras med ett svängningshämmarstag, som är justerbart så att castervinkel kan alterneras. En krängningshämmare sitter mellan bärarmarna för att reducera svängningar i karossen vid kurvtagning.

Ansluten till styrknogen sitter skivbromsoket samt nav- och skivenheten med de främre hjullagren.

Styrväxeln är av kuggstångsstyrningstyp med justerbara styrstag för att möta förändringar i framhjulens toe-inställning.

Rattrörelser förs vidare till styrväxeln via en övre och nedre stång, en reläenhet och en anslutande axel. Tre böjliga kopplingar och en säkerhetskoppling används för att ansluta den övre och nedre rattstången och anslutande axel till reläenheten och styrväxeln. Vid händelse av frontalkrock har de båda rattstängerna (övre och nedre) utformats till att skilja på sig vid säkerhetskopplingen för att reducera risken för personskador.

Servoassisterad styrning finns som tillval på vissa modeller. Servon är hydraulisk och trycket genereras av en motordriven pump.

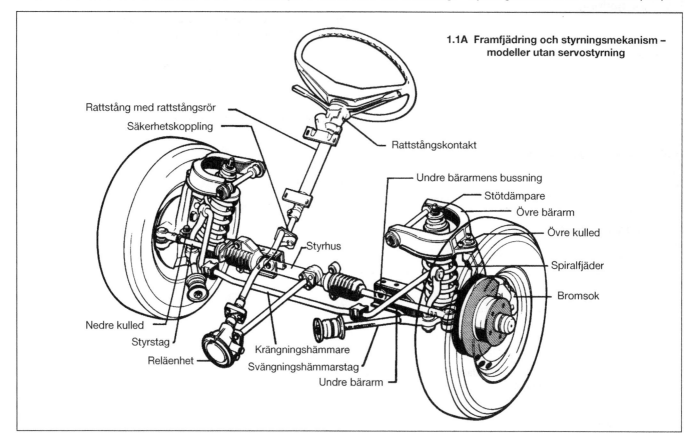

1.1A Framfjädring och styrningsmekanism – modeller utan servostyrning

Rattstång med rattstångsrör
Säkerhetskoppling
Rattstångskontakt
Undre bärarmens bussning
Stötdämpare
Övre bärarm
Övre kulled
Styrhus
Spiralfjäder
Bromsok
Nedre kulled
Styrstag
Reläenhet
Krängningshämmare
Svängningshämmarstag
Undre bärarm

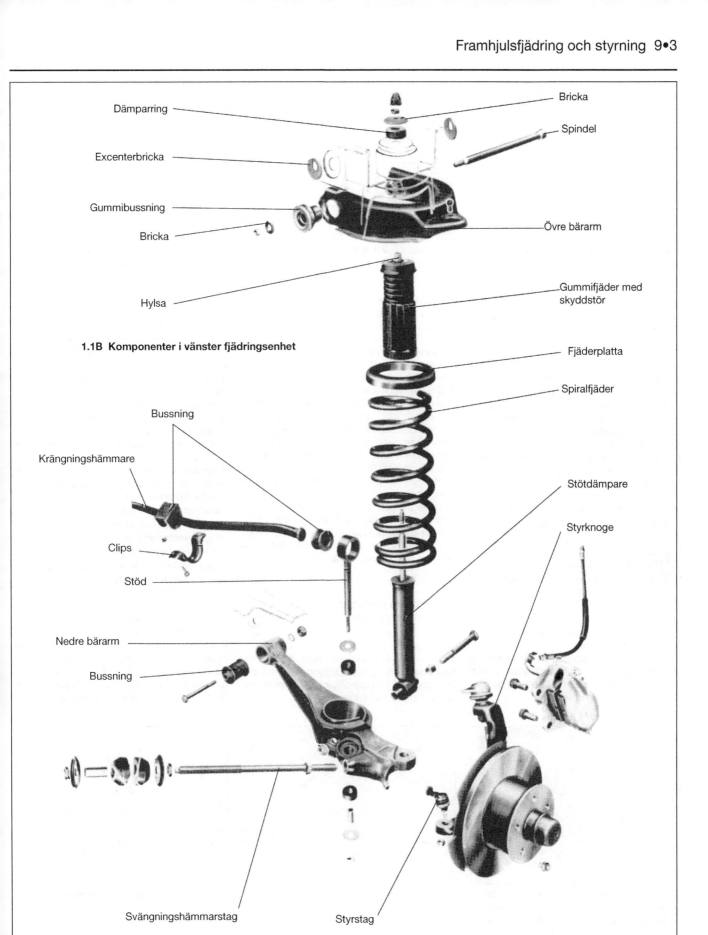

Dämparring

Bricka

Spindel

Excenterbricka

Gummibussning

Bricka

Övre bärarm

Hylsa

Gummifjäder med skyddstör

1.1B Komponenter i vänster fjädringsenhet

Fjäderplatta

Spiralfjäder

Bussning

Krängningshämmare

Stötdämpare

Clips

Styrknoge

Stöd

Nedre bärarm

Bussning

Svängningshämmarstag

Styrstag

2.3 Dammskyddet tas loss för justering av navlagret. Den här typen av hjul behöver inte demonteras för åtkomlighet

2.4 Knacka upp

2.5A Dra åt muttern och snurra samtidigt på hjulet

2 Främre navlager – justering

1 För att kontrollera justeringen av navlagren, lyft upp fordonets främre del och stöd den på pallbockar (se *"Lyftning och stödpunkter"*). Greppa hjulet "klockan 12" och "klockan 6" och försök att rucka på det. Var uppmärksam på rörelser i fjädringens kulleder eftersom dessa lätt kan tas för navrörelse. Ta sedan tag i hjulet "klockan 3" och "klockan 9" och upprepa kontrollen, uppmärksamma denna gång rörelser i styrstagsändens kulleder. Snurra på hjulet och lyssna efter gnisslingar eller mullrande ljud; om dessa inte försvinner efter justering kan nya lager behövas.

Ett slitet navlager på vänster sida kommer att föra mer oljud vid högersvängar, och vice versa.

2 Om framhjulens navrörelser är för stora, fortsätt på följande sätt:
3 Demontera hjuldekoren och (om så behövs för åtkomst) själva hjulet och knacka och bänd sedan försiktigt för att ta loss damms-kyddet från navets mitt **(se bild)**.

4 Använd en liten dorn eller skruvmejsel och knacka upp den skårade delen som håller navets fästmutter till skåran i axeltappen **(se bild)**.
Observera: *Om navet har knackats mer än två gånger, införskaffa och montera ett nytt nav innan du fortsätter med justeringarna.*
5 Dra åt navmuttern, samtidigt som du snurrar på navet, tills det bara är möjligt att flytta brickan under muttern med en skruvmejsel och fingertryck **(se bilder)**. Flera försök kan behövas för att det ska blir rätt. Om muttern är för hårt åtdragen, lossa den och början om. Snurra på muttern igen och kontrollera att den rör sig fritt med bara en aning spelrum.
6 Slå in muttern i skåran i axeltappen med hjälp av en hammare och en liten dorn. Sätt tillbaka dammskyddet och (om demonterat) hjulet. Ställ slutligen ned fordonet på marken och, om det behövs, dra åt hjulbultarna.

3 Främre navlager – demontering och montering

1 Ta loss hjuldekoren och lossa på hjulbultarna. Lyft upp fordonets främre del och stöd den på pallbockar (se *"Lyftning och stödpunkter"*). Ta loss hjulen.

2 Se kapitel 10 och demontera de främre skivbromsklossarna.
3 Lossa och ta bort den stora muttern som säkrar den övre kulleden till styrknogen och lossa sedan bromsslangens stödfäste från kulstiftet.
4 Ta bort bromsokets två fästbultar, ta ut oket, komplett med bromsslang och rör från styrknogen, och bind upp det med snöre eller en vajer så att det är ur vägen. Undvik att belasta bromsslang och -rör.
5 Knacka och bänd med lätta rörelser ut dammskyddet från navets mitt.
6 Använd en liten dorn eller skruvmejsel och knacka upp den skårade delen som håller navets fästmutter till skåran i axeltappen. Lossa och ta bort navmuttern.
Observera: *Om navet har knackats mer än två gånger, införskaffa och montera ett nytt nav innan du fortsätter med justeringarna.*
7 Dra försiktigt av hela nav- och skivenheten från axeltappen **(se bild)**. Se till att hålla det yttre lagret och tryckbrickan på plats medan navet tas bort, annars faller de ut.
8 Med navenheten på bänken, ta ut tryckplattan och det yttre lagret.
9 Vänd på navet och bänd ut den inre oljetätningen med hjälp av en skruvmejsel.
10 Ta ut det inre lagret och stöd sedan navenheten på träklossar. Tryck in en konformig dorn genom navets mitt och driv ut

2.5B De främre navlagren är korrekt justerade när det är möjligt att just röra på tryckbrickan med en skruvmejsel och fingertryck

2.6A Slå in muttern i skåran . . .

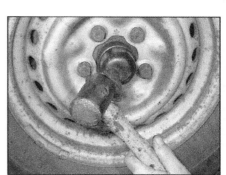

2.6B . . . och sätt tillbaka dammskyddet

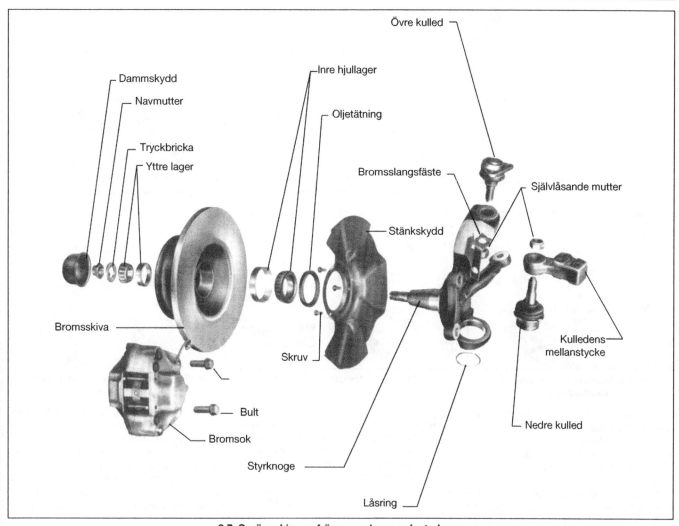

Övre kulled

Dammskydd

Navmutter

Inre hjullager

Oljetätning

Tryckbricka

Yttre lager

Bromsslangsfäste

Självlåsande mutter

Stänkskydd

Bromsskiva

Skruv

Kulledens mellanstycke

Bult

Nedre kulled

Bromsok

Styrknoge

Låsring

3.7 Sprängskiss av främre navlager och styrknoge

den yttre lagerbanan. Vänd nu tillbaka navet och driv ut den inre lagerbanan på samma sätt **(se bild)**.
11 Tvätta noggrant alla delarna i fotogen och torka torrt med en luddfri trasa.
12 Undersök lagerrullarna och deras yttre banor och leta efter tecken på rost, fräthål, repor eller överhettning och skaffa en ny uppsättning lager om det behövs.
13 Undersök oljetätningens kontaktyta på axeltappen och leta efter skador eller repor. Små skråmor kan putsas bort med fin smärgelduk, men om reporna är djupa måste en ny styrknogsenhet införskaffas. På senare modeller består oljetätningens kontaktring av en separat komponent som pressats på axeltappen. I det här fallet behöver man bara ersätta ringen och inte hela styrknogen om kontaktytan skulle skadas eller repas. Observera att modeller med utbytbara oljetätningsringar även är utrustade med annorlunda oljetätningar. Ha detta i åtanke när du beställer nya delar.
14 Lagren monteras ihop genom att man

försiktigt trycker eller driver de nya ytter-banorna på plats med ett rör eller annat lämpligt verktyg av passande diameter. Se till att de monteras med största diametern utåt och att de tryckts hela vägen in och har kontakt med lokaliseringsaxeln i navet.
15 Packa utrymmet mellan navlagren, och även själva lagren, med universalfett **(se bild)**.

16 Sätt det inre lagret på plats i navet. Fyll utrymmet mellan de två tätningsläpparna på en ny oljetätning med fett och lägg tätningen på navet med den öppna ytan mot lagret. Med hjälp av en träkloss, knacka tätningen på plats tills den är i jämnhöjd med navflänsen **(se bilder)**.
17 Montera navenheten på spindelbulten och

3.10 Demontera den yttre banan på navets inre lager med en dorn som sätts in i mitten på navet

3.15 Packa utrymmet mellan navlagren med universalfett

3.16A Sätt det inre lagret på plats . . .

3.16B . . . lägg tätningen på navet med den öppna sidan vänd mot lagret . . .

3.16C . . . och knacka sedan tätningen på plats med hjälp av ett träblock

3.17A Montera navenheten på axeltappen . . .

3.17B . . . och för det yttre lagret på plats . . .

3.17C . . . följd av tryckbrickan och navmuttern

tryck in den så långt som möjligt. Skjut det yttre lagret på plats, följt av tryckbricka och navmutter (se bilder).

18 Dra åt navmuttern medan du snurrar på navet; fortsätt dra åt tills navet blir svårt att vrida.

19 Lossa nu på muttern så att navet snurrar lätt igen. Dra långsamt åt muttern en gång till tills tryckbrickan precis kan vridas med en skruvmejsel och fingerkraft.

20 Slå in navmutterns fläns i skåran i axeltappen och montera sedan dammskyddet (se bild).

21 Placera bromsoket över skivan och sätt fast de två fästbultarna. Dra åt bultarna till angivet moment.

22 Anslut bromsslangens stödfäste till den övre kulleden och montera fästmuttern. Dra åt till angivet moment.

23 Montera bromsklossarna enligt beskriv-

ning i kapitel 10 och sätt sedan tillbaka hjulet. Se till att det finns minst 25 mm mellanrum mellan hjulet och bromsslangen när styrningen ger fullt utslag till höger eller vänster. Om nödvändigt, böj stödfästet lätt för att uppnå detta mellanrum.

24 Slutligen, sätt ned fordonet på marken. Dra åt hjulbultarna och sätt tillbaka hjuldekoren.

4 Styrknoge – demontering och montering

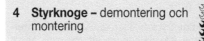

1 Ta bort hjuldekoren och lossa hjulbultarna. Lyft upp fordonets främre del och stöd den på pallbockar (se "Lyftning och stödpunkter"). Ta loss hjulet.

2 Se kapitel 10 och demontera de främre bromsklossarna.

3 Ta bort den stora muttern som fäster den övre kulleden till styrknogen och lossa sedan bromsslangens stödfäste från kulstiftet.

4 Lossa och ta bort bromsokets två fästbultar, demontera oket, komplett med bromsslang och rör från styrknogen och knyt upp det med snöre eller vajer för att få det ur vägen. Undvik att belasta bromsslang och -rör för mycket.

5 Ta bort saxsprinten och demontera sedan den mutter som fäster styrstagets kulled vid styrknogsarmen. Lossa kulledens konformade skaft från styrknogen med hjälp av en separator för universalkulleder.

6 Ta loss de tre bultar och låsmuttrar som håller den nedre kulledens mellanstycke till den undre bärarmen (se bild).

7 Med en lämplig nyckel, lossa och ta bort de två bultar som fäster den övre kulleden till övre bärarmen (se bild).

3.20 Säkra navmuttern genom att slå in flänsen i skåran i axeltappen

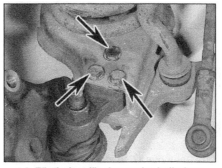

4.6 Fästbultar för den nedre kulledens mellanstycke

4.7 Styrknogens övre kulled fäst till den övre bärarmen med två bultar

5.2 Bromsskivans stänkskydd demonteras från styrknogen

5.3 Hammare och block av järn används för att lossa den övre kulledens skaft från styrknogen

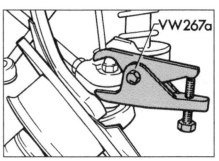

5.5 VW:s specialverktyg används för att demontera mellanstycket från den nedre kulleden

8 Om arbetet sker på den vänstra sidans styrknoge, lossa fästringen och dra ut hastighetsmätarvajern från gummihöljet i knogen.
9 Lyft upp den övre bärarmen en liten bit för att lossa den från kulleden, ta sedan bort styrknogsenheten med nav och kulleder från framhjulsfjädringen.
10 Om en fullständig isärtagning av styrknogen önskas kan navenhet och kulleder demonteras med hjälp av beskrivning i tillämpligt avsnitt i detta kapitel.
11 Montering av styrknogen sker i omvänd arbetsordning från demontering, kom ihåg följande:
  a) Dra åt alla fästmuttrar och bultar till specificerade åtdragningsmoment.
  b) Montera en fjäderbricka under huvudet på alla nedre kulledsmellanstyckens fästbultar om sådan inte redan finns. Om brickor inte används kan bulthuvudena bäddas in i den undre bärarmen när bultarna dras åt helt.
  c) Om den vänstra styrknogen demonterats måste ett nytt gummihölje till hastighetsmätarvajern monteras och tryckas in så långt som möjligt med hjälp av lämpligt verktyg. Smörj hastighetsmätarvajern med tätningsmassa innan den förs in i gummihöljet.
  d) Sedan monteringen avslutats, kontrollera att det finns ett mellanrum på minst 25 mm mellan hjulet och bromsslangen med styrningen på fullt utslag till höger eller

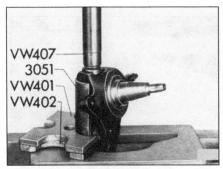

5.7 En press och VW:s verktyg används för demontering av den nedre kulleden från styrknogen

vänster. Om nödvändigt, böj stödfästet lätt för att uppnå detta.
  e) Använd alltid en ny saxsprint att säkra fästmuttern till styrstagets kulled med.

5 Styrknogens kulled – demontering och montering

1 Demontera styrknogen från fordonet enligt beskrivning i förra avsnittet och demontera sedan navet från styrknogen enligt beskrivning i avsnitt 3.
2 Med styrknogen på bänken, lossa och ta bort de tre skruvarna och lyft av bromsskivans stänkskydd (se bild).
3 För demontering av den övre kulleden, lossa och ta bort fästmuttern; en ny mutter måste användas vid ihopsättningen. Lossa kulledens konformade skaft från styrknogen med VW verktyg nr 267A eller motsvarande. Om detta verktyg inte kan anskaffas är det möjligt att lossa konan genom att slå på styrknogens fläns med en medelstor hammare med knogen vilande på ett massivt block av stål eller järn (se bild). Sedan konan lossats kan kulleden tas bort.
4 Demontering av den nedre kulleden är lite mer komplicerad. En press kommer att behövas och även i det här fallet är VW verktyg nr 267A (eller motsvarande) mycket användbart. Arbetet utförs enligt följande:
5 Ta först bort den fästmutter som håller kulleden till sitt mellanstycke. Även här måste en ny mutter användas vid monteringen. Med hjälp av verktyg 267A, ta loss mellanstycket från det konformade skaftet på kulleden (se bild).
6 Använd en liten skruvmejsel och ta ut låsringen från sin skåra i den nedre delen av kulleden.
7 Stöd styrknogens fläns på pressbordet med lämpligt rör eller VW-verktygen (se bild). Tryck sedan ut leden ur knogen.
8 Med kulleden demonterad, kontrollera om gummidamasken visar tecken på skador eller förslitningar och undersök om lederna har för stort spelrum. De olika detaljerna går inte att köpa var för sig, så om gummidamasken är

skadad eller leden utsliten måste man skaffa en helt ny kulled.
9 Montering av kulleden sker omvänt mot demontering. När det gäller den nedre kulleden, var noga med att den monteras med den platta sidan mot axeltappen. Tryck leden helt på plats och se till att låsringen sitter ordentligt i sin skåra. Dra inte åt kulledens fästmuttrar förrän styrknogen har monterats, annars kan gummidamasken ta skada.
10 Montera navet och styrknogen enligt beskrivning i avsnitt 3 respektive 4.

6 Svängningshämmarstag – demontering och montering

1 Lyft upp framdelen på fordonet och stötta den på pallbockar (se "Lyftning och stödpunkter").

Tidiga modeller (fram till chassi nr 24 FH 019 682)

2 Lossa och ta bort muttern som fäster krängningshämmarens anslutningslänk till svängningshämmarstaget. Ta av den nedre brickan med krage och den dämpande gummiringen.
3 Lossa och ta bort den yttre muttern som fäster svängningshämmarstaget till karossens fästbygel (se bild). Var noga med att inte ändra på den inre mutterns position eftersom castervinkelinställningen då kommer att

6.3A Svängningshämmarstagets yttre fästmutter, kragförsedda bricka och gummibussning

6.3B Svängningshämmarstagets inre mutter får inte rubbas eftersom castervinkeln då kan påverkas

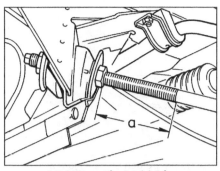

6.5 Mät avståndet (a) från svängningshämmarstagets inre mutter till änden på den gängade delen

a) Anslutningslänkarnas kragade brickor ska monteras med kragen vänd bort från dämparringarna.
b) Dra åt alla fästmuttrar och bultar till specificerade åtdragningsmoment.

8 Undre bärarm – demontering och montering

ändras (se bild). Ta bort den bredkragade brickan och gummibussningen.

4 Lossa och ta bort de tre muttrar som håller svängningshämmarstaget till den undre bärarmen. Dra svängningshämmarstaget nedåt för att lossa den från krängningshämmarens anslutningslänk och dra sedan ut den bakåt genom den främre fästbygeln.

Observera: *Om svängningshämmarstaget behöver förnyas eller om det blir nödvändigt att ta bort den kvarvarande främre fästmuttern, märk först ut dess plats på svängningshämmarstaget. Detta är en god hjälp när muttern senare ska monteras tillbaka på sin rätta plats.*

Senare modeller

5 Mät och skriv ned avståndet mellan svängningshämmarstagets inre mutter och slutet på den gängade delen (se bild).

6 Ta bort svängningshämmarstagets yttre mutter. Skruva på den inre muttern, bort från karossens fästbygel, så långt som möjligt.

7 Skruva loss svängningshämmarstaget från den undre bärarmen, ta sedan ut den genom den främre fästbygeln.

Alla modeller

8 Ta vara på stålhöljen, brickor och bussningar från framdelen på svängningshämmarstaget samt krängningshämmarens länkanslutning.

9 Montering av svängningshämmarstaget sker i omvänd arbetsordning mot demontering, kom ihåg följande:

7.2 Fäste mellan krängningshämmarens länk och svängningshämmarstaget (vid pil)

a) Förnya de främre fästgummibussningarna och krängningshämmarens anslutningslänks dämparringar om de visar tecken på förslitning eller tryckskador.
b) Alla brickor med krage ska monteras med kragen vänd bort från dess gummibussning eller dämparring.
c) Dra åt alla fästmuttrar och bultar till specificerade åtdragningsmoment.
d) Om ett nytt svängningshämmarstag har monterats eller om positionen för det främre fästets innermutter har rubbats, ska framfjädringsgeometri och hjulinställning kontrolleras av en VW-verkstad (se avsnitt 22).

7 Krängningshämmare – demontering och montering

1 Ta bort hjuldekoren och lossa på hjulbultarna. Lyft upp framdelen på fordonet och stöd den på pallbockar (se *"Lyftning och stödpunkter"*). Ta bort hjulet.

2 Lossa och ta bort muttrarna som fäster krängningshämmarens två anslutninglänkar till svängningshämmarstagen eller de undre bärarmarna. Ta bort de kragade brickorna och de undre gummidämparringarna (se bild).

3 Vrid krängningshämmaren uppåt för att lossa anslutningslänkarna. Ta vara på stålhöljen, övre dämparringar och kragad bricka från varje länk.

4 På båda sidorna, lossa och ta bort de två muttrar och bultar som håller krängningshämmarens fästclips till chassit (se bild). Vrid på krängningshämmaren för att frigöra styrstaget och ta ut krängningshämmaren från under bilen.

5 Med krängningshämmaren demonterad, dra av de två kluvna monteringsbussningarna från mitten av krängningshämmaren och de två anslutningslänkarna från vardera ände.

6 Inspektera bussningarnas och anslutningslänkarnas dämparringar och se om gummit verkar slitet. Förnya vid behov.

7 Montering av krängningshämmaren sker i omvänd arbetsordning mot demontering, kom ihåg följande:

1 Börja med att demontera svängningshämmarstaget med hjälp av beskrivningen i avsnitt 6. På senare modeller, demontera även krängningshämmarlänken från den undre bärarmen enligt beskrivning i avsnitt 7.

2 Ta ut saxsprinten och lossa och ta bort muttern som fäster styrstagets kulled vid styrknogens arm. Lossa kulledens konformade skaft från styrknogen med hjälp av en separator för universalkulleder.

3 Placera en domkraft under den undre bärarmen och lyft armen lätt.

4 Lossa och ta bort den långa, genomgående bulten och muttern som fäster stötdämparens nedre fäste vid den undre bärarmen. Använd en avsmalnande dorn eller en lämplig rundad stav och knacka ut bulten från dess plats i armen.

5 Med lämplig nyckel, lossa och ta bort de två bultar som håller styrknogens övre kulled till den övre bärarmen.

6 Stötta styrknogen och navet för att undvika tryck på bromsslangen eller hastighetsmätarvajern (gäller relevant hjul). Sänk nu domkraften långsamt under undre bärarmen tills dess att all spänning försvunnit från spiralfjädern.

7 Lossa och ta bort mutter, bult och fjäderbricka som håller den undre bärarmens inre fäste till chassit. Med en kraftig skruvmejsel, lyft av armen från sitt fäste (se bild).

8 Sänk ned domkraften helt och för sedan den undre bärarmen mot fordonets mitt tills den lösgjorts från den nedre kulledens mellanstycke som sitter mitt på armen. Lyft nu bort undre bärarmen och ta ut spiralfjädern, komplett med dess övre fjäderbricka.

9 Montera tillfälligt med de två bultarna styrknogens övre kulled till den övre bärarmen.

7.4 Fäste mellan krängningshämmare och chassibalk

8.7 Undre bärarmens inre fäste

10 Med den undre bärarmen demonterad, undersök omsorgsfullt det inre fästet och leta efter tecken på skada eller slitet gummi. Om komponenten måste förnyas kan fästet demonteras med hjälp av rör av lämplig diameter och en press eller ett skruvstäd med vida käftar. Bestryk fästet med flytande tvättmedel för att underlätta montering.

11 Montering av den undre bärarmen sker i omvänd arbetsordning mot demontering, kom ihåg följande:

a) När spiralfjädern monteras, var noga med att den övre fjäderplattan hamnar på rätt plats och att fjäderns raka ände är i botten och sitter korrekt i nedsänkningen i undre bärarmen.

b) Dra åt alla fäsmuttrar och bultar till specificerade åtdragningsmoment där sådana finns och använd en ny saxsprint att fästa styrstagets kulledesmutter med.

9 Övre bärarm – demontering och montering

1 Ta bort hjuldekoren och lossa på hjulbultarna. Lyft upp framdelen på fordonet och stöd den på pallbockar (se *"Lyftning och stödpunkter"*). Ta bort hjulet.
2 Med lämplig nyckel, lossa och ta bort de två bultar som fäster styrknogens övre kulled till den övre bärarmen **(se bild)**. Lyft den övre bärarmen lätt och flytta försiktigt styrknogen till den ena sidan.
3 Lossa och ta bort den övre bärarmens spindelfästmutter och bricka och ta vara på excenterbrickan. Dra nu ut spindeln och ta vara på den andra excenterbrickan.
4 Lossa den övre bärarmen från sitt monteringsfäste och ta bort den från fordonet.
5 Inspektera de vidhängande gummibussningarna i den övre bärarmen och förnya dem om de verkar skadade eller slitna. Om bussningarna behöver bytas måste arbetet utföras av en VW-verkstad. Bussningarnas infattningar har punktsvetsats på plats för att de inte ska kunna vrida på sig i bärarmen. Innan bussningarna kan demonteras måste svetsningen försiktigt poleras bort så att bussningarna sedan kan tryckas ut. Sedan de monterats måste även de nya bussningarna svetsas på plats.

9.2 Fästbultar mellan övre bärarm och kulled (A) och spindelns fästmutter (B)

6 Vid montering av den övre bärarmen, placera den ovanpå sitt monteringsfäste och för sedan en av excenterbrickorna på plats på spindeln. Montera spindeln, se till att den platta sidan sitter vertikalt och är vänd mot fordonets mitt. Placera excenterbrickan med den stora sidan nedåt.
7 Montera den andra excenterbrickan, även denna med den stora sidan nedåt, följd av den vanliga brickan och fästmuttern. Dra åt muttern till specificerat åtdragningsmoment.
8 För styrknogens övre kulled på plats i hålet i den övre bärarmen och fäst med de två bultarna. Dra till rätt moment.
9 Sätt på hjulet och sänk ned fordonet på marken. Dra åt hjulbultarna och sätt tillbaka hjuldekoren.
10 Framhjulsgeometri och hjulinställning måste kontrolleras av en VW-verkstad (se avsnitt 22). De två excenterbrickorna avgör fjädringens cambervinkel och denna måste alltid justeras om brickorna har rubbats.

10 Främre stötdämpare – demontering och montering

1 Ta bort hjuldekoren och lossa på hjulbultarna. Lyft upp framdelen på fordonet och stöd den på pallbockar (se *"Lyftning och stödpunkter"*). Ta bort hjulet.
2 Placera en domkraft under den undre bärarmen, men låt den inte komma i kontakt med stötdämparens nedre fäste, och lyft sedan upp armen en liten bit.

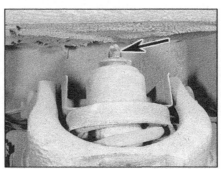

10.3 Stötdämparens övre kupade mutter, låsmutter, bricka och dämparring (vid pilen)

3 Lossa och ta bort stötdämparens övre, kupade fästmutter följd av låsmuttern. Ta bort brickan och dämparringen av gummi **(se bild)**.
4 Ta nu bort den långa, genomgående bulten och muttern som fäster stötdämparen vid den undre bärarmen **(se bild)**.
5 Dra ut stötdämpare och gummifjäder nedåt genom den undre bärarmens mitt och ta ut dem ur bilen.
6 Med enheten demonterad, håll den i upprätt position och dra ut den och tryck ihop den helt flera gånger. Stötdämparen ska arbeta med ett smidigt, jämnt tryck utan att någonsin förlora sin spänst. Om den gör det måste stötdämparen bytas. Den måste även förnyas om det finns skador eller förslitningar på förkromningen på kolvstången eller om det finns tydliga bevis för stor vätskeförlust. Stötdämpare kan förnyas individuellt om det tidigt blir något fel på dem. Vårt råd är dock att man byter dem i par om de varit i tjänst i mer än 48 000 km. Det finns ett relativt stort antal olika stötdämpare för Transportern och dess olika modeller, så var uppmärksam på att rätt typ monteras.
7 Montering sker i omvänd arbetsordning. Se till att fästmuttrar och bultar dras till rätt åtdragningsmoment.

11 Spiralfjäder – demontering och montering

1 Demontering av spiralfjädern innebär att även den undre bärarmen måste demonteras. Beskrivning av momenten finns i avsnitt 8.

12 Styrstagets kulled – demontering och montering

1 Ta bort hjuldekoren och lossa på hjulbultarna. Lyft upp framdelen på fordonet och stöd den på pallbockar (se *"Lyftning och stödpunkter"*). Ta bort hjulet.
2 Lossa på, med endast en åttondels varv, låsmuttern som fäster styrstaget till kulleden.
3 Ta bort saxsprinten och sedan muttern som fäster kulleden till styrknogens arm. Frigör

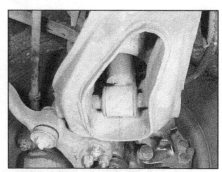

10.4 Stötdämparens nedre fästbult och mutter är åtkomliga från undre bärarmens sida

12.3A Ta bort saxsprinten och låsmuttern . . .

12.3B . . . och lossa styrstagets kulled med en kulledsseparator

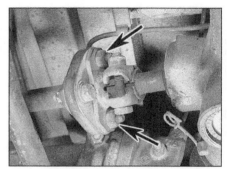

13.3 Bultar som håller drevaxelns fläns till kopplingsskivan (vid pilarna)

kulledens konformade skaft från styrknogen med en separator för universalkulleder **(se bilder).**

4 Kulleden kan nu skruvas loss från styrstaget.

5 Montering sker i omvänd arbetsordning. Om låsmutterns position på styrstaget endast rubbats en åttondels varv som beskrivet, bör framhjulsinställningen efter montering fortfarande vara ungefär rätt. Men det är ändå en god idé att låta en VW-verkstad kontrollera inställningen så snart som möjligt (se avsnitt 22).

6 Se till att kulledens låsmutter och fästmutter dras till specificerade moment och när det gäller fästmuttern, att den är i jämnhöjd med

nästa saxsprinthål. Använd alltid en ny saxsprint att fästa muttern med.

13 Styrhus – demontering, kontroll och montering

Modeller utan servostyrning

1 Ta bort hjuldekoren och lossa på hjulbultarna. Lyft upp framdelen på fordonet och stöd den på pallbockar (se "Lyftning och stödpunkter"). Ta bort hjulet.

2 Ta bort saxsprinten och muttern som håller högra sidans styrstagskulled till styrknogens

13.4 Fästbultar mellan styrhus och tvärbalk (vid pilarna)

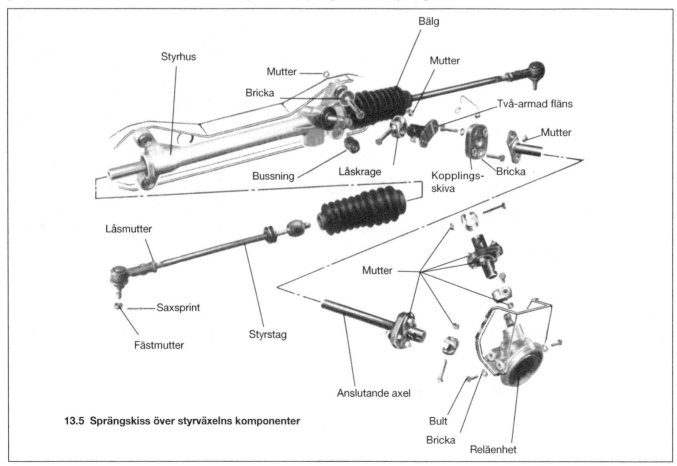

13.5 Sprängskiss över styrväxelns komponenter

Bälg

Styrhus

Mutter

Mutter

Bricka

Två-armad fläns

Mutter

Bussning

Låskrage

Kopplingsskiva

Bricka

Låsmutter

Mutter

Saxsprint

Styrstag

Fästmutter

Anslutande axel

Bult

Bricka

Reläenhet

arm. Lösgör kulledens konformade skaft från styrknogen med hjälp av en separator för universalkulleder. Gör sedan samma sak med den vänstra sidans styr-stagskulled.

3 Lossa och ta bort de två bultar och låsmuttrar som håller drevaxelns fläns till styrhusets böjliga kopplingsskiva.

4 Lossa och ta bort de fyra muttrar, bultar och brickor som fäster styrhuset vid chassits tvärbalk **(se bild)**. Sänk ned huset till marken och ta ut det från fordonet.

5 Kuggstångsstyrningshuset kan inte justeras och måste, förutom styrstag och gummibälgar, inte heller tas isär för reparationer och översyn. Om styrhuset skadats eller blivit kraftigt slitet måste man skaffa ett nytt från en VW-återförsäljare.

6 Inspektera de fyra monteringsbussningarna av gummi och leta efter skador eller förslitningar och byt vid behov. Bussningarna kan demonteras med hjälp av en press eller ett skruvstäd med vida käftar samt dorn och rör. De nya bussningarna monteras på samma sätt, se till att den platta sidan på bussningarna är vertikal mot styrhuset när den hålls i upprätt position. Smörj bussningarna med flytande tvättmedel för att underlätta montering.

7 Demontering och montering av gummibälgarna och styrstagen beskrivs i avsnitten nedan.

8 Montering av styrhuset sker i omvänd arbetsordning mot demontering. Se till att alla fästmuttrar och bultar dras till specificerade moment och använd nya saxsprintar i styrstagens kulledsmuttrar.

Modeller med servostyrning

9 Se arbetsbeskrivningen ovan, men utöver detta måste servostyrningens vätsketrycks- och returledningar kopplas från kuggdrevets ventilhus. Var beredd på spill när du gör detta och täpp till öppna ingångar för att hålla smutsen ute.

10 Servostyrningsväxeln kan repareras, men detta övergår det en hemmamekaniker klarar av. Låt antingen en specialist utföra reparationerna eller skaffa en ny eller begagnad enhet.

11 Sedan servostyrningsväxeln monterats, fyll på med vätska och avlufta systemet enligt beskrivning i *"Veckokontroller"*.

14 Styrstag – demontering och montering

1 Börja med att demontera styrhuset från fordonet enligt beskrivning i förra avsnittet.

2 Räkna antalet synliga gängor på styrstagsänden och skriv upp summan. Lossa nu den låsmutter som fäster kulleden vid styrstaget och skruva loss kulleden, följd av muttern.

3 Lossa ledningsclipsen som håller gummibälgen till styrstaget och styrhuset och dra

sedan av bälgen. Nya bälgar ska användas vid montering om de inte är i perfekt skick.

4 Sätt styrstaget i ett skruvstäd. Med en liten dorn, knacka tillbaka flänsen på styrstagets inre led så långt att den går in i skåran på kuggstångens ände **(se bild)**.

5 Med hjälp av en stor skiftnyckel som greppar på den platta sidan på innerleden, skruva loss led- och styrstagsenheten från kuggstången.

6 Innan montering, skaffa en burk styrväxelfett från en VW-återförsäljare och smörj kuggstångens tänder samt styrstagets inner-led rikligt. Använd ingen annan typ av fett i styrhuset.

7 Montera styrstaget på kuggstångsänden och dra åt innerleden till specificerat åtdragningsmoment. Driv in ledens fläns i skåran i kuggstången för att låsa fast enheten på plats.

8 För gummibälgen över styrstaget och till sin plats över änden på styrhuset. Säkra bälgen med nya fästclips, eller alternativt, använd mjuk järntråd.

9 Montera styrstagets kulled och låsmutter och placera dem så att när låsmuttern dras åt mot kulleden kommer samma antal gängor att synas som tidigare noterades.

10 Styrhuset kan nu monteras på bilen enligt beskrivning i föregående avsnitt. Efter monteringen måste framhjulsinställningen kontrolleras och om nödvändigt justeras av en VW-verkstad (se avsnitt 22).

15 Styrhusets gummibälgar – demontering och montering

1 Börja med att demontera styrhuset från bilen enligt beskrivning i avsnitt 13.

2 Räkna antalet synliga gängor på styrstaget och skriv upp summan. Lossa nu den låsmutter som fäster kulleden vid styrstaget och skruva loss kulleden, följt av muttern.

3 Lossa ledningsclipsen som håller gummibälgen till styrstaget och styrhuset och dra sedan av bälgen.

4 Innan nya bälgar monteras, skaffa en burk styrväxelfett från en VW-återförsäljare och

14.4 Flänsen på styrstagets inre led är inslagen i ett spår i kuggstången

smörj kuggstångens tänder samt styrstagets innerled rikligt. Använd ingen annan typ av fett i styrhuset.

5 För den nya gummibälgen över styrstaget och till sin plats över änden på styrhuset. Säkra bälgen med nya fästclips, eller alternativt, använd mjuk järntråd.

6 Montera styrstagets kulled och låsmutter och placera dem så att när låsmuttern dras åt mot kulleden kommer samma antal gängor att synas som tidigare noterades.

7 Styrhuset kan nu monteras på bilen enligt beskrivning i avsnitt 13. Efter monteringen måste framhjulsinställningen kontrolleras och om nödvändigt justeras av en VW-verkstad (se avsnitt 22).

16 Styrningens reläenhet – demontering och montering

1 Lyft upp framvagnen och stöd den på pallbockar (se *"Lyftning och stödpunkter"*).

2 Från inne i förarhytten, dra upp gummidamasken längst ner på rattstången för att synliggöra den böjliga kopplingen **(se bild)**. Lossa och ta bort de två muttrar och bultar som fäster reläenhetens tvåarmade fläns till kopplingsskivan.

3 Under framvagnen, lossa och ta bort de två bultar som fäster reläenhetens nedre två-armade fläns till den böjliga kopplingsskivan vid den främre änden på den anslutande axeln **(se bild)**.

16.2 Böjlig koppling mellan rattstång och reläenhet

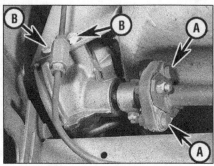

16.3 Bultar mellan reläenhetens två-armade fläns och böjlig koppling (A) och vänstra sidans fästbultar (B)

16.4 Reläenhetens högra fästbultar (vid pilarna)

4 Lossa och ta bort reläenhetens fyra fästbultar **(se bild)**. Manövrera reläenheten så att fästen och balk blir fria och ta ut enheten från fordonet.
5 Reläenheten kan inte tas isär för kontroll eller reparationer, men den kan smörjas med särskilt styrväxelfett som kan köpas hos VW-återförsäljare. Smörjning är endast nödvändigt om enheten är mycket tätt monterad eller blir svår att vrida.
6 Om det är nödvändigt att ta bort de tvåarmade flänsarna från kilaxeln, märk ut deras position före demontering och montera dem sedan på samma ställe.
7 Montering av reläenheten sker i omvänd arbetsordning mot demontering. Dra åt alla fästmuttrar och bultar till specificerade åtdragningsmoment.

17 Styrväxelns böjliga kopplingar – demontering och montering

Observera: *Tre böjliga kopplingar används i styrmekanismen på Transporter-modeller; två som sitter mellan reläenheten och styrhuset och en vid rattstångens bas. Kopplingsskivan av gummi bör inspekteras regelbundet och*

18.2 Ta försiktigt upp signalhornsplattan och koppla loss ledningsanslutningarna för att komma åt rattens fästmutter

förnyas om den verkar det minsta sliten eller skadad. Demonterings- och monteringsarbetet är likadant för alla tre kopplingar och utförs på följande sätt:
1 Lossa och ta bort de fyra muttrar och bultar som håller kopplingsskivan till var och en av de tvåarmade flänsarna och lyft ut skivan, med stålplatta där sådan finns monterad. (På senare modeller kan kopplingen vid basen av rattstången fästas med nitar istället för med muttrar och bultar. I det här fallet är det nödvändigt att demontera koppling och flänsar tillsammans genom att lossa på klämmuttrarna och -bultarna.)
2 Undersök kopplingsskivan noggrant och leta efter sprickor, svällning eller annan deformering av gummit och byt ut skivan om något av dessa problem uppstått.
3 Om det är nödvändigt att demontera de tvåarmade flänsarna från deras kilaxlar, märk först ut deras placering på axlarna, så att de kan sättas tillbaka på samma ställe. Om detta inte görs kommer inte själva styrningen att påverkas, men rattens ekrar kommer inte längre att vara horisontala när bilen färdas i en rak linje. Detta kommer även att påverka avstängningen av körriktningsvisarna.
4 Montering av styrväxelns böjliga kopplingar sker i omvänd arbetsordning mot demon-

tering. Kom ihåg vad som tidigare sagts och se också till att fästbultar och -muttrar dras åt till specificerade åtdragningsmoment.

18 Ratt – demontering och montering

1 Koppla från batteriets jordanslutning.
2 Ta försiktigt loss signalhornsplattan från rattens mitt och koppla bort de två ledningsanslutningarna.
3 Använd en lämplig hylsa och lossa och ta bort muttern som håller ratten till den övre stången.
4 Märk ut rattens placering i förhållande till den övre stången med en klick snabbtorkande färg.
5 Slå på undersidan av rattekrarna med ena handflatan tills ratten lossnar från stången. Håll under tiden ratten med den andra handen för att hindra den från att flyga av.
6 Montering sker i omvänd arbetsordning. Se till att tidigare gjorda märken är i jämnhöjd och dra åt fästmuttrarna till specificerat moment.

19 Rattstång – demontering och montering

1 Koppla från batteriets jordanslutning.
2 Lossa och ta bort de två skruvar som fäster rattstångens övre och nedre kåpa till stången. Ta bort kåporna, notera att den nedre kåpan även har ett inre clips som fäster den vid rattstången **(se bild)**.
3 Koppla bort kabelhärvans anslutningar till tändningslås/startmotorkontakt och flerfunktionskontakt. Flytta kabelhärvan åt sidan.
4 Vid rattstångens bas, dra upp gummidamasken för att synliggöra den böjliga kopplingen. Ta loss låskragens klämbult och

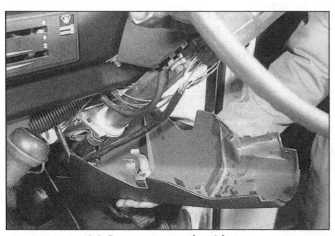

19.2 Demontera rattstångskåporna

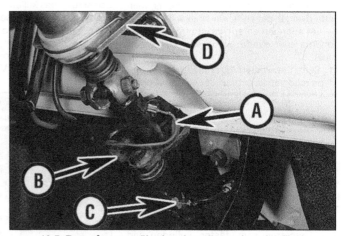

19.5 Rattstångens säkerhetskoppling och nedre fäste

A Jordledning
B Säkerhetskoppling
C Nedre rattstång
D Rattstångsrörets nedre fästbygel

mutter som håller den räfflade änden på den nedre stången i kopplingens tvåarmade fläns.
5 Koppla nu bort jordledningen som ansluter säkerhetskopplingens två komponenter till varandra **(se bild)**.
6 Dra den nedre stången uppåt för att lossa dess nedre ände från den böjliga kopplingen och dess övre ände från säkerhetskopplingen. Flytta den nedre stången åt sidan.
7 Slå mitt i skallen på de två säkerhetsbultar som fäster den övre stången vid instrumentpanelen. Borra ett hål i mitten på varje bult och ta bort dem med hjälp av en pinnbults-

utdragare. Alternativt, fila en skåra i bultarnas skaft och försök skruva ut dem med en skruvmejsel. Det kan t o m vara möjligt att lossa dem med ett par självlåsande tänger. Nya säkerhetsbultar måste användas vid montering.
8 Lossa det ledningsfästclips som håller plastringen till det nedre monteringsfästet och lyft bort rattstångsenheten **(se bild)**.
9 Montering av rattstången sker i omvänd arbetsordning, kom ihåg följande:
a) När den nedre stången monteras, se till att hjulen är riktade framåt och att rattens

ekrar är horisontella innan stången med böjliga kopplingsflänsar monteras.
b) Var noga med att det finns ett glapp på mellan 2 och 4 mm mellan ratten och flerfunktionskontakten innan säkerhetsbultarna dras åt. Se till att armarna på den nedre stångens fläns sitter säkert i säkerhetskopplingen vid mätningen.
c) När mätningen är tillfredsställande, dra åt säkerhetsbultarna tills skallarna går av.
d) Dra åt resten av bultarna och muttrarna till specificerade moment där sådana finns.

19.8 Sprängskiss av rattstångsenheten

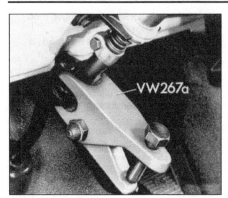

20.6 Kläm ihop säkerhetskopplingens två delar med en kulledsseparator

20 Rattstång – isärtagning och ihopsättning

1 Börja med att demontera ratten enligt beskrivning i avsnitt 18.
2 Lossa och ta bort de två skruvar som fäster den övre och nedre rattstångskåpan till rattstången. Ta bort kåporna, notera att den nedre kåpan även har ett inre clips som fäster den vid rattstången.
3 Koppla bort kabelhärvans anslutningar till tändnings-/startmotorkontakt och flerfunktionskontakt. Flytta kabelhärvan åt sidan.
4 Lossa och ta bort de tre skruvar som fäster flerfunktionskontakten vid rattlåshuset och ta bort kontakten.
5 Med lämplig nyckel, ta loss klämbulten av insextyp från rattlåshusets fästklamma.
6 Med hjälp av en separator för kulleder, kläm ihop de två delarna på rattstångens säkerhetskoppling **(se bild)**.
7 Använd en vanlig tvåbent avdragare och dra av rattlåshuset och det övre rattstångshöljet **(se bild)**.
8 Ta bort kulledsseparatorn från säkerhetskopplingen.

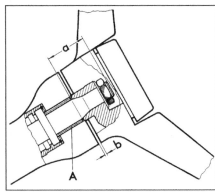

20.18 Korrekt montering av rattstångens distanshylsa

A Hylsa
a = 41,5 mm   b = 2 till 4 mm

20.7 Demontering av rattlåshuset och rattstångshöljet med hjälp av en tvåbent avdragare

9 Se avsnitt 19, paragraf 4 till 8 och demontera rattstången från fordonet.
10 Med rattstången på bänken, lossa och ta bort låskragens klämbult som håller säkerhetskopplingens tvåarmade fläns till den övre stången. Märk ut flänsens placering på stången med en klick snabbtorkande färg och ta sedan loss den.
11 Ta bort bricka, fjäder, spridarring och lager från den övre stångens nederände. Dra nu ut den övre stången ur rattstångsrörets övre ände.
12 Kontrollera att den övre rattstången och rattstångsröret är raka genom att rulla dem på en plan yta. Undersök också stödlagren i rattlåshuset och i botten på rattstångsröret och leta efter tecken på att de kärvar. Byt ut eventuella defekta komponenter.
13 Påbörja monteringen med att sätta tillbaka rattstången i rattstångsröret. Montera lager, spridarring, fjäder och bricka och sedan den tvåarmade flänsen. Se till att de tidigare gjorda märkena på flänsen och rattstången är i jämnhöjd och fäst sedan flänsen med låskragen och klämbulten.
14 Sätt rattstången på plats i fordonet och fäst plastringen i botten av stången till det nedre monteringsfästet med kabelns fästclips. Anslut nu det övre fästet till instrument-panelen med två nya säkerhetsbultar. Dra bara åt säkerhetsbultarna med fingrarna i det här läget.
15 Rikta upp hjulen så att de pekar rakt fram och montera sedan den nedre stången. Dra åt låskragens klämbult på den böjliga kopplingen till specificerat åtdragningsmoment och montera sedan gummidamask och jord-ledning.
16 Med hjälp av kulledsseparatorn, kläm ihop säkerhetskopplingens två delar på samma sätt som vid demonteringen.
17 För rattlåshuset över toppen på ratt-stången, se till att stödringen hamnar på plats under lagret.
18 Montera distanshylsan med den naggade sidan mot låshuset och knacka på den med ett rör av lämplig diameter. Hylsan måste monteras så att dess kant är 41,5 mm från änden på den övre rattstången **(se bild)**. Montera och dra åt låshusets klämskruv.

19 Montera flerfunktionskontakten och fäst den vid rattlåshuset med de tre skruvarna.
20 Koppla in kabelhärvans anslutningar till multifunktionskontakten och tändningslåset.
21 Montera ratten med ekrarna horisontalt, säkra med fästmuttern och dra åt den till specificerat åtdragningsmoment. Återanslut signalhornsplattans kablar och montera plattan på ratten.
22 För rattstångsröret lätt uppåt eller nedåt, inom gränserna för de utdraga hålen i monteringsfästena, tills glappet mellan ratten och flerfunktionskontakten är mellan 2 och 4 mm. När avståndet är korrekt, dra åt de två säkerhetsbultarna tills skallarna går av.
23 Montera den övre och nedre rattstångs-kåpan och ta sedan bort kulledsseparatorn från säkerhetskopplingen. Återanslut batte-riets jordledning.

21 Servostyrningspump – demontering och montering

Observera: *Beroende på vilken utrustning som är monterad kan det vara nödvändigt att demontera andra tillbehörs drivrem(mar) för att man ska kunna nå styrpumpen.*
1 Koppla bort batteriets negativa anslutning.
2 Lossa på bultarna som håller styrpumpen till monteringsfästena. Sväng pumpen i riktning mot motorn för att lätta på trycket från drivremmen och demontera drivremmen från pumpens remskiva **(se bild)**.
3 Gör rent runt västkeanslutningarnas banjo-bultar på pumpen. Ta bort bultarna och ta vara på kopparbrickorna. Var beredd på vätskespill. Täck de öppna banjoanslut-ningarna för att hålla vätska inne och smuts ute.
4 Ta bort bultarna, lösgör pumpen från sina fästen och ta bort den.
5 Om pumpen misstänks vara defekt bör man uppsöka experthjälp. Det finns reparations-satser att köpa, men man behöver en högtryckstestutrustning för att fastställa att pumpen fungerar korrekt efteråt.
6 Montering sker i omvänd arbetsordning, tänk på följande:
   a) *Använd nya kopparplattor till banjobultarna*
   b) *Justera drivremsspänningen (se kapitel 1)*
   c) *Dra åt alla bultar etc till specificerade åtdragningsmoment*
   d) *Fyll på med servostyrningsvätska och avsluta med att avlufta systemet (se "Veckokontroller")*

22 Fjädringsgeometri och hjulinställning – kontroll och justering

1 Korrekt framhjulsinställning är av stor vikt för god styrning och för att undvika att däcken slits snabbt. Innan du börjar fundera på styrnings-/fjädringsgeometri, kontrollera att

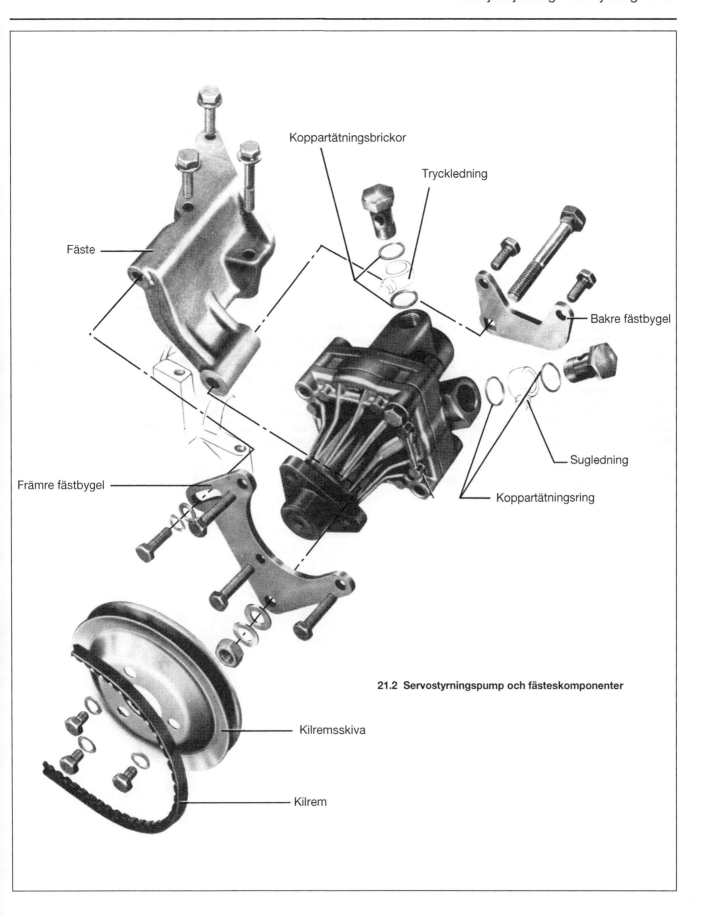

Koppartätningsbrickor

Tryckledning

Fäste

Bakre fästbygel

Sugledning

Främre fästbygel

Koppartätningsring

21.2 Servostyrningspump och fästeskomponenter

Kilremsskiva

Kilrem

däcken är korrekt pumpade, att framhjulen inte är stukade och att navlagren inte är slitna eller feljusterade. Försäkra dig även om att styrnings- och fjädringskomponenter är i god kondition, utan glapp eller förslitningar i lederna.

2 Fjädringsgeometri definieras av fyra faktorer: *Camber* är vinkeln mellan varje framhjul och en vertikal linje genom centrum och däckets kontaktyta, sett från den främre delen av bilen. 'Positiv camber' är det gradtal med vilket hjulen lutar utåt i överdelen av vertikalplanet. *Caster* är vinkeln mellan styraxeln och en vertikal linje genom varje hjuls centrum och däckets kontaktyta, sedd från sidan. 'Positiv caster' är när styraxeln är lutad bakåt. *Styraxelns lutning* är vinkeln (sedd framifrån bilen) mellan vertikalplanet och en tänkt linje mellan mitten på övre och nedre bärarmarnas kulleder. *Framhjulsinställning (eller toe-inställning)* är skillnaden mellan avståndet i navhöjd och det diametralt motsatta avståndet mätt mellan hjulens bakre innerkanter. "Toe-in" är när hjulen framtill pekar inåt, mot varandra, medan "toe-ut" är när de pekar utåt, från varandra.

3 På grund av behovet av specialutrustning är det vanligtvis för svårt för hemmamekanikern att kontrollera och justera dessa inställningar, med undantag för framhjulsinställning. Om lämplig utrustning finns tillgänglig kan dock justeringarna utföras på följande sätt, inställningarna ska följa det som finns angivet i "Specifikationer":

4 Innan några mätningar eller justeringar görs, placera det olastade fordonet på jämn mark, med däcken korrekt pumpade och framhjulen pekande rakt fram. Se till att alla fjädrings- och styrningskomponenter sitter säkert och inte är slitna i rörliga delar.

5 *Camberjustering:* Cambervinkeln justeras genom att man flyttar de två excentriska brickorna på den övre bärarmens inre fästspindel. Detta gör man genom att lossa spindelns fästmutter och sedan vrida spindeln med en skiftnyckel eller annat lämpligt verktyg tills rätt vinkel uppnås. Avsluta med att dra åt fästmuttern.

6 *Casterjustering:* Castervinkeln justeras genom att man ändrar på svängningshämmarstagets längd med hjälp av de två muttrarna på stagets fäste. Observera att castervinkeln även har inflytande på camber- och framhjulsinställning, så dessa måste kontrolleras sedan castern ändrats.

7 *Framhjulsinställning:* För mätning av inställningen kan en tolk lätt tillverkas av ett rör eller stav med en bult och låsmutter i ena änden.

8 Använd tolken till att mäta avståndet mellan hjulens två innerkanter i navhöjd och framifrån på hjulen.

9 Putta eller dra bilen framåt så att hjulen roterar 180° (ett halvt varv) och mät sedan avståndet mellan hjulens innerkanter i navhöjd, men denna gång bakifrån på hjulen. Denna sista mätning ska skilja sig från den första så mycket som det står i "*Specifikationer*" och vara den korrekta inställningen för framhjulen.

10 Om framhjulsinställningen inte är korrekt, fortsätt på följande sätt:

22.11 Framhjulsinställningen justeras genom att man vrider båda styrstagen lika mycket i önskad riktning

11 Lossa på de låsmuttrar som håller styrstagens kulleder till stagen. Vrid varje styrstag lika mycket, inte mer än en kvarts varv åt gången, medurs (från sidan sett) för att minska och moturs för att öka inställningen **(se bild)**. Putta eller dra bilen bakåt så att hjulet roterar ett helt varv och flytta den sedan framåt lika mycket. Kontrollera nu på nytt inställningen enligt beskrivningen ovan och gör vid behov om proceduren tills inställningen är korrekt.

12 Dra åt styrstagskulledernas låsmuttrar och kontrollera sedan att gummibälgarna på styrhuset inte har vridits när styrstagen flyttats. Om så är fallet, räta på dem, annars kommer de att bli förstörda på mycket kort tid.

Kapitel 10
Bromssystem

Innehåll

Svårighetsgrader

Enkelt, passar novisen med lite erfarenhet	Ganska enkelt, passar nybörjaren med viss erfarenhet	Ganska svårt, passar kompetent hemmamekaniker	Svårt, passar hemmamekaniker med erfarenhet	Mycket svårt, för professionell mekaniker 

Specifikationer

Systemtyp	Tvåkrets servoassisterat hydrauliskt system, med skivor fram och trummor bak. Bromstrycksregulator i den bakre hydraulkretsen. Vajermanövrerad handbroms.

Frambromsar

Typ	Skiva med Girling eller Teves ok
Skivdiameter:	
Modeller med fast ok	278,0 mm
Modeller med glidande ok	258,0 mm
Skivtjocklek (ny):	
Modeller med fast ok	13,0 mm
Modeller med glidande ok	15,0 mm
Minsta skivtjocklek efter bearbetning:	
Modeller med fast ok	11,0 mm
Modeller med glidande ok	13,0 mm
Okkolvens diameter:	
Modeller med fast ok	54,0 mm
Modeller med glidande ok	60,0 mm
Minsta tjocklek på bromsklossarnas belägg (alla modeller)	2,0 mm

Bakbromsar

Typ	Trumbroms, enkel ledande bromsback
Trummans inre diameter	252,0 mm
Trummans inre diameter, max efter bearbetning	253,5 mm
Hjulcylinderns kolvdiameter	23,81 mm
Bromsbackarnas beläggtjocklek:	
Standard	6,0 mm
Överstorlek	6,5 mm
Bromsbackarnas beläggtjocklek, minimum	2,5 mm

Huvudcylinder

Typ	Teves eller Bendix tandem
Lopp diameter	23,81 mm

Vakuumservoenhet

Typ .... 228,6 mm enkelt membran
Förstärkningsfaktor 2,4
Tryckstångens längd .... 111,5 mm

Åtdragningsmoment   Nm

Bromsok till styrknoge:
  Fast ok 160
  Glidande ok 270
Glidande oks styrstiftsbultar 35
Hjulcylinder till fästplatta 20
Bromsbackens nedre stöd till fästplatta 65
Huvudcylinder till pedalfäste eller servo 15
Servo till pedalfäste 15
Hjulets fästmuttrar och bultar 170
ABS hastighetsgivare 10

1 Allmän beskrivning

Bromssystemet är hydrauliskt, servoassisterat och uppdelat i två kretsar. Det har skivbromsar fram och trumbromsar bak. Den primära hydraulkretsen manövrerar frambromsarna och den sekundära kretsen bakbromsarna, från en huvudcylinder av tandemtyp. Under normala förhållanden arbetar båda kretsarna samtidigt, men om den ena hydrauliska kretsen havererar kommer det fortfarande att finnas full bromskraft på två hjul. I den bakre hydraulkretsen finns en bromstrycksregulator. Denna reglerar trycket som läggs på varje bakbroms och minskar risken för att bakhjulen låser under kraftig inbromsning.

Skivbromsarna fram manövreras antingen av fasta ok med tvillingkolvar eller (på vissa senare modeller) av glidande ok med enkel kolv.

Bak manövreras ledande och släpande bromsbackar med hjulcylindrar med tvillingkolvar och de är självjusterande via fotbromspedalen.

Låsningsfria bromsar (ABS) finns som extra tillval på vissa modeller. Detta system beskrivs i avsnitt 25.

Den vajermanövrerade handbromsen utgör ett oberoende mekaniskt sätt att ansätta bakbromsarna.

Observera: *När du arbetar på bromssystemets delar, arbeta försiktigt och metodiskt och var ytterst noga med renlighet när det gäller hydraulsystemet. Byt alltid ut delar (i uppsättningar per axel om tillämpligt) om det råder någon som helst tvekan om deras skick. Använd endast nya delar av god kvalitet – antingen genuina VW reservdelar eller delar från annan välkänd källa. Observera varningarna angående asbestdamm och hydraulvätska givna i "Säkerheten främst!" i början av handboken samt i relevanta delar av detta kapitel.*

2 Främre bromsklossar – kontroll och byte

⚠ **Varning: Damm från bromsklosslitage kan innehålla asbest vilket är mycket hälsofarligt. Blås aldrig bort damm med tryck-luft och undvik att andas in eller svälja det. Bär en lämplig ansiktsmask vid arbete på bromssystemet. Använd inte petroleumbaserade lösningsmedel till att rengöra komponenterna, endast bromsrengöringsmedel eller denaturerad sprit.**

⚠ **Varning: Hydraulvätska är giftig – tvätta omedelbart bort vätska som kommer på huden och sök läkarhjälp om vätska sväljs eller kommer i ögonen. Vissa typer av hydraulvätska är lättantändliga – vidta**

samma försiktighetsåtgärder som vid hantering av bensin. Hydraulvätska är också en effektiv färgborttagare och angriper plast – tvätta omedelbart bort spill med stora mängder rent vatten. Slutligen är vätskan också hygroskopisk (den absorberar fukt från luften) och gammal vätska kan vara förorenad och olämplig att använda. Vid påfyllning eller byte av bromsvätska, försäkra dig om att vätskan kommer från en förseglad nyöppnad behållare.

1 Lyft upp framvagnen och stöd den på pallbockar (se *"Lyftning och stödpunkter"*). Ta loss båda framhjulen.

Modeller med fasta ok med tvillingkolvar

2 Antingen Girling eller Teves bromsok är monterade. Båda modellerna är av likartad konstruktion och den huvudsakliga skillnaden är typen av fäststift som används för att fästa bromsklossarna i bromsoket.

3 På modeller med Teves ok tas stiften bort genom att man knackar dem inåt mot bilen med hjälp av en tunn körnare (se bild). För att ta bort stiften på Girling ok, dra bort fjäderclipset och knacka stiftet utåt, bort från bilen, med en tunn körnare.

4 När fäststiften är borttagna, lyft av spridarfjäderplattan och dra loss bromsklossarna från oket. Om de sitter hårt, stick in en skruvmejsel i spåret på bromsklossen och häv. Lyft ut antiskallershimsen om inte dessa redan tagits ut med klossarna (se bilder).

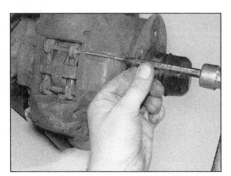
2.3 Uttagning av fäststift – Teves ok

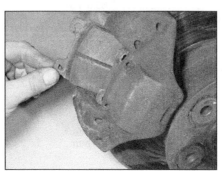
2.4A Ta ut bromsklossen ...

2.4B ... och antiskallershimset

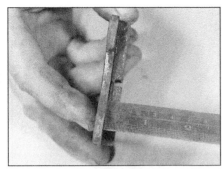

2.5 Mätning av beläggtjockleken på en bromskloss

2.8 Tryck tillbaka okets kolvar med ett platt stag som hävstång

2.9A Montera bromsklossarna . . .

2.9B . . . och antiskallershimsen

2.9C På Teves ok ska spåren på antiskallershimsen hakas i urtagen i kolven

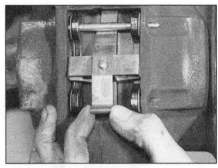

2.10A Montera spridarfjäderplattan . . .

5 Kontrollera tjockleken på bromsklossarnas belägg **(se bild)**. Om friktionsmaterialet är tunnare än specificerat måste klossarna bytas ut. De måste också bytas ut om det finns tecken på olje- eller bromsvätskeföroreningar på friktionsmaterialet, eller om bromsklossens yta är kraftigt repad eller sprucken.

6 När bromsklossarna byts ut skall de alltid bytas ut som ett komplett set (4 klossar), annars kan följden bli ojämn bromsverkan eller att bilen drar åt ena hållet.

7 När klossarna är demonterade, undersök bromsskivan noggrant. Koncentriska repor upp till 0,4 mm är acceptabla, men om djupare repor hittas måste bromsskivan antingen skummas eller helst bytas ut (se avsnitt 5).

8 När bromsklossarna ska monteras, se först till att bromsokskolvarna och klossarnas sätesytor är rena och fria från rost och damm.

Använd ett platt stag som hävstång, tryck försiktigt tillbaka okens kolvar in i sina cylindrar så långt det går **(se bild)**. När detta görs kommer bromsvätska att återvända till huvudcylindern via hydraulrören. Placera absorberande trasor runt huvudcylinderns behållare för att fånga upp eventuell överflödande vätska, eller tappa av lite vätska från behållaren innan okens kolvar trycks tillbaka.

9 Montera nya bromsklossar och antiskallershims på respektive platser i bromsoket. På Teves ok skall spåren på antiskallershimlsen haka i urtagen i kolven **(se bilder)**. På Girling ok skall pilarna på antiskallershimsen peka uppåt.

10 Sätt spridarfjäderplattan på plats och sätt tillbaka fäststift och fjäderclips (om monterade) **(se bilder)**.

Modeller med glidande ok med enkel kolv

11 Ta bort det nedre styrstiftets bult, håll fast stiftet med en nyckel så att det inte roterar.

12 Vrid oket uppåt och ta bort klossarna **(se bild)**.

13 Undersök om bromsskivan är sliten eller skadad – se paragraf 7.

14 Undersök om oket eller okfästet visar tecken på hydraulvätskeläckage, korrosion eller andra skador. Om styrstiften eller deras skyddshylsor är skadade, byt ut okfästet. Ojämnt bromsklosslitage kan bero på att oket inte glider på fästet.

15 Tryck in okkolven i sitt lopp med hjälp av en platt stång. Var beredd på att vätskenivån i huvudcylindern stiger – se paragraf 8.

16 Montera de nya klossarna i bromsoket med friktionsytan mot bromsskivan.

2.10B . . . följd av fäststiften (vid pilarna)

2.11 Ta bort det nedre styrstiftets bult – Girling glidande ok

2.12 Vrid oket uppåt och ta bort klossarna

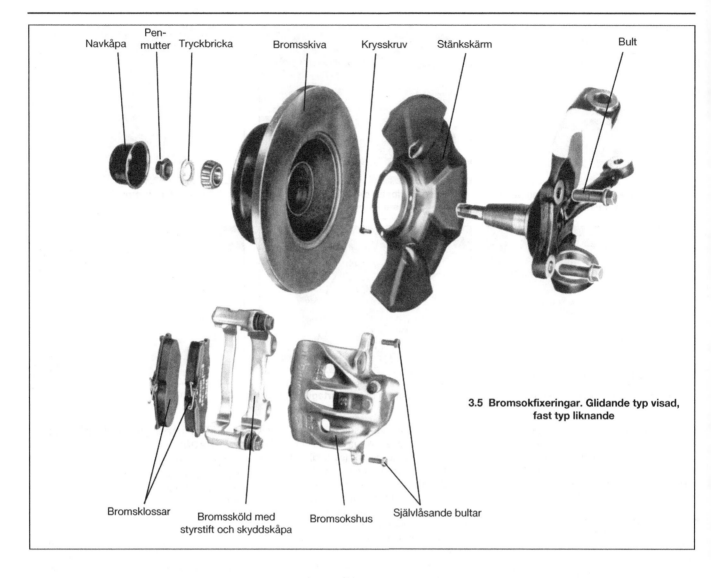

Navkåpa   Pen-mutter   Tryckbricka   Bromsskiva   Krysskruv   Stänkskärm   Bult

3.5 Bromsokfixeringar. Glidande typ visad, fast typ liknande

Bromsklossar   Bromssköld med styrstift och skyddskåpa   Bromsokshus   Självlåsande bultar

17 Vrid ner oket över klossarna. Sätt i en ny bult för det nedre styrstiftet och dra åt den till specificerat moment medan stiftet hålls stilla med en nyckel.

Alla modeller

18 Med bromsklossarna ordentligt på plats, trampa ner bromspedalen helt flera gånger så

3.6 Demontering av bromsoket från styrknogen och skivan

att okkolvarna kommer i kontakt med broms-klossarna.
19 Kontrollera bromsvätskenivån i huvudcylinderbehållaren och fyll på om så behövs (se "Veckokontroller").
20 Montera hjulen och sänk ned bilen på marken.
Observera! Nya bromsklossar skall arbetas in sakta under ca 200 km. Undvik onödiga panikbromsningar och långvariga hårda inbromsningar under denna period.

3 Främre bromsok – demontering och montering

Observera: Se varningarna i början av avsnitt 2 innan arbetet påbörjas.
1 Lyft upp framvagnen och stöd den på pallbockar (se "Lyftning och stödpunkter"). Ta bort aktuellt framhjul.

2 Demontera bromsklossarna enligt beskrivning i avsnitt 2 och märk upp dem på monteringsplattorna så att de kan sättas tillbaka på samma plats. Förvara klossarna med ytan uppåt så att inte friktionsmaterialet blir smutsigt.
3 Använd en bromsslangklamma eller en självlåsande tång med skyddade käftar till att klämma ihop bromsslangen. Detta förhindrar förlust av bromsvätska under kommande moment.
4 Torka rent området runt anslutningsmuttern mellan bromsröret (eller slangen) och oket, lossa muttern och dra försiktigt bort röret från oket. Plugga röret och oket för att förhindra smutsintrång.
5 Ta loss de två bultarna som fäster oket till styrknogen. Observera att på fasta ok har den övre bulten krage och att på vissa ok är ett shims monterat mellan oket och styrknogen vid den övre bulten **(se bild)**.
6 När bultarna är borttagna, ta loss oket från styrknogen och skivan **(se bild)**.

7 Montering sker i omvänd ordning mot demontering, men tänk på följande:
a) *Dra åt okets fästbultar till specificerat moment*
b) *Montera bromsklossarna enligt beskrivning i avsnitt 2*
c) *Avlufta hydraulsystemet enligt beskrivning i avsnitt 15. Om de beskrivna åtgärderna vidtagits för att förhindra vätskeförlust bör endast det ok man arbetat på behöva avluftas.*

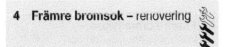

4 Främre bromsok – renovering

1 Demontera oket enligt beskrivning i föregående avsnitt.

Modeller med fasta ok med tvillingkolvar

2 Använd en skruvmejsel och dra bort gummidammskydden runt okkolvarna. Om du arbetar på ett Girling ok, ta först bort dammskyddets fästring **(se bilder)**.
3 Placera ett tunt platt träblock över en kolv och håll blocket och kolven på plats med en liten G-klamma.
4 Den kolv som inte är fastklämd kan nu tvingas ut ur oket med hjälp av tryckluft eller munstycket på en bilfotpump om det hålls fast mot bromsrörsanslutningen.

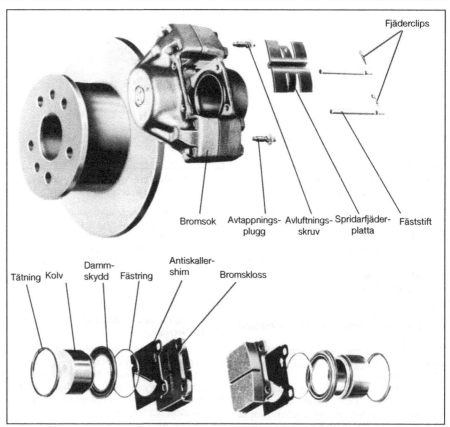

4.2A Sprängskiss över Girlings ok med tvillingkolvar

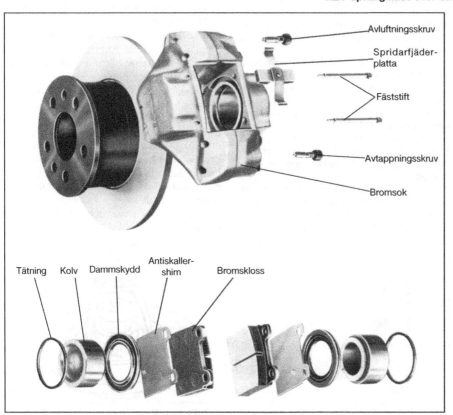

4.2B Sprängskiss över Teves ok med tvillingkolvar

Observera! Var försiktig – kolven kan skjuta ut med viss kraft.
5 När den första kolven är demonterad, använd träblocket och G-klamman till att täcka för cylinderöppningen på oket och upprepa momentet ovan för att demontera den andra kolven.
6 Rengör oket och kolvarna noggrant med ren bromsvätska eller denaturerad sprit. *Under inga omständigheter får okets två halvor tas isär.*
7 När alla komponenter är ordentligt rengjorda kan de två kolvtätningarna tas bort med ett tunt trubbigt verktyg som t ex en plaststicka **(se bild)**.

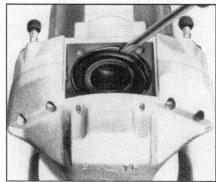

4.2C Ta ut bromsokskolvens dammskydd med en skruvmejsel

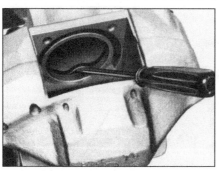

4.7 Sedan kolvarna tagits ut, ta bort tätningarna

8 Undersök om de isärtagna komponenterna är korroderade, repade eller slitna. Nya tätningar finns i form av en reparationssats för bromsok och bör bytas ut som en rutinåtgärd. Om du upptäcker allvarlig korrosion, repor eller slitage på kolvarna eller okcylindrarna måste hela oket bytas ut eftersom dessa delar inte finns att köpa separat.

9 Sänk ned okkolvtätningarna i ren bromsvätska och sätt försiktigt in dem i cylindrarna med fingrarna.

10 Täck kolvarna med ren bromsvätska och sätt in dem i cylinderloppen. Tryck inte in dem helt i detta läge.

11 På Girling ok, placera de nya dammskydden i kolv- och okspåren och fäst skyddet med fästringen (se bild). Kolvarna kan ny tryckas in helt i loppen.

12 På Teves ok, sätt nu bromsklossens antiskallershims tillfälligt på plats och vrid

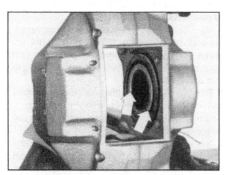

4.12 Använd bromsokens antiskallershims till att sätta kolvspåren rätt (vid pilarna) – Teves ok

4.20 Dammtätningen korrekt monterad på kolven – Girlings glidande ok

4.11 Sätt de nya dammskydden i kolvspåren

kolvarna så mycket som behövs för att urtagen ska haka i spåren i shimsen (se bild). Ta nu bort shimsen igen och sätt de nya dammskydden i kolvspåren. Använd en G-klamma och ett litet träblock och pressa den yttre läppen på dammskyddet in i spåret i oket, vilket också kommer att trycka in kolven helt i sitt lopp.

Modeller med glidande ok med enkel kolv

13 Ta bort den kvarvarande styrstiftsbulten och separera oket från sitt fäste.

14 Demontera kolven från oket enligt beskrivning i paragraf 4 och använd ett träblock till att fånga upp kolven när den kommer ut. Ta bort dammtätningen.

15 Ta bort kolvtätningen från okloppet med ett trubbigt verktyg som t ex en handarbetssticka.

16 Rengör oket och kolven med ren bromsvätska, bromsrengöringsmedel eller denaturerad sprit.

17 Undersök om oket eller kolven är korroderad, repad eller skadad på annat sätt. Om skador är uppenbara, byt oket. Skaffa i annat fall nya tätningar för ihopsättningen.

18 Rengör och undersök okfästet, var speciellt uppmärksam på styrstiften och deras skyddshylsor. Byt ut fästet om det är uppenbart skadat. Det nya fästet kommer med korrekt mängd fett redan applicerat på styrstiften.

19 Sänk ned okkolvens tätning i ren bromsvätska och sätt den sedan försiktigt i spåret i cylindern, använd endast fingrarna.

20 Sätt den nya dammtätningen på kolven

4.21 Passa in dammtätningsläppen i spåret i cylindern – Girlings glidande ok

(se bild). Täck kolven med ren bromsvätska.

21 Passa in dammtätningens läpp i spåret i cylindern och tryck sedan in kolven i loppet (se bild).

22 Montera oket på fästet, fäst det med en ny övre styrstiftsbult och dra åt bulten till specificerat moment.

Alla modeller

23 Oket kan nu monteras enligt beskrivning i avsnitt 3.

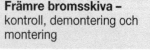

5 Främre bromsskiva – kontroll, demontering och montering

Observera: *Skivan är en integrerad del av den främre navenheten och demonteras komplett med hjullager enligt beskrivning i kapitel 9. Med enheten demonterad från axeltappen kan en detaljerad undersökning utföras enligt följande:*

1 Undersök ytan på skivan noga. Koncentriska repor med ett djup på upp till 0,4 mm är acceptabla. Små ytsprickor och viss missfärgning orsakade av punktvis överhettning kan förväntas. Om skivan dock är kraftigt repad måste den skummas eller helst bytas ut. Om skivan skall skummas måste lika stor mängd metall tas bort från båda sidorna och skivtjockleken får inte reduceras till under specificerat minimum.

Observera: *För att uppehålla jämn bromsverkan måste båda skivorna fram ha samma egenskaper när det gäller spårdjup och allmänt ytskick.*

2 Om skivorna är i godtagbart skick, ta bort ytkorrosion genom att knacka lätt runt kanten på skivan med en liten hammare.

3 På modeller med ABS måste man överföra utlösarhjulet om en ny skiva ska monteras. Dra av hjulet från den gamla skivan med en trebent avdragare och pressa på den på den nya skivan till dess att den är i kontakt med stoppet (se bild).

4 Montering av skiva och nav beskrivs i kapitel 9.

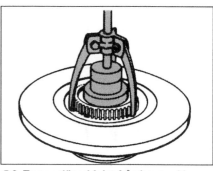

5.3 Ta av utlösarhjulet från bromsskivan – modeller med ABS

6 Bakre bromsbackar och trumma – kontroll och byte

Observera: *Två inspektionshål finns på var och en av bromsarnas fästplattor och när pluggarna har tagits bort kan beläggets tjocklek ses genom hålen. Detta får dock bara ses som en snabb kontroll eftersom endast en del av bromsbacken kan ses och det inte heller är möjligt att undersöka beläggets skick.*

1 Lyft upp bakvagnen och stöd den på pallbockar (se *"Lyftning och stödpunkter"*). Ta loss båda bakhjulen och lossa sedan handbromsen.

2 Skruva loss de två små bultarna som håller bromstrumman till hjulnavet och dra ut trumman. Knacka på kanten av trumman med en skinn- eller plastklubba om den sitter hårt. Om trumman inte kan demonteras på grund av att den kärvar på bromsbacken, släpp efter bromsbackjusteraren enligt följande:

3 Dra ut pluggen bak på fästplattan, precis under hjulcylindern. Stick in en vevförsedd skruvmejsel eller annat lämpligt verktyg genom hålet i fästplattan och haka i verktyget i det räfflade justerarhjulet. Om man tittar på bilen bakifrån ska justerarhjulet på vänster bromsenhet vridas moturs om bromsbacken ska lossas. Justerarhjulet på den högra bromsenheten ska vridas medurs.

4 Med justerarna lossade ska det nu vara möjligt att ta bort trumman enligt beskrivning i paragraf 2. Om trumman dock fortfarande kärvar på bromsbackarna, slacka handbromsvajern genom att lossa justeringsmuttern vid vajerutjämnaren (se avsnitt 17). Demontera nu trumman enligt beskrivning i paragraf 2.

5 Med trumman demonterad, torka bort damm från trumma, bromsbackar, hjulcylinder och fästplatta med en fuktig trasa. *Var mycket försiktig så att du inte andas in dammet – det kan vara skadligt för hälsan.* Lägg trasan i en förseglad påse för sluthantering.

6 Mät bromsbackarnas beläggtjocklek. Om belägget på någon av backarna är mindre än specificerat måste alla fyra backarna bytas ut. Backarna måste också bytas ut om någon av dem är förorenad med bromsvätska eller fett, eller är sprucken, har glansig yta eller djupa repor. Om förorening är tydlig måste orsaken undersökas och åtgärdas innan nya bromsbackar monteras.

7 Undersök också om den inre bromsytan på bromstrumman är repad eller sprucken. Trumman kan skummas för att återställa ytan om den är lindrigt skadad, så länge inte den inre diametern överskrider specifikationerna. Om trumman är allvarligt repad måste den bytas. Om trumman ska skummas måste bromsbackar med belägg av överstorlek monteras. Dessa är tjockare än standardbeläggen för att kompensera för den ökade inre diametern i trumman.

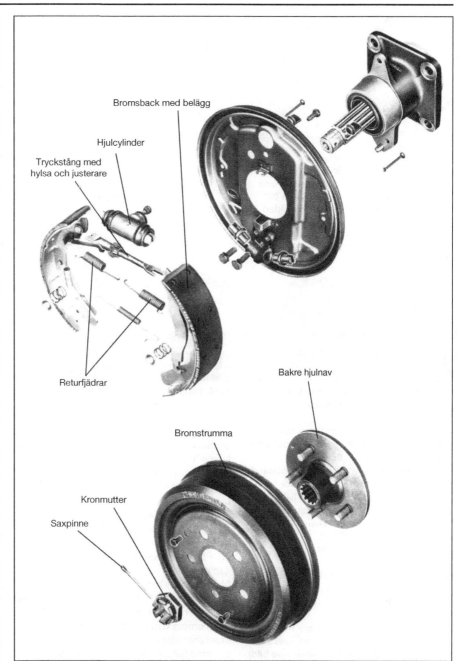

Bromsback med belägg

Hjulcylinder

Tryckstång med hylsa och justerare

Returfjädrar

Bakre hjulnav

Bromstrumma

Kronmutter

Saxpinne

6.9 Sprängskiss över den bakre bromsenheten och tillhörande komponenter

8 Om bromsbackarna är i godtagbart skick, fortsätt till paragraf 26. Om de måste demonteras, fortsätt enligt följande:

9 Gör först noggranna anteckningar över var och hur de olika fjädrarna och länkarna sitter för att underlätta monteringen **(se bild)**.

10 Använd en tång och lossa manöverfjädern från justerararmen på den ledande bromsbacken **(se bild)**.

6.10 Lossa manöverfjädern från justerararmen

6.11 Tryck ihop stödfjädersätena och demontera dem genom att vrida 90° medan stiften hålls fast på baksidan

6.12 Lirka ut bromsbackarna från deras nedre läge

6.13A Rotera det räfflade justerarhjulet så att självjusteringsmekanismen är helt tillbakadragen . . .

6.13B . . . och ta sedan bort självjusterarhylsan

6.14 Lyft nu ut självjusterarens tryckstång och justerarhjul

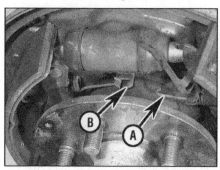

6.15A Frigör den ledande backens övre returfjäder (A) från haken på fästplattan (B)

11 Tryck ihop stödfjädersätena medan du håller fast stödfjäderstiften med fingrarna från fästplattans baksida **(se bild)**.
12 Lirka ut den ledande och den släpande backen från deras nedre läge **(se bild)**.
13 Använd en skruvmejsel, skjut tillbaka det räfflade justerarhjulet helt, lyft den övre delen av den ledande bromsbacken och dra ut självjusterarhylsan **(se bilder)**.
14 Lyft nu ut självjusterarens tryckstång och justerarhjul **(se bild)**.
15 Frigör den ledande backens övre returfjäder från haken på fästplattan, lossa den nedre returfjädern och lyft av backen **(se bilder)**.
16 Frigör den släpande backens övre returfjäder från haken på fästplattan, lossa den nedre returfjädern och lyft av backen **(se bild)**.

17 Innan montering, rengör fästplattan med en trasa och lägg lite silikonfett på backarnas kontaktytor och vridpunkter **(se bild)** och på gängorna på självjusterarens tryckstång. Försäkra dig om att det räfflade hjulet roterar utan problem.
18 Koppla ihop handbromsvajerns ände med armen på den släpande bromsbacken och håll backen i position på fästplattan.
19 Placera spiraländen på den övre returfjädern i hålet i den släpande backen så att fjäderspiralen hamnar bakom bromsbackens egg. Använd en tång och dra fjäderns raka ände över haken i fästplattan.
20 Montera den nedre returfjädern på båda bromsbackarna och se till att fjädern är placerad bakom bromsbackarnas egg.

21 Montera den övre returfjädern till den ledande bromsbacken med samma metod som för den släpande backen.
22 Med justerarhjulet nedvirat till änden på gängan på justerartryckstången, passa in den gafflade änden på tryckstången mot den släpande backen och handbromsarmen. Det längre utsticket på gaffeln måste vara mot fästplattan.
23 Lirka ut den ledande backen längst upp och dra självjusterarhylsan över tryckstången. Koppla sedan ihop dess gafflade ände med justeringsarmen.
24 Sätt tillbaka stödfjäderstiften genom hålen i fästplattan och bromsbackarna. Håll fast stiften, sätt tillbaka stödfjädrarna och sätena och vrid sedan sätena 90° för att låsa dem på stiften.

6.15B Lossa den nedre returfjädern och lyft av backen

6.16 Frigör den släpande backens returfjädrar, lossa handbromsvajern och lyft av backen

6.17 Lägg lite silikonfett på backarnas kontaktytor (vid pilarna) före monteringen

25 Montera manöverfjädern till justerings-armen och den ledande backen med den raka änden mot justeringsarmen.

26 Innan bromstrumman monteras måste man göra en inledande manuell justering av bromsbackarna. För att göra detta, mät den inre diametern i bromstrumman och dra ifrån 1,5 mm från detta mått. Resultatet är det mått till vilket bromsbackarna måste sättas innan trumman monteras. Centrera backarna på fästplattan och vrid sedan det räfflade justerarhjulet efter behov till dess att korrekt inställning erhålls (se bild).

27 Montera ihop bromstrumman med hjulnavet och säkra trumman med de två fästbultarna.

28 Tryck ner fotbromsen flera gånger för att manövrera självjusteringsmekanismen och sätt sedan tillbaka pluggarna i öppningarna i fästplattan.

29 Om du varit tvungen att slacka hand-bromsvajern för att demontera trumman, justera vajern enligt beskrivning i avsnitt 17.

30 Sätt slutligen tillbaka hjulet och sänk ned bilen på marken.

7 Bakre hjulcylinder – demontering och montering

Observera: Se varningarna i början av avsnitt 2 innan arbetet påbörjas.

1 Börja med att demontera aktuell bakre bromstrumma enligt beskrivning i avsnitt 6, paragraf 1 till 4.

2 Använd en bromsslangklamma eller en självlåsande tång med skyddade käftar till att klämma ihop bromshydraulslangen som är placerad framtill på den bakre bärarmen. Detta minimerar förlust av bromsvätska under kommande moment.

3 Torka rent området runt fästplattan och hjulcylindern. Skruva loss hydraulrörsanslut-ningen bak på hjulcylindern och lirka försiktigt ut röret. Plugga eller tejpa över röränden för att undvika smutsintrång.

4 Ta bort avluftningsskruven bak på hjul-cylindern och den enda bulten som håller cylindern till fästplattan.

5 Dra åt handbromsen helt så att broms-backarna flyttas bort från sina platser i hjulcylinderkolvarna. Om så behövs, flytta försiktigt undan dem ytterligare med en skruvmejsel som hävstång och dra sedan bort cylindern från fästplattan.

6 För att montera hjulcylindern, sätt den på plats på fästplattan och sätt ihop bromsröret och anslutningen. Skruva in anslutnings-muttern två eller tre varv för se till att gängan har börjat.

7 Sätt tillbaka hjulcylinderns fästbult och avluftningsskruven och dra åt bulten, skruven och bromsrörsanslutningen helt.

8 Lossa handbromsen och koppla ihop bromsbackarna med hjulcylinderkolvarna.

9 Sätt tillbaka bromstrumman enligt beskriv-ning i avsnitt 6, paragraf 26 och 27.

6.26 Innan trumman monteras, justera bromsbackarna så att mått 'a' är lika med den inre diametern minus 1,5 mm

10 Ta bort bromsslangklamman. Avlufta hydraulsystemet enligt beskrivning i avsnitt 15. Om de åtgärder vidtagits som beskrivits angående bromsvätskeförlust bör endast den broms man arbetat på behöva luftas.

11 Montera hjulet och sänk ned bilen på marken.

8 Bakre hjulcylinder – renovering

Observera: Se varningarna i början av avsnitt 2 innan arbetet påbörjas.

1 Demontera hjulcylindern enligt beskrivning i föregående avsnitt.

2 Med cylindern på bänken, ta bort damm-skydden från ändarna på kolvarna och cylindern.

3 Dra bort kolvarna och kolvfjädern, ta sedan bort gummitätningarna från kolvarna (se bild).

4 Rengör alla delar noggrant i denaturerad sprit eller ren bromsvätska och torka av dem med en luddfri trasa.

5 Undersök om kolvarnas och cylinderlop-pens ytor är slitna, repade eller korroderade och, om så är fallet, byt ut hjulcylindern. Om komponenterna är i godtagbart skick, inför-skaffa en reparationssats bestående av nya tätningar och dammskydd.

6 Doppa den nya tätningarna och kolvarna i ren bromsvätska och sätt ihop kompo-nenterna medan de är våta enligt följande:

7 Använd endast fingrarna, montera de nya tätningarna till kolvarna med tätningsläpparna vända inåt.

8 Smörj cylinderloppet med ren bromsvätska och sätt in en av kolvarna, följd av fjädern och därefter den andra kolven.

9 Placera dammskydden över kolvarnas och cylinderns ändar och montera den ihopsatta hjulcylindern på bilen enligt beskrivning i föregående avsnitt.

9 Bakre bromsens fästplatta – demontering och montering

Observera: Se varningarna i början av avsnitt 2 innan arbetet påbörjas.

1 Fästplattan demonteras tillsammans med det bakre hjullagerhuset och en beskrivning av arbetet finns i kapitel 8.

10 Huvudcylinder – demontering och montering

Observera: Se varningarna i början av avsnitt 2 innan arbetet påbörjas.

1 För att komma åt huvudcylindern, se kapitel 12 och demontera instrumentpanelen.

2 Ta bort huvudcylinderns påfyllningslock och sug ut så mycket bromsvätska som möjligt från behållaren med en ren spruta.

3 Placera absorberande trasor under huvud-cylindern för att samla upp eventuell vätska som rinner ut när röranslutningarna lossas.

4 Skruva loss de två bromsrörsanslut-ningarnas muttrar (se bild) och dra försiktigt bort rören från huvudcylindern. Plugga eller tejpa över rörändarna och cylinderns öppni-ngar för att förhindra ytterligare vätskeförlust och smutsintrång.

5 Använd en skruvmejsel om så behövs, lossa försiktigt kopplingens vätskematnings-slang från dess anslutning på sidan av behållaren. Plugga eller tejpa över anslut-ningen och slangen.

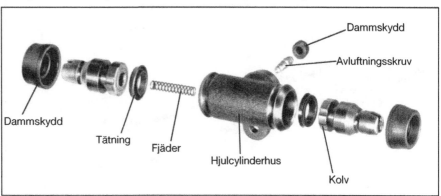

Dammskydd
Avluftningsskruv
Dammskydd
Tätning
Fjäder
Hjulcylinderhus
Kolv

8.3 Sprängskiss över bakre hjulcylindern

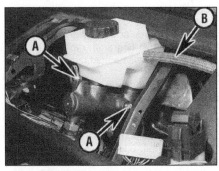

10.4 Bromsrörsanslutningarnas muttrar (A) och kopplingens vätskematningsslang (B) på huvudcylindern

10.7A Demontera huvudcylindern . . .

10.7B . . . och ta vara på O-ringstätningen

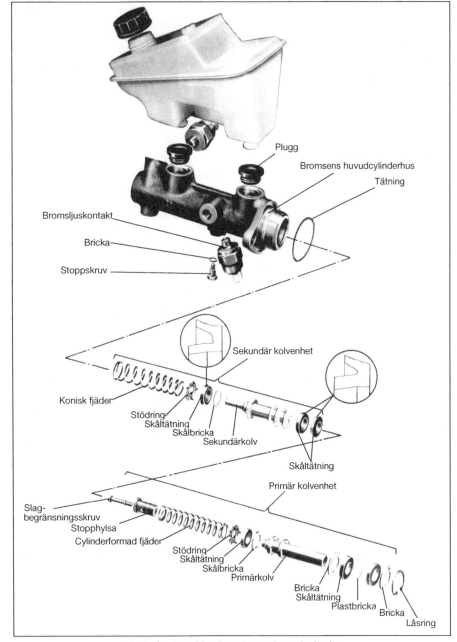

11.2A Sprängskiss över Teves huvudcylinder

6 Gör först en anteckning om hur de sitter, lossa sedan ledningarna till bromsljuskontakten och (om monterad) till kontakten för bromshaverivarning på huvudcylindern.

7 Lossa de två muttrarna som håller huvudcylindern till pedalfästet eller servo-enheten och dra loss cylindern. Ta bort O-ringstätningen från änden på cylindern (se bilder).

8 Montering av huvudcylindern sker i omvänd ordning mot demontering. Efter avslutad montering, avlufta broms- och kopplingssystemen enligt beskrivning i avsnitt 15 i detta kapitel och kapitel 6.

11 Huvudcylinder – renovering

Observera: Se varningarna i början av avsnitt 2 innan arbetet påbörjas.

1 Börja med att demontera huvudcylindern från bilen enligt beskrivning i föregående avsnitt.

2 Med cylindern på bänken, lossa och ta bort bromsljuskontakten och, där sådan är monterad, kontakten för bromshaverivarning (se bilder).

3 Stöd huvudcylindern och bänd försiktigt av behållaren med en skruvmejsel. Ta bort de två gummitätningspluggarna från behållarens portar (se bilder).

4 Ta bort sekundärkolvens stoppskruv och bricka längst ner på cylindern (se bild).

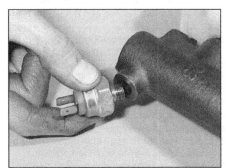

11.2B Ta bort bromsljuskontakten

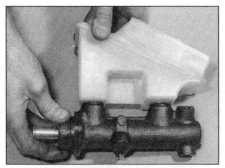

11.3A Bänd försiktigt av behållaren . . .

11.3B . . . och ta sedan bort de två gummitätningspluggarna

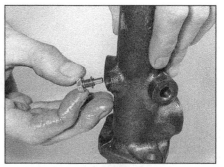

11.4 Demontera sekundärkolvens stoppskruv med bricka

5 Med cylindern stödd i ett skruvstäd, tryck ner primärkolven en liten bit och ta bort låsringen från spåret i cylinderloppet (se bild).
6 Dra ut primärkolven lite och dra av enheten bestående av två metallbrickor, två skåltätningar samt plastbrickor. Ta nu bort primärkolven från cylinderloppet (se bilder).
7 Knacka huvudcylindern mot ett träblock för att ta ut sekundärkolven från cylinderloppet och dra ut kolvenheten (se bild).
8 Börja med primärkolven, håll fjädern ihoptryckt och skruva loss slagbegränsningsskruven. Ta bort skruven följd av stopphylsan, cylinderfjädern och stödringen. Låt inte cylinderfjädern förväxlas med den koniska fjädern från sekundärkolven.
9 Dra bort skåltätningen och brickan från primärkolven.
10 Gå nu över till sekundärkolven. Ta bort

11.5 Med cylindern i skruvstäd, ta bort primärkolvens låsring

den koniska fjädern och stödringen följd av skåltätningen och brickan från den inre änden av kolven.
11 I axeländen, haka av de två skåltätningarna med hjälp av en trubbig skruvmejsel. Notera hur de två tätningarna är monterade vända åt olika håll.
12 Rengör cylindern och de två kolvarna noggrant i denaturerad sprit eller ren bromsvätska och torka sedan av dem med en luddfri trasa.
13 Undersök om cylinderloppet eller kolvarna är repade eller korroderade, eller har slitkanter. För att tätningarna skall kunna uppehålla rätt vätsketryck är det viktigt att kolvarna och cylinderloppet är i perfekt skick. Om det råder någon som helst tvekan om detta, byt ut hela huvudcylindern.

> **HAYNES TiPS** *Om en bromsvätsketätning har gått sönder på grund av rost eller korrosion är det inte troligt att endast byte av tätningen kommer att lösa problemet. Byt hela enheten om du är osäker.*

14 Om cylindern och kolvarna är i godtagbart skick måste en ny uppsättning tätningar införskaffas innan ihopsättningen. Dessa kan erhållas i form av en reparationssats för huvudcylindern, tillgänglig från VW-återförsäljare eller broms- och kopplingsspecialister.
15 Smörj alla delar noggrant i ren broms-

vätska och sätt ihop dem medan de är våta enligt följande:
16 Använd endast fingrarna, montera de två skåltätningarna på sekundärkolven. Notera att den tätande kanten på den inre tätningen är vänd mot kolvfjädern och på den yttre tätningen vänd bort från fjädern.
17 Montera nu brickan, skåltätningen, fjäderringen och den koniska fjädern till den andra änden av sekundärkolven. Den tätande kanten på skåltätningen måste vara vänd mot fjädern.
18 Montera brickan och skåltätningen till den inre änden av primärkolven, med den tätande kanten vänd mot fjädern.
19 Dra på stödringen, cylinderfjädern och stopphylsan, tryck ihop fjädern och sätt i den slagbegränsande skruven. Dra åt skruven ordentligt.
20 I andra änden av primärkolven, montera enheten bestående av metallbricka, skåltätning, plastbricka, kopptätning och ytterligare en metallbricka. Den tätande kanten på båda tätningarna ska vara vänd mot fjädern.
21 Smörj cylinderloppet och sekundärkolvenheten noggrant med ren bromsvätska och sätt försiktigt in sekundärkolven i cylinderloppet med fjäderänden först. Var noga med att inte kanterna på skåltätningarna viks ned.
22 Använd ett tunt trubbigt stag, tryck ner sekundärkolven för att trycka ihop fjädern och sätt sedan tillbaka stoppskruven med brickan. Dra åt skruven ordentligt.

11.6A Ta av skåltätningar samt metall- och plastbrickor . . .

11.6B . . . och ta sedan ut primärkolven

11.7 Knacka huvudcylindern mot ett träblock för att ta ut sekundärkolven, dra sedan loss den från cylinderloppen

13.3 Bromstrycksregulatorns fästmuttrar (vid pilarna)

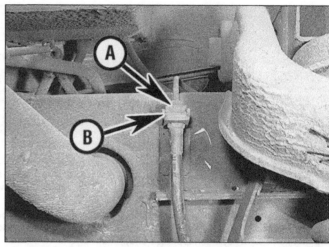

14.7 Främre bromsens anlsutningsmutter mellan rör och slang (A) samt slangens fästclips (B)

23 Smörj primärkolven med ren bromsvätska och sätt in enheten i cylinderloppet med fjäderänden först.
24 Tryck ner kolven och sätt tillbaka låsringen i spåret i cylinderloppet.
25 Sätt i två nya gummitätningspluggar i behållarens portar i cylindern och tryck behållaren ordentligt på plats.
26 Montera bromsljuskontakten och (där tillämpligt) varningsljuskontakten på cylindern. Dra åt kontakterna ordentligt.
27 Den ihopsatta huvudcylindern kan nu monteras enligt beskrivning i föregående avsnitt.

12 Bromstrycksregulator – beskrivning

En bromstrycksregulator är monterad på den främre högra chassibalken precis framför styrväxeln. Regulatorn kontrollerar det hydraulvätsketryck som läggs på bakbromsarna.

Syftet med regulatorn är att förhindra att de bakre hjulen låser vid kraftig inbromsning när bilen är lätt lastad.

Regulatorn består av en stålkula i en lutande kammare och två fjäderbelastade kolvar, vilka fungerar som tryckreducerare. Vid inbromsning kastas kulan framåt och beroende på hur kraftig inbromsningen är och den vinkel i vilken kulan måste rulla upp (vilket beror på bilens position), stänger den av det direkta vätskeflödet till de bakre hjulcylindrarna. Tryck läggs nu på två mellankolvar av olika diameter vilka minskar det utgående trycket på bakbromsarna.

Kontroll av ventilen är inte möjligt utan användning av specialutrustning och om ventilen misstänks vara defekt bör detta överlämnas till en VW-verkstad.

Om ventilen visar sig vara defekt måste den bytas ut som en komplett enhet – delar kan inte erhållas separat.

13 Bromstrycksregulator – demontering och montering

Observera: Se varningarna i början av avsnitt 2 innan arbetet påbörjas.

1 Lyft upp framvagnen och stöd den på pallbockar (se "Lyftning och stödpunkter").
2 Rengör området runt bromsrörsanslutningarna ovanpå regulatorn och skruva loss röranslutningsmuttrarna. Dra försiktigt ut rören och plugga snabbt igen deras ändar för att förhindra ytterligare vätskeförlust.
3 Lossa de två muttrarna och bultarna som håller regulatorn till chassibalken, dra ut regulatorn och ta reda på distanshylsorna **(se bild)**.
4 Montering sker i omvänd ordning, men tänk på följande:
a) Se till att distanshylsorna monteras mellan regulatorn och chassibalken
b) Se till att skallarna på bultarna som håller ihop regulatorns två halvor är vända mot bilens front
c) När regulatorn har monterats, avlufta bakbromsarna enligt beskrivning i avsnitt 15

14 Hydraulrör och slangar – kontroll, demontering och montering

Observera: Se varningarna i början av avsnitt 2 innan arbetet påbörjas.

1 Vid de intervall som ges i kapitel 1, undersök alla bromsrör, slangar och anslutningar/-skarvar.
2 Leta först efter tecken på läckage vid röranslutningarna. Undersök sedan om slangarna är spruckna, skavda eller slitna.
3 Bromsrören måste undersökas noggrant och metodiskt. Rengör rören och undersök om de är bucklade, korroderade eller på annat

sätt skadade. Korrosion kan skrapas bort men om där finns djupa frätgropar måste rören bytas ut. Angrepp av detta slag kan speciellt förväntas i de områden under bilen där rören är exponerade och oskyddade.
4 Om någon del av rören eller slangarna måste bytas ut, skruva först loss locket till huvudcylinderbehållarens påfyllningslock och placera en bit plastfolie över öppningen. Säkra folien med ett gummiband för att få lufttät tätning. Detta minimerar förlusten av bromsvätska när röret eller slangen demonteras.
5 Demontering av bromsrör är vanligtvis ganska enkelt. Lossa anslutningsmuttrarna i ändarna, dra ut rör och anslutning och ta loss mittendelen av röret från clipsen. De anslutningsmuttrar som är exponerade för vatten och smuts kan sitta ganska hårt. Eftersom endast en öppen nyckel kan användas är det inte ovanligt att de plana ytorna på muttern skrapas något vid borttagningen. Av denna anledning kan en självlåsande tång ofta vara det enda sättet att lossa en envis anslutning.
6 När en slang skall tas loss, torka först bort all smuts från anslutningarna och fästet och lossa sedan anslutningsmuttern från bromsrörsänden (ändarna).
7 Ta därefter bort fästclipsen och lyft ut slangens ändar från fästena **(se bild)**.
8 Bromsrör kan införskaffas som enstaka rör eller i set från de flesta tillbehörsbutiker eller verkstäder, med ändtrattarna och anslutningsmuttrarna på plats. Röret kan böjas med det gamla röret som mall och är därefter färdigt för montering.
9 Montering av rören och slangarna sker i omvänd ordning. Se till att slangarna inte blir veckade när de är på plats och försäkra dig också om att bromsrören är säkert fästa i sina clips. När demonteringen avslutats, ta bort plastfolien från behållaren och avlufta hydraulsystemet enligt beskrivning i avsnitt 15.

15 Hydraulsystem – avluftning

Observera: Se varningarna i början av avsnitt 2 innan arbetet påbörjas.

Allmänt

1 Ett hydraulsystem fungerar endast om all luft har avlägsnats från dess komponenter och kretsar. Detta uppnås genom avluftning.

2 Under avluftningen, fyll endast på med ren ny hydraulvätska av rekommenderad typ. Använd aldrig gammal vätska och återanvänd inte heller vätska som tappats av från systemet. Se till att du har tillräckligt mycket vätska tillgänglig innan arbetet påbörjas.

3 Om det föreligger den minsta risk att det är fel vätska i systemet måste bromskomponenterna och kretsen spolas fullständigt med ren vätska av korrekt typ och nya tätningar bör monteras på de olika komponenterna.

4 Om hydraulvätska har läckt ut (eller om luft har kommit in i systemet), se till att åtgärda problemet som orsakat detta innan du går vidare.

5 Parkera bilen på plan mark, stäng av motorn och lägg i 1:an eller backen. Klossa hjulen och lossa handbromsen.

6 Kontrollera att alla rör och slangar är fästa säkert, att röranslutningarna sitter åt ordentligt och att avluftningsskruvarna är åtdragna. Torka bort eventuell smuts runt avluftningsskruvarna.

7 Skruva loss huvudcylinderbehållarens lock, fyll på behållaren tills nivån når MAX-märket och sätt tillbaka locket löst. Kom ihåg att hålla vätskenivån över MIN-nivån under hela proceduren för att förhindra att luft kommer in i systemet igen.

8 Det finns ett antal enmans avluftningssatser att köpa i tillbehörsbutiker. Vi rekommenderar att en sådan används eftersom det underlättar avluftningen och minimerar risken för att avtappad vätska och luft dras tillbaka in i systemet. Om en sådan sats inte finns tillgänglig måste den grundmetod (tvåmans) användas som beskrivs nedan.

9 Om en avluftningssats skall användas, förbered bilen enligt tidigare beskrivning och följ tillverkarens instruktioner – proceduren kan variera något beroende på vilken avluftningssats som används, men generellt sett följer den beskrivningen nedan.

10 Vilken metod som än används måste samma ordning följas (paragraf 11 och 12) för att all luft med säkerhet skall avlägsnas från systemet.

Avluftningsordning

11 Om bara en del av systemet har tagits isär och lämpliga åtgärder vidtagits för att minimera vätskeförlust bör man endast behöva avlufta den del av systemet (primär- eller sekundärkretsen) som rubbats.

12 Om hela systemet skall avluftas skall det göras i följande ordning:
  a) Höger bakbroms
  b) Vänster bakbroms
  c) Höger frambroms
  d) Vänster frambroms

Avluftning – grundmetod (för två personer)

13 Samla ihop en ren glasburk, en lämplig bit plast- eller gummirör som passar tätt över avluftningsnippeln och en ringnyckel som även den passar nippeln. Du kommer också att behöva ta hjälp av någon.

14 Ta bort dammskyddet från den första nippeln i ordningen. Sätt fast nyckeln och röret på nippeln, placera den andra änden av röret i burken och häll i så mycket vätska att änden är väl täckt.

15 Se till att vätskenivån i huvudcylinderbehållaren hålls minst ovanför MIN-markeringen under hela proceduren.

16 Låt medhjälparen trampa ned bromspedalen flera gånger så att tryck byggs upp och sedan hålla pedalen nedtryckt.

17 Medan pedaltrycket hålls, lossa på avluftningsnippeln (ca 1 varv) och låt vätska och luft flöda ner i burken. Medhjälparen måste uppehålla trycket och följa med pedalen ner till golvet om så behövs, och skall inte släppa upp pedalen förrän du säger till. När flödet tar slut, dra åt nippeln; pedalen skall nu sakta släppas upp och vätskenivån i behållaren kontrolleras och fyllas på.

18 Upprepa stegen i paragraf 16 och 17 till dess att vätskan som kommer ut är helt utan luftbubblor. Om huvudcylindern har tappats av och fyllts på och avluftning görs från den första nippeln i ordningen, lämna ca 5 sekunder mellan varje omgång för att låta cylinderkanalerna fyllas på.

19 När inga mer luftbubblor syns i vätskan, dra åt nippeln ordentligt, ta bort nyckeln och slangen och sätt tillbaka dammskyddet. Dra inte åt avluftningsnippeln för hårt.

20 Upprepa momentet på de övriga nipplarna till dess att all luft har avlägsnats från systemet och bromspedalen känns fast igen.

Avluftning – med envägsventil

21 Som namnet anger består dessa satser av en bit slang med en envägsventil som förhindrar att avtappad luft och vätska dras tillbaka in i systemet. Vissa satser har en genomskinlig behållare som kan placeras så att man lättare kan se luftbubblorna flöda ut i änden av slangen.

22 Satsen ansluts till avluftningsnippeln som sedan öppnas **(se bild)**. Användaren flyttar sig till förarsätet, trampar ner bromspedalen med en mjuk jämn rörelse och släpper sedan upp den långsamt. Detta upprepas till dess att vätskan som kommer ut är helt fri från luftbubblor.

23 Dessa avluftningssatser underlättar arbetet så mycket att det är lätt att glömma bort nivån i huvudcylinderbehållaren – se till att denna hålls över MIN-nivån hela tiden, annars kommer luft att dras in i systemet.

Avluftning – med tryckluft

24 Dessa satser drivs vanligen av lufttrycket i reservdäcket. Lägg dock märke till att man förmodligen måste minska trycket till lägre än normalt – se instruktionerna som medföljer avluftningssatsen.

25 Om man kopplar en trycksatt vätskefylld behållare till huvudcylinderns behållare kan avluftning göras genom att man helt enkelt öppnar varje avluftningsnippel en i taget (i angiven ordning) och låter vätskan flöda ut tills den är bubbelfri.

26 Denna metod har fördelen att den stora behållaren utgör en extra säkerhet mot luftintrång.

27 Tryckavluftning är speciellt effektivt när man avluftar "svåra" system eller när hela systemet avluftas efter rutinmässigt vätskebyte.

Alla metoder

28 När avluftningen är avslutad och pedalen känns fast igen, tvätta bort eventuell spilld vätska, dra åt avluftningsnipplarna ordentligt och sätt tillbaka dammskydden.

29 Kontrollera hydraulvätskenivån och fyll på om så behövs (se "Veckokontroller").

30 Kassera den hydraulvätska som har tappats av från systemet, den kan inte återanvändas. Tänk på att vätskan kan vara lättantändlig.

31 Kontrollera känslan i bromspedalen. Om den känns svampig finns det fortfarande luft kvar i systemet och ytterligare avluftning måste göras. Om upprepade försök inte tycks avhjälpa problemet kan det bero på slitna hyvudcylindertätningar.

15.22 Bromsavluftningssats ansluten till främre bromsoket

16 Bromsvätska – byte

1 På grund av sina hygroskopiska egen-skaper kommer bromsvätskan i hydraul-systemet med tiden att absorbera fukt från luften. Detta kommer så småningom att sänka vätskans kokpunkt och under förhållanden där kraftiga inbromsningar görs under längre tid kommer bromsvätskan att koka. Om detta inträffar blir bromsarna så gott som värdelösa. Utöver detta kan fukten i vätskan orsaka korrosion i cylinderlopp och på kolvar i huvud-cylindern, på ok och hjulcylindrar vilket kan leda till förstörda tätningar eller kärvande kolvar. Därför är det viktigt att byta vätskan i systemet vid de rekommen-derade intervallen enligt följande beskrivning (se kapitel 1):

2 För att tappa av den gamla vätskan behöver du en lämplig bit plast- eller gummi-rör och en stor behållare.

3 Rengör området runt avluftningsnipplarna på de bakre hjulcylindrarna och ta bort dammskydden på nipplarna.

4 Anslut röret till en av avluftningsnipplarna och placera den andra änden i behållaren.

5 Öppna nippeln minst ett helt varv och pumpa bromspedalen tills ingen vätska längre kommer ut ur röret. Dra åt nippeln, flytta över röret till den andra bakbromsen och upprepa momentet.

6 Gör samma sak på frambromsarna men notera att på vissa modeller finns det två avluftningsnipplar på varje ok. I dessa fall används den nedre nippeln för avtappning och den övre för avluftning.

7 När all gammal vätska är avtappad, fyll på huvudcylindern med ren ny vätska av specificerad typ upp till MAX-märket.

8 Snapsa först systemet och avlufta den sedan genom att öppna alla fyra avluft-ningsnipplarna. Låt vätskan sakta rinna genom systemet och skruva sedan åt alla nipplar när vätskan börjar komma ut. Håll nivån i behållaren konstant under denna procedur.

9 Systemet kan nu avluftas på vanligt sätt enligt beskrivningen i avsnitt 15. Observera att man även kan behöva avlufta kopplingens hydraulsystem, vilket också använder vätska från bromssystemets huvudcylinderbehållare.

17 Handbroms – justering

Observera: *Handbromsen hålls i normala fall korrekt justerad via bromsbackarnas själv-justering. Om vajern har kopplats loss eller bytts ut, eller om spakens spel blir för stort på grund av att vajern sträckts, skall följande moment utföras:*

17.4 Handbromsens justeringsmutter (vid pilen) på primärvajern

1 Lyft upp bakvagnen och stöd den på pallbockar (se *"Lyftning och stödpunkter"*). Lossa handbromsen.

2 Trampa ner fotbromsen hårt tre eller fyra gånger för att vara säker på att helt aktivera bromsbackarnas självjusteringsmekanism.

3 Dra åt handbromsen hårt och släpp den sedan för att utjämna vajerbelastningarna. Dra nu åt handbromsen till det andra hacket i kuggningen.

4 På undersidan av bilen, vrid justerings-muttern medan du håller primärvajern **(se bild)** till dess att bromsbackarna precis släpar på trummorna.

5 Manövrera handbromsen och kontrollera att bakhjulen är låsta mellan det andra och fjärde hacket i kuggningen och att de är fria att rotera utan kärvning när handbromsen är lossad.

6 När justeringen är korrekt, sänk ner bilen på marken.

18 Handbromsvajrar – demontering och montering

1 Lyft upp bakvagnen och stöd den på pallbockar (se *"Lyftning och stödpunkter"*). Lossa handbromsen.

Främre vajer (primär)

2 Inne i förarutrymmet, lyft upp mattan och dra upp damasken över handbromsspaken **(se bild)**.

3 Ta bort låsringen och dra ut sprintbulten som håller änden av vajern till handbroms-spaken.

4 Frigör gummidamasken från golvplattan och tryck damasken och vajeränden genom öppningen i golvet.

5 Från under bilen, lossa justermuttern och dra bort den andra änden av vajern från utjämnaren.

6 Lossa vajerstyrningen från dess stödclips och dra vajern genom den runda genom-föringen i underredet.

7 Dra av gummidamasken från vajern och dra bort vajern från under bilen.

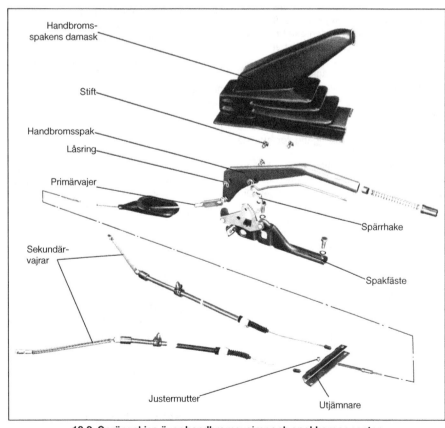

Handbroms-
spakens damask

Stift

Handbromsspak

Låsring

Primärvajer

Sekundär-
vajrar

Spärrhake

Spakfäste

Justermutter

Utjämnare

18.2 Sprängskiss över handbromsvajrar och spakkomponenter

8 Montering sker i omvänd ordning. Justera avslutningsvis handbromsen enligt beskrivning i avsnitt 17.

Bakre vajer (sekundär)

9 Lossa justermuttern på primärvajern och dra ut sekundärvajerns ände från det avlånga hålet i vajerutjämnaren.
10 Se avsnitt 6 och demontera bromstrumman.
11 Haka av vajeränden från bromsbacksarmen och tryck sedan ut vajern och styrningen ur fästplattan.
12 Lossa vajerns fästclips och stöd från underredet och bärarmarna och dra ut vajern från under bilen.
13 Montering av vajern sker i omvänd ordning, tänk på följande:

a) Montera bromstrumman enligt beskrivning i avsnitt 6
b) När vajern monterats, justera handbromsen enligt beskrivning i avsnitt 17 innan bilen sänks ner på marken

19.4 Handbromsspakens fästbultar (vid pilarna)

19 Handbromsspak –
demontering och montering

1 Inne i bilen, lyft upp mattan och dra upp damasken över handbromsspaken.

2 Ta bort låsringen och dra ut sprintbulten som håller primärvajern till spaken.
3 Där sådan är monterad, koppla loss ledningen till handbromsens varningsljus vid kontakten på spaken.
4 Lossa de två bultarna som håller handbromsspaken till golvet **(se bild)** och ta ut enheten ur bilen.
5 Montering sker i omvänd ordning.

20 Handbromsspak – isärtagning och ihopsättning

1 Demontera handbromsspaken enligt beskrivning i föregående avsnitt.
2 Lossa fästskruven och lyft av varningsljuskontakten (där sådan är monterad).
3 Skruva loss tryckknappen i änden på spaken och dra ut fjädern och fjädersätet.
4 Ta bort låsringen och dra ut sprintbulten som håller spaken till fästbygeln. Lyft av spaken.
5 Ta bort låsringen och dra ut sprintbulten som håller spärrhaken till spaken. Lyft ut spärrhaken och manöverstaget.
6 Undersök om delarna är slitna, var speciellt uppmärksam på spärrhaken och kuggningen. Kontrollera också om sprintbultarnas hål har utvidgats.
7 Smörj spärrhaken, kuggningen och sprintbultarna med universalfett och sätt sedan ihop handbromsen i omvänd ordning mot isärtagningen.

21 Fotbromspedal –
demontering och montering

1 Börja med att demontera instrumentpanel enligt beskrivning i kapitel 12 och instrumentbräda enligt beskrivning i kapitel 11.
2 Demontera kopplingens huvudcylinder enligt beskrivning i kapitel 6 och bromssystemets huvudcylinder enligt avsnitt 10 i detta kapitel.
3 Använd en skruvmejsel och lirka försiktigt ut vakuumslangens krökanslutning från genomföringen på servons framsida **(se bilder)**.

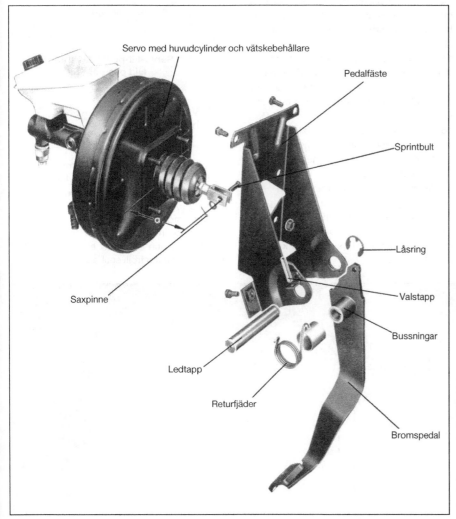

Servo med huvudcylinder och vätskebehållare
Pedalfäste
Sprintbult
Låsring
Saxpinne
Valstapp
Bussningar
Ledtapp
Returfjäder
Bromspedal

21.3A Sprängskiss över bromspedal och pedalfästesenheten

a = Specificerad längd för servoenhetens tryckstång

21.3B Ta ur vakuumslangens krökanslutning från genomföringen på servon

21.4A Lossa de fyra bultarna till pedalfästet (högra paret vid pilarna) . . .

21.4B . . . och ta sedan ut fästesenheten komplett med pedaler och servo

21.5 Servons tryckstångs sprintbult, bricka och saxpinne (vid pilen)

4 Lossa de fyra bultarna som håller pedal-fästesenheten till torpedväggen. Lyft ut fästet komplett med pedaler och servo uppåt och bort från torpedväggen **(se bilder)**.
5 Ta bort saxpinnen och brickan och dra ut sprintbulten som fäster servons tryckstång till bromspedalen **(se bild)**.
6 Lossa de fyra muttrarna och brickorna och dra bort servon från pedalfästet **(se bild)**.
7 Ta bort kopplingspedalens fjäder med en tång och lossa bromspedalens returfjäder med en skruvmejsel.
8 Ta bort låsringen som håller pedalens pivåaxel på plats **(se bild)** och knacka sedan ut axeln ur fästet med en dorn. Broms- och kopplingspedalerna kan nu lyftas ut.
9 Bussningarna i pedalerna kan drivas ut med hjälp av en dorn med passande diameter. Tryck in nya bussningar med hjälp av ett skruvstäd. Byt ut pedalens pivåaxel om den är repad eller har slitkanter.
10 Smörj pedalbussningarna och pivåaxeln med universalfett och sätt sedan pedalerna och bromspedalens returfjäder på plats.
11 Montera pivåaxeln och se till att valstappen i änden på axeln går in i spåret i pedalfästet **(se bild)**. Säkra axeln med fästlåsringen.

12 Placera bromspedalens returfjäder över pedalen och montera kopplingspedalens returfjäder.
13 Innan servon monteras, kontrollera tryck-stångens längd genom att mäta avståndet från servons monteringsyta till mitten på hålet för tryckstångens sprintbult. Om måttet inte motsvarar specifikationerna, lossa låsmuttern och vrid tryckstångsänden så mycket som behövs för att erhålla rätt längd. Dra sedan åt låsmuttern.
14 Montera servon på pedalfästet och säkra det med de fyra muttrarna och brickorna.
15 Fäst tryckstången till bromspedalen med sprintbulten och brickan och lås med en ny saxpinne.
16 Placera hela pedalfästet i bilen och sätt i och dra åt de fyra fästbultarna helt.
17 Sätt tillbaka vakuumslangens krökanslut-ning i servons genomföring.
18 Montera bromshuvudcylindern enligt beskrivningen i avsnitt 10 och kopplings-huvudcylindern enligt beskrivning i kapitel 6.
19 Montera instrumentbrädan och instru-mentpanelen enligt beskrivning i kapitel 11 respektive 12.

21.6 Servo-till-pedal, fästmuttrar (vid pilarna)

22 Vakuumservoenhet – beskrivning

En vakuumservoenhet är monterad i broms-hydraulkretsen mellan huvudcylindern och bromspedalen. Servon minskar den kraft som behövs för att manövrera bromsarna under alla bromsförhållanden.
  Enheten manövreras av vakuum från insugsröret och består av ett förstärknings-membran, en kontrollventil och en backventil.

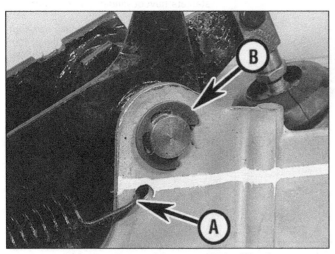

21.8 Kopplingspedalens returfjäder (A) och pedalpivåaxels låsring (B)

21.11 Pivåaxelns valstapp måste gå in i spåret i fästet

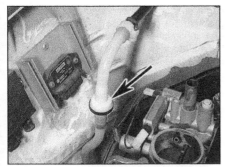

24.3 Backventilen (vid pilen) på servons vakuumslang

Servoenheten och huvudcylindern är kopplade till varandra så att servoenhetens kolvstång agerar som huvudcylinderns tryckstång. Förarens bromskraft överförs genom en annan tryckstång till servoenhetens kolv och dess inbyggda styrsystem. Servoenhetens kolv passar inte snävt i cylindern, men den har ett kraftigt membran för att hålla kanterna i konstant kontakt med cylinderväggarna och på så sätt försäkra en luftsäker tätning mellan de två delarna. Den främre kammaren hålls under vakuumförhållanden skapade i insugsröret i motorn och, under perioder när bromspedalen inte används, öppnar styrningarna en passage till den bakre kammaren så att även den kommer att vara under vakuum. När bromspedalen trycks ned stängs vakuumpassagen till den bakre kammaren av och kammaren öppnas för atmosfärstryck. Den inhållande strömmen av luft trycker servons kolv framåt i vakuumkammaren och manövrerar huvudtryckstången till huvudcylindern.

Styrningarna är utformade så att assistans ges under alla förhållanden och, när bromsarna inte behövs, vakuum etableras i den bakre kammaren när bromspedalen släpps upp. All luft från atmosfären som kommer in i den bakre kammaren passerar genom ett litet luftfilter.

23 Vakuumservoenhet – demontering och montering

1 Servoenheten och bromshuvudcylindern är placerade tillsammans bakom instrumentpanelen. Servon demonteras tillsammans med broms- och kopplingspedalerna och pedalfästet – fullständig information ges i avsnitt 21, paragraf 1 till 6 och 13 till 19.

24 Vakuumservoenhet – kontroll

1 Med motorn avstängd, tryck ned fotbromspedalen flera gånger och håll den

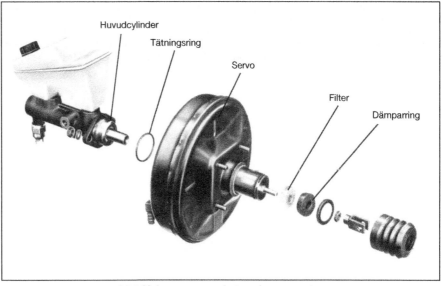

24.4 Vakuumservoenhetens komponenter

sedan nere. Om motorn nu startas skall det kännas att pedalen märkbart "ger efter".
2 Låt motorn gå i minst 2 minuter och stäng sedan av den. Om bromspedalen nu trycks ned igen ska det höras ett lätt väsande från enheten när detta görs. När pedalen har pressats ned ungefär fyra eller fem gånger skall väsandet upphöra och pedalen skall kännas märkbart fastare.
3 Om servon inte fungerar enligt beskrivningen, undersök om vakuumslangen eller någon av anslutningarna läcker och kontrollera också om backventilen fungerar. För att göra detta, koppla loss vakuumslangen från anslutningen på insugsröret eller luftintagshuset. Lossa slangklamman och dra bort backventilen från vakuumslangen **(se bild)**. Kontrollera att det endast är möjligt att blåsa

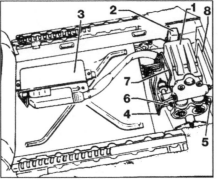

25.1 ABS hydraulenhet (1) under förarsätet

2 Relä
3 Elektronisk styrenhet
4 Från huvudcylindern
5 Till tryckregulatorn
6 Till främre vänstra oket
7 Till främre högra oket
8 Till bakre bromsar

luft genom ventilen i pilens riktning. Byt ut ventilen om den är defekt.
4 Om inga läckor upptäckts i vakuumslangen och om backventilen fungerar som den ska, byt ut servons luftfilter. För att detta ska kunna göras måste servon först demonteras enligt beskrivning i avsnitt 21. När detta har gjorts, dra av gummidamasken som omger servons tryckstång, lossa låsmuttern och skruva loss gaffeländen från tryckstången. Haka loss tätningen, dämparringen och luftfiltret och byt ut dessa komponenter **(se bild)**. Sätt ihop och montera servon enligt beskrivning i avsnitt 21. Se till att tryckstångens längd justeras enligt anvisningarna.
5 Om servon fortfarande inte fungerar måste den bytas ut. Det är inte möjligt att ta isär servon för reparationer eftersom den är en förseglad enhet och delar inte finns tillgängliga separat.

25 Låsningsfria bromsar (ABS) – allmän information

Låsningsfria bromsar (ABS) finns tillgängliga som extra tillbehör på senare modeller. Systemet övervakar hastigheten med vilken vart och ett av hjulen roterar. Om, vid inbromsning, hastigheten för ett eller flera av hjulen sjunker väldigt snabbt, vilket indikerar hjullåsning, reducerar systemet hydraultrycket på hjulet i fråga tills dragkraft har återupptagits. Huvuddelarna i systemet är en hydraulisk enhet och en elektronisk styrenhet, båda placerade under förarsätet **(se bild)**. Hjulhastigheten övervakas av fyra givare, en per hjul, vilka känner av förbipasserande tänder på ett utlösarhjul som är fäst vid bromsskivan eller bakre hjullagret. En varningslampa på instrumentpanelen varnar föraren om det är något fel på systemet.

Om ABS av någon anledning inte fungerar påverkar detta inte det vanliga bromssystemet.

Det är ytterst lite en hemmamekaniker kan åtgärda på detta system. Speciellt anpassad testutrustning krävs för att diagnostisera eventuella fel. Systemet är i praktiken underhållsfritt – det enda man behöver göra är att då och då kontrollera att givare och ledningar sitter säkert, inte är intrasslade i något eller är uppenbart skadade. Eventuella problem bör överlämnas till en VW-verkstad eller annan kvalificerad specialist.

Ta alltid loss batteriets jordledning innan något arbete utförs på ABS-systemet.

Kapitel 11
Kaross och detaljer

Innehåll

Svårighetsgrader

Enkelt, passar novisen med lite erfarenhet	**Ganska enkelt,** passar nybörjaren med viss erfarenhet	**Ganska svårt,** passar kompetent hemma-mekaniker	**Svårt,** passar hemmamekaniker med erfarenhet	**Mycket svårt,** för professionell mekaniker

1 Allmän beskrivning

Karossen är en självbärande, svetsad stål-konstruktion av konventionell typ och finns tillgänglig i ett antal olika versioner beroende på användningsområde och exportland. Dessutom finns för varje version en mängd extra utrustning för kaross, interiör etc att tillgå.

Eftersom det finns så många olika varianter att välja mellan, täcker detta kapitel endast bilfabrikanternas standardutrustning.

2 Underhåll – kaross och underrede

Karossens allmänna skick har avgörande betydelse för bilens andrahandsvärde. Underhållet är enkelt men måste utföras regelbundet. Mindre skador som inte åtgärdas kan snabbt leda till allvarliga angrepp och kostsamma reparationer. Det är också viktigt

att hålla ett öga på de delar som inte är direkt synliga, som exempelvis underredet, inuti alla hjulhus och den nedre delen av motorrummet.

Grundläggande underhåll av karossen är tvättning – helst med mycket vatten från en slang. Detta tar bort all lös smuts som fastnat på bilen. Det är viktigt att bilen rengörs på ett sätt som inte repar ytan. Hjulhus och underrede ska tvättas på samma sätt så att man får bort all smuts och lera, som kan hålla kvar fukt och öka risken för rostangrepp. (Detta är särskilt viktigt på vintern då man ska vara noga med att få bort salt som kan ha legat på vägarna.) Paradoxalt nog är det bäst att tvätta underrede och hjulhus i vått väder, då smutsen är blöt och mjuk. Vid mycket våt väderlek rengörs ofta underredet automatiskt och detta är ett bra tillfälle för inspektion.

Då fordonet är mycket smutsigt, särskilt underredet eller motorrummet, kan det vara frestande att använda en högtryckstvätt eller ångtvätt som finns tillgänglig hos verkstäder. Dessa är snabba och effektiva, särskilt för att få bort oljefläckar som ibland kan bli till tjocka lager på vissa ställen, men de har vissa nackdelar. Om ansamlad smuts med stor kraft bara pressas bort från målade ytor blir dessa

snart repiga och matta, och trycket kan också göra att vatten kommer in i dörr- och fönstertätningar och låsmekanismer. Om en sådan stråle med full kraft riktas mot bilens underrede kan den vaxbaserade skyddande beläggningen lätt förstöras och vatten (och det rengörande lösningsmedel man använder) komma in i springor eller komponenter som i vanliga fall inte skulle nås. Samma sak händer om sådan utrustning används för att rengöra motorrummet; vatten kan komma in i bränsle- och elsystemen och dessutom kan det vaxlager som vid produktionen lagts på för att skydda många av de små komponenterna försvinna. Detta kan lätt medföra rostskador (särskilt i elektriska anslutningar) och initiera motorproblem eller andra elektriska fel. Om strålen på samma sätt riktas direkt mot någon av oljetätningarna kan vatten tvingas förbi tätningsläpparna och in i motorn eller växel-lådan. Man måste alltså vara ytterst försiktig om sådan utrustning används och i allmänhet bör tvätt med dessa metoder undvikas. En mycket bättre lösning i det långa loppet är att spola bort så mycket lös smuts som möjligt med bara en slang, även om motorrummet fortsätter att se smutsigt ut. Om en oljeläcka har utvecklats eller någon annan form av olje- eller fettansamling behöver tas bort, finns det utmärkta fettlösande medel tillgängliga som enkelt kan appliceras med borste. Smutsen kan sedan bara spolas av. Var noga med att ersätta det skyddande vaxlagret om det kommit i kontakt med fettlösaren. Normal rengöring av karossen utförs bäst med kallt eller varmt vatten och ett lämpligt bilschampo. Tjärafläckar kan tas bort med hjälp av lacknafta, följt av såpvatten för att ta bort alla spår av lacknaftan. Undvik att få vatten i motorhuvens luftintag och kontrollera efteråt att dräneringsröret till värmarens luftintagslåda är tomt, d v s att allt vatten har försvunnit ur lådan.

Sedan de lackerade delarna på bilen tvättats, torka med sämskskinn för att få en fläckfri och blank yta. Ett lager vax ger ytterligare skydd mot kemiska föroreningar i luften. Om lacken har mattats eller oxiderat, använd en kombination av tvätt- och poleringsmedel för att återfå glansen. Detta kräver en viss ansträngning, men den matta ytan beror ofta på att bilen inte tvättats regelbundet. Särskild omsorg bör ägnas åt metalliclack, då poleringsmedel utan

slipmedel måste användas så att man undviker skador. Blanka detaljer bör behandlas på samma sätt som lacken. Vindrutan och andra rutor kan hållas rena med hjälp av ett speciellt glasrengöringsmedel. Använd aldrig vax eller annat poleringsmedel för lack eller kromglas på glas.

På modeller med skjuttak, kontrollera regelbundet att dräneringsrören inte är igensatta och att de bakre rören sitter korrekt i sina genomföringshylsor (se bild). Ventilerna ska tas bort från de främre dräneringsrören innan de rengörs; de bakre rören kan nås genom ventilatorerna. En tunn, böjlig tråd som t e x en gammal hastighetsmätarvajer eller annan styv tråd är idealiskt för att rensa dräneringsrören.

3 Underhåll – klädsel och mattor

Mattor bör borstas eller dammsugas regelbundet för att hållas fria från smuts. Om de är mycket fläckiga, ta ut dem ur bilen för grundlig

rengöring och var noga med att de är torra innan de läggs tillbaka.

Säten och klädsel kan hållas rena genom att man torkar med en fuktig trasa och ett ändamålsenligt tvättmedel. Blir de fläckiga (vilket syns tydligare på ljus klädsel), använd lite flytande rengöringsmedel och en mjuk nagelborste för att arbeta ut smutsen ur textilen. Håll taket rent på samma sätt som klädseln.

Då flytande rengöringsmedel används inuti bilen, använd inte för mycket. Överskott kan gå in i sömmar och stoppade detaljer och orsaka fläckar, otrevlig lukt och till och med röta.

Om bilen blir våt invändigt kan det löna sig att torka ut den ordentligt, särskilt om mattorna blivit våta. *Lämna inte olje- eller eldrivna element i bilen för detta syfte.*

4 Mindre karosskador – reparation

Reparation av mindre repor i lacken

Om repan är ytlig och inte trängt ned till metallen, är reparationen mycket enkel. Gnuggga lätt det skadade området med lackrenoveringsmedel eller en mycket finkornig pasta för att få bort lös färg från repan och för att rengöra kringliggande partier från vax. Skölj området med rent vatten.

Lägg på bättringsfärg på repan med en fin pensel; fortsätt att lägga på tunna lager färg tills repan är fylld. Låt färgen torka i minst två veckor, jämna sedan ut den mot kringliggande partier med hjälp av lackrenoveringsmedel eller ett mycket fint poleringsmedel. Till sist, vaxa ytan.

Om repan har gått igenom färgskiktet i plåten och orsakat rost, krävs en annan metod. Ta bort lös rost från botten av repan med en pennkniv och lägg sedan på rostförebyggande färg för att förhindra att rost bildas igen. Använd en spackelspade av gummi eller nylon för att fylla ut repan med en lämplig produkt. Vid behov kan denna pasta blandas ut med thinner för att ge en mycket tunn pasta som är idealisk att fylla igen smala repor med. Innan spacklet härdar, linda en bit mjuk bomullstrasa runt fingertoppen. Doppa fingret i thinner och stryk snabbt över repans yta; detta gör att ytan på spacklet får små porer, vilket gör att färgen sedan fäster bättre. Repan kan därefter målas över enligt beskrivning senare i detta avsnitt.

Reparation av bucklor i karossen

Då en djup buckla uppstår i karossen ska man först av allt trycka ut den så att karossformen blir nästan den ursprungliga. Metallen är

2.5 Skjuttakets dräneringsrör

11 Ventil   *12 Bakre dräneringsrör*   *13 Genomföringshylsa*

skadad och området har sträckt sig, varför det är omöjligt att återställa karossen helt till dess ursprungliga skick, så det är bättre att räta ut plåten tills den är ca 3 mm lägre än omgivande partier. Om bucklan är mycket grund från början lönar det sig inte att försöka trycka ut den. Om undersidan av bucklan är åtkomlig kan den hamras ut försiktigt från baksidan med hjälp av en plast- eller träklubba. Håll samtidigt ett lämpligt trästycke på utsidan som mothåll så att inte för mycket av karossen trycks ut.

Har bucklan uppstått på ett ställe där plåten är dubbel, eller av annan anledning inte åtkomlig bakifrån, krävs ett annat tillvägagångssätt. Borra flera små hål genom plåten i det skadade området, speciellt i den djupare delen. Skruva sedan in långa självgängande skruvar så att de får bra grepp i plåten. Nu kan bucklan rätas ut genom att man drar i skruvarna med en tång.

Nästa steg av reparationen är att ta bort färgen från det skadade områden och några centimeter runt omkring. Detta görs bäst med hjälp av en stålborste eller slipskiva i en borrmaskin, även om det också kan göras för hand med slippapper. Förbered ytan för spackling genom att repa den med en skruvmejsel eller skaftet på en fil. Man kan också borra små hål i området, vilket ger bra fäste för spacklet. Avslutningsvis, se avsnittet om spackling och lackering.

Reparation av rost och andra hål i karossen

Ta bort all färg från det berörda området och några centimeter runt omkring med hjälp av en slipskiva eller en stålborste i en borrmaskin. Finns inte en sådan tillgänglig gör några slippapper och en slipkloss jobbet lika effektivt. När färgen är borttagen kan man bedöma skadans omfattning och avgöra om en helt ny komponent behövs (om det är möjligt att ersätta) eller om den gamla kan repareras. Nya karossdelar är inte så dyra som man kan tro och det går oftast snabbare och lättare att montera en ny detalj än att försöka laga stora områden med rostskador.

Ta bort alla detaljer i det skadade området, utom sådana som behövs för att återställa ursprunglig form för den skadade detaljen (strålkastare, sarg etc). Klipp eller såga sedan bort lös eller kraftigt korroderad metall. Knacka in hålkanterna för att åstadkomma en fördjupning för spacklet.

Stålborsta den berörda ytan för att ta bort rostrester från ytan runt omkring. Måla sedan med rostskyddande färg; om baksidan av det angripna området är åtkomlig, behandla även den.

Innan spackling kan påbörjas måste hålet tätas på något sätt. Detta kan göras med hjälp av aluminium- eller plastnät, eller med aluminiumtejp.

Aluminium- eller plastnät, eller glasfiber-

matta, är förmodligen det bästa materialet för stora hål. Klipp ut en bit som täcker hålet, placera det sedan så att kanterna är under den omgivande karossplåtens nivå. Den kan hållas på plats med några klickar spackel.

Aluminiumtejp kan användas för mycket små och mycket smala hål. Forma en bit till ungefär samma storlek och form som hålet, dra loss skyddspappret (om sådant finns) och placera tejpen över hålet; flera lager kan användas om ett inte är tillräckligt. Tryck ned kanten på tejpen med skruvmejsel eller liknande, så att den fäster ordentligt.

Karossreparationer – spackling och lackering

Innan du börjar arbeta med dessa moment, se tidigare avsnitt beträffande reparationer av bucklor, repor, rost och andra skador.

Många typer av spackel förekommer, men generellt fungerar de reparationssatser som består av grundmassa och en tub härdare bäst. En bred, mjuk spackelspade är ovärderlig för att forma spacklet efter karossens konturer.

Blanda lite spackel på en skiva – mät härdaren noggrant (följ tillverkarens anvisningar) annars kommer spacklet att härda för snabbt eller för långsamt. Stryk på spacklet; dra spackelspaden över ytan så att spacklet antar korrekt kontur. Så snart formen någorlunda överensstämmer med den tänkta, sluta bearbeta massan. Om man arbetar för länge blir den kletig och fastnar på spackelspaden. Stryk på tunna lager med 20 minuters mellanrum tills området har byggts upp så att det är något över omgivande plåt.

När spacklet har härdat kan överskottet tas bort med en fil eller annat lämpligt verktyg. Sedan ska allt finare slippapper användas. Starta med nr 40 och sluta med nr 400 våtslippapper. Vira alltid pappret runt en platt slipkloss av gummi, kork eller trä, annars kommer inte spackelytan att bli alldeles slät. Under detta avslutande skede ska våtslippappret då och då sköljas i vatten. Detta garanterar en mycket jämn yta.

Området kring bucklan bör nu bestå av ren metall, som i sin tur ska omges av den uttunnade lackeringen. Skölj ytan med rent vatten tills allt damm från slipningen har försvunnit.

Spruta hela området med ett tunt lager grundfärg så att eventuella ojämnheter i ytan framträder. Åtgärda dessa med ny fyllningspasta eller finspackel och jämna på nytt ut ytan med slippapper. Upprepa denna sprutnings- och spacklingsprocess tills du är nöjd med ytan och utjämningen av skadan. Rengör området med rent vatten och låt det torka helt.

Ytan är nu klar för slutbehandling. Sprutning av färgskiktet måste ske i varm, torr, drag- och dammfri miljö. Dessa villkor uppfylls bäst i en stor arbetslokal, men om

man tvingas arbeta utomhus måste man välja tidpunkten omsorgsfullt. Arbetar man inomhus kan man binda dammet genom att hälla vatten på golvet. Om den reparerade ytan endast omfattar en panel, maskera angränsande partier då detta hjälper till att begränsa effekten av nyansskillnad. Detaljer som kromlister, dörrhandtag etc måste också maskeras. Använd riktig maskeringstejp och flera lager tidningspapper vid maskeringsmomentet.

Innan sprutningen påbörjas, skaka flaskan omsorgsfullt och gör sedan ett prov (exempelvis på en gammal konservburk) tills du behärskar tekniken. Täck området med grundfärg; täcket ska byggas upp av flera tunna lager, inte av ett tjockt. Slipa ytan med nr 400 våtslippapper tills den är helt slät. Under slipningen ska området och papperet emellanåt sköljas med vatten. Låt ytan torka helt innan den sprutas igen.

Spruta på färglagret, bygg på nytt upp tjockleken med flera tunna lager. Börja spruta mitt i området och arbeta utåt genom att spruta från sida till sida. Fortsätt på detta sätt tills hela området och ca 50 mm utanför har täckts. Ta bort maskeringen 10-15 minuter efter sprutningen.

Låt den nya färgen torka minst två veckor, bearbeta sedan ytan med ett lackrenoveringsmedel eller en mycket fin poleringspasta, tona in kanterna på det behandlade området med den gamla färgen.

Plastdetaljer

Sedan biltillverkarna har börjat använda fler och fler plastdetaljer (t e x stötfångare, spoilers och i vissa fall stora karossdelar), har åtgärder av större skador på sådana detaljer blivit en fråga om att antingen lämna arbetet till en specialist eller ersätta hela komponenten. På grund av kostnaderna och verktygen som krävs för denna typ av reparationer är det inte att rekommendera för hemmamekanikern. Grundläggande tekniska kunskaper inbegriper att man gör ett spår längs sprickan i plasten med hjälp av en roterande rasp i en borrmaskin. Den skadade detaljen svetsas sedan samman med hjälp av en varmluftspistol som värmer och smälter ihop plasten, eventuellt med tillsatsmaterial i spåret. Överskottsplast kan sedan tas bort och området poleras till en jämn yta. Det är mycket viktigt att man använder tillsatsmaterial av rätt plast, eftersom dessa detaljer kan tillverkas av olika material (som polykarbonat, ABS och polypropylen).

Mindre omfattande skador (skavning, mindre sprickor etc) kan repareras genom att man använder en 2-komponents epoxyprodukt. Sedan denna blandats i lika proportioner, används den på liknande sätt som karosspackling som används på metall. Produkten härdar inom 20-30 minuter och är då redo för slipning och målning.

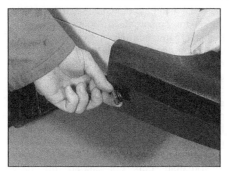

8.2 Ta bort skruvlocken från hörnsektionerna . . .

8.3 . . . för att komma åt fästskruvarna

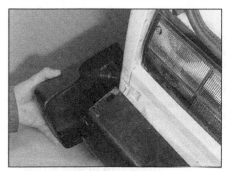

8.4 Lossa spärrhakarna och ta loss hörnsektionerna

Om man byter en hel detalj, eller har reparerat med epoxy, återstår problemet att hitta en lämplig färg som kan användas på den plast det är fråga om. Tidigare var det omöjligt att använda en och samma färg till alla komponenter p g a skillnaderna i materialens egenskaper Standardfärg binder inte tillfredsställande till plast eller gummi. Nuförtiden är det dock möjligt att köpa en speciell färgsats för plastdetaljer som innehåller förbehandling, grundfärg och färg. Normalt medföljer kompletta instruktioner, men i stort kan man säga att man först applicerar förbehandlingen på de komponenter som ska målas och låter torka i 30 minuter. Sedan målas grundfärgen på och lämnas att torka i ungefär en timme innan själva färgen slutligen appliceras. Resultatet blir en komponent på vilken färgen överensstämmer och skikten kan böja sig med plast-eller gummidetaljer, något som en standardfärg normalt inte klarar av.

5 Större karosskador – reparation

Där större skador har inträffat eller stora partier behöver bytas på grund av dåligt underhåll, måste nya delar eller hela paneler svetsas in. Detta bör överlåtas åt fackmän. Om skadan orsakats av en kollision måste man också kontrollera att inte kaross och chassi blivit skeva, eftersom skador på en komponent, beroende på hur fordonet konstruerats, kan medföra deformering och instabilitet. Detta måste kontrolleras av en auktoriserad VW-verkstad med speciella jiggar. Om karossen inte riktas upp kan det vara farligt att köra bilen eftersom den för det första inte kommer att uppföra sig riktigt och för det andra orsaka ojämn belastning på styrning, motor och växellåda. Detta leder till onormalt slitage eller haveri. Även däckslitaget kan bli mycket större.

6 Underhåll – gångjärn och lås

1 Olja regelbundet gångjärnen på dörrar, baklucka och alla andra paneler med gångjärn med en droppe lätt olja eller två.
2 På samma gång, smörj lätt alla lås och låstappar. Smörj emellertid inte rattlåset.

7 Dörrskrammel – lokalisering och åtgärder

1 Undersök först att dörren inte sitter lös i gångjärnen och att låskolven håller dörren på plats utan glapp. Kontrollera också att dörren är rätt placerad. Om dörren inte är i linje med karossen, justera enligt beskrivning i relevanta avsnitt i detta kapitel.
2 Om låskolven, trots att den håller dörren i rätt läge, fortfarande skramlar, är låsmeka-

nismen uttjänt och behöver följaktligen bytas.
3 Annat skrammel från dörrarna kan bero på slitage i mekanismen för sidorutan eller den inre låsmekanismen eller att skenan till glasrutan är lös.

8 Stötfångare – demontering och montering

1 Demontering och montering av främre och bakre stötfångaren är identiska och utförs på följande sätt:
2 Ta bort skruvlocken från hörnsektionerna i ytterkanterna på stötfångaren (se bild).
3 Skruva ur de fästskruvar som i ytterkanterna håller stötfångaren till karossen (se bild).
4 Lösgör spärrhakarna och demontera hörnsektionerna från själva stötfångaren (se bild).
5 Lossa bultlocken över stötfångarens fästbultar, skruva ur bultarna och lyft av stötfångaren (se bild).
6 Montering sker i omvänd arbetsordning.

9 Frontgrillens paneler – demontering och montering

Övre panel

1 Lossa de tre snabblossande hållarna längs kanten på grillen genom att vrida dem 90° (se bild).

8.5A Ta loss locken över stötdämparens fästbultar . . .

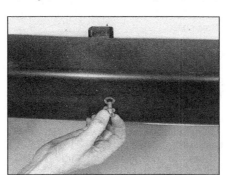

8.5B . . . och ta bort bultarna

9.1 Grillens snabblossande hållare

9.2 Demontering av frontgrillen

9.4 En fästskruv för den nedre panelen skruvas ur

2 Lösgör grillen i överkanten och lyft upp den för att lossa de nedre spärrhakarna (se bild).
3 Montering sker i omvänd arbetsordning

Nedre panel

4 Skruva ur de fem fixerskruvarna och lyft av panelen (se bild).
5 Montering sker i omvänd arbetsordning.

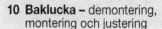

10 Baklucka – demontering, montering och justering

Alla modeller utom pick-up

1 Koppla bort batteriets negativa anslutning.
2 Öppna bakluckan och lossa kablaget till den uppvärmda bakrutan. Skruva ur jordledningen och dra ut den ur bakluckan.
3 Be en medhjälpare stötta den öppna bakluckan eller sätt dit en lämplig trästötta.
4 Ta bort låsbrickor och vanliga brickor och dra sedan loss bakluckans gasfjädrar från sina fäststift på karossen (se bild).
5 Markera gångjärnens konturer på karossen med en mjuk penna. Be en medhjälpare stötta bakluckan och skruva ur gångjärnens fyra fästbultar med en lämplig insexnyckel.
6 Lyft försiktigt bort bakluckan.
7 Montering sker i omvänd ordning, var noga med att passa in gångjärnen efter de tidigare gjorda märkena.
8 Om nödvändigt, justera bakluckans placering i öppningen i karossen genom att röra bakluckan i olika riktningar med lösa gångjärnsbultar. För att bakluckan ska kunna öppnas ordentligt måste det finns ett gap på ca 11 till 13 mm mellan bakluckans överkant och karossen. Gummistoppen skruvas in eller ut så att bakluckan är i jämnhöjd med karossen.
9 Justera låsbygelplattan så att bakluckan stänger och låser utan att slamra.

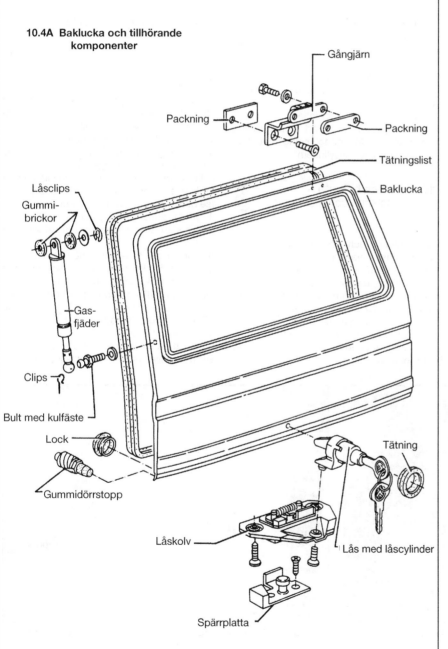

10.4A Baklucka och tillhörande komponenter

Gångjärn
Packning
Packning
Tätningslist
Baklucka
Låsclips
Gummibrickor
Gasfjäder
Clips
Bult med kulfäste
Lock
Tätning
Gummidörrstopp
Låskolv
Lås med låscylinder
Spärrplatta

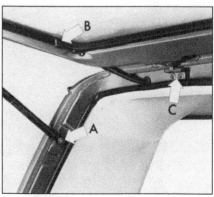

10.4B Demontering av baklucka

A Gasfjäderns fäststift
B Ledningsanslutning
C Gångjärnsbult

14.1 Lyft undan klädseldelen för att komma åt fönstervevens fästskruv

14.2 Övre och nedre skruvar för handtaget finns bakom skyddslock

14.3 Ta loss plattan bakom handtaget för att komma åt fästskruven för låsskyddsplattan

Pick-up

10 Bakluckan och klaffarna till de nedfällbara väggarna demonteras på samma sätt. Ta först bort låsbrickorna från gångjärnsbultarna.
11 Låt en medhjälpare stötta bakluckan eller den nedfällbara väggen. Ta ut gångjärnsbultarna och ta loss bakluckan eller väggen.
12 Luckorna till det nedre lastutrymmet demonteras genom att gångjärnen skruvas loss från karossen.
13 Montering sker i omvänd arbetsordning mot demontering.

11 Bakluckans gasfjädrar – demontering och montering

1 Öppna och stötta bakluckan med en trästötta eller ta hjälp av någon.
2 Ta loss ledningsklamman och frigör försiktig gasfjäderkolvens kulände från kulfästet på bakluckan.
3 Ta bort låsbricka och brickor och ta sedan av den andra änden av gasfjädern från kulfästet på karossen.
4 Montering sker i omvänd arbetsordning.

12 Bakluckans lås – demontering och montering

1 Med bakluckan öppen, lossa de tre skruvarna som håller fast lås och låscylinder vid bakluckan.
2 Ta ur låset, följt av låscylindern.
3 Montering sker i omvänd arbetsordning, men applicera lite gänglåsningsmedel på skruven som håller låscylindern.

13 Vind- och bakruta – demontering och montering

1 Demontering och montering av vind- och bakruta anses vara mer än en hemmamekaniker klarar av. Stor kunskap och vissa specialverktyg behövs för att sätta in glaset och om det inte görs professionellt kan läckor och t o m skador på glaset uppstå.
2 Har man otur nog att råka ut för en splittrad vindruta rekommenderas att man vänder sig till en VW-verkstad eller en specialist för isättning av ny ruta.

14 Dörrklädsel – demontering och montering

Framdörr

1 På modeller utan elhissar, lyft undan klädseln, lossa fästskruvarna och frigör försiktigt fönsterveven **(se bild)**.
2 I över- och nederkanten på dörrhandtaget, ta bort skyddslocken och lossa fästskruvarna **(se bild)**. Lyft av handtaget.
3 Lossa plattan till det inre dörrhandtaget för att kunna nå fästskruven till låsskyddsplattan **(se bild)**. Lossa skruven och ta bort plattan.
4 Om ett armstöd finns monterat, skruva ur de två skruvarna och ta lossa armstödet från dörren.
5 Starta i det övre bakre hörnet och lossa klädselns fästknappar genom att försiktigt bända mellan panelen och dörren med en skruvmejsel eller annat platt verktyg. Då alla knappar är lossade, lyft bort klädseln **(se bild)**. På modeller med elhissar, koppla bort funktionskontakten.
6 För att nå delar inne i dörren, dra försiktigt av kondenseringsskyddet av plast **(se bild)**.

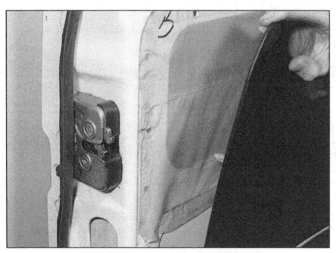

14.5 Demontering av innerklädsel

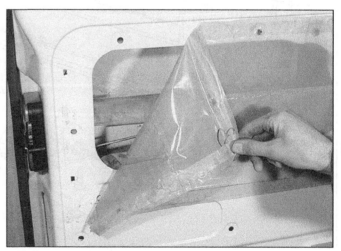

14.6 Dra av kondenseringsskyddet för att komma åt detaljer inne i dörren

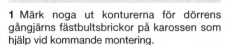

15.3 Fästskruvar till framdörrens gångjärn (vid pilarna)

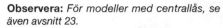

15.4 En insexnyckel behövs till spärrbygelns fästbultar

16.2 Fästbultar för inre handtag (vid pilarna)

7 Montering sker i omvänd arbetsordning.

Passagerar- och skjutdörr

8 Metoden för att demontera klädseln på passagerardörr och skjutdörr är i princip densamma som för framdörren. På vissa versioner används självgängande skruvar till att hålla fast panelen, men små skillnader som denna bör vara självklara efter en hastig inspektion.

15 Framdörr – demontering, montering och justering

1 Märk noga ut konturerna för dörrens gångjärns fästbultsbrickor på karossen som hjälp vid kommande montering.
2 Ta loss klamman och ta sedan ut dörrstoppens fästbult.
3 Stöd dörren på klossar eller be någon om hjälp och lossa försiktigt de fyra gångjärnens fästbultar **(se bild)**. Lyft försiktigt bort dörren.
4 Montering sker i omvänd arbetsordning. Justera dörrens placering så att mellanrummet runt om är lika stort överallt innan gångjärnsbultarna dras åt. Justera dörrspärrbygeln så att dörren kan stängas helt utan att slamra **(se bild)**. Gångjärn såväl som

spärrbygel kan justeras både upp och ned och åt sidorna för bästa resultat.

16 Framdörrens lås – demontering och montering

Observera: *För modeller med centrallås, se även avsnitt 23.*
1 Demontera dörrklädseln enligt beskrivning i avsnitt 14.
2 Lossa de två bultar som håller fast det inre dörrhandtaget och lösgör det från låsstaget **(se bild)**.
3 Peta försiktigt undan gummitätningen runt dörrlåset och lossa skruven som säkrar det yttre handtaget till lås och dörr **(se bild)**.
4 Dra manöverhandtaget utåt och lösgör fästet på andra sidan handtaget **(se bild)**.
5 Med en insexnyckel, lossa de två bultarna som fäster låset till dörren. Dra låset utåt för att lösgöra låsets manöverarm från dragstången. Ta nu bort hela låset tillsammans med dragstången **(se bild)**.
6 Montering sker i omvänd arbetsordning, men se till att dragstångshylsan hakar i manöverarmen **(se bild)**. Lägg lite gänglåsningsmedel på låset och på de yttre och inre handtagens fästskruvar före monteringen.

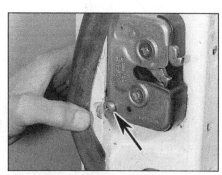

16.3 Fästskruv för yttre handtag (vid pilen)

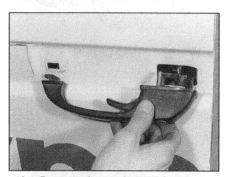

16.4 Demontering av det yttre handtaget från dörren

16.5 Demontering av dörrlås

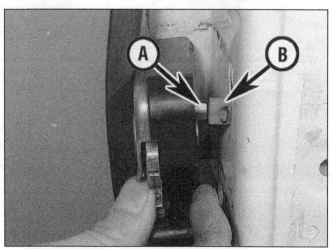

16.6 Låsets låsarm (A) måste haka i hylsan (B) när locket monteras

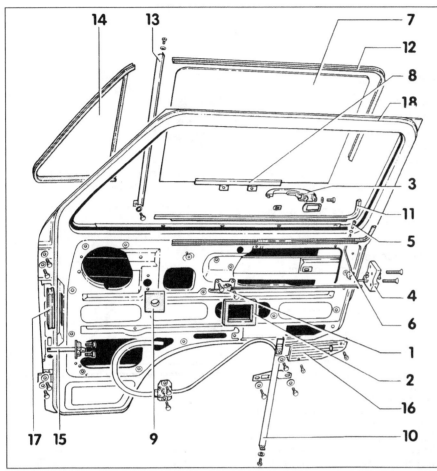

17.1 Framdörrens komponenter

1 Inre handtag och dragstång	10 Fönsterhiss-mekanism
2 Tätning	11 Tätningar
3 Yttre handtag	12 Skena
4 Lås	13 Främre styrlist
5 Knapp	14 Hörnfönster
6 Låsstag och hylsa	15 Dörrstopp
7 Fönsterruta	16 Ventilator
8 Fönsterhisskena	17 Luftkanalstätning
9 Packning	18 Dörrtätning

17 Framdörrens ruta och fönsterhiss – demontering och montering

1 Ta ur klädseln enligt beskrivning i avsnitt 14 för att komma åt rutan och tillhörande detaljer.

Modeller utan elhissar

2 Sänk rutan och lossa de två bultarna som fäster fönsterhissens skena vid fönsterramen **(se bild)**.
3 Tryck rutan uppåt och kila fast den i höjt läge.
4 Lossa de två bultar som fäster fönsterhissens skena vid dörramen **(se bilder)**.
5 Ta bort gummitätningen kring fönsterhissvevens axel och lossa de två bultar som fäster fönsterveven till dörren **(se bild)**.
6 Bänd försiktigt tillbaka den metallflik som stöttar fönsterhissens kabel och ta sedan ut hela fönsterhissenheten.
7 Lyft upp gummitätningen precis ovanför styrlisten och lossa styrningens övre fästskruv **(se bild)**.
8 Lossa den främre styrlistens nedre fästbult **(se bild)**. Tryck ned styrningen och lösgör den från dörröppningen.
9 Sänk ned rutan så långt det går.
10 Bänd försiktigt loss den inre och yttre tätningen i fönsterspringan.
11 För hörnfönstret bakåt och ta loss det.
12 Fönsterrutan kan nu försiktigt lyftas upp och ut ur dörren.
13 Montering sker i omvänd arbetsordning. Innan fönsterramen skruvas fast till fönsterhissens skena, höj rutan och passa in det på rätt plats. Glaset kan sedan sänkas lite och bultarna dras åt.

17.2 Bultar som fäster fönsterhissens skena till fönsterramen (vid pilarna)

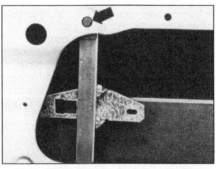

17.4A Fönsterhisskenans övre fästbult (vid pilen)

17.4B Fönsterhisskenans nedre fästbult (vid pilen)

17.5 Fönstervevens fästbultar (vid pilen) och stöthake (5)

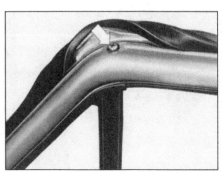

17.7 Främre styrlistens fästskruv (vid pilen)

17.8 Främre styrlistens nedre fästbult (vid pilen)

Modeller med elhissar

14 Sätt tillfälligt tillbaka manövrerings-knappen. Sänk vindrutan och lossa de två bultar som fäster fönsterhisskenan vid fönsterramen (se bild). Om elhissen inte fungerar (om man antar att det är motorn och inte dess matning som är defekt), blir det nödvändigt att skära av fönsterhisskablarna för att kunna sänka rutan.
15 Koppla ur batteriets jordledning.
16 Tryck upp glaset och kila fast det i höjd position.

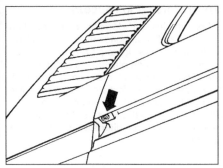

18.1A Bakre fästskruv för mittre styrskenans skydd (vid pilen)

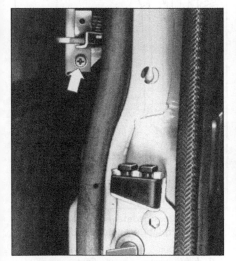

18.1B Främre fästskruv för mittre styrskenans skydd (vid pilen) – tidiga modeller

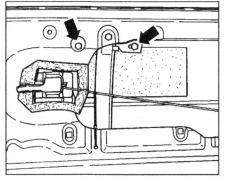

17.14 Bultar som fäster fönsterhisskenan vid fönsterramen (vid pilarna) – modeller med elfönsterhissar

17 Skär loss kabelbandet som fäster hissmotorns kabelage vid dörramen.
18 Lossa de tre bultar och två muttrar som fäster elhissenheten vid dörramen (se bild).
19 Manövrera ut elhissenheten ur dörr-öppningen (se bild). Detta är lite komplicerat; man är tvungen att ta ut motorn halvvägs och sedan vända på den för att kablarna ska kunna komma ut. Använd skyddshandskar och var försiktig så att inre kabelstyrningarna skadas.
20 Rutan kan nu tas ur enligt beskrivning tidigare i detta avsnitt (punkt sju).
21 Montering sker i omvänd arbetsordning. Kontrollera att fönstret fungerar innan klädseln sätts tillbaka.

18 Skjutdörr – isärtagning och ihopsättning

Tidiga modeller (t o m 1984)
1 Lossa de fästskruvar som håller den bakre delen av mittre styrskenans skydd på plats

18.2 Öppning i den mittre styrskenan (vid pilarna) för demontering av gångjärnets styrning och led – tidiga modeller

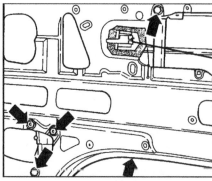

17.18 Fönsterhissens muttrar och bultar (vid pilarna) – modeller med elfönsterhissar

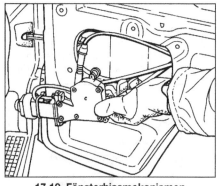

17.19 Fönsterhissmekanismen demonteras från dörren

(se bild). Med öppen dörr, ta ur skruven som fäster styrskenans skydd framtill (se bild). Skyddet ska nu försiktigt knackas uppåt med hjälp av hammare och plastdorn så att det frigörs från den övre, U-formade skenan som den är fäst i.
2 När skenans skydd är borttaget, ta hjälp av någon och skjut dörren bakåt så långt att gångjärnets styrning och led kan tas loss från öppningen i den mittre styrskenan (se bild).
3 Sväng bakdelen av dörren utåt, skjut tillbaka den helt och lyft dörren så att det övre glidblocket släpper från sin styrning (se bild)

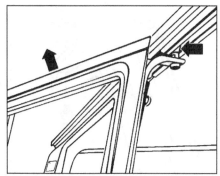

18.3 Sväng skjutdörren utåt och tillbaka för att lossa det övre glidlocket

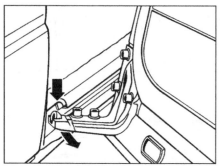

18.4 Demontering av svängdörrens nedre styrhjulsarm

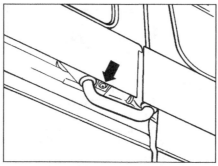

18.6A Främre fästskruv för mittre styrskenans skydd (vid pilen) – senare modeller

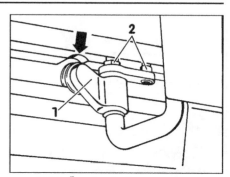

18.6B Öppning i mittre styrskena (vid pilen) – senare modeller

1 Styrhjulshållare 2 Övre styrhjul

4 Sväng dörren utåt så mycket som behövs för att den nedre styrhjulsarmen ska halka av styrskenan (se bild).

5 Ihopsättning sker i omvänd arbetsordning. Öppna och stäng dörren flera gånger för att kontrollera att den fungerar tillfredsställande efter ihopsättningen och att dörren sitter rätt i stängt läge. Om nödvändigt, justera enligt beskrivning i avsnitt 19.

Senare modeller (fr o m 1985)

6 Metoden är densamma som på tidigare modeller, men notera detaljskillnaderna (se bild).

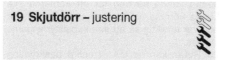

19 Skjutdörr – justering

1 Skjutdörren ska justeras så att det blir ett lika stort mellanrum runt om hela dörren i stängt läge och en jämn passning längs med karossen. Styrningar, glidblock och -arm samt spärrplatta kan justeras individuellt för att detta ska uppnås sedan den mittre styrskenans skydd tagits bort enligt beskrivning i avsnitt 18.

Nedre styrning

2 Om den främre delen av dörren inte är korrekt inriktad, lossa lite på bulten som håller styrhjulsarmen till dörren och för dörren upp eller ner efter tillämplighet. Dra åt bulten när dörren är i rätt läge (se bild).

3 Lossa på bultarna som fäster styrningsenheten till styrhjulsarmen och för främre delen av dörren in eller ut efter tillämplighet. Dra åt bultarna när dörren är i rätt läge.

Övre styrblock

4 Om dörrens övre del inte är i linje med den yttre panelen, ta av skyddet, lossa på fästbulten till styrblocket och för dörren in eller ut efter tillämplighet. Dra åt bultarna när dörren är i rätt läge (se bild).

Spärrplatta (i karossen)

5 För att justera dörrens passning kan spärrplattan flyttas horisontellt och vertikalt. På tidiga modeller, lossa på fästbultarna med en insexnyckel och placera spärrplattan rätt. Dra åt bultarna helt efter justeringen (se bild). På senare modeller, lossa på bulten på själva spärrplattan (se bild). För alla modeller gäller att om spärrplattan flyttas kommer förmodlingen även gångjärnsleden att behöva justeras.

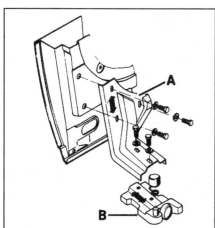

19.2 Fästbultar och justering för skjutdörrens styrhjulsarm (A) och styrning (B)

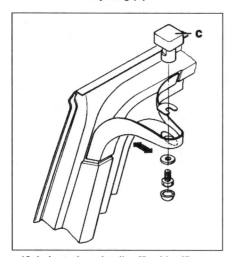

19.4 Justeringsdetaljer för skjutdörrens övre styrblock

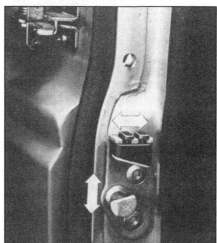

19.5A Justeringsdetaljer för skjutdörrens spärrplatta – tidiga modeller

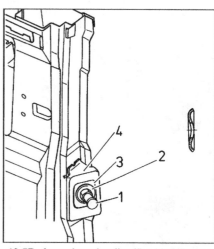

19.5B Justeringsdetaljer för skjutdörrens spärrplatta – senare modeller

1 Spärrbult 3 Referenslinjer
2 Fjäderhållare 4 Fäste
  (genomskärning
  också visad)

19.6 Skjutdörrens spärrplatta (vid pilen)

Skjutdörrens spärrplatta

6 Använd en insexnyckel och lossa spärrplattans två fästbultar **(se bild)**.
7 Stäng dörren från insidan så att spärrplattan centraliseras, håll fast plattan där och öppna dörren igen. Dra åt bultarna utan att flytta spärrplattan ur sitt läge.

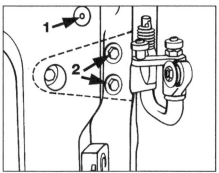

19.9 Gångjärnsledens främre (1) och bakre (2) fästbultar

8 Om det efter justeringen fortfarande inte är möjligt att med lätthet låsa dörren utifrån med nyckel och inifrån med låsknappen, bör spärrplattan flyttas ut genom att man placerar packningsplattor bakom den. Upp till två plattor kan användas och dessa kan anskaffas från VW-återförsäljare.

Gångjärnsled

9 Lossa på gångjärnsledens fästskruvar **(se bild)** och stäng sedan dörren från utsidan. Kontrollera mellanrummet vid dörrens främre och bakre sida och, om det behövs, lossa på gångjärnsledens främre fästbult och rätta till

dörrens placering. Först nu ska den främre fästbulten dras åt.
10 Stäng dörren. På tidiga modeller, bänd ned gångjärnsstyrningen och -leden med en skruvmejsel tills styrhjulet sitter mitt i styrskenan. På senare modeller sätts styrhjulet på plats i styrskenan med hjälp av en liten kil av trä eller plast **(se bild)**.
11 Stötta den bakre delen och öppna skjutdörren försiktigt. Håll dörren i detta läge och dra åt de bakre fästbultarna **(se bild)**. På senare modeller, ta bort den lilla trä- eller plastkilen sedan arbetet är avslutat

---

20 Skjutdörrslås – demontering och montering

1 Ta bort klädseln från skjutdörren enligt beskrivning i avsnitt 14.

Lås framtill i dörren

2 Öppna dörren, lossa fästskruven och ta loss det inre dörrhandtaget **(se bild)**.
3 Lossa fästbulten och ta loss det yttre handtaget med tätning, låsskyddsplatta och distansbricka från låset.

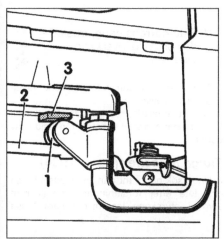

19.10 Placera glidarmen (1) på styrskenan (2) med hjälp av en kil av plast eller trä (3)

19.11 Med dörren öppen, dra åt fästbultarna (2). På tidigare modeller, håll styrhjulet i mitten som bilden visar

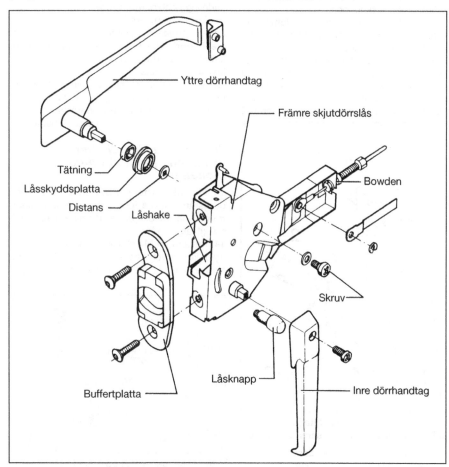

20.2 Sprängskiss av skjutdörrens låskomponenter

Yttre dörrhandtag

Främre skjutdörrslås

Tätning
Låsskyddsplatta
Distans
Låshake
Bowden
Skruv
Buffertplatta
Låsknapp
Inre dörrhandtag

20.4 Demontering av skjutdörrslås – tidig modell visad

3 Låsring
4 Låsarmsstift
5 Kabelns låsmutter
6 Justermutter
7 Kabelns låsmutter
8 Bowden-kabel
9 Låsplatta
10 Låsknopp

4 Ta bort den låsring som håller Bowden-kabeln eller dragstången till stiftet på låsarmen och dra av dragstången eller kabeln. Där en Bowden-kabel är monterad, lossa på låsmuttern som håller kabeln till låsfästet, skruva loss kabeln så mycket som behövs och dra sedan ut den ur fästet **(se bild)**.
5 Lossa de tre skruvar som fäster låsplattan vid dörren (på insidan) och ta bort låsplattan.
6 Skruva loss låsknoppen.
7 Lossa de tre fästskruvarna, demontera buffertplattan och ta sedan ut låsenheten från dörrens insida **(se bild)**.
8 Montering av låset sker i omvänd arbetsordning, men applicera en eller ett par droppar gänglåsningsmedel på alla fästskruvgängor. På tidiga modeller, justera låsmanövreringen enligt beskrivning i paragraf 13 och framåt innan klädselpanelen sätts tillbaka.

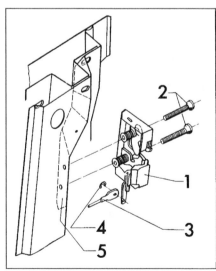

20.11B Infästningsdetaljer för skjutdörrens lås baktill – senare modeller

1 Lås
2 Fästskruvar
3 Dragstång
4 Låsring
5 Dörr

20.7 Skjutdörrslåsets buffertplatta (11), dörrlås (12) och fästskruvar (vid pilarna) - tidigare typ visad

Lås baktill i dörren

9 Dra i innerhandtaget framtill i dörren så att det bakre låsets klinka går i stängt läge.
10 Lossa Bowden-kabeln eller dragstången från det främre låset, se beskrivning i paragraf 4, och ta sedan loss kabeln från dess stödunderlägg och dörrpanelclips.
11 Lossa skruvarna som håller låset till dörren och ta loss låset från insidan av dörren **(se bilder)**. Om det behövs kan Bowden-kabeln eller dragstången tas bort sedan fästclipsen lossats.
12 Montering sker i omvänd arbetsordning, men på tidiga modeller, justera låsmanövreringen enligt beskrivning i paragraf 13 och framåt innan klädselpanelen sätts tillbaka.

Justering av kabel eller dragstång (endast tidiga modeller)

13 För att justera Bowden-kabeln eller dragstången, dra först i det inre handtaget framtill så att det bakre låsets klinka går i stängt läge.
14 Använd en M4 skruv av passande längd, tryck in skruven i hålet i det bakre låset och skruva in den i manövreringsarmen **(se bild)**.

20.14 M4 skruv (16) på plats i hålet i det bakre låset (17) innan justering

20.11A Skjutdörrens bakre lås (13) och fästskruvar (vid pilarna) - tidiga modeller

15 Lossa på Bowden-kabeln eller dragstångens gängade hylsa, justera sedan kabel-/stånglängden så att det främre låsets manövreringsstång precis får kontakt med sitt stopp **(se bild)**. Dra nu åt kabelns eller stångens låsmuttrar och ta sedan bort M4-skruven.
16 Kontrollera dörrens funktion och att den sitter korrekt i dörröppningen. Justera om nödvändigt, se beskrivning i avsnitt 19.
17 Sätt tillbaka dörrklädseln sedan alla justeringar gjorts.

21 Skjutdörrens gångjärnsled – demontering, översyn och montering

1 Demontera skjutdörren från fordonet enligt beskrivning i avsnitt 18.
2 Ta bort dörrklädseln, lossa gångjärnsledens tre fästbultar och ta ut enheten från insidan av dörren.

Tidiga modeller (t o m 1984)

3 Undersök noggrant gångjärnsledsenheten och leta efter förslitningar, särskilt runt styrhjul, styrskena, låsarm och kam. Vissa

20.15 Justering av skjutdörrens Bowden-kabel

3 Låsring
4 Låsarmsstift
5 Kabelns låsmutter
6 Justermutter
7 Kabelns låsmutter
8 Bowden-kabel
18 Manövreringsstångens stopp

21.3 Sprängskiss av skjutdörrens gångjärnsled – tidiga modeller

1 Hus	13 Fjäderbricka
2 Tätning	14 Mutter
3 Fjäderfäste	15 Kam
4 Stift	16 Fjäderbricka
5 Gångjärnsled	17 Mutter
6 Fjäder	18 Bricka
7 Låsring	19 Nedre låsarm
8 Gångjärnsfäste	20 Distans
9 Styrhjul	21 Fjäder
10 Pinnbult	22 Övre låsarm
11 Skruv	23 Pinnbult
12 Styrning	24 Låsring

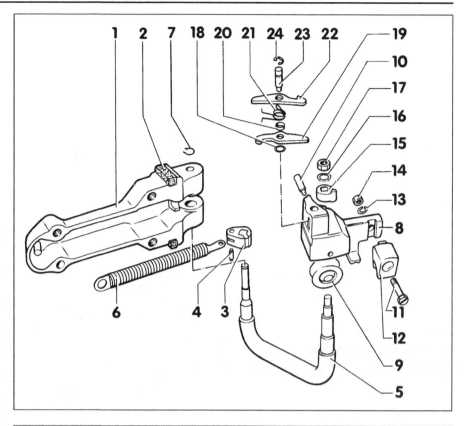

delar finns att tillgå separat och om man upptäcker förslitningar kan enheten demonteras och nya delar monteras **(se bild)**.

4 Ta bort den lilla låsringen och ta bort huset och fjädern från gångjärnsleden.

5 Dra bort fjäderfästet från fjädern sedan stiftet knackats ut.

6 Om styrningen behöver förnyas, fila eller slipa av fästniten och ta loss styrningen. Observera att till en ny styrning hör en fästmutter, bult och bricka istället för fästnit.

7 Demontera styrhjulet från dess infästning genom att trycka ut fäststiftet.

8 Ta ut låsarmens låsringsstift, tryck ut stiftet ur huset och ta reda på låsarmar, fjädrar, distanser och brickor, notera åt vilket håll samtliga delar är monterade.

9 Lossa slutligen mutter och bricka och ta ut manövreringskammen.

Senare modeller (fr o m 1985)

10 På senare modeller har gångjärnsleden färre delar **(se bild)**. Demonteringen är ganska tydlig; enhetens gångjärnsände lossas genom att saxsprinten drivs ut och styrhjulsänden genom att låsringar och muttrar tas bort.

Alla modeller

11 Förnya alla slitna delar och sätt sedan ihop enheten igen i omvänd arbetsordning mot montering. Smörj alla rörliga delar och kontaktytor med ett lätt universalfett.

21.10 Sprängskiss av skjutdörrens gångjärnsled – senare modeller

1 Gångjärn	11 Mutter
2 Tätning	12 Bricka
3 Fjäder	13 Styrhjul
4 Tätning	14 Styrhjulshållare
5 Tätning	15 Tätning
6 Tätning	16 Styrhylsa
7 Tätning	17 Mutter
8 Saxsprint	18 Lager
9 Led	19 Låsring
10 Tätning	

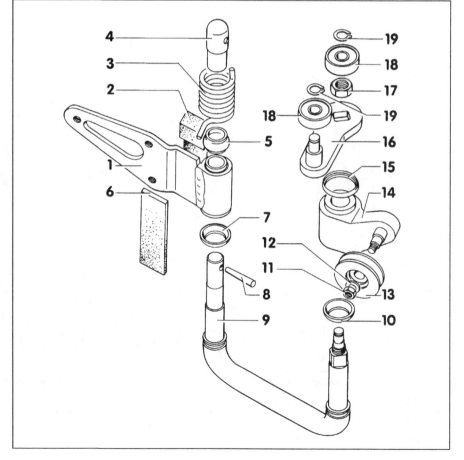

12 Sedan enheten satts ihop, sätt tillbaka gångjärnsleden på dörren. Dra i detta läge åt den enda främre fästsbulten i sin lägsta position och fingerdra de två andra bultarna.
13 Sätt tillbaka skjutdörren enligt beskrivning i avsnitt 18 och utför sedan justeringarna beskrivna i avsnitt 19.

22 Säten – demontering och montering

Framsäten

1 Flytta fram säterna så mycket det går på sina skenor.
2 Lyft den lilla haken på sidan av sätet **(se bild)**. Skjut av sätet från skenorna och ta ut det genom dörröppningen. På fordon med ett tvåsits framsäte, ta loss bultarna från det övre gångjärnet på ryggstödet innan sätet tas av skenorna.
3 Montering sker i omvänd arbetsordning.

Mittre och bakre säten

4 Mittensätet sitter fast i golvet med fyra bultar. Sätet kan lyftas ut sedan bultarna lossats.

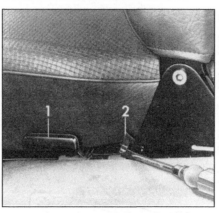

22.2 Framsätets justerspak (1) och skenans fästhake (2)

5 Demontera den bakre sittdynan genom att lossa bultarna som håller sätet till sido-panelerna och ta ut det.
6 Det bakre ryggstödet sitter fast med två bultar på varje sida. Lossa bultarna och ta ut ryggstödet. Observera att på vissa fordon fäster den nedre bulten även säkerhetsbältet. Se beskrivning av demontering av säker-hetsbälteskomponenter.
7 Montering sker i omvänd arbetsordning.

23 Centrallås – allmän information

1 Centrallås finns som tillval på de flesta bilar sedan 1986.
2 Centrallåsets motorer nås genom att dörrklädseln på tillämpligt dörr tas bort. Motorfästes- och anslutningsdetaljer visas här intill **(se bild)**.
3 Motorerna till låsen på fram- och skjutdörrar kan demonteras med eller utan sina stödplattor. Låsmotorerna har skruvats fast i stödplattorna; själva plattorna sitter med nitar som måste borras loss. Använd nya nitar av samma typ vid monteringen.

24 Taklucka – demontering och montering

1 Öppna takluckan en liten bit.
2 Lossa de fem clips som fäster klädselpanelen vid framkanten på takluckan **(se bild)**.
3 Dra tillbaka klädseln så långt det går.

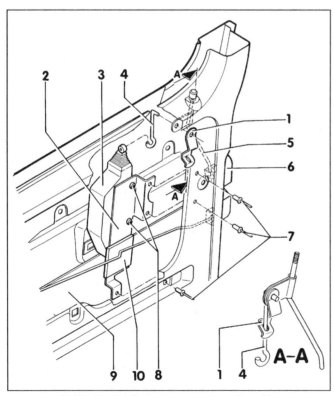

23.2A Centrallåsets komponenter – framdörr

1 Fjäderclips	5 Säkringsstag	9 Dörram
2 Stödplatta	6 Låsplatta	10 Dämpare
3 Låsmotor	7 Nitar	A-A Detaljförstoring
4 Låsstag	8 Skruvar	

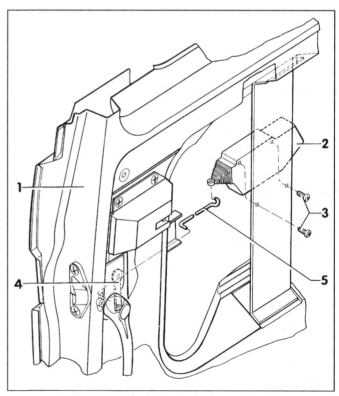

23.2B Centrallåsets komponenter – skjutdörr

1 Dörr	3 Skruvar	5 Låsstag
2 Låsmotor	4 Låsarm	

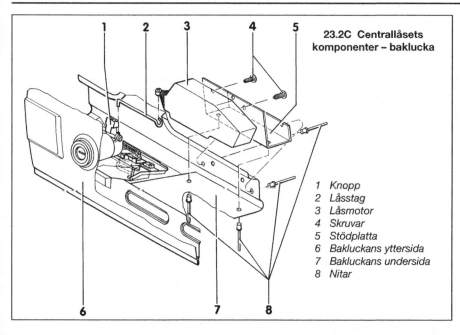

23.2C Centrallåsets
komponenter – baklucka

1 Knopp
2 Låsstag
3 Låsmotor
4 Skruvar
5 Stödplatta
6 Bakluckans yttersida
7 Bakluckans undersida
8 Nitar

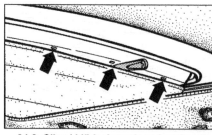

24.2 Clips i klädselpanelens framkant
(vid pilarna)

3 Demontera styrblocket, flytta styrplattan framåt och dra av den från skenan.
4 För kabelstyrningarna framåt och ut ur skenan (se bild).
5 Ta loss alla skenans fästskruvar på ena sidan.
6 Tryck skenan bakåt och lyft upp den tillsammans med klädselpanelen.
7 Tryck skenan lätt utåt och ta loss klädselpanelen.
8 Montering sker i omvänd arbetsordning.

4 Tryck takluckan framåt men inte så långt att lyftaren aktiveras.
5 Tryck bladfjädern till mitten och driv sedan ut leden från sin stödring (se bild).
6 Lossa de två skruvar som fäster luckan vid den främre styrningen.
7 Lyft luckan framtill, lyft sedan ut luckan bakåt genom öppningarna i styrskenan (se bild).
8 Montering sker i omvänd arbetsordning.

25 Takluckans klädselpanel – demontering och montering

1 Demontera takluckans klädselpanel, se beskrivning i avsnitt 24.
2 Ta loss vevhandtaget, skruva loss de två skruvarna på vevplattan ca sex varv och lossa sedan kablarna från drivhjulet (se bild).

26 Taklucka – justering

1 Se avsnitt 24 och utför moment 1 till 3.

Höjdjustering fram

2 Lossa de två skruvar som håller luckan till främre styrningen (se bild).

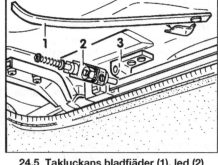

24.5 Takluckans bladfjäder (1), led (2) ledens stöd (3)

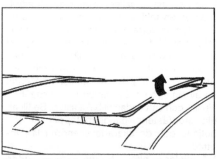

24.7 Lyft upp luckan framtill och sedan ut genom öppningarna i styrskenan baktill

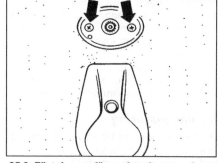

25.2 Fästskruvar för vevhandtagets platta (vid pilarna)

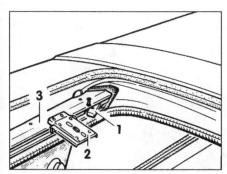

25.3 Takluckans styrblock (1), styrplatta (2) och styrskena (3)

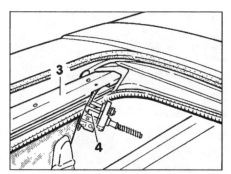

25.4 Takluckans styrskena (3) och kabelstyrning (4)

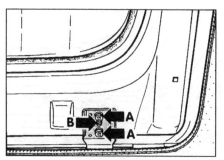

26.2 Fästskruvar till takluckans främre styrning (A) och justerskruv för höjdjustering framtill (B)

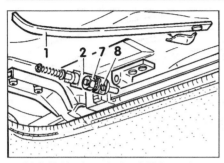

26.6 Takluckans bakre höjdjustering

1 Bladfjäder   7 Sprintfästmutter
2 Ledenhet   8 Fästskruv

3 Vrid på den lilla justeringsskruven, som sitter mellan de två fästskruvarna, tills panelen är i linje.
4 Dra åt fästskruvarna.

Höjdjustering bak

5 Sänk den bakre delen av takluckan.
6 Tryck bladfjädern till mitten och ta sedan loss leden från sin stödring **(se bild)**.
7 Lossa fästniten och skruven på sidan av leden.
8 Flytta sprinten i rännan på leden för att åstadkomma korrekt inställning och dra sedan åt skruven och fästniten.
9 Sätt tillbaka leden i sin stödring, stäng takluckan och kontrollera att den är i linje med biltaket.

Justering av styrplattan

10 Styrplattan bör alltid justeras sedan höjdjustering av bakre delen utförts. Justeringen görs med luckan stängd och styrplattorna placerade ovanför rännan i skenorna **(se bild)**.
11 Sänk luckan och lossa styrplattans två fästskruvar.
12 Vrid justeringsskruven i styrplattan tills allt spel mellan plattan och skenan är eliminerat och dra sedan åt fästskruvarna **(se bild)**.

Parallelljustering

13 Dra runt veven ca två varv moturs för att sänka bakre delen av luckan.
14 Demontera handtaget och täckplattan.
15 Lossa vevplattans två fästskruvar ca sex

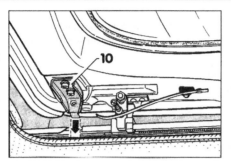

26.10 Takluckans styrplatta (10) placerad ovanför spåret i styrskenan innan justering

varv och lösgör sedan kablarna från drivhjulet.
16 Flytta takluckepanalen fram och tillbaka i sina styrskenor flera gånger för hand. För den sedan framåt tills det tar stopp.
17 Tryck den bakre delen av luckan uppåt för hand och vrid sedan båda lederna till upprätt position **(se bild)**.
18 Sätt tillfälligtvis tillbaka veven och vrid den till höger, tills det tar stopp.
19 Smörj kablarna med universalfett och montera tillbaka dem på sina rätta platser.
20 Montera täckplattan och veven med handtaget placerat så att det vilar på sin rätta plats när luckan är stängd.

27 Sufflettäckt lucka och fällbart tak – inspektion

1 De viktigaste detaljerna som måste kontrolleras på en tacklucka är konditionen hos de särskilda vädertätningslisterna och säkerheten hos fästskruvarna. Om en tätningslist börjar lossna ska den sättas tillbaka innan den fastnar i något och skadas. Själva biltakets tätningslister har stålclips som kan ha förlorat lite av sin spänst. Dra listen fri, pressa ihop clipsen och sätt sedan tillbaka listen. Se till att alla stödfästens gångjärnstappar är lätt inoljade och de skårade skenorna lätt infettade.
2 Tygdelar ska torkas rena utan rengöringsmedel och ska aldrig lämnas ihopvikta och blöta. Om taket varit tvunget att

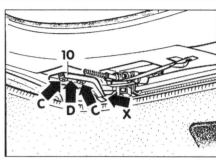

26.12 Justering av takluckans styrplatta

C Styrplattans   X Styrskena
   fästskruvar   10 Styrplatta
D Justerskruv

hållas stängt medan det är blött ska man vara noga med att öppna det och låta det torka så fort som möjligt.
3 Demontering och montering ska utföras av en VW-verkstad eftersom flera specialverktyg och stort kunnande är nödvändigt för att undvika skador på tygdetaljer.

28 Instrumentbräda – demontering och montering

1 Demontera instrumentpanelen enligt beskrivning i kapitel 12 och rattstången enligt beskrivning i kapitel 9.
2 Dra loss manövreringsspakarna för värme och ventilation och ta sedan försiktigt bort värmeregleringens panel.
3 Lossa de fyra fästskruvarna och demontera handskfacket.
4 Från baksidan av instrumentbrädan, lossa ventilationsslangarna för friskluftutlopp.
5 Lossa skruvarna som håller instrumentbrädans övre kant under vindrutan och sidoskruvarna som fäster instrumentbrädan till karossen **(se bild)**. Lossa värmeregleringens fästskruvar.
6 Dra bort instrumentbrädan från sin plats och när man kan se tillräckligt klart, demontera annan utrustning efter tillämplighet.
7 Ta ut instrumentbrädan genom framdörren.
8 Montering sker i omvänd ordningsföljd.

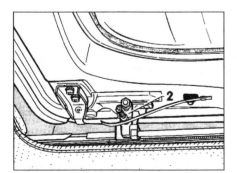

26.17 Takluckans leder (2) i upprätt läge när luckan parallelljusteras

28.2 Värmereglagets panel demonteras

28.5 Skruvar som håler instrumentbrädan till karossen (vid pilarna)

Kapitel 12
Karossens elsystem

Innehåll

Svårighetsgrader

Enkelt, passar novisen med lite erfarenhet 	Ganska enkelt, passar nybörjaren med viss erfarenhet	Ganska svårt, passar kompetent hemma-mekaniker	Svårt, passar hemmamekaniker med erfarenhet	Mycket svårt, för professionell mekaniker 

Specifikationer

Systemtyp .... 12 volt, negativ jord

Säkringar (typexempel) – modeller t o m 1985

Säkring Skyddade kretsar	Klassning (A)
1 Vänster baklykta, parkeringsljus och sidomarkeringslampa	8
2 Höger baklykta, parkeringsljus och sidomarkeringslampa, nummerplåtsbelysning och dimljus	8
3 Vänster halvljus	8
4 Höger halvljus	8
5 Vänster helljus, varningslampa för helljus	8
6 Höger helljus	8
7 Kylarfläkt	8
8 Innerbelysning, bromsljus, cigarettändare	8
9 Varningsblinkerssystem, radio	16
10 Vindrutetorkare och spolarvätskepump, värmefläkt	16
11 Körriktningsvisare	8
12 Signalhorn	8

Extra nätsäkringar till höger om säkringsdosan skyddar följande kretsar (där tillämpligt):

Uppvärmd bakruta	8
Bakre dimljus	8
Bakrutetorkare	8
Huvudsäkring till extra värmare	16
Överhettningsskydd till extra värmare	8

Extra nätsäkring i motorrummet:

Backljus	8

Säkringar (typexempel) – modeller från 1986 och framåt

Säkring Skyddade kretsar	Klassning (A)
1 Kylarfläkt	30
2 Bromsljus	10
3 Innerbelysning, klocka, cigarettändare, radio	15
4 Varningsblinkers	15
5 Reserv	
6 Dimljus	15
7 Vänster baklykta och parkeringsljus	10
8 Höger baklykta och parkeringsljus	10
9 Höger helljus	10
10 Vänster helljus	10
11 Kontakt till vindrutetorkare och -spolare	15
12 Elhissar, luftkonditionering, bakrutetorkare	20
13 Värmefläkt	20
14 Uppvärmd bakruta, belysnig för strålkastarreglage	20
15 Backljus	10
16 Signalhorn	15
17 Vindrutetorkarmotor	10
18 Varningslampa för bromssystemet, uppvärmda säten	10 eller 20
19 Körriktningsvisare	10
20 Nummerplåtsbelysning, strålkastarspolare	10
21 Vänster halvljus	10
22 Höger halvljus	10

Extra säkringar under höger baksäte:

Läslampa	8
Bagageutrymmesbelysning	8

Extra säkringar ovanför huvudsäkringsdosan:

Instrumentbelysning	10
Dimljus bak	10
Extra överhettningsskydd till värmare	10
Extra huvudsäkring till värmare	20
Centrallås	20
Elhissar	20

Åtdragningsmoment .... Nm

Fästmuttrar till vindrutans torkarspindel	8
Fästmuttrar till vindrutans torkararm	5

---

1 Allmän information

Varning: Innan du utför något arbete på elsystemet, läs igenom säkerhetsföreskrifterna i "Säkerheten Främst!" i början av denna handbok och i kapitel 5A.

Elsystemet är av typen 12 volt negativ jord. Belysningen och all elektrisk utrustning matas med ström från ett bly-syrabatteri som laddas av generatorn.

Detta kapitel täcker reparationer och underhållsarbeten för de elektriska komponenter som inte hör ihop med motorn.

Information om batteri, generator och startmotor finns i kapitel 5A.

2 Elektrisk felsökning – allmän information

Observera: Läs igenom säkerhetsföreskrifterna i "Säkerheten Främst!" och i kapitel 5A innan något arbete påbörjas. Följande test relaterar till de elektriska huvudkretsarna och ska inte utföras på känsliga elektroniska kretsar (som motorstyrningssystem, system för låsningsfria bromsar etc) och särskilt inte där en elektronisk styrmodul används.

Allmänt

1 En typisk elektrisk krets består av en elektrisk komponent, alla kontakter, reläer, motorer, säkringar, smältsäkringar eller kretsbrytare som hör till den komponenten, samt ledningar och anslutningar som förbinder komponenten med både batteriet och chassit. För att lättare kunna hitta ett fel i en elektrisk krets finns kopplingsscheman i slutet av denna handbok.

2 Innan du försöker diagnostisera ett elektriskt fel, studera först tillämpligt kopplingsschema för att få en uppfattning om hur komponenterna i den aktuella kretsen ser ut. Flera möjliga felkällor kan uteslutas genom att man undersöker om andra komponenter relaterade till kretsen arbetar som de ska. Om flera komponenter eller kretsar är defekta samtidigt, ligger felet förmodligen i en gemensam säkring eller jordledning.

3 Elektriska problem har ofta sitt ursprung i enkla saker, som lösa eller korroderade

kontakter, dålig jordanslutning, bränd smält-
säkring eller defekt relä (se avsnitt 3 för
testning av reläer). Undersök säkringar,
ledningar och kontakter i en problemkrets
innan komponenten testas. Använd kopp-
lingsschemat för att avgöra vilka anslutningar
som måste kontrolleras och för att hitta
felkällan.

4 De grundläggande verktygen för elektrisk
felsökning inkluderar kretsprovare eller
voltmätare (en 12 volts glödlampa med
ledningar kan användas i vissa test), en
ohmmätare (för mätning av motstånd och
kontinuitet), ett batteri och en uppsättning
testkablar samt en överbryggningsledning,
helst med säkring eller kretsbrytare för
förbikoppling av misstänkta ledningar eller
komponenter. Innan du letar fel med
instrument, läs kopplingsschemat så att du
lättare hittar anslutningspunkterna.

5 För att spåra intermittenta fel ("glapp-
kontakter" vanligen orsakade av en dålig eller
smutsig kontakt eller skadad isolering), skaka
på ledningarna för hand och se efter om felet
uppträder när ledningen flyttas. Det är då ofta
möjligt att spåra ett fel till en specifik del av en
kabelhärva. Denna testmetod kan användas
tillsammans med de övriga som beskrivs i
följande stycken.

6 Förutom anslutningsproblem uppträder två
grundläggande fel i elektriska kretsar – brutna
eller kortslutna kretsar.

7 En bruten krets förhindrar att strömmen
flödar, vilket gör att komponenten inte kan
arbeta, men leder inte till att säkringen bränns.

8 Kortslutningar uppstår när strömmen tar en
genväg, i regel till jord. Kortslutningar orsakas
vanligen av defekt isolering så att en
strömförare kommer i kontakt med en annan
naken ledning eller en jordad del som
karossen. En kortslutning bränner normalt den
aktuella säkringen

Att hitta ett kretsbrott

9 Leta efter kretsbrott genom att ansluta den
ena ledningen av en kretsprovare eller
voltmätare till batteriets minuspol eller känd
god jord.

10 Anslut den andra ledningen till den
testade kretsen, helst närmast batteriet eller
säkringen.

11 Slå på kretsen, tänk på att vissa kretsar
bara är strömförande med tändningsnyckeln i
ett speciellt läge.

12 Om spänning finns (visas genom att
glödlampan tänds eller genom voltmätar-
avläsning) innebär det att denna del av
kretsen är felfri.

13 Kontrollera resten av kretsen sektionsvis
på samma sätt.

14 När du hittar den punkt där spänning
saknas måste problemet finnas mellan den
punkten och den senaste testpunkt med
spänning. De flesta problem beror på brutna,
korroderade eller lösa anslutningar.

Att hitta en kortslutning

15 Leta efter kortslutning genom att först
koppla från strömförbrukare från kretsen
(förbrukare är de komponenter som drar
ström från kretsen, exempelvis glödlampor,
motorer, element etc).

16 Ta ut kretsens säkring och anslut krets-
provaren/voltmätaren till säkringsanslut-
ningarna.

17 Slå på kretsen, tänk på att vissa kretsar
bara är strömförande med tändningsnyckeln i
ett visst läge.

18 Om spänning finns (visas genom att
glödlampan tänds eller genom voltmätar-
avläsning) innebär detta att en kortslutning
finns.

19 Om spänning saknas men säkringen
bränner med ansluten förbrukare, indikerar
detta ett fel i förbrukaren.

Att hitta ett jordfel

20 Batteriets minuspol är ansluten till jord
(metallen i motor/växellåda och kaross). De
flesta system är dragna så att de bara tar
emot positiv matning. Strömmen återvänder
via karossens metall. Detta innebär att
komponentfästet och karossen utgör en del
av kretsen. Lösa eller korroderade fästen kan
därmed orsaka ett antal elektriska fel, från
totalt kretshaveri till förbryllande partiella fel.
Speciellt kan lampor blekna (i synnerhet om
en annan aktiv krets delar jorden). Motorer
(torkare eller kylfläkt) kan gå långsamt och
funktionen i en krets kan påverka en annan.
Vissa delar har egna jordförbindelser,
exempelvis motor/växellåda, vanligen där
gummibussningar förhindrar direkt metall-
kontakt.

21 Kontrollera om en komponent är god-
tagbart jordad genom att koppla ur batteriet
och ansluta den ena ledningen från en
ohmmätare till en känd god jord. Anslut den
andra ledningen till den jordanslutning eller
ledning som ska testas. Motståndet ska vara
noll, om inte, kontrollera anslutningen enligt
följande:

22 Om en jordanslutning misstänks vara
defekt, ta isär och rengör ned till metallen på
både kaross och stift eller komponentens
kontaktyta. Var noga med att avlägsna alla
spår av smuts och korrosion, skrapa bort
eventuell färg så att ren metallkontakt
uppstår. Vid ihopsättningen, dra förbanden
väl. Om ett ledningsstift skruvas fast, använd
tandbrickor mellan stift och kaross så att
kontakten blir extra god. När kontakterna
ansluts, förhindra framtida korrosion med ett
lager vaselin eller silikonbaserat fett, eller
genom att regelbundet spraya på tändnings-
tätare eller fuktdrivande smörjning.

**3.1 Säkringsdosa med fästskruvar
(vid pilarna) – tidig typ**

3 Säkringar och reläer – allmän information

Säkringar

1 Säkringsdosan sitter under instrument-
panelen på vänster sida **(se bild)**. Ta bort det
transparenta plastlocket för att komma åt
säkringarna. Säkringsnumren visas på locket
och information om vilka kretsar de skyddar
finns i specifikationerna.

2 Tidiga modeller (t o m 1985) använder
keramiska säkringar; senare modeller
använder bladsäkringar. Varje säkring är
färgkodad och stämplad med sin klassning.
En säkring tas ut genom att man försiktigt drar
loss den från sin plats. Till den senare typen
av säkringsdosa hör en särskild kniptång att
ta bort bladsäkringar med.

3 En bränd säkring känns igen på att tråden i
mitten har brustit eller smält. Innan en bränd
säkring ersätts, spåra och åtgärda felet och
använd alltid en säkring av rätt klassning.
Ersätt aldrig en säkring med en med ett högre
värde och använd aldrig en bit metalltråd,
metallfolie eller ett stift istället för den trasiga
säkringen eftersom större skada eller t o m
brand kan uppstå.

4 Förutom säkringarna i huvudsäkringsdosan
finns det nätsäkringar på flera ställen (se
"Specifikationer") som skyddar special-
utrustning eller utrustning som finns som
tillval.

Reläer

5 Ett relä är en elektriskt styrd strömställare.
Det vanligaste användningsområdet för reläer
i motorfordon är att det kopplar stora
strömmar på avstånd så att det inte behövs
långa dragningar av tjocka kablar och stora
strömställare. Körriktningsvisaren/varnings-
blinkersenheten är också en typ av relä.

6 Reläerna är av stickkontaktstyp och sitter
uppe på huvudsäkringsdosan. För att få
tillgång till reläerna, lossa säkringsdosans

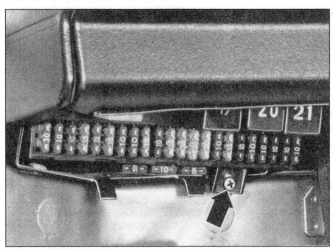

3.6 Säkringsdosans fästskruvar (vid pilarna) – senare typ

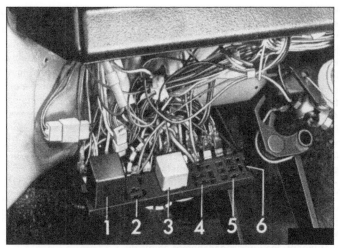

3.7A Reläplaceringar på säkringsdosan (6) – tidig typ

1 Blinkenhet	3 X-kontakt	4 Dimljus
2 För ambulanslyse	(belastnings-	5 Torkarrelä
	reducering	

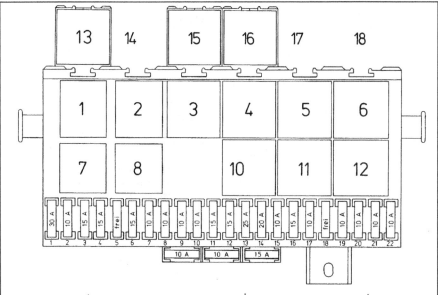

fästskruv(ar) och sänk ned säkringsdosan (se bild). Reläerna kan nu enkelt dras ut.
7 På tidiga modeller finns det plats för fem reläer i säkringsdosan; på senare modeller finns det plats för 18. Antal reläer som utnyttjas beror på bilens utrustning (se bilder).
8 Om ett system som styrs av ett relä slutar fungera och man misstänker reläet, starta upp systemet: om reläet fungerar ska det kunna höras ett klick när det aktiveras. Om så är fallet ligger felet förmodligen hos någon av de andra komponenterna i systemet. Om reläet inte aktiveras får det antingen ingen spänning eller också är det fel på själva reläet.

4 Körriktningsvisare och varningsblinkerssystem – felsökning

1 Om körriktningsvisarna slutar fungera, undersök glödlamporna och kontrollera att kontaktytorna inte är korroderade. Om en glödlampa är bränd eller har dålig kontakt p g a korrosion kommer systemet inte att blinka på den sidan eller också blinkar det onormalt fort.

Placering	Reläbeteckning	Produktions-kontrollnummer	Anmärkning
1			reserv
2			reserv
3	Kontaktenhet för indikator för låg kylvätskenivå	43	
4			reserv
5	Relä för kylarfläkt	24	
6	Relä för dubbelt signalhorn	53	
7	Relä för dimljus	15	

3.7B Placering för reläer och extra säkringar – senare typ. Alla delar finns inte på alla modeller

1 Reserv	10 Torkarrelä
2 Reserv	11 Spolare/torkare
3 Varning låg	bak
kylvätska	12 Blinkenhet
4 Reserv	13 Strålkastarspolare
5 Kylfläkt	14 Reserv
6 Signalhorn	15 Säkring dimljus
7 Dimljus	bak
8 X-kontakt	16 Säkring instru-
(belastnings-	mentbelysning
reducering)	17 Reserv
9 Används ej	18 Reserv

7.2 Instrumentpanelens kåpa lyfts av

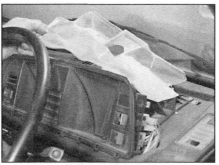

7.3 Ta bort den skyddande plasten över instrumentpanelen

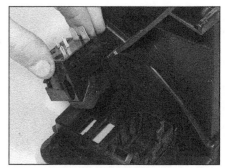

7.4 Demontering av kontakt från instrumentpanelen

2 Om körriktningsvisarna kan blinka i en riktning men inte den andra finns felet med stor sannolikhet i glödlamporna eller i ledningsdragningen till lamporna. Om de inte fungerar i någon riktning, sätt på varningsblinkersen. Om dessa fungerar, leta efter en bränd körriktningsvisarsäkring. Om säkringen är intakt är det förmodligen fel på blinkenheten.
3 Skulle man märka att körriktningsvisarna påverkas av bromsljusen så beror felet på en dålig jordledning i det bakre strålkastarkabelaget.

5 Dörrpostkontakter – demontering och montering

1 Koppla bort batteriets minuspol
2 Lossa fästskruvarna och ta ut kontakten.
3 Koppla bort ledningsanslutningarna och demontera kontakten.
4 Montering sker i omvänd arbetsordning.

6 Rattstångskontakter – demontering och montering

1 Demontering och montering av rattstångskontakterna behandlas som en del av arbetet med isärtagning av rattstången. Se kapitel 9.

7 Instrumentpanel, kontakter – demontering och montering

1 Koppla bort batteriets minuspol.
2 Demontera instrumentpanelkåpan genom att lyfta det i de två spåren närmast vindrutan. Lossa de bakre hakarna och lyft av kåpan **(se bild)**.
3 Ta bort den skyddande plasten över instrumentpanelen för att komma åt bättre **(se bild)**.
4 Lossa kopplingsstiften från baksidan av relevant kontakt, tryck ned hakarna på sidan och ta ut kontakten från instrumentpanelen **(se bild)**.
5 Montering av kontakter och instrumentpanel sker i omvänd arbetsordning mot demontering.

8 Instrumentpanel, glödlampor – byte

1 Utför momenten i punkt 1 till 3 i avsnittet ovan.
2 Panelbelysningens glödlampshållare kan nu demonteras genom att man försiktigt vrider dem 90° moturs **(se bilder)**.
3 Panelbelysningens glödlampor trycks in i sina hållare.
4 Montering sker i omvänd arbetsordning.

9 Instrumentpanel – demontering och montering

1 Utför momenten beskrivna i punkt 1 till 3 i avsnitt 7.
2 Lossa kopplingsstiften från baksidan av instrumentpanelkontakterna.
3 Koppla bort hastighetsmätarvajern och instrumentpanelens kontakter.
4 Lossa skruvarna som fäster instrumentpanelen vid instrumentbrädan, lyft sedan panelen uppåt och ta bort den **(se bild)**.
5 Montering sker i omvänd arbetsordning. Var noga med att hastighetsmätarvajern sitter ordentligt.

10 Instrumentpanel – isärtagning och ihopsättning

1 Demontera instrumentpanelen från fordonet enligt beskrivning i förra avsnittet.
2 Lossa skruvarna som fäster varningslampans monteringsplatta och bänd försiktigt loss plattan **(se bilder)**.
3 Varningslampans glödlampa eller lysemissionsdioder (LED) kan nu demonteras genom att man försiktigt för tillbaka den tryckta kretsen och tar loss glödlampa/lysdiod från deras plats. Glödlampan, där sådan finns, är blå och lysdioderna är alltid röda, gula eller

8.2A Glödlampshållare för panelbelysning (vid pilarna)

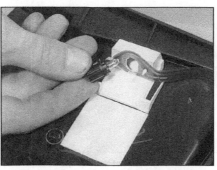

8.2B Demontering av glödlampshållare och glödlampa från panelbelysningen

9.4 Instrumentpanelens fästskruvar (vid pilarna)

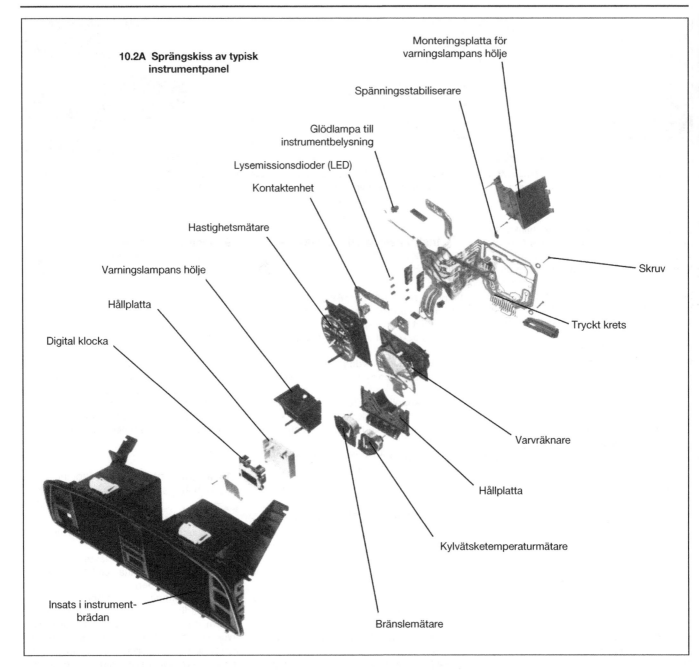

10.2A Sprängskiss av typisk instrumentpanel

Monteringsplatta för varningslampans hölje

Spänningsstabiliserare

Glödlampa till instrumentbelysning

Lysemissionsdioder (LED)

Kontaktenhet

Hastighetsmätare

Varningslampans hölje

Hållplatta

Digital klocka

Skruv

Tryckt krets

Varvräknare

Hållplatta

Kylvätsketemperaturmätare

Insats i instrument-brädan

Bränslemätare

10.2B Ta försiktigt bort monteringsplattan, undvik att skada den tryckta kretsen

10.3A Byte av instrumentpanelens varnings-LED

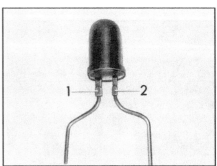

10.3B LED negativ pol (1) och positiv pol (2)

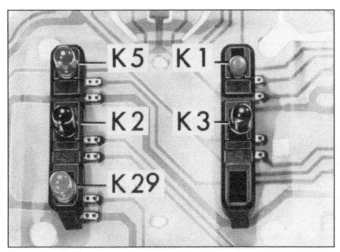

10.3C Placering för LED- och glödlampspoler i tryckt krets

K1 Blå glödlampa – helljus   K5 Grön LED – körriktnings-
K2 Röd LED – generator   visare
K3 Röd LED – oljetryck   K29 Ej bensinmodeller

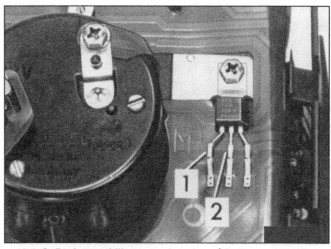

10.4 Spänningsstabilisatorns placering på instrumentpanelen

1 Positiv pol   2 Jordpol

gröna. Lysdioderna är polaritetskänsliga och måste monteras rätt i sina poler. Lysdiodens minuspol är något bredare än pluspolen och måste kopplas in i den motsvarande minuspolen i den tryckta kretsen vid monteringen **(se bilder)**.

4 Ta bort fästskruven och ta ut spänningsstabilisatorn från dess anslutningar i den tryckta kretsen **(se bild)**.

5 Lossa muttrar, skruvar, poler och stiftuttag efter tillämplighet och lyft sedan försiktigt av den tryckta kretsen.

6 Lossa de fyra skruvar som fäster hastighetsmätaren och ta loss den från panelen.

7 Lossa de fyra skruvar som fäster bränslemätarens basplatta och ta loss plattan från panelen. Demontera bränslemätaren från panelen.

8 Om en konventionell klocka finns monterad, lossa fästskruvarna och ta bort klockan, demontera sedan fästplattan och bränslemätaren från urtavlan **(se bild)**.

9 På modeller med digital klocka, ta bort fästskruvarna och glödlampshållaren **(se bild)**. Koppla loss anslutningen och demontera klockan.

10 Om så behövs kan varningslampans infattning demonteras sedan man lossat fästskruvarna.

11 Ihopsättning av instrumentpanelen sker i omvänd ordning mot isärtagning.

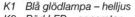

11 Hastighetsmätarvajer – demontering och montering

1 Koppla bort batteriets minuspol.

2 Lyft upp framvagnen och stöd den på pallbockar (se *"Lyftning och stödpunkter"*). Ta bort reservhjulet.

3 Inne i förarhytten, demontera instrument-

10.8 Konventionell klockas poler

1 Tryckt krets jord
2 Tryckt krets positiv

panelkåpan genom att lyfta den i de två spåren närmast vindrutan. Lösgör de två bakre hakarna och lyft av kåpan.

4 Lossa vajern från baksidan av hastighetsmätaren genom att pressa ihop fästclipset och dra ut vajern **(se bild)**.

5 Arbeta under bilen och lossa vajern från fästclips och kabelband och skruva ur vajerclipsets fästmutter.

10.9 Digital klockas fästskruvar (vid pilarna) och belysningsglödlampa (A)

6 Där tillämpligt, skruva loss vajern vid dess anslutningar till EGR/syresensorns kilometermätare.

7 Demontera vänstra sidans hjuldekor och ta ut den lilla låsringen som fäster vajern vid navkapseln, ta sedan bort vajern från styrknogen **(se bilder)**.

8 Dra vajern nedåt och ut från förarhytten och ta bort den från undersidan på bilen.

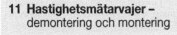

11.4 Hastighetsmätarvajerns fästclips

11.7A Hastighetsmätarvajerns fästlåsring (vid pilen)

11.7B Hastighetsmätarvajerns gummihylsa (vid pilen) i styrknogen

11.9A Om det finns markeringar på hastighetsmätarvajern måste de placeras på varsin sida om vajerclipset (vid pilarna)

9 Montering sker i omvänd arbetsordning, kom ihåg följande:

a) Byt gummihylsa i styrknogen innan vajern monteras och var noga med att hylsan sitter i jämnhöjd med kanten på hålet i styrknogen
b) Se till att märkena på vajern finns på var sin sida om vajerclipset. Om det inte finns några märken, placera vajern som visat (se bilder).
c) Dra vajern så att den inte är spänd eller alltför böjd.
d) Täta vajeränden vid navkapseln med gummitätningsmassa för att förhindra vatteninträng.

12 Signalhorn – felsökning

1 Signalhornet sitter fastbultat på ramen framtill under bilen (se bild).
2 Ledningarna som finns kopplade till det är jordledningen, som är ansluten via rattstången till signalhornsknappen och sedan till jord när knappen är intryckt, samt den spänningsförande matningsledningen som är direkt kopplad till säkringsdosan.

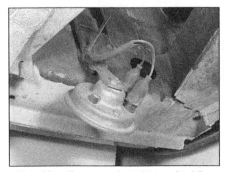

12.1 Signalhornets placering under bilen

3 Om signalhornet inte fungerar alls, börja med att kontrollera säkringen. Testa sedan jordkretsen, först från signalhornets jordanslutning, sedan från den böjliga kopplingen på rattstången. Ta slutligen ut signalhornsknappen och koppla bort ledningen från den och kontrollera kontinuiteten tillbaka till signalhornets jordanslutning. Signalhornsknappens kontakter kan vara böjda eller smutsiga. Undersök dessa och rengör dem vid behov. Kontrollera kapaciteten vid den positiva polen. Den ska vara 12 volt. Om de två kretsarna är intakta är det något fel på själva signalhornet.
4 Som en sista utväg; om det finns en justerskruv ska tätningsmassan som täcker den tas bort och skruven vridas 1/4 varv i taget. Om detta inte framkallar något ljud måste signalhornet bytas ut.

13 Glödlampor – byte

Observera! Vidrör inte glödlampsglaset på en halogenlampa med fingrarna – fettet från fingrarna kan svärta ned glaset och förkorta glödlampans livslängd. Om lampan berörs av misstag ska den rengöras med denaturerad sprit.

Strålkastare

1 Strålkastare av antingen "sealed beam-" eller glödlampstyp kan förekomma. Glödlampsbyte utförs på samma sätt för båda typerna.
2 Demontera den övre grillens panel genom att vrida 90° på de lättlossade fästena längs överkanten. Lyft upp grillen, luta den framåt och ta bort den.
3 Lossa de tre eller fyra skruvarna runt strålkastarens fästring och demontera ringen (se bilder).
4 På modeller med "sealed beam", koppla

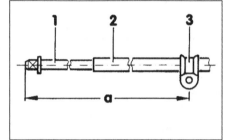

11.9B Om det inte finns några markeringar på vajern, placera vajern så att 'a' = 740 mm

1 Vajer   3 Clips
2 Hylsa

bort kontaktstiftet bak på stålkastaren och ta loss enheten från bilen. Montera den nya strålkastaren i omvänd arbetsordning mot demontering.
5 På modeller som har strålkastare av glödlampstyp, koppla bort kontaktstiften från strålkastar- och parkeringslamporna (se bilder).
6 Ta bort gummiskyddet och lossa glödlampan genom att antingen vrida fästringen moturs (se bild) om glödlampor av standardtyp används, eller för halogenlampor genom att bända tillbaka det gångjärnsförsedda fästclipset.
7 Glödlampan kan nu tas ut ur linsenheten (se bild). Kom ihåg att inte vidröra glaset med fingrarna.
8 Montering av nya glödlampor sker i omvänd arbetsordning. Var noga med att lokaliseringsstiften på glödlampan sätter sig ordentligt i spåren i reflektorenheten.

Parkeringsljus

9 På modeller med strålkastare av glödlampstyp, demontera strålkastarenheten enligt beskrivning i punkt 2 till 5.
10 Vrid parkeringsljusets glödlampshållare

Stödram

Justerskruv för inställning i höjdled

13.3A Sprängskiss av strålkastarenhet monterad på vissa senare modeller

Justerskruv för inställning i sidled

Skruv

Pivå

Justerskruv

Halogenglödlampa 12V/55W

Lock med kontakter

Hållfjäder

Lock

Halogenglödlampa 55W/60W (H4)

Helljusstrålkastare

Lamphållare parkeringsljus

Glödlampa parkeringsljus

Strålkastare

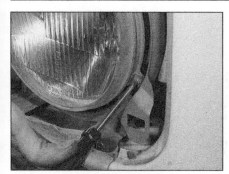

13.3B Fästskruvarna till strålkastarens fästring skruvas loss

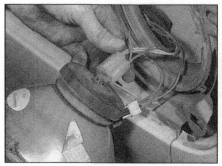

13.5A Koppla loss kontaktstiften från strålkastarens . . .

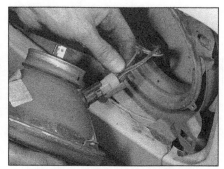

13.5B . . . och parkeringsljusets glödlampor

13.6 Glödlampan på standardstrålkastaren hålls av en fästring

13.7 Demontering av strålkastarens glödlampa

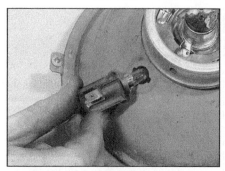

13.10A Parkeringsljusets lamphållare tas bort från linsenheten. . .

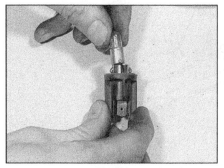

13.10B . . . och glödlampan från hållaren

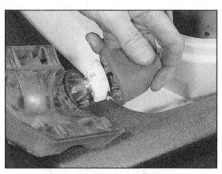

13.14 Körriktningsvisarens glödlampshållare demonteras

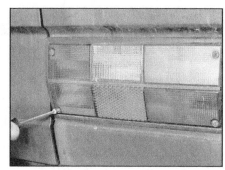

13.17A Lossa de fyra skruvarna . . .

moturs så att den lossar från strålkastaren och lossa sedan glödlampan från dess hållare genom att vrida även den moturs **(se bilder)**.
11 Montering sker i omvänd arbetsordning.
12 På modeller med strålkastare av typen "sealed beam" finns parkeringsljuset som en del i körriktningsvisarens linsenhet. Demontering beskrivs nedan.

Främre körriktningsvisare

13 Lossa fästskruvarna och ta ut linsenheten.
14 Lyft upp gummidamasken, tryck in fjäderclipset och demontera glödlampshållaren **(se bild)**.
15 Vrid glödlampan moturs för att lossa den från hållaren.
16 Montering sker i omvänd arbetsordning.

Baklykta

17 Lossa de fyra fästskruvarna och ta loss linsenheten **(se bilder)**.
18 Tryck ihop de två sidofästena och ta ut glödlampsplattan **(se bild)**.
19 Demontera relevant glödlampa genom att vrida den moturs **(se bild)**.
20 Montering sker i omvänd arbetsordning.

Sidomarkeringslampa (där sådana finns)

21 Lossa de två skruvarna och ta ut linsenheten.
22 Dra tillbaka gummidamasken, lossa på fjäderclipset och ta ut glödlampshållaren **(se bild)**.

23 Vrid glödlampan moturs för att lossa den från hållaren.
24 Montering sker i omvänd arbetsordning.

Nummerplåtsbelysning

25 Lossa fästskruvarna och ta ut linsen och glödlampshållaren **(se bild)**.
26 Vrid glödlampan moturs för att lossa den från hållaren.
27 Montering sker i omvänd arbetsordning.

Innerbelysning

28 Tryck ned fästclipset på linsens vänstra sida med en skruvmejsel och ta sedan ut lins- och glödlampsenheten **(se bild)**.
29 Lossa glödlampan från dess kontakter.
30 Montering sker i omvänd arbetsordning.

13.17B . . . och dra ut linsenheten

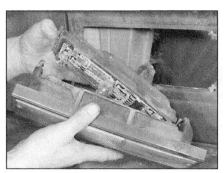

13.18 Lyft ut glödlampsplattan . . .

13.19 . . . och but ut aktuell glödlampa

13.22 Fjäderclips för sidomarkerings-
lampans glödlampshållare

13.25 Nummerplåtsbelysningens lins och
glödlampshållare

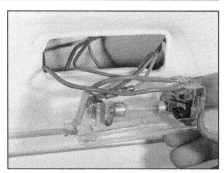

13.28 Tryck in fästclipset för att ta loss
innerbelysningsenheten

14.6A Strålkastarens justerskruvar (vid pilarna) – modeller med
rund strålkastare

14.6B Strålkastarens justerskruvar (vid pilarna) – modeller med
fyrkantiga strålkastare

A Justering i sidled   B Justering i höjdled

14 Strålkastarinställning – justering

1 Strålkastarinställningen är mycket viktig, inte bara för din egen säkerhet utan också för dina medtrafikanter. Rätt stålkastarinställning kan bara uppnås med särskild optisk utrustning och justering utförd på annat sätt ska ses som provisorisk.
2 För att göra en sådan provisorisk inställning, ställ bilen på plan mark ca 3 meter från en vertikal vägg eller liknande. Väggen måste vara i rät vinkel mot bilens mittlinje och bilen ska vara normalt lastad. Kontrollera att däcken har rätt lufttryck.
3 Rita en vertikal linje på väggen motsvarande bilens mittlinje.
4 Gunga bilen på fjädringen flera gånger för att försäkra dig om att den står i rätt nivå och mät sedan noggrant avståndet mellan marken och strålkastarnas mittpunkter.
5 Dra en horisontell linje längs väggen i samma höjd som strålkastarnas mitt och gör på denna linje ett kryss på var sida om

mittlinjen, på samma avstånd från varandra som strålkastarnas mittpunkter.
6 Leta nu upp justerskruvarna. På modeller med runda strålkastare finns det två på varje lampa, diagonalt ställda mot varandra. På modeller med fyrkantiga strålkastare finns det fyra justerskruvar per sida (se bilder).
7 Slå på helljuset och, med hjälp av justerskruvarna, justera varje strålkastare så att ljusstrålen träffar strax nedanför motsvarande kryss på väggen.

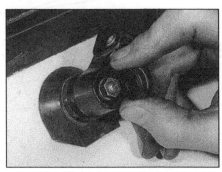

15.4 Torkararmens fästmutter

8 Gunga bilen på fjädringen igen och försäkra dig om att ljusstrålarna återvänder till rätt lägesinställning. Sätt samtidigt på halvljuset för att vara säker på att det fungerar som det ska. Avsluta med att slå av strålkastarna.

15 Torkarblad och -armar – demontering och montering

1 För byte av torkarblad, se "Veckokontroller" i början av denna handbok.
2 Innan torkararmen demonteras, se till att den är i viloläge och har slagits av med torkarströmbrytaren och inte tändningsnyckeln.
3 För att underlätta justeringen mot rutan av de nya torkararmarna, klistra på en bit maskeringstejp på rutan parallellt med bladet innan armen tas bort
4 Ta bort plastskyddet och skruva ur armens fästmutter (se bild).
5 Dra av armen från den skårade drivspindeln.

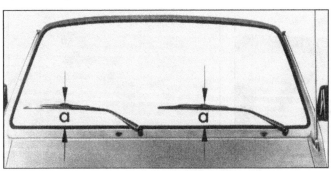

15.6A Korrekt läge för vindrutetorkarbladen i viloläge

a = 70 mm

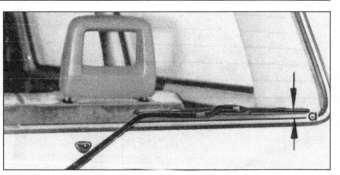

15.6B Korrekt läge för bakrutetorkarbladet i viloläge

a = 27 mm

16.5A Vindrutetorkarmotor och fäste bakom instrumentbrädan

6 Montering sker i omvänd arbetsordning; dra inte åt muttern för hårt. Om ingen tejp sattes på vindrutan, studera inställningsdimensionerna i bilderna **(se bilder)**.

16 Vindrutetorkarmotor och länk – demontering och montering

1 För att kunna nå torkarmotorn och dess länk måste man demontera instrumentbrädans handskfack enligt beskrivning i kapitel 11 och instrumentpanelen enligt beskrivning i avnitt 9 i detta kapitel.

2 Demontera torkararmarna enligt beskrivning i avsnitt 15.
3 Ta bort gummiskydden och demontera muttrar, distanser och brickor från torkararmsspindlarna.
4 Koppla bort multikontakten från torkarmotorn.
5 Lossa skruvarna som håller torkarfästet och hjälpfästet vid karossen och demontera fästen, länk och motorenhet från passagerarsidan **(se bilder)**.
6 Med enheten demonterad från fordonet kan motorn demonteras på följande sätt:
7 Märk ut placeringen för länkveven i förhållande till motoraxeln, lossa fästmuttern och demontera veven från axeln.

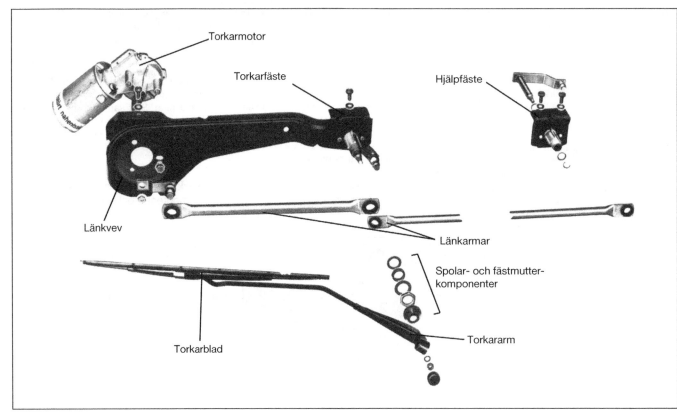

Torkarmotor
Torkarfäste
Hjälpfäste
Länkvev
Länkarmar
Spolar- och fästmutter-komponenter
Torkarblad
Torkararm

16.5B Sprängskiss av vindrutetorkarmotor och länkage

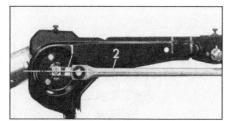

16.10 Korrekt placering av vev (1) och länkarm (2) med torkarmotorn i viloläge

8 Lossa de tre fästbultarna och lyft av motorn från fästet.

9 För att demontera länken, ta loss länkarmarna från spindlarna, ta ut låsringen och för ut spindlarna ur deras bussningar.

10 Ihopsättning och montering sker i omvänd arbetsordning mot isärtagning och demontering. Smörj spindlarna med molybdendisulfidfett innan de monteras. Var noga med att märkena på veven och motoraxeln är i linje när veven monteras, eller om inga märken gjordes, placera veven som visat med motor i vilande läge **(se bild)**.

17 Bakrutetorkarmotor –
demontering och montering

1 Koppla bort batteriets negativa anslutning.
2 Beroende på modell och utrustning kan det vara nödvändigt att demontera klädselpaneler från insidan av bakluckan för att få tillgång till torkarmotorn **(se bild)**.
3 Demontera den bakre torkararmen (avsnitt 15).
4 Ta bort de fyra skruvarna till torkarmotorns fäste **(se bild)**. Koppla bort multikontakten och demontera motor, fäste och anslutande länkage. Motorn kan sedan separeras från fäste och länkage.
5 Innan montering, återanslut tillfälligt elektrisk matning till motorn och låt den gå till vilande position. I detta läge måste vevarmens vinkel vara som visat **(se bild)**. Justera vevarmens läge om det behövs.
6 Resten av monteringen sker i omvänd ordning mot demontering.

18 Vindrute-/
bakrutespolarsystem –
justering och pumpbyte

Vindrutespolare

1 Vindrutespolarsystemet består av en behållare som sitter under fotbrunnen på vänster sida i förarhytten, en elektronisk pump som sitter uppe på behållaren samt två spraymunstycken med tillhörande plaströr

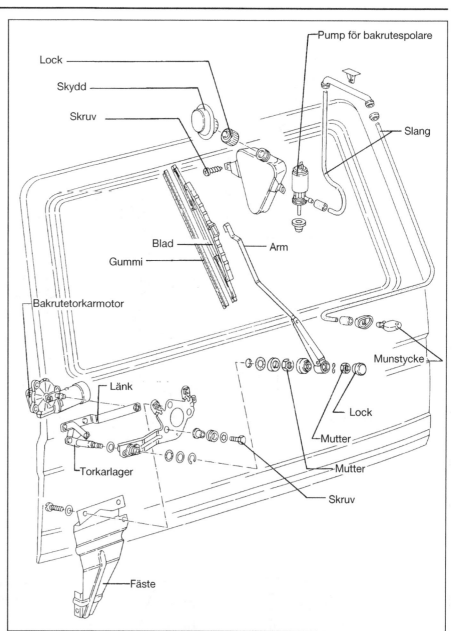

Lock
Skydd
Skruv
Pump för bakrutespolare
Slang
Blad — Arm
Gummi
Bakrutetorkarmotor
Länk
Munstycke
Lock
Mutter
Mutter
Torkarlager
Skruv
Fäste

17.2 Bakrutespolare och -torkare

17.4 Skruvar till bakrutetorkarmotorns fäste

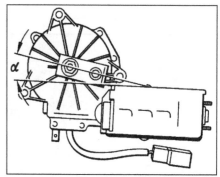

17.5 Bakrutetorkarmotorn i viloläge

$\alpha = 8°$

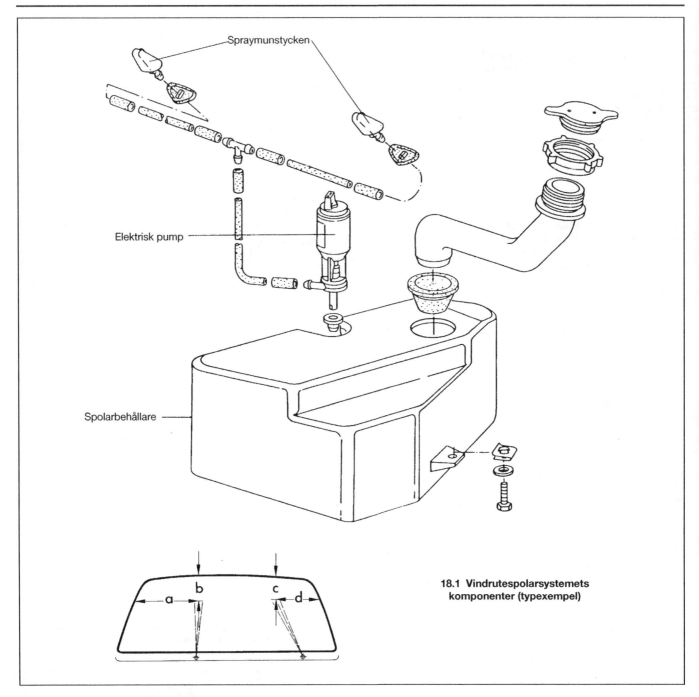

18.1 Vindrutespolarsystemets komponenter (typexempel)

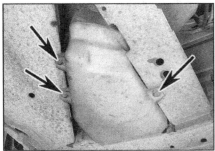

18.2 Fästskruvar till vindrutespolarens behållare

(se bild). Systemet styrs av en strömbrytare på rattstången.

2 Demontera behållare och pump genom att skruva ur de tre fästbultarna (se bild), lossa påfyllningsröret och spolarröret, koppla bort pumpkabelaget och slutligen ta bort behållaren och pumpen.

3 Med behållaren demonterad kan pumpen försiktigt tas loss genom att man drar ut den från den gummigenomföring den är fäst i.

4 Montering av behållare och pump sker i omvänd arbetsordning mot demontering.

5 Spolarmunstyckena kan justeras med ett stift och ska ställas in så att vätskan hamnar i mitten av varje torkarblads båge på vindrutan.

6 Det rekommenderas att endast tillsatser speciellt framtagna för spolarsystem används i vätskebehållaren. Om hushållsrengöringsmedel eller liknande används är det stor risk för att systemets pump och gummikomponenter tar skada.

7 Använd aldrig frostskyddsvätska för kylsystem i spolarsystemet eftersom lackeringen då blir förstörd. Om det är mycket kallt kan lite denaturerad sprit hällas i väskan för att förhindra att den fryser.

Bakrutespolare

8 Bakrutespolarens behållare och pump sitter på höger sida i bagageutrymmet. Det finns ett enda munstycke som finns på utsidan av bakluckan.
9 I övrigt, se instruktionerna ovan för vindrutespolarsystem.

19 Strålkastarspolarsystem – allmänt

1 Ett system för strålkastarspolare finns som extra tillval på vissa modeller. Detta spolarsystem delar behållare med vindrutespolaren **(se bild)**.
2 I övrigt, se instruktionerna ovan för vindrutespolarsystem.

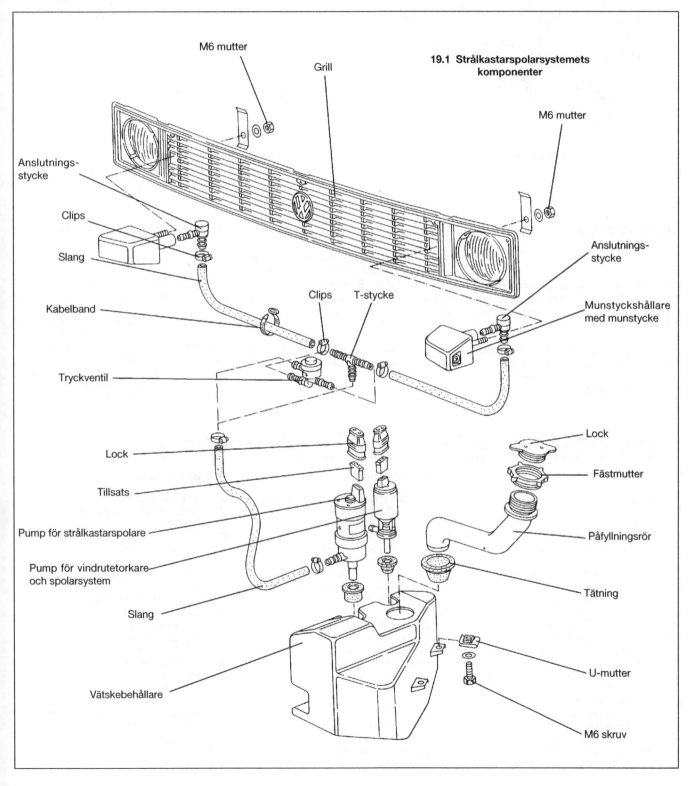

M6 mutter
Grill
19.1 Strålkastarspolarsystemets komponenter
M6 mutter
Anslutnings-stycke
Clips
Slang
Anslutnings-stycke
Clips   T-stycke
Kabelband
Munstyckshållare med munstycke
Tryckventil
Lock
Lock
Tillsats
Fästmutter
Pump för strålkastarspolare
Påfyllningsrör
Pump för vindrutetorkare och spolarsystem
Tätning
Slang
U-mutter
Vätskebehållare
M6 skruv

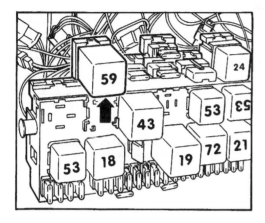

20.2 Elektronisk styrenhet för uppvärmt säte (vid pilen)

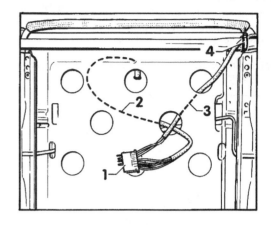

20.4 Elanslutningar för uppvärmt säte

1 Kontakt   3 Till ryggstödets värmare
2 Till sittdynans värmare   4 Kabelband

20 Uppvärmt förarsäte – byte av element

1 Uppvärmt förarsäte finns som tillval på vissa modeller. Uppvärmningen sker med hjälp av två element som liknar små elektriska filtar.

2 Kontakten till det uppvärmda sätet sitter i den övre delen av rattstångskåpan. En elektrisk styrenhet finns tillsammans med övriga reläer (se bild).

3 Om värmeelementen behöver bytas, börja med att koppla bort batteriets jordledning.

4 Notera hur anslutningarna till multikontakten sitter under sätet och ta sedan ut dem (se bild). Elementen kan sedan demonteras sedan ryggstödet separerats från sätet och sätets eller ryggstödets klädsel tagits av, som tillämpligt.

5 Montering sker i omvänd arbetsordning, se till att de nya elementen inte är veckade.

21 Kopplingsscheman – allmänt

De kopplingsscheman som finns på följande sidor är av strömflödestyp, där varje krets visas schematiskt, med den spänningsförande (positiva) matningen högst upp och jorden (negativa) längst ned. Schemana kan verka komplicerade till en början men är faktiskt lätta att använd med lite träning.

Av utrymmesskäl har det inte varit möjligt att ta med alla existerande scheman, utan endast ett representativt urval.

Komponentförteckning till alla kopplingsscheman

Nr	Beskrivning
A	Batteri
B	Startmotor
C	Generator
C1	Spänningsregulator
D	Tändningslås/startkontakt
E1	Ljuskontakt
E2	Kontakt, körriktningsvisare
E3	Kontakt, varningsblinkers
E4	Kontakt, strålkastaromställare/blink
E9	Kontakt, friskluftsfläkt
E15	Kontakt, uppvärmd bakruta
E19	Kontakt, parkeringsljus
E20	Reglage, instrument/instrumentpanelbelysning
E22	Fördröjningskontakt, vindrutetorkare
E23	Kontakt, dimljus och dimbakljus
E100	Kontakt, varmluftsfläkt
F	Kontakt, bromsljus
F1	Oljetryckskontakt (0,9 bar)
F2	Dörrpostkontakt, vä fram
F3	Dörrpostkontakt, hö fram
F4	Backljuskontakt

Nr	Beskrivning
F5	Kontakt, bagageutrymmesbelysning
F7	Dörrpostkontakt, bak
F9	Kontakt, handbromsvarning
F18	Termokontakt, kylarfläkt
F22	Oljetryckskontakt (0,3 bar)
F25	Trottelventilkontakt
F34	Kontakt, varning bromsvätskenivå
F35	Termokontakt insugsrörets förvärmning
F66	Kontakt, indikator för låg kylvätskenivå
F88	Tryckkontakt för PAS
G	Bränslemätarens givare
G1	Bränslemätare
G2	Kylvätsketemperaturmätarens givare
G3	Kylvätsketemperaturmätare
G5	Varvräknare
G6	Elektrisk bränslepump
G7	ÖD-givare
G18	Temperaturgivare
G19	Luftflödesmätare
G40	Hallgivare
H	Signalhorn/dubbelt horn
H1	Dubbeltons signalhorn

Nr	Beskrivning
J2	Relä, varningsblinkers
J4	Relä, dubbeltons signalhorn
J5	Dimljusrelä
J6	Spänningsstabilisator
J17	Bränslepumprelä
J30	Relä, bakrutetorkare/-spolare
J31	Fördröjningsrelä torkare/spolare
J39	Relä, strålkastarspolarsystem
J59	Avlastningsrelä för X-kontakt
J81	Relä, insugsrörets förvärmning
J87	Kontaktenhet DIS (tomgångsstabilisering)
J101	Relä kylarfläktens andra steg
J114	Styrenhet, oljetrycksövervakning
J120	Kontaktenhet, indikator för låg kylvätskenivå
J140	Styrenhet för avstängningsfördröjning - innerbelysning, under baksätet, hö
J142	Kontaktenhet för tomgångsstabilisering/Digijet
J144	Spärrdiod för innerbelysningens fördröjningskrets

Nr	Beskrivning	Nr	Beskrivning	Nr	Beskrivning
J147	Kontaktenhet för Digijet	N41	TCI styrenhet		mitten
J167	Strömmatningsrelä för Digijet och tomgångsstabiliseringens styrenheter	N47	Kylarfläktens seriemotstånd	T2i	2-stifts anslutning, motorrummets förgreningsdosa
K	Insats i instrumentbräda	N51	Värmeelement för insugsrörets förvärmning	T2j	2-stifts anslutning, bakom reläplatta
K1	Varningslampa helljus	N52	Värmeelement för trottelkanalvärme/ förgasare	T2m	2-stifts anslutning, i reläenhet
K2	Varningslampa generator			T2x	2-stifts anslutning, motorrummet, i mitten
K3	Varningslampa oljetryck	N71	Styrventil för tomgångsstabiliserare	T3	3-stifts anslutning, generator
K5	Varningslampa körriktningsvisare	N72	Seriemotstånd för varmluftsfläkt	T3a	3-stifts anslutning, bakom C-stolpens klädsel
K6	Varningslampa, varningsblinkerssystem	N79	Värmeelement (vevhusventilation)		
K7	Varningslampa, dubbel bromskrets och handbroms	O	Tändfördelare	T3b	3-stifts anslutning, bakom instrumentpanel
		P	Tändstiftsanslutning		
K10	Varningslampa uppvärmd bakruta	Q	Tändstift	T3c	3-stifts anslutning, under baksäte, hö
K17	Varningslampa dimljus	R	Anslutning för radio	T3d	3-stifts anslutning, under baksäte, hö
K28	Varningslampa kylvätsketemperatur/ låg kylvätskenivå	S24	Mikrotemp.säkring för varmluftsfläkt	T3e	3-stifts anslutning, under baksäte, hö
		S27	Separat säkring för dimbakljus	T3f	3-stifts anslutning, bakom hö klädselpanel
L1	Glödlampa med dubbel glödtråd, vä	S42	Separat säkring för kylarfläkt		
L2	Glödlampa med dubbel glödtråd, hö	S47	Säkring för läslampa, under baksätet, höger	T3g	3-stifts anslutning, generator
L8	Glödlampa klockans belysning			T4	4-stifts anslutning, bakom instrumentpanel
L9	Glödlampa, belysningsreglage	S48	Säkring för cigarettändare,under baksätet, höger		
L10	Glödlampa, instrumentpanelens insats			T4a	4-stifts anslutning, under baksäte
L13	Helljusets strålkastarglödlampa, vä	S50	Säkring, pol 58b, på säkringsdosa/ reläplatta	T7	7-stifts anslutning, motorrummets förgreningsdosa
L14	Helljusets strålkastarglödlampa, hö				
L16	Glödlampa, friskluftsreglage	S51	Säkring, motorrummets förgreningsdosa	T7a	7-stifts anslutning, motorrummets förgreningsdosa
L20	Glödlampa, dimbakljus				
L22	Glödlampa dimljus, vä	T1	Enkel anslutning, motorrummets förgreningsdosa	T14	14-stifts anslutning, insats i instrumentpanel
L23	Glödlampa dimljus, hö				
L28	Glödlampa, cigarrettändare	T1a	Enkel anslutning, motorrummets förgreningsdosa	U1	Cigarrettändare
L38	Glödlampa cigarrettändare, hö bak			U7	Cigarrettändare, höger bak
L39	Glödlampa, reglage uppvärmd bakruta	T1b	Enkel anslutning, motorrummet, vä	V	Vindrutetorkarmotor
L48	Glödlampa askkoppsbelysning, vä bak	T1c	Enkel anslutning, bakom instrumentpanel	V1	Bakrutetorkarmotor
L49	Glödlampa askkoppsbelysning, hö bak			V2	Friskluftsfläkt
L50	Glödlampa varmluftsfläktens reglage- belysning	T1d	Enkel anslutning, motorrummets förgreningsdosa	V5	Vindrutespolarpump
				V7	Kylarfläkt
M1	Glödlampa parkeringsljus, vä	T1e	Enkel anslutning, mitt i motorrummet	V11	Strålkastarspolarpump
M2	Glödlampa baklyse, hö	T1f	Enkel anslutning, mitt i motorrummet	V13	Bakrutespolarpump
M3	Glödlampa parkeringsljus, hö	T1g	Enkel anslutning, motorrummet, vä	V47	Varmluftsfläkt
M4	Glödlampa baklyse, vä	T1h	Enkel anslutning, under baksätet, hö	W	Innerbelysning, förarsida
M5	Glödlampa körriktningsvisare, vä fram	T2	2-stifts anslutning, nära dubbeltons signalhorn	W3	Bagageutrymmesbelysning, hö
M6	Glödlampa körriktningsvisare, vä bak			W11	Läslampa, vä bak
M7	Glödlampa körriktningsvisare, hö fram	T2a	2-stifts ansluing, bakom övre luftutloppets panel, vä	W13	Läslampa, passagerarsida fram
M8	Glödlampa körriktningsvisare, hö bak			W14	Belyst make-up spegel, passagerarsida
M9	Glödlampa bromsljus, vä	T2b	2-stifts anslutning, bakom övre luftutloppets panel, hö	W18	Bagageutrymmesbelysning, vä
M10	Glödlampa bromsljus, hö			W21	Läslampa, höger bak med avstängningsfördröjning
M16	Glödlampa backljus, vä	T2c	2-stifts anslutning, bakom instrumentpanel		
M17	Glödlampa backljus, hö			W22	Läslampa bakom förarsäte
N	Tändspole	T2d	2-stifts anslutning, A-stolpe upptill hö	W23	Tröskelpanellampa med avstängningsfördröjning
N1	Automatchoke, vä	T2e	2-stifts anslutning, i baklucka		
N3	Tomgång avstängningssolenoid	T2f	2-stifts anslutning, bakom instrumentpanel	W24	Läslampa, utdragsbord
N23	Seriemotstånd friskluftsfläkt			X	Nummerplåtsbelysning
N30	Injektor, cylinder 1	T2g	2-stifts anslutning, motorrummets förgreningsdosa	Y2	Digital klocka
N31	Injektor, cylinder 2			Z1	Uppvärmd bakruta
N32	Injektor, cylinder 3	T2h	2-stifts anslutning, under baksätet, i	1	Jordfläta, batteri till kaross
N33	Injektor, cylinder 4				

Jordanslutningar

Nr	Beskrivning	Nr	Beskrivning	Nr	Beskrivning
2	Jordfläta, växellåda till kaross	13	Jordpunkt bredvid bakre vattenbehållare, höger	21	Gängad anslutning, pol 30, motorrummets förgreningsdosa
7	Jordledning via styrväxel	14	Jordpunkt, under baksätet, hö	22	Positiv (+) anslutning, pol 58b, instrumentpanelens kabelhärva
9	Jordpunkt på baklucka, höger	15	Jordpunkt, motorrum, under spole		
10	Jordpunkt, bredvid reläplatta	18	Jordpunkt på längsgående balk, nära bränslepump	23	Positiv (+) anslutning i Digijet kabelhärva
11	Jordpunkt i baklucka, vänster				
12	Jordpunkt, främre tvärbalk/vänster	19	Jordpunkt i motorrum, på topplock, vä		
		20	Jordanslutning, instrumentpanelens kabelhärva		

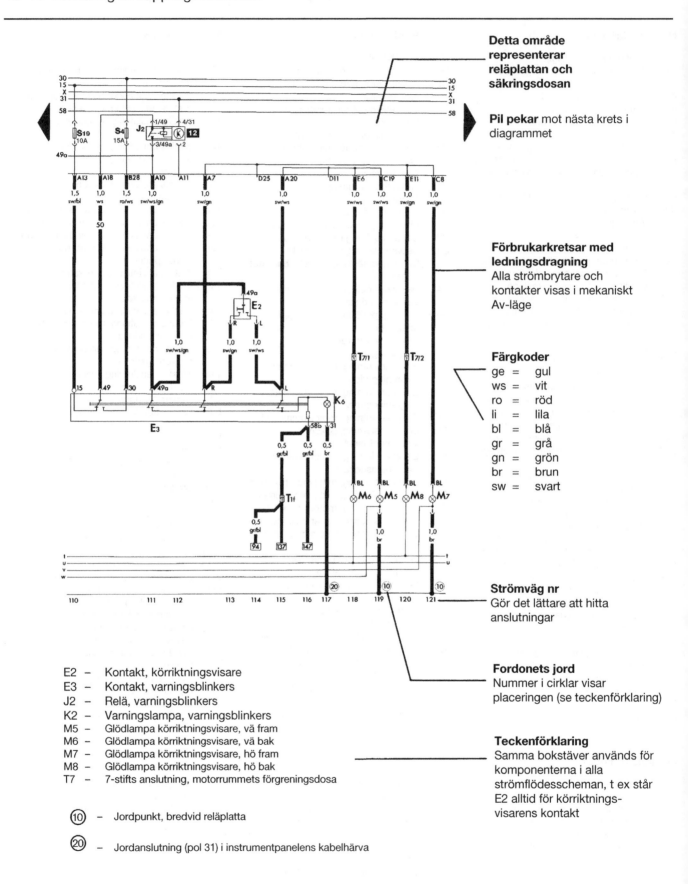

Detta område representerar reläplattan och säkringsdosan

Pil pekar mot nästa krets i diagrammet

Förbrukarkretsar med ledningsdragning
Alla strömbrytare och kontakter visas i mekaniskt Av-läge

Färgkoder
ge	=	gul
ws	=	vit
ro	=	röd
li	=	lila
bl	=	blå
gr	=	grå
gn	=	grön
br	=	brun
sw	=	svart

Strömväg nr
Gör det lättare att hitta anslutningar

Fordonets jord
Nummer i cirklar visar placeringen (se teckenförklaring)

Teckenförklaring
Samma bokstäver används för komponenterna i alla strömflödesscheman, t ex står E2 alltid för körriktningsvisarens kontakt

E2 – Kontakt, körriktningsvisare
E3 – Kontakt, varningsblinkers
J2 – Relä, varningsblinkers
K2 – Varningslampa, varningsblinkers
M5 – Glödlampa körriktningsvisare, vä fram
M6 – Glödlampa körriktningsvisare, vä bak
M7 – Glödlampa körriktningsvisare, hö fram
M8 – Glödlampa körriktningsvisare, hö bak
T7 – 7-stifts anslutning, motorrummets förgreningsdosa

⑩ – Jordpunkt, bredvid reläplatta

⑳ – Jordanslutning (pol 31) i instrumentpanelens kabelhärva

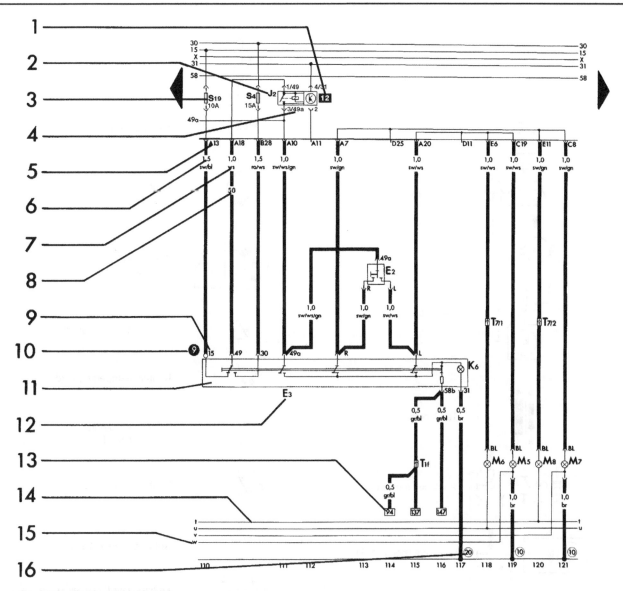

1 **Reläplaceringsnummer**
Indikerar reläets placering på reläplattan

2 **Reläets/styrenhetens beteckning på reläplattan**
I teckenförklaringen kan du se vad delen kallas

3 **Säkrings beteckning**
T ex Säkring nr 19 (10 amp) i säkringsdosan

4 **Beteckning för anslutningar på reläplattan**
Visar de individuella kontakterna i en flerstifts anslutning
t ex   3/49a
    3 = kontakt 3, placering 12 på reläplattan
    49a = kontakt 49a på relä-/kontrollplattan

5 **Beteckning för anslutningar på reläplattan**
Visar ledningsdragning för flerstifts eller enkla anslutningar
t ex A13 = flerstifts anslutning A, kontakt 13

6 **Lednings tvärsnitt**
i mm²

7 **Ledningars färgkoder**
Förkortningarna förklaras på föregående sida

8 **Identifikationsnummer tryckt på vita ledningar**
För identifieringssyfte när det finns flera vita ledningar i en
kabelhärva

9 **Pol**
med den beteckning som finns på själva komponenten

10 **Testpunkt för felsökningsprogrammet**
Siffran i den svarta cirkeln finns i en illustration eller i ett
strömflödesschema för felsökningsprogrammet

11 **Symbol**
för varningsblinkerskontakt

12 **Delbeteckning**
Använd teckenförklaringen för att identifiera den del man hänvisar
till

13 **Siffra i ruta**
Anger den strömväg där ledning fortsätter

14 **Interna anslutningar (tunna linjer)**
Dessa anslutningar hittar man inte i form av ledningar. Interna
anslutningar är dock strömbärande. De gör det möjligt att spåra
strömflödet inuti komponenter och kabelhärvor

15 **Bokstäver**
Indikerar anslutning till nästa del av schemat

16 **Beteckning för jord**
Placering av fordonets jordpunkter visas i
komponentförteckningen

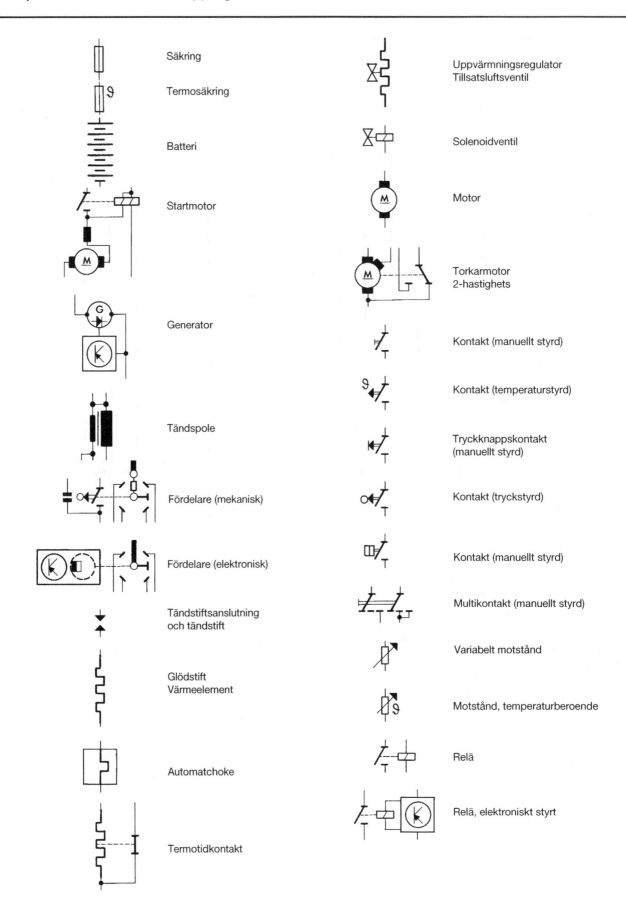

Säkring

Termosäkring

Batteri

Startmotor

Generator

Tändspole

Fördelare (mekanisk)

Fördelare (elektronisk)

Tändstiftsanslutning och tändstift

Glödstift
Värmeelement

Automatchoke

Termotidkontakt

Uppvärmningsregulator
Tillsatsluftsventil

Solenoidventil

Motor

Torkarmotor
2-hastighets

Kontakt (manuellt styrd)

Kontakt (temperaturstyrd)

Tryckknappskontakt
(manuellt styrd)

Kontakt (tryckstyrd)

Kontakt (manuellt styrd)

Multikontakt (manuellt styrd)

Variabelt motstånd

Motstånd, temperaturberoende

Relä

Relä, elektroniskt styrt

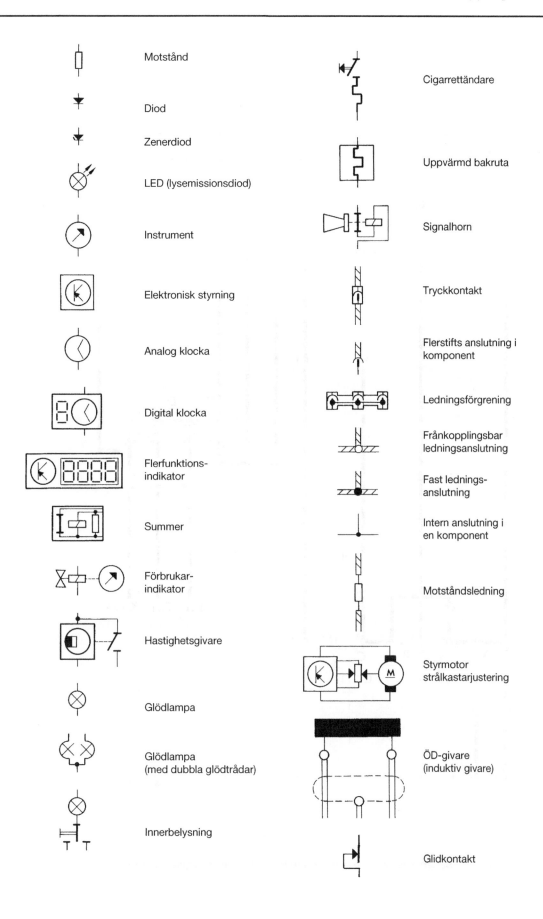

Motstånd

Diod

Zenerdiod

LED (lysemissionsdiod)

Instrument

Elektronisk styrning

Analog klocka

Digital klocka

Flerfunktions-
indikator

Summer

Förbrukar-
indikator

Hastighetsgivare

Glödlampa

Glödlampa
(med dubbla glödtrådar)

Innerbelysning

Cigarrettändare

Uppvärmd bakruta

Signalhorn

Tryckkontakt

Flerstifts anslutning i
komponent

Ledningsförgrening

Frånkopplingsbar
ledningsanslutning

Fast lednings-
anslutning

Intern anslutning i
en komponent

Motståndsledning

Styrmotor
strålkastarjustering

ÖD-givare
(induktiv givare)

Glidkontakt

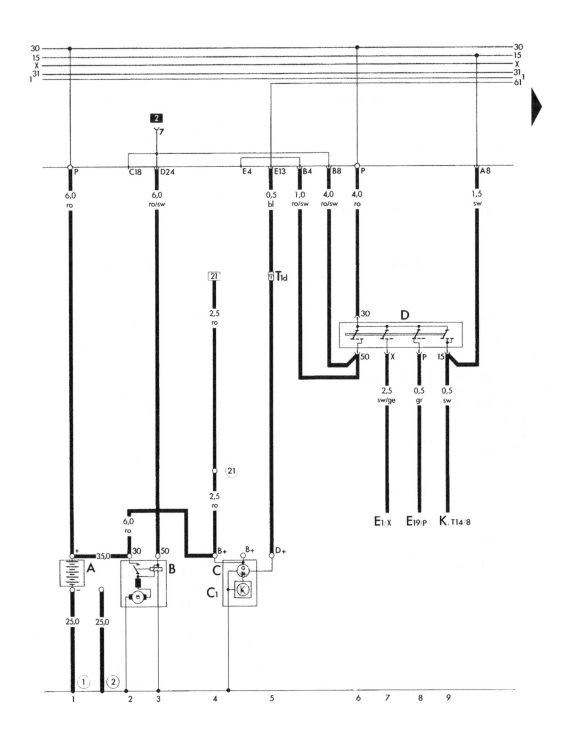

Batteri, startmotor och generator (endast 1.9 liters förgasarmotor)

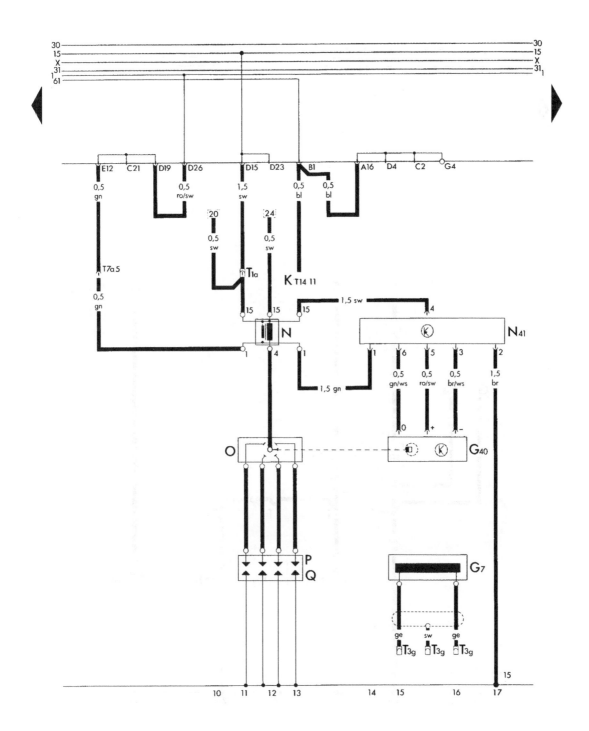

Tändsystem (endast 1.9 liters förgasarmotor)

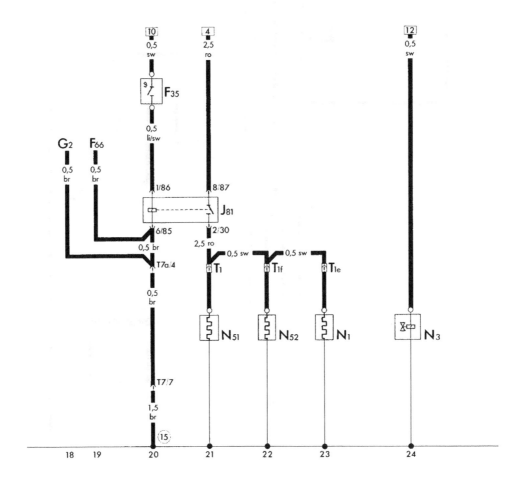

Grenrör och förgasarvärme, automatchoke och tomgångsavstängningssolenoid (endast 1.9 liters förgasarmotor)

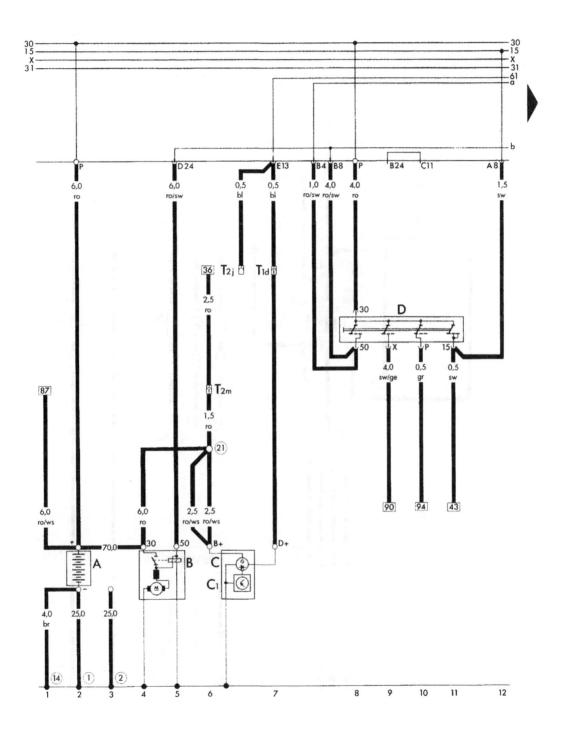

Batteri, startmotor och generator (typexempel)

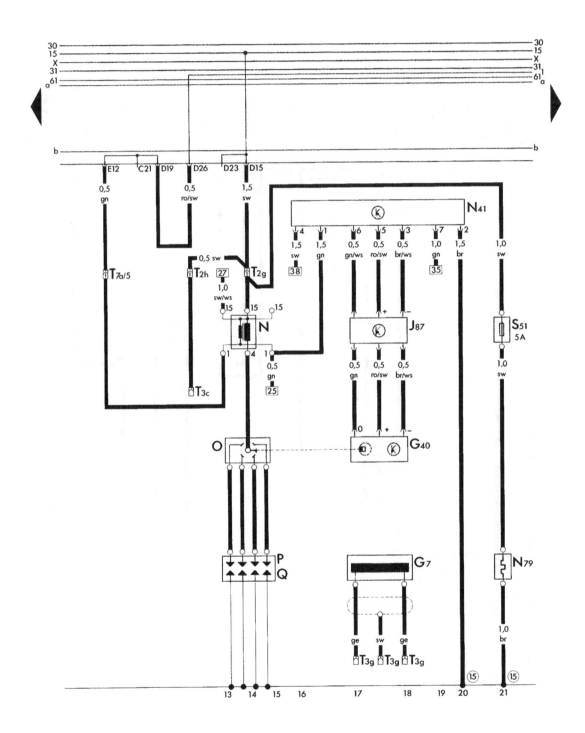

Tändsystem och elektrisk uppvärmning av vevhusventilation (typexempel)

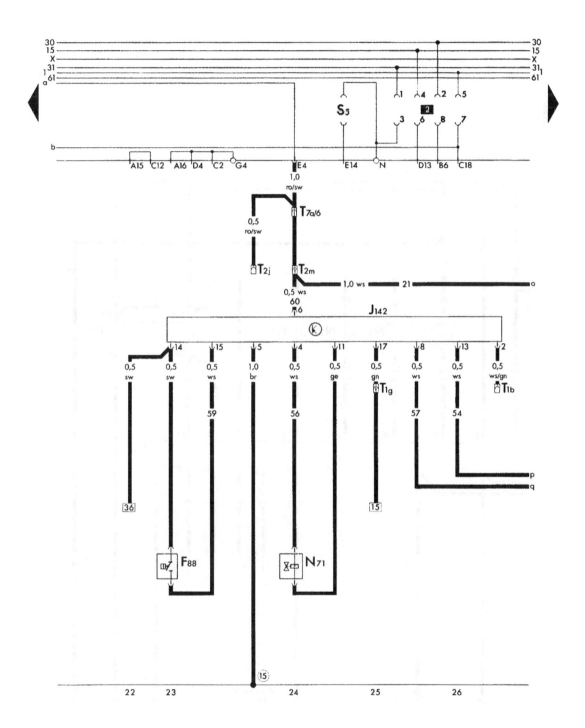

Tomgångsstabilisering (typexempel)

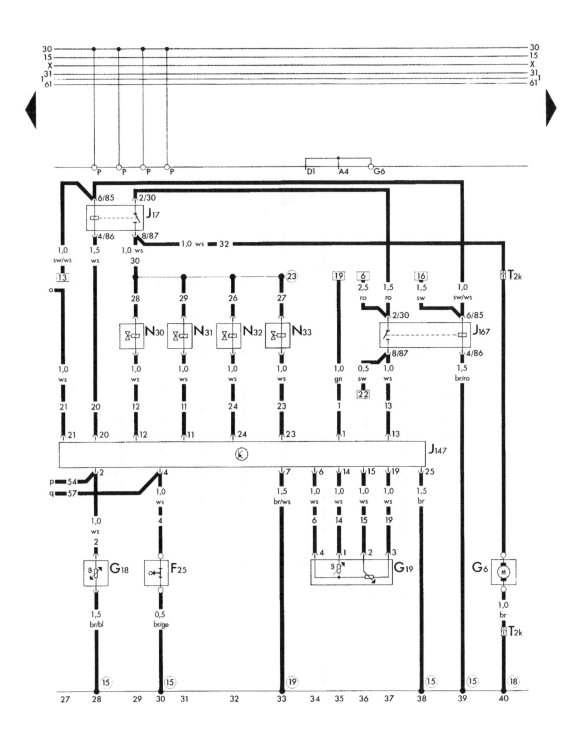

Digitalt bränsleinsprutningssystem (Digijet)

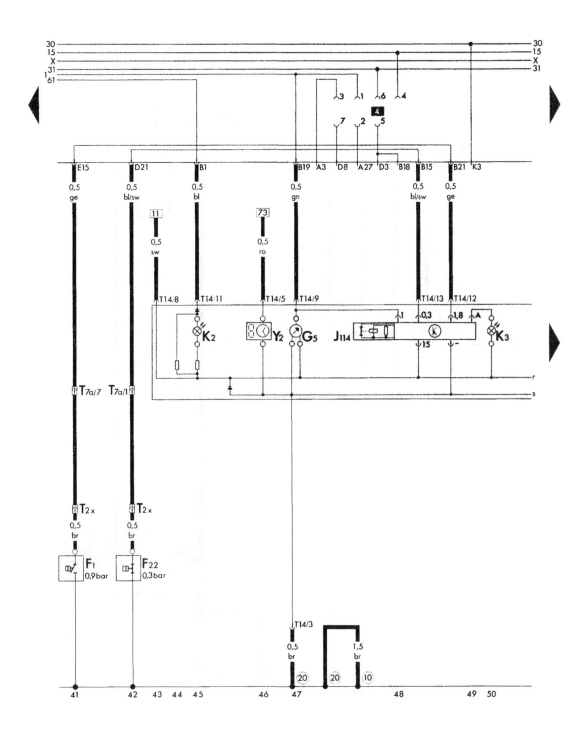

Instrumentpanelinsats, optisk och akustisk oljetrycksvarning (typexempel)

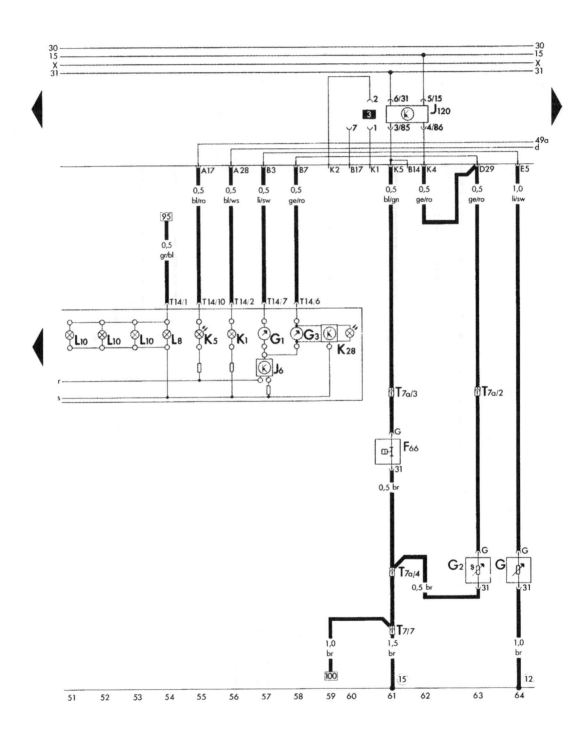

Instrumentpanelinsats, indikatorer för kylvätsketemperatur och -nivå (typexempel)

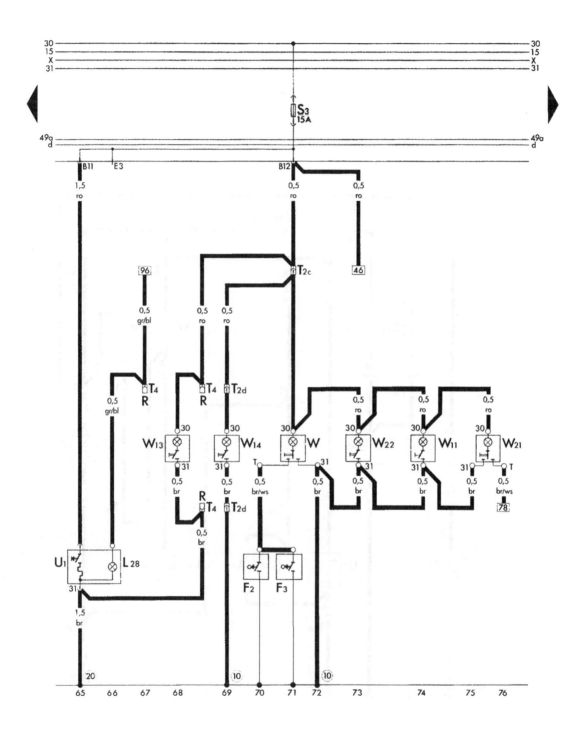

Cigarrettändare, radio, innerbelysning, läslampa (typexempel)

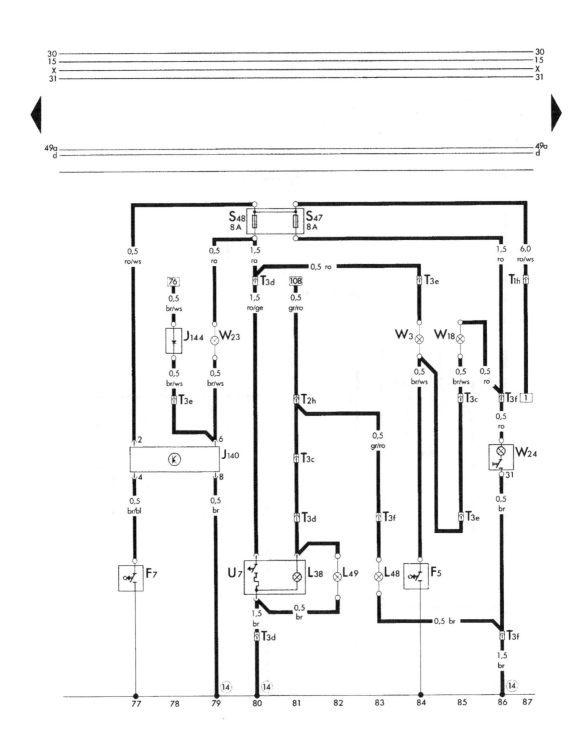

Innerbelysning, bagageutrymmesbelysning (typexempel)

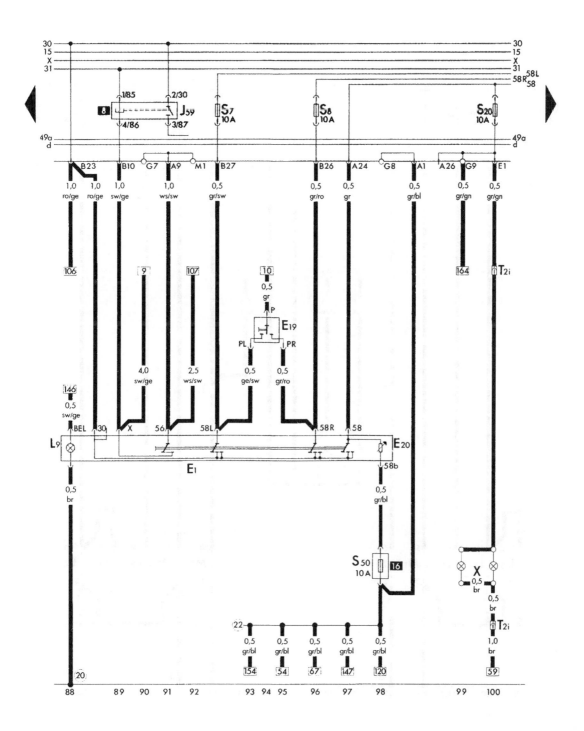

Ljusströmbrytare och nummerplåtsbelysning (typexempel)

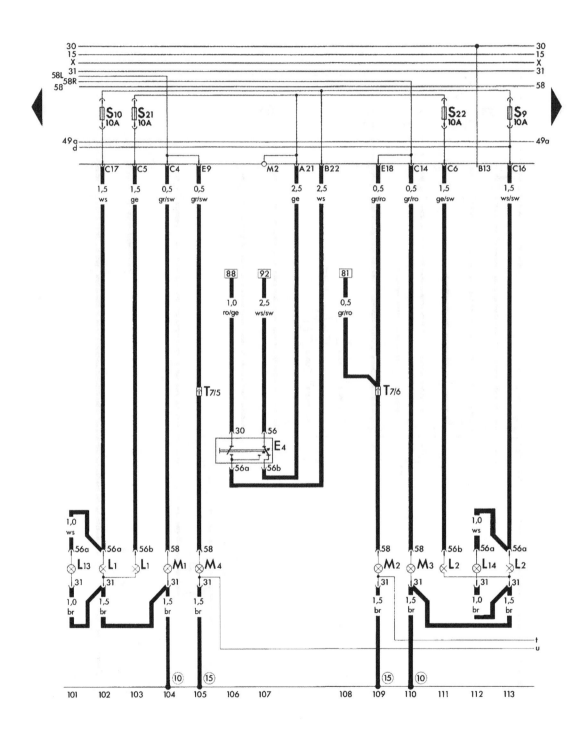

Strålkastare, baklysen, strålkastarens hel-/halvljusomställare och helljusblink (typexempel)

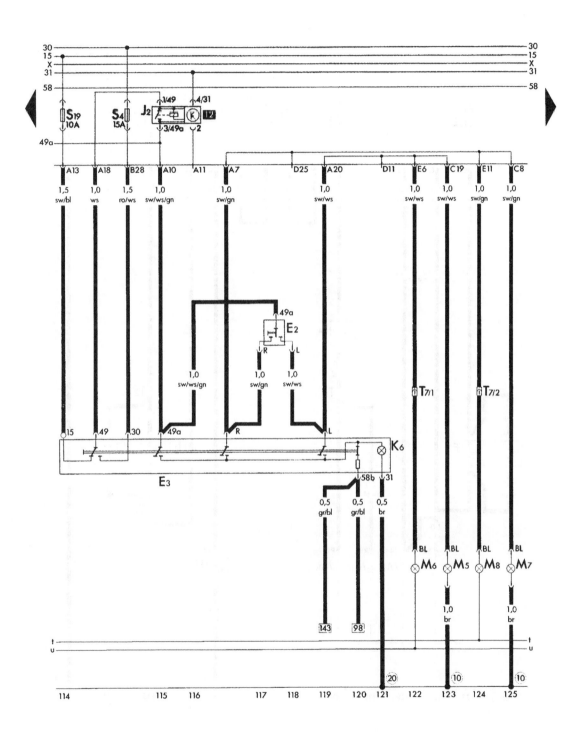

Körriktningsvisare och varningsblinkers (typexempel)

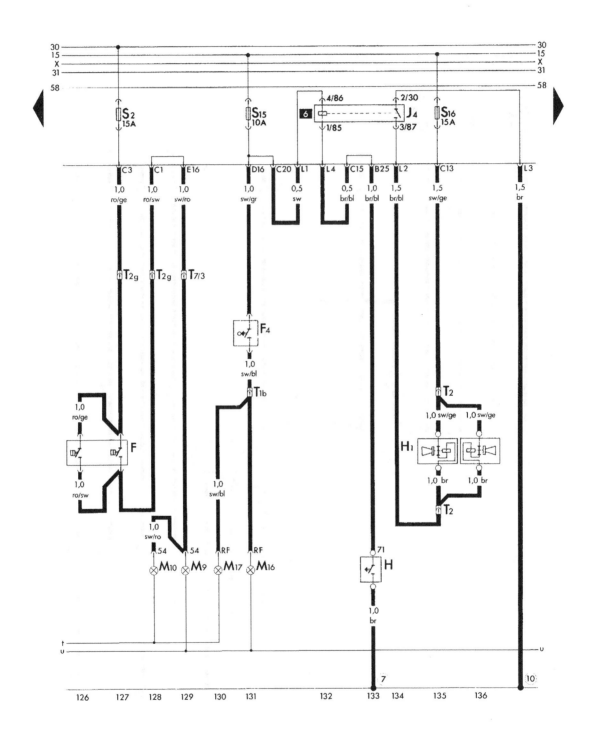

Bromsljus, backljus, två-tons signalhorn (typexempel)

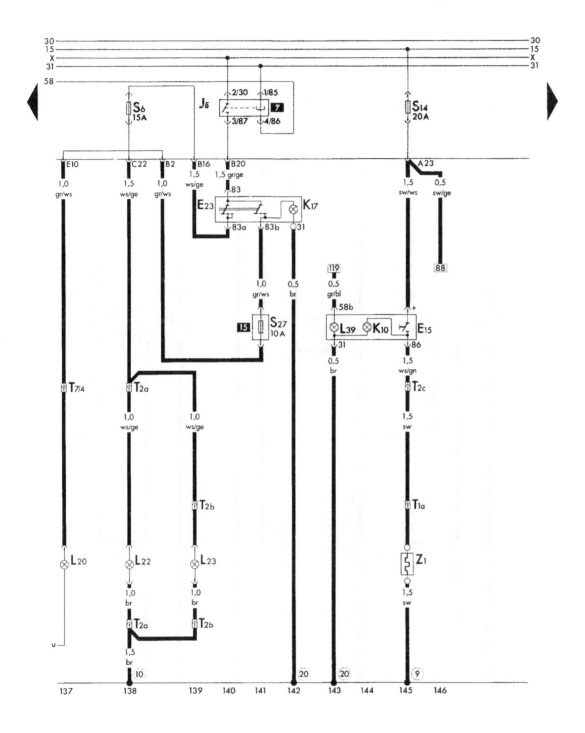

Främre och bakre dimljus, uppvärmd bakruta (typexempel)

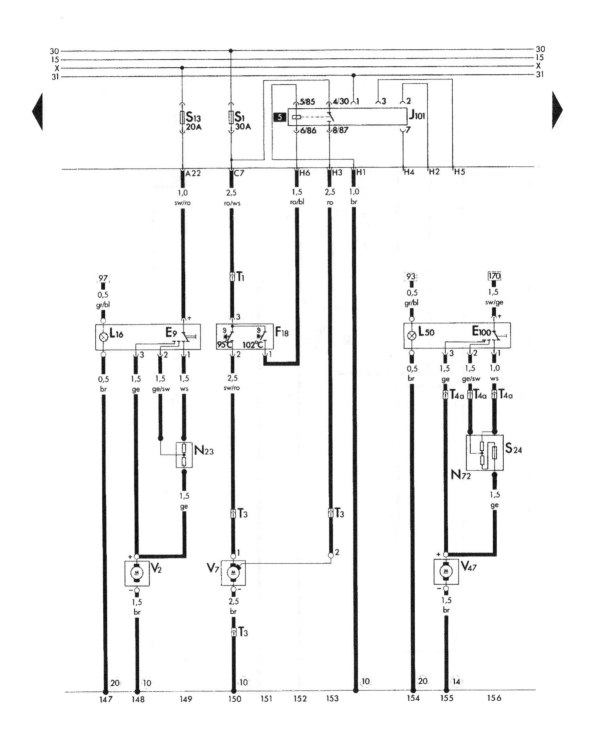

Friskluftsfläkt, kylarfläkt, varmluftsfläkt (typexempel)

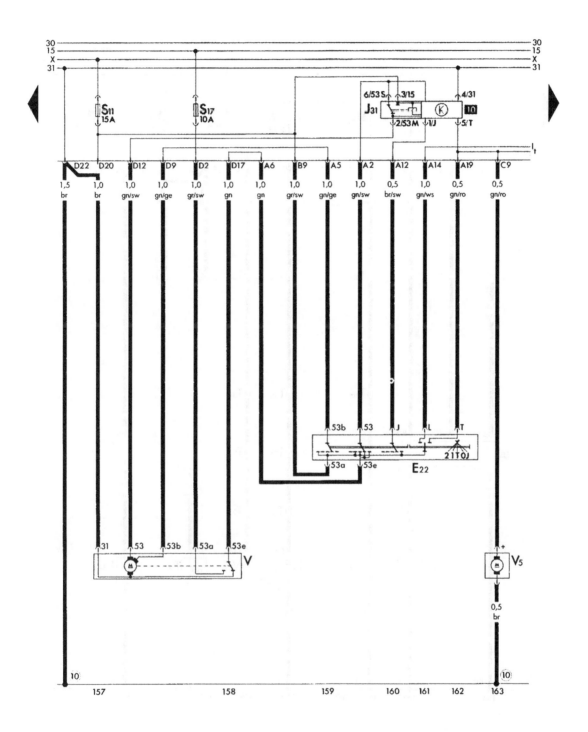

Vindrutetorkar-/spolarsystem (typexempel)

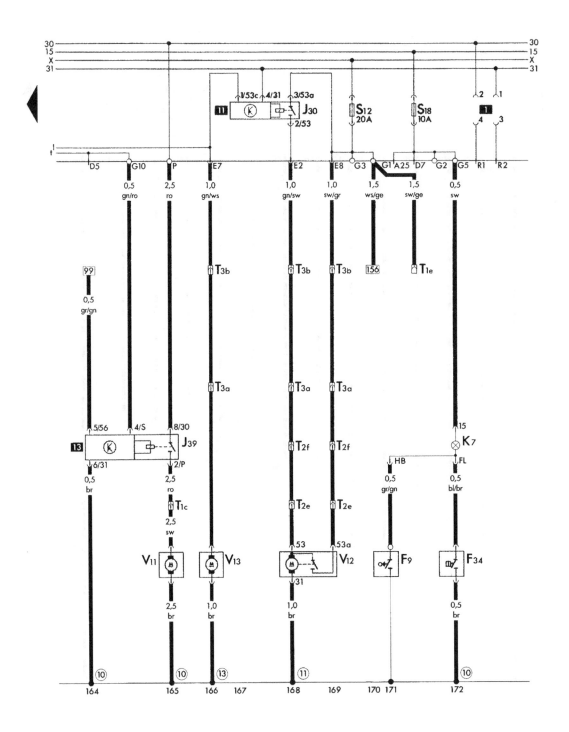

Strålkastarspolarsystem, bakrutetorkar-/spolarsystem, handbroms- och bromsvätskenivåvarning

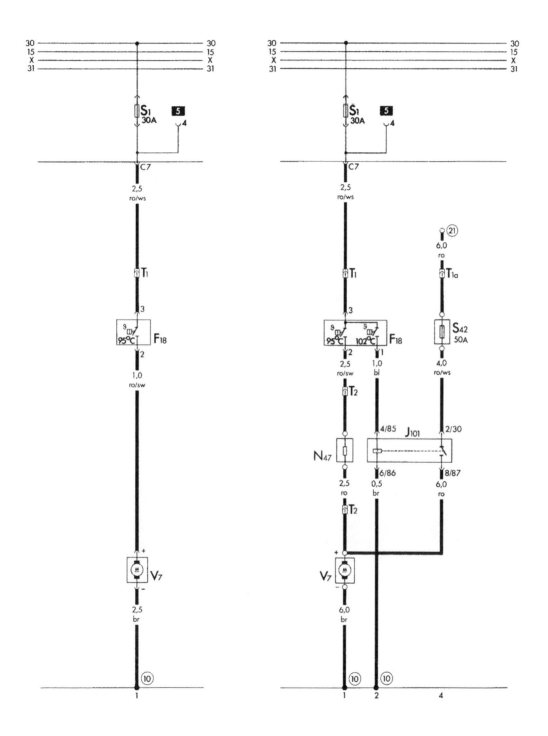

Kylarfläkt (typexempel)

Mått och vikter

Observera: *Alla siffror är ungefärliga och kan variera beroende på modell. Se tillverkarens information för exakta uppgifter.*

Mått

Total längd . . . . 4,570 m
Total bredd:
   Alla utom Pick-up . . . . 1,845 m
   Standard Pick-up . . . . 1,870 m
   Pick-up med stort flak . . . . 2,000 m
Total höjd:
   Pick-up . . . . 1,930 m
   Caravelle . . . . 1,950 m
   Kombi . . . . 1,960 m
   Van . . . . 1,965 m
   Kombi med förhöjt tak . . . . 2,360 m
   Van med förhöjt tak . . . . 2,365 m
Hjulbas . . . . 2,460 m
Spårvidd:
   Fram . . . . 1,583 m
   Bak . . . . 1,570 m
Frigång från marken . . . . 190 mm

Vikter

Körklar (beroende på modell och utrustning) . . . . 1395 till 1570 kg
Bruttovikt . . . . 2390 till 2600 kg (se typplåt på dörrstolpen)

Reservdelar finns att få tag i från många olika källor, inklusive VW-handlare, tillbehörsbutiker och motorspecialister. För att vara säker på att få rätt delar krävs att du uppger bilens identifikationsnummer. Om det är möjligt är det också bra att ta med den gamla delen för identifiering. Delar som startmotorer och generatorer kan fås som fabriksrenoverade utbytesdelar – delar som returneras skall alltid vara rena.

Våra råd när det gäller reservdelar är följande:

Auktoriserade VW-handlare

Detta är den bästa källan för delar som är specifika för just din bil och inte allmänt tillgängliga (t ex märken, innerklädsel, vissa karossdelar etc.) Det är också det enda stället där du bör köpa reservdelar om bilens garanti fortfarande gäller.

Tillbehörsbutiker

Dessa är ofta bra ställen för inköp av underhållsmaterial (olje-, luft- och bränsle-filter, tändstift, glödlampor, drivremmar olja och fetter, bromsklossar, bättringslack etc). Delar av denna typ sålda av välkända butiker håller ofta samma standard som de som används av tillverkaren.

Motorspecialister

Bra specialister lagerhåller viktigare delar som slits ut relativt snabbt och kan ibland tillhandahålla delar som krävs för större renoveringar. De kan också ibland ta hand om större arbeten som omborrning av motor-block, omslipning och balansering av vevaxel etc.

Specialister på däck och avgassystem

Dessa kan vara oberoende handlare eller ingå i större kedjor. De har ofta konkurrenskraftiga priser jämfört med märkesverkstäder och andra, men det lönar sig att ta in flera anbud innan man bestämmer sig. Vid kontroll av priser, se efter vad som ingår – vanligen betalar du t ex extra för ventiler och balansering vid inköp av ett nytt däck.

Andra källor

Var vaksam när det gäller delar som säljs på loppmarknader etc. De är inte alltid av usel kvalitet, men det finns knappast någon chans att få upprättelse om de är otillfreds-ställande. När det gäller säkerhetskritiska delar som bromsklossar innebär detta inte bara en ekonomisk risk utan även en risk för olyckor.

Identifikationsnummer

Modifieringar är en fortlöpande och opubli-cerad process i biltillverkningen även utöver de större modelländringarna. Reservdels-kataloger och listor sammanställs på numerisk bas och bilens identifikations-nummer är väsentliga för att man ska få tag i rätt reservdelar.

Vid beställning av reservdelar, lämna alltid så mycket information som möjligt. Ange bilens modell, tillverkningsår, kaross- och motornummer efter tillämplighet.

Bilens *identifikationsnummer* finns på en plåt monterad på den högra främre dörr-stolpen (se bild).

Chassinumret är inetsat under bilen på den främre tvärbalken (se bild).

Motornumret är inetsat på motorblocket bakom kilremsskivan (se bild).

Bilens identifikationsnummer finns på en plåt monterad på främre högra dörrstolpen

Chassinumret är inetsat under bilen, på den främre tvärbalken

Motornumret är inetsat på motorblocket, bakom kilremsskivan

När service, reparationer och renoveringar utförs på en bil eller bildel bör följande beskrivningar och instruktioner följas. Detta för att reparationen ska utföras så effektivt och fackmannamässigt som möjligt.

Tätningsytor och packningar

Vid isärtagande av delar vid deras tätningsytor ska dessa aldrig bändas isär med skruvmejsel eller liknande. Detta kan orsaka allvarliga skador som resulterar i oljeläckage, kylvätskeläckage etc. efter montering. Delarna tas vanligen isär genom att man knackar längs fogen med en mjuk klubba. Lägg dock märke till att denna metod kanske inte är lämplig i de fall styrstift används för exakt placering av delar.

Där en packning används mellan två ytor måste den bytas vid ihopsättning. Såvida inte annat anges i den aktuella arbetsbeskrivningen ska den monteras torr. Se till att tätningsytorna är rena och torra och att alla spår av den gamla packningen är borttagna. Vid rengöring av en tätningsyta ska sådana verktyg användas som inte skadar den. Små grader och repor tas bort med bryne eller en finskuren fil.

Rensa gängade hål med piprensare och håll dem fria från tätningsmedel då sådant används, såvida inte annat direkt specificeras.

Se till att alla öppningar, hål och kanaler är rena och blås ur dem, helst med tryckluft.

Oljetätningar

Oljetätningar kan tas ut genom att de bänds ut med en bred spårskruvmejsel eller liknande. Alternativt kan ett antal självgängande skruvar dras in i tätningen och användas som dragpunkter för en tång, så att den kan dras rakt ut.

När en oljetätning tas bort från sin plats, ensam eller som en del av en enhet, ska den alltid kasseras och bytas ut mot en ny.

Tätningsläpparna är tunna och skadas lätt och de tätar inte annat än om kontaktytan är fullständigt ren och oskadad. Om den ursprungliga tätningsytan på delen inte kan återställas till perfekt skick och tillverkaren inte gett utrymme för en viss omplacering av tätningen på kontaktytan, måste delen i fråga bytas ut.

Skydda tätningsläpparna från ytor som kan skada dem under monteringen. Använd tejp eller konisk hylsa där så är möjligt. Smörj läpparna med olja innan monteringen. Om oljetätningen har dubbla läppar ska utrymmet mellan dessa fyllas med fett.

Såvida inte annat anges ska oljetätningar monteras med tätningsläpparna mot det smörjmedel som de ska täta för.

Använd en rörformad dorn eller en träbit i lämplig storlek till att knacka tätningarna på

plats. Om sätet är försedd med skuldra, driv tätningen mot den. Om sätet saknar skuldra bör tätningen monteras så att den går jäms med sätets yta (såvida inte annat uttryckligen anges).

Skruvgängor och infästningar

Muttrar, bultar och skruvar som kärvar är ett vanligt förekommande problem när en komponent har börjat rosta. Bruk av rostupplösningsolja och andra krypsmörjmedel löser ofta detta om man dränker in delen som kärvar en stund innan man försöker lossa den. Slagskruvmejsel kan ibland lossa envist fastsittande infästningar när de används tillsammans med rätt mejselhuvud eller hylsa. Om inget av detta fungerar kan försiktig värmning eller i värsta fall bågfil eller mutterspräckare användas.

Pinnbultar tas vanligen ut genom att två muttrar låses vid varandra på den gängade delen och att en blocknyckel sedan vrider den undre muttern så att pinnbulten kan skruvas ut. Bultar som brutits av under fästytan kan ibland avlägsnas med en lämplig bultutdragare. Se alltid till att gängade bottenhål är helt fria från olja, fett, vatten eller andra vätskor innan bulten monteras. Underlåtenhet att göra detta kan spräcka den del som skruven dras in i, tack vare det hydrauliska tryck som uppstår när en bult dras in i ett vätskefyllt hål

Vid åtdragning av en kronmutter där en saxsprint ska monteras ska muttern dras till specificerat moment om sådant anges, och därefter dras till nästa sprinthål. Lossa inte muttern för att passa in saxsprinten, såvida inte detta förfarande särskilt anges i anvisningarna.

Vid kontroll eller omdragning av mutter eller bult till ett specificerat åtdragningsmoment, ska muttern eller bulten lossas ett kvarts varv och sedan dras åt till angivet moment. Detta ska dock inte göras när vinkelåtdragning använts.

För vissa gängade infästningar, speciellt topplocksbultar/muttrar anges inte åtdragningsmoment för de sista stegen. Istället anges en vinkel för åtdragning. Vanligtvis anges ett relativt lågt åtdragningsmoment för bultar/muttrar som dras i specificerad turordning. Detta följs sedan av ett eller flera steg åtdragning med specificerade vinklar.

Låsmuttrar, låsbleck och brickor

Varje infästning som kommer att rotera mot en komponent eller en kåpa under åtdragningen ska alltid ha en bricka mellan åtdragningsdelen och kontaktytan.

Fjäderbrickor ska alltid bytas ut när de använts till att låsa viktiga delar som exempelvis lageröverfall. Låsbleck som viks

över för att låsa bult eller mutter ska alltid byts ut vid ihopsättning.

Självlåsande muttrar kan återanvändas på mindre viktiga detaljer, under förutsättning att motstånd känns vid dragning över gängen. Kom dock ihåg att självlåsande muttrar förlorar låseffekt med tiden och därför alltid bör bytas ut som en rutinåtgärd.

Saxsprintar ska alltid bytas mot nya i rätt storlek för hålet.

När gänglåsmedel påträffas på gängor på en komponent som ska återanvändas bör man göra ren den med en stålborste och lösningsmedel. Applicera nytt gänglåsningsmedel vid montering.

Specialverktyg

Vissa arbeten i denna handbok förutsätter användning av specialverktyg som pressar, avdragare, fjäderkompressorer med mera. Där så är möjligt beskrivs lämpliga lättillgängliga alternativ till tillverkarens specialverktyg och hur dessa används. I vissa fall, där inga alternativ finns, har det varit nödvändigt att använda tillverkarens specialverktyg. Detta har gjorts av säkerhetsskäl, likväl som för att reparationerna ska utföras så effektivt och bra som möjligt. Såvida du inte är mycket kunnig och har stora kunskaper om det arbetsmoment som beskrivs, ska du aldrig försöka använda annat än specialverktyg när sådana anges i anvisningarna. Det föreligger inte bara stor risk för personskador, utan kostbara skador kan också uppstå på komponenterna.

Miljöhänsyn

Vid sluthantering av förbrukad motorolja, bromsvätska, frostskydd etc. ska all vederbörlig hänsyn tas för att skydda miljön. Ingen av ovan nämnda vätskor får hällas ut i avloppet eller direkt på marken. Kommunernas avfallshantering har kapacitet för hantering av miljöfarligt avfall liksom vissa verkstäder. Om inga av dessa finns tillgängliga i din närhet, fråga hälsoskyddskontoret i din kommun om råd.

I och med de allt strängare miljöskyddslagarna beträffande utsläpp av miljöfarliga ämnen från motorfordon har alltfler bilar numera justersäkringar monterade på de mest avgörande justeringspunkterna för bränslesystemet. Dessa är i första hand avsedda att förhindra okvalificerade personer från att justera bränsle/luftblandningen och därmed riskerar en ökning av giftiga utsläpp. Om sådana justersäkringar påträffas under service eller reparationsarbete ska de, närhelst möjligt, bytas eller sättas tillbaka i enlighet med tillverkarens rekommendationer eller aktuell lagstiftning.

Domkraften som medföljer bilen skall endast användas vid hjulbyte – se "Hjulbyte" i början av boken. Vid alla andra arbeten skall bilen lyftas upp med hjälp av en hydraulisk domkraft (garagedomkraft) och alltid stödjas med pallbockar under lyftpunkterna **(se bild)**.

Vid användning av hydraulisk domkraft eller pallbockar, placera alltid domkraftshuvudet eller pallbocken under en av de relevanta lyftpunkterna.

För att lyfta framvagnen, demontera plåten under motorn och placera domkraftshuvudet under mitten av framaxeltvärbalken. Lyft aldrig bilen med domkraften placerad under oljesumpen eller styrnings- eller fjädringskomponenter.

För att lyfta bakvagnen, placera domkraftshuvudet under bakaxelns slutväxelhus, men använd ett träblock som mellanlägg mellan domkraftshuvudet och huset.

Domkraften som medföljer bilen passar in i lyftpunkterna på undersidan av trösklarna. Försäkra dig om att domkraftshuvudet är ordentligt inpassat innan bilen börjar lyftas.

Arbeta **aldrig** under, kring eller nära en lyft bil om den inte är säkert stöttad med pallbockar på minst två punkter.

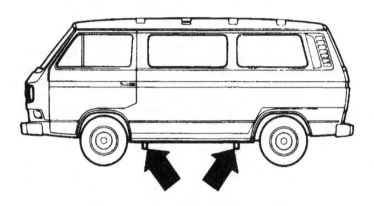

Fordonets lyftpunkter

Stöldskyddssystem för radio/kassettbandspelare

Många moderna radio/kassettbandspelare är utrustade med inbyggd säkerhetskod för att avskräcka tjuvar. Om strömkällan till enheten kopplas bort aktiveras stöldskyddssystemet. Även om strömkällan omedelbart återansluts kommer radion/kassettbandspelaren inte att fungera förrän korrekt säkerhetskod har knappats in. Om du inte känner till säkerhetskoden bör du därför **inte** lossa någon av batterianslutningarna eller ta ut radion från bilen.

För att knappa in korrekt säkerhetskod, följ instruktionerna som medföljer radion/kassettbandspelaren.

Om fel kod knappas in kommer enheten att låsas och kan inte användas alls. Om detta händer, eller om säkerhetskoden har tappats bort eller glömts, kontakta radiotillverkaren eller återförsäljaren.

Inledning

En uppsättning bra verktyg är ett grund-läggande krav för var och en som överväger att underhålla och reparera ett motorfordon. För de ägare som saknar sådana kan inköpet av dessa bli en märkbar utgift, som dock uppvägs till en viss del av de besparingar som görs i och med det egna arbetet. Om de anskaffade verktygen uppfyller grund-läggande säkerhets- och kvalitetskrav kommer de att hålla i många år och visa sig vara en värdefull investering.

För att hjälpa bilägaren att avgöra vilka verktyg som behövs för att utföra de arbeten som beskrivs i denna handbok har vi sammanställt tre listor med följande rubriker: *Underhåll och mindre reparationer, Reparation och renovering* samt *Specialverktyg.* Ny-börjaren bör starta med det första sortimentet och begränsa sig till enklare arbeten på fordonet. Allt eftersom erfarenhet och själv-förtroende växer kan man sedan prova svårare uppgifter och köpa fler verktyg när och om det behövs. På detta sätt kan den grundläggande verktygssatsen med tiden utvidgas till en reparations- och renoverings-sats utan några större enskilda kontantutlägg. Den erfarne hemmamekanikern har redan en verktygssats som räcker till de flesta reparationer och renoveringar och kommer att välja verktyg från specialkategorin när han känner att utgiften är berättigad för den användning verktyget kan ha.

Underhåll och mindre reparationer

Verktygen i den här listan ska betraktas som ett minimum av vad som behövs för rutinmässigt underhåll, service och mindre reparationsarbeten. Vi rekommenderar att man köper blocknycklar (ring i ena änden och öppen i den andra), även om de är dyrare än de med öppen ände, eftersom man får båda sorternas fördelar.

☐ Blocknycklar - 8, 9, 10, 11, 12, 13, 14, 15, 17 och 19 mm
☐ Skiftnyckel - 35 mm gap (ca.)
☐ Tändstiftsnyckel (med gummifoder)
☐ Verktyg för justering av tändstiftens elektrodavstånd
☐ Sats med bladmått
☐ Nyckel för avluftning av bromsar
☐ Skruvmejslar:
   Spårmejsel - 100 mm lång x 6 mm diameter
   Stjärnmejsel - 100 mm lång x 6 mm diameter
☐ Kombinationstång
☐ Bågfil (liten)
☐ Däckpump
☐ Däcktrycksmätare
☐ Oljekanna
☐ Verktyg för demontering av oljefilter
☐ Fin slipduk
☐ Stålborste (liten)
☐ Tratt (medelstor)

Reparation och renovering

Dessa verktyg är ovärderliga för alla som utför större reparationer på ett motorfordon och tillkommer till de som angivits för *Underhåll och mindre reparationer.* I denna lista ingår en grundläggande sats hylsor. Även om dessa är dyra, är de oumbärliga i och med sin mång-sidighet - speciellt om satsen innehåller olika typer av drivenheter. Vi rekommenderar 1/2-tums fattning på hylsorna eftersom de flesta momentnycklar har denna fattning.

Verktygen i denna lista kan ibland behöva kompletteras med verktyg från listan för *Specialverktyg.*

☐ Hylsor, dimensioner enligt föregående lista
☐ Spärrskaft med vändbar riktning (för användning med hylsor) **(se bild)**
☐ Förlängare, 250 mm (för användning med hylsor)
☐ Universalknut (för användning med hylsor)
☐ Momentnyckel (för användning med hylsor)
☐ Självlåsande tänger
☐ Kulhammare
☐ Mjuk klubba (plast/aluminium eller gummi)
☐ Skruvmejslar:
   Spårmejsel - en lång och kraftig, en kort (knubbig) och en smal (elektrikertyp)
   Stjärnmejsel - en lång och kraftig och en kort (knubbig)
☐ Tänger:
   Spetsnostång/plattång
   Sidavbitare (elektrikertyp)
   Låsringstång (inre och yttre)
☐ Huggmejsel - 25 mm
☐ Ritspets
☐ Skrapa
☐ Körnare
☐ Purr
☐ Bågfil
☐ Bromsslangklämma
☐ Avluftningssats för bromsar/koppling
☐ Urval av borrar
☐ Ställinjal
☐ Insexnycklar (inkl Torxtyp/med splines) **(se bild)**

Specialverktyg

Verktygen i denna lista är de som inte används regelbundet, är dyra i inköp eller som måste användas enligt tillverkarens anvis-ningar. Det är bara om du relativt ofta kommer att utföra tämligen svåra jobb som många av dessa verktyg är lönsamma att köpa. Du kan också överväga att gå samman med någon vän (eller gå med i en motorklubb) och göra ett gemensamt inköp, hyra eller låna verktyg om så är möjligt.

Följande lista upptar endast verktyg och instrument som är allmänt tillgängliga och inte sådana som framställs av biltillverkaren speciellt för auktoriserade verkstäder. Ibland nämns dock sådana verktyg i texten. I allmänhet anges en alternativ metod att utföra arbetet utan specialverktyg. Ibland finns emellertid inget alternativ till tillverkarens specialverktyg. När så är fallet och relevant verktyg inte kan köpas, hyras eller lånas har du inget annat val än att lämna bilen till en auktoriserad verkstad.

☐ Sats med filar
☐ Stor stålborste
☐ Pallbockar
☐ Domkraft (garagedomkraft eller stabil pelarmodell)
☐ Arbetslampa med förlängningssladd

☐ Ventilfjäderkompressor **(se bild)**
☐ Ventilslipningsverktyg
☐ Kolvringskompressor **(se bild)**
☐ Verktyg för demontering/montering av kolvringar **(se bild)**
☐ Honingsverktyg **(se bild)**
☐ Kulledsavdragare
☐ Spiralfjäderkompressor (där tillämplig)
☐ Nav/lageravdragare, två/tre ben **(se bild)**
☐ Slagskruvmejsel
☐ Mikrometer och/eller skjutmått **(se bilder)**
☐ Indikatorklocka **(se bild)**
☐ Stroboskoplampa
☐ Kamvinkelmätare/varvräknare
☐ Multimeter

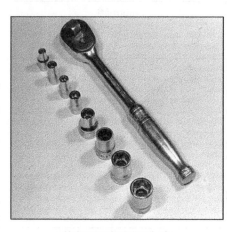

Hylsor och spärrskaft

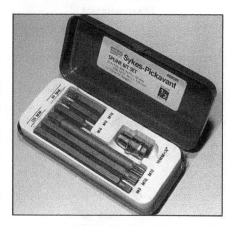

Bits med splines

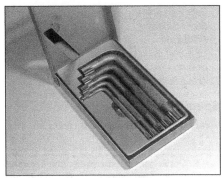
Nycklar med splines

Ventilfjäderkompressor (ventilbåge)

Kolvringskompressor

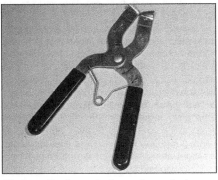
Verktyg för demontering och montering av kolvringar

Honingsverktyg

Trebent avdragare för nav och lager

Mikrometerset

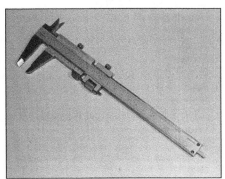
Skjutmått

Indikatorklocka med magnetstativ

Kompressionsmätare

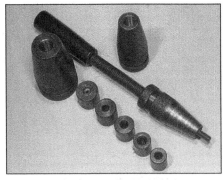
Centreringsverktyg för koppling

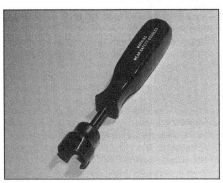
Demonteringsverktyg för bromsbackarnas fjäderskålar

☐ *Kompressionsmätare (se bild)*
☐ *Handmanövrerad vakuumpump och mätare*
☐ *Centreringsverktyg för koppling (se bild)*
☐ *Verktyg för demontering av*
   bromsbackarnas fjäderskålar (se bild)
☐ *Sats för montering/demontering av*
   bussningar och lager (se bild)
☐ *Bultutdragare (se bild)*
☐ *Gängverktygssats (se bild)*
☐ *Lyftblock*
☐ *Garagedomkraft*

Inköp av verktyg

När det gäller inköp av verktyg är det i regel bättre att vända sig till en specialist som har ett större sortiment än t ex tillbehörsbutiker och bensinmackar. Tillbehörsbutiker och andra försöljningsställen kan dock erbjuda utmärkta verktyg till låga priser, så det kan löna sig att söka.

Det finns gott om bra verktyg till låga priser, men se till att verktygen uppfyller grund-läggande krav på funktion och säkerhet. Fråga gärna någon kunnig person om råd före inköpet.

Vård och underhåll av verktyg

Efter inköp av ett antal verktyg är det nödvändigt att hålla verktygen rena och i fullgott skick. Efter användning, rengör alltid verktygen innan de läggs undan. Låt dem inte ligga framme sedan de använts. En enkel upphängningsanordning på väggen för t ex skruvmejslar och tänger är en bra idé. Nycklar och hylsor bör förvaras i metalllådor. Mät-instrument av skilda slag ska förvaras på platser där de inte kan komma till skada eller börja rosta.

Lägg ner lite omsorg på de verktyg som används. Hammarhuvuden får märken och skruvmejslar slits i spetsen med tiden. Lite polering med slippapper eller en fil återställer snabbt sådana verktyg till gott skick igen.

Arbetsutrymmen

När man diskuterar verktyg får man inte glömma själva arbetsplatsen. Om mer än rutinunderhåll ska utföras bör man skaffa en lämplig arbetsplats.

Vi är medvetna om att många ägare/ mekaniker av omständigheterna tvingas att lyfta ur motor eller liknande utan tillgång till garage eller verkstad. Men när detta är gjort ska fortsättningen av arbetet göras inomhus.

Närhelst möjligt ska isärtagning ske på en ren, plan arbetsbänk eller ett bord med passande arbetshöjd.

En arbetsbänk behöver ett skruvstycke. En käftöppning om 100 mm räcker väl till för de flesta arbeten. Som tidigare sagts, ett rent och torrt förvaringsutrymme krävs för verktyg liksom för smörjmedel, rengöringsmedel, bättringslack (som också måste förvaras frostfritt) och liknande.

Ett annat verktyg som kan behövas och som har en mycket bred användning är en elektrisk borrmaskin med en chuckstorlek om minst 8 mm. Denna, tillsammans med en sats spiralborrar, är i praktiken oumbärlig för mon-tering av tillbehör.

Sist, men inte minst, ha alltid ett förråd med gamla tidningar och rena luddfria trasor tillgängliga och håll arbetsplatsen så ren som möjligt.

Sats för demontering och montering av lager och bussningar

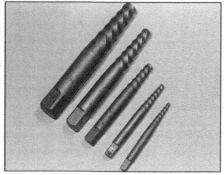

Bultutdragare

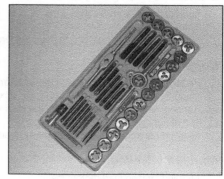

Gängverktygssats

Motor

- [ ] Motorn går inte runt vid startförsök
- [ ] Motorn går runt men startar inte
- [ ] Motorn är svårstartad när den är kall
- [ ] Motorn är svårstartad när den är varm
- [ ] Missljud eller kärvhet i startmotorn vid ingrepp
- [ ] Motorn startar men stannar omedelbart
- [ ] Ojämn tomgång
- [ ] Motorn misständer på tomgång
- [ ] Motorn misständer vid alla varvtal
- [ ] Motorn tvekar vid acceleration
- [ ] Motorstopp
- [ ] Motorn saknar kraft
- [ ] Motorn baktänder
- [ ] Oljetryckslampan tänds när motorn är igång
- [ ] Glödtändning
- [ ] Missljud från motorn

Kylsystem

- [ ] Överhettning
- [ ] Överkylning
- [ ] Yttre kylvätskeläckage
- [ ] Inre kylvätskeläckage
- [ ] Korrosion

Bränsle- och avgassystem

- [ ] Förhöjd bränsleförbrukning
- [ ] Bränsleläckage och/eller -lukt
- [ ] För mycket ljud eller gaser från avgassystemet

Koppling

- [ ] Pedalen går i golvet – lite eller inget motstånd
- [ ] Ingen frikoppling (det går inte att lägga i växlar)
- [ ] Kopplingen slirar (motorvarvtalet ökar men inte bilens hastighet)
- [ ] Skakningar vid frikoppling
- [ ] Missljud när kopplingspedalen trycks ner eller släpps upp

Manuell växellåda

- [ ] Missljud i friläge med motorn igång
- [ ] Missljud med speciell växel ilagd
- [ ] Svårigheter att lägga i växel
- [ ] Växel hoppar ur
- [ ] Vibration och missljud i alla växlar
- [ ] Oljeläckage

Automatväxellåda

- [ ] Oljeläckage
- [ ] Växellådsoljan är brun eller luktar bränt
- [ ] Allmänna svårigheter att välja växel
- [ ] Växellådan växlar inte ner (ingen kickdown) när gaspedalen är helt nedtryckt
- [ ] Motorn startar inte i något läge, eller startar i andra lägen än P eller N
- [ ] Växellådan slirar, ger ifrån sig missljud eller saknar drivkraft framåt eller bakåt

Drivaxlar

- [ ] Vibration vid acceleration eller inbromsning
- [ ] Missljud (knack eller klick) vid acceleration eller inbromsning

Bromssystem

- [ ] Bilen drar åt ena hållet vid inbromsning
- [ ] Oljud (slipljud eller högtonigt gnissel) vid inbromsning
- [ ] För lång pedalväg
- [ ] Bromspedalen känns svampig när den trampas ned
- [ ] För stor pedalkraft krävs för att stoppa bilen
- [ ] Vibrationer känns i bromspedalen eller ratten vid inbromsning
- [ ] Bromsarna kärvar
- [ ] Bakhjulen låser vid normal inbromsning

Fjädring och styrning

- [ ] Bilen drar åt ena hållet
- [ ] Hjulen wobblar och vibrerar
- [ ] För mycket nigning och/eller krängning vid kurvtagning eller inbromsning
- [ ] Bilen vandrar på vägen och känns allmänt instabil
- [ ] Trög styrning
- [ ] Stort glapp i styrningen
- [ ] Ingen servoeffekt (om tillämpligt)
- [ ] Förhöjt däckslitage

Elsystem

- [ ] Batteriet håller inte laddningen mer än ett par dagar
- [ ] Tändnings/laddningslampan förblir tänd när motorn är igång
- [ ] Tändnings/laddningslampan tänds inte
- [ ] Lysen fungerar inte
- [ ] Instrumentavläsningar är felaktiga eller ryckiga
- [ ] Signalhornet fungerar dåligt eller inte alls
- [ ] Vindrute-/bakrutetorkare fungerar dåligt eller inte alls
- [ ] Vindrute-/bakrutespolare fungerar dåligt eller inte alls
- [ ] Elfönsterhissar fungerar dåligt eller inte alls
- [ ] Centrallåssystem fungerar dåligt eller inte alls

Inledning

Den bilägare som utför underhåll med rekommenderade intervall kommer inte att behöva använda denna del av boken särskilt ofta. Moderna komponenter är så pass pålitliga att om slitdelar kontrolleras och byts med specificerade mellanrum är plötsliga haverier tämligen sällsynta. Fel uppstår vanligen inte plötsligt, de utvecklas under en längre period. Speciellt större mekaniska haverier föregås vanligen av karakteristiska symptom under hundra- eller tusentals kilometer. De komponenter som går sönder utan föregående varning är i regel små och lätta att ha med sig i bilen.

All felsökning börjar med att man avgör var sökandet skall inledas. Ibland är detta självklart men i andra fall krävs lite detektivarbete. De ägare som gör ett halvdussin lösryckta justeringar eller delbyten kanske lagar felet (eller undanröjer symptomen) men de är inte klokare om felet uppstår igen och kommer i slutänden att spendera mer tid och pengar än nödvändigt. Ett lugnt och metodiskt tillvägagångssätt är bättre i det långa loppet. Ta alltid hänsyn till varningstecken som kan ha föregått haveriet – kraftförlust, höga/låga mätaravläsningar, ovanliga lukter – och kom ihåg att en trasig säkring eller ett havererat tändstift kanske bara är symptom på ett underliggande fel.

Följande sidor ger en enkel guide till de mer vanligt förekommande problem som kan uppstå med bilen. Problemen och deras möjliga orsaker grupperas under rubriker för olika komponenter eller system som Motor, Kylsystem etc. Det kapitel som behandlar detta problem anges inom parentes. Oavsett fel finns vissa grundprinciper, dessa är följande:

Bekräfta felet. Detta innebär helt enkelt att se till att du vet vilka symptomen är innan du börjar arbeta. Detta är särskilt viktigt om du undersöker ett fel för någon annans räkning – denna kanske inte har beskrivit felet korrekt.

Förbise inte det självklara. Om bilen exempelvis inte startar, finns det verkligen bränsle i tanken? (Ta inte någon annans ord för givet och lita inte heller på bränsle-mätaren). Om ett elektriskt fel indikeras, leta efter lösa kontakter och trasiga ledningar innan du plockar fram testutrustningen.

Åtgärda felet, undanröj inte bara symptomen. Att byta ett urladdat batteri mot ett fulladdat tar dig från vägkanten, men om orsaken inte åtgärdas kommer det nya batteriet snart att vara urladdat. Ett byte av nedoljade tändstift till nya gör att du kan åka vidare, men orsaken till nedsmutsningen (om annan än fel värmetal på stiften) måste fastställas och åtgärdas.

Ta inte någonting för givet. Glöm inte att "nya" delar också kan vara defekta (speciellt om de har skakat runt i bagageutrymmet i flera månader). Utelämna inte komponenter vid felsökning bara för att de är nya eller nyligen monterade. När du väl hittar ett "svårt" fel kommer du troligen att inse att alla ledtrådar fanns där redan från början.

Motor

Motorn går inte runt vid startförsök

☐ Batteripolerna är lösa eller korroderade (*"Veckokontroller"*).
☐ Batteriet urladdat eller defekt (kapitel 5A).
☐ Trasiga, glappa eller lösa ledningar i startmotorkretsen (kapitel 5A).
☐ Defekt startmotorsolenoid eller kontakt (kapitel 5A).
☐ Defekt startmotor (kapitel 5A).
☐ Startmotorns pinjong eller kuggkransen har lösa eller brutna kuggar (kapitel 2 eller 5A).
☐ Automatväxellådan är inte i Park/Neutral läge, eller växelväljarens givare är defekt (kapitel 7B).

Motorn går runt men startar inte

☐ Inget bränsle i tanken.
☐ Batteriet är urladdat (motorn går runt sakta) (kapitel 5A).
☐ Batteripolerna är lösa eller korroderade (*"Veckokontroller"*).
☐ Komponenter i tändsystemet är fuktiga eller skadade (kapitel 1 och 5B).
☐ Trasiga, glappa eller lösa ledningar i startmotorkretsen (kapitel 5A).
☐ Slitna, defekta eller feljusterade tändstift (kapitel 1).
☐ Låg cylinderkompression (kapitel 2A).
☐ Större mekaniskt haveri (kapitel 2A eller 2B).

Motorn är svårstartad när den är kall

☐ Batteriet är urladdat (kapitel 5A).
☐ Batteripolerna är lösa eller korroderade (*"Veckokontroller"*).
☐ Slitna, defekta eller feljusterade tändstift (kapitel 1).
☐ Annat fel i tändsystemet (kapitel 1 och 5B).
☐ Fel i bränsleinsprutningssystem (kapitel 4B).
☐ Låg cylinderkompression (kapitel 2A).

Motorn är svårstartad när den är varm

☐ Igensatt/smutsigt luftfilter (kapitel 1).
☐ Fel i bränsleinsprutningssystem (kapitel 4B).
☐ Låg cylinderkompression (kapitel 2A).

Missljud eller kärvhet i startmotorn vid ingrepp

☐ Startmotorns pinjong eller kuggkransen har lösa eller brutna kuggar (kapitel 2 eller 5A).
☐ Startmotorns fästbultar lösa eller borta (kapitel 5A).
☐ Startmotorns inre komponenter slitna eller skadade (kapitel 5A).

Motorn startar men stannar omedelbart

☐ Lösa eller defekta elanslutningar i tändningskretsen (kapitel 1 och 5B).
☐ Fel i bränsleinsprutningssystem (kapitel 4B).

Ojämn tomgång

☐ Fel i bränsleinsprutningssystem (kapitel 4B).
☐ Igensatt luftfilter (kapitel 1).
☐ Vakuumläckage vid insugsröret eller tillhörande slangar (kapitel 4A eller 4B).
☐ Slitna, defekta eller feljusterade tändstift (kapitel 1).
☐ Ojämn eller låg cylinderkompression (kapitel 2A).
☐ Slitna kamlober (kapitel 2B).
☐ Förgasarens tomgångsavstängningsventil defekt el lös (kapitel 4A).

Motorn misständer på tomgång

☐ Slitna, defekta eller feljusterade tändstift (kapitel 1).
☐ Defekta tändkablar (kapitel 1).
☐ Felaktig tändinställning (kapitel 5B).
☐ Fel i bränsleinsprutningssystem (kapitel 4B).
☐ Vakuumläckage vid insugsröret eller tillhörande slangar (kapitel 4A eller 4B).
☐ Ojämn eller låg cylinderkompression (kapitel 2A).
☐ Lös läckande eller skadad vevhusventilationsslang (kapitel 1 och 4A eller 4B).

Motorn misständer vid alla varvtal

☐ Igensatt bränslefilter (kapitel 1).
☐ Defekt bränslepump (kapitel 4A eller 4B).
☐ Bränsletankens ventilationsslang igensatt eller bränslerör blockerade (kapitel 4A).
☐ Vakuumläckage vid insugsröret eller tillhörande slangar (kapitel 4A eller 4B).
☐ Slitna, defekta eller feljusterade tändstift (kapitel 1).
☐ Defekta tändkablar (kapitel 1).
☐ Defekt tändspole (kapitel 5B).
☐ Fel i bränsleinsprutningssystemet (kapitel 4B).
☐ Ojämn eller låg cylinderkompression (kapitel 2A).

Motorn tvekar vid acceleration

☐ Slitna, defekta eller feljusterade tändstift (kapitel 1).
☐ Fel i bränsleinsprutningssystem (kapitel 4B).
☐ Vakuumläckage vid insugsrör eller tillhörande slangar (kapitel 4A eller 4B).

Motorstopp

☐ Fel i bränsleinsprutningssystem (kapitel 4B).
☐ Vakuumläckage vid insugsrör eller tillhörande slangar (kapitel 4A eller 4B).
☐ Igensatt bränslefilter (kapitel 1).
☐ Defekt bränslepump (kapitel 4A eller 4B).
☐ Bränsletankens ventilationsslang igensatt eller bränslerör blockerade (kapitel 4A).
☐ Förgasarens tomgångsavstängningsventil defekt el lös (kapitel 4A).

Motor (fortsättning)

Motorn saknar kraft

- [ ] Felaktig tändinställning (kapitel 5B).
- [ ] Fel i bränsleinsprutningssystem (kapitel 4B).
- [ ] Igensatt bränslefilter (kapitel 1).
- [ ] Defekt bränslepump (kapitel 4A eller 4B).
- [ ] Ojämn eller låg cylinderkompression (kapitel 2A).
- [ ] Slitna, defekta eller feljusterade tändstift (kapitel 1).
- [ ] Vakuumläckage vid insugsrör eller tillhörande slangar (kapitel 4A och 4B).
- [ ] Bromsarna kärvar (kapitel 1 och 10).
- [ ] Kopplingen slirar (kapitel 6).
- [ ] Oljenivå i automatväxellåda ej korrekt (kapitel 1).

Motorn baktänder

- [ ] Felaktig tändinställning (kapitel 5B).
- [ ] Fel i bränsleinsprutningssystem (kapitel 4B).
- [ ] Vakuumläckage vid insugsrör eller tillhörande slangar (kapitel 4A eller 4B).
- [ ] Avgasventil(er) bränd(a).
- [ ] Fel i avgasreningssystem (kapitel 4A eller 4B).

Oljetryckslampan tänds när motorn är i gång

- [ ] Låg oljenivå eller fel oljetyp ("Veckokontroller").
- [ ] Kontakten till lampan är defekt (kapitel 2B).
- [ ] Slitna motorlager och/eller sliten oljepump (kapitel 2B).
- [ ] Överhettning (kapitel 3).
- [ ] Defekt oljeövertrycksventil (kapitel 2A).
- [ ] Oljeupptagningssil igensatt (kapitel 2B).

Glödtändning

- [ ] För hög tomgång (kapitel 1)
- [ ] Förgasarens tomgångsavstängningsventil defekt (kapitel 4A).
- [ ] Fel i bränsleinsprutningssystem (kapitel 4B).
- [ ] För mycket sot i motorn (kapitel 2B).
- [ ] Överhettning (kapitel 3).

Missljud från motorn

Förtändning (spikning) eller knack under acceleration eller belastning

- [ ] Felaktig tändinställning (kapitel 5B).
- [ ] Fel oktantal på bränslet (kapitel 4A eller 4B).
- [ ] Vakuumläckage i insugsrör eller tillhörande slangar (kapitel 4A eller 4B).
- [ ] För mycket sot i motorn (kapitel 2B).

Visslingar eller suckar

- [ ] Läcka i insugsrörsslang eller packning (kapitel 4A eller 4B).
- [ ] Läckande avgasskarv (kapitel 1, 4A eller 4B).
- [ ] Läckande vakuumslang (kapitel 1, 2A, 2B , 4A, 4B och 10).
- [ ] Läckande tätningsring i topplock (kapitel 2B).

Lätta knackningar eller skaller

- [ ] Slitna hydrauliska ventillyftare (kapitel 2B).
- [ ] Sliten ventilreglering eller kamaxel (kapitel 2B).
- [ ] Slitna kamdrev (kapitel 2B).
- [ ] Defekt hjälpaggregat (vattenpump, generator etc) (kapitel 3 och 5A).

Knack eller slag

- [ ] Slitna storändslager (regelbundna hårda knackningar, eventuellt mindre under belastning) (kapitel 2B).
- [ ] Slitna ramlager (muller och knackningar, eventuellt ökande under belastning) (kapitel 2B).
- [ ] Kolvslammer (mest märkbart med kall motor) (kapitel 2B).
- [ ] Defekt hjälpaggregat (vattenpump, generator etc) (kapitel 3 och 5A).

Kylsystem

Överhettning

- [ ] För lite kylvätska i systemet ("Veckokontroller").
- [ ] Defekt termostat (kapitel 3).
- [ ] Igensatt kylare eller grill (kapitel 3).
- [ ] Kylarens elektriska kylfläkt eller kylvätsketemperaturgivare defekt (kapitel 3).
- [ ] Fel i bränsleinsprutningssystem (kapitel 4B).
- [ ] Defekt trycklock (kapitel 3).
- [ ] Drivremmar är slitna eller slirar (kapitel 1).
- [ ] Felaktig tändinställning (kapitel 5B).
- [ ] Defekt kylvätsketemperaturgivare (kapitel 3).
- [ ] Kylsystemet är inte korrekt påfyllt (kapitel 1).

Överkylning

- [ ] Termostat defekt (kapitel 3).
- [ ] Defekt kylvätsketemperaturgivare (kapitel 3).

Yttre kylvätskeläckage

- [ ] Slitna eller skadade slangar eller slangklammor (kapitel 1).
- [ ] Läckage i kylare eller värmepaket (kapitel 3).
- [ ] Defekt trycklock (kapitel 3).
- [ ] Vattenpumpen läcker (kapitel 3).
- [ ] Kokning på grund av överhettning (kapitel 3).
- [ ] Vevhusets vattenmantel eller skarv läcker (kapitel 2B).

Inre kylvätskeläckage

- [ ] Läckande tätningsring i topplocket (kapitel 2B).
- [ ] Sprucket topplock, vevhus eller foder (kapitel 2B).

Korrosion

- [ ] Systemet har inte tappats av och spolats tillräckligt ofta (kapitel 1).
- [ ] Felaktig frostskyddsblandning eller fel typ av frostskydd ("Veckokontroller" och kapitel 1).

Bränsle- och avgassystem

Förhöjd bränsleförbrukning
☐ Slösaktig körstil eller svåra förhållanden.
☐ Igensatt eller smutsigt luftfilter (kapitel 1).
☐ Fel i bränsleinsprutningssystem (kapitel 4B).
☐ Felaktig tändinställning (kapitel 5B).
☐ För lågt lufttryck i däcken ("Veckokontroller").

Bränsleläckage och/eller -lukt
☐ Bränsletank, rör eller anslutningar skadade eller korroderade (kapitel 1).

För mycket ljud eller gaser från avgassystemet
☐ Läckande avgassystem eller grenrörsanslutningar (kapitel 1 eller 4A).
☐ Läckande, korroderade eller skadade komponenter i avgassystemet (kapitel 1 eller 4A).
☐ Trasiga fästen vilket gör att delar kommer i kontakt med kaross eller fjädring (kapitel 1 eller 4A).

Koppling

Pedalen går i golvet – lite eller inget motstånd
☐ Luft i hydraulsystemet (kapitel 6).
☐ Defekt slavcylinder (kapitel 6).
☐ Defekt huvudcylinder (kapitel 6).
☐ Trasig tallriksfjäder i tryckplattan (kapitel 6).

Ingen frikoppling (det går inte att lägga i växlar)
☐ Luft i hydraulsystemet (kapitel 6).
☐ Defekt slavcylinder (kapitel 6).
☐ Defekt huvudcylinder (kapitel 6).
☐ Lamellen har fastnat på splinesen på växellådans huvudaxel (kapitel 6).
☐ Lamellen har fastnat på svänghjulet eller tryckplattan (kapitel 6).
☐ Felmonterad tryckplatta (kapitel 6).
☐ Urtrampningsmekanismen sliten eller felmonterad (kapitel 6).

Kopplingen slirar (motorvarvtalet ökar men inte bilens hastighet)
☐ Lamellens belägg slitna (kapitel 6).
☐ Lamellens belägg förorenade med olja eller fett (kapitel 6).
☐ Defekt tryckplatta eller svag tallriksfjäder (kapitel 6).

Skakningar vid frikoppling
☐ Lamellens belägg förorenade med olja eller fett (kapitel 6).
☐ Lamellens belägg slitna (kapitel 6).
☐ Trasig eller skev tryckplatta eller tallriksfjäder (kapitel 6).
☐ Slitna eller lösa motor-/växellådsfästen (kapitel 2A).
☐ Lamellens nav eller splinesen på växellådans huvudaxel slitna (kapitel 6).

Missljud när kopplingspedalen trycks ner eller släpps upp
☐ Slitet urtrampningslager (kapitel 6).
☐ Kopplingspedalens bussningar slitna eller torra (kapitel 6).
☐ Felmonterad tryckplatta (kapitel 6).
☐ Tryckplattans tallriksfjäder trasig (kapitel 6).
☐ Lamellens dämparfjädrar trasiga (kapitel 6).

Manuell växellåda

Missljud i friläge med motorn igång
☐ Huvudaxelns lager slitna (missljud när kopplingspedalen är uppsläppt, men inte när den är nedtryckt) (kapitel 7A).*
☐ Slitet urtrampningslager (missljud när pedalen är nedtryckt, möjligen mindre när den är uppsläppt) (kapitel 6).

Missljud med speciell växel ilagd
☐ Slitna eller skadade kuggar på dreven (kapitel 7A).*
☐ Slitna lager (kapitel 7A).*

Svårigheter att lägga i växel
☐ Defekt koppling (kapitel 6).
☐ För hög oljenivå eller fel typ av olja (kapitel 1 och "Veckokontroller").
☐ Växellänkage slitet eller skadat (kapitel 7A).
☐ Sliten synkronisering (kapitel 7A).*

Växel hoppar ur
☐ Växellänkage slitet eller skadat (kapitel 7A).
☐ Sliten synkronisering (kapitel 7A).*
☐ Slitna väljargafflar (kapitel 7A).*

Vibration och missljud i alla växlar
☐ För lite olja eller fel typ av olja (kapitel 1 och "Veckokontroller").
☐ Slitna lager (kapitel 7A).*

Oljeläckage
☐ Läckande oljetätning i drivaxelfläns (kapitel 7A).*
☐ Läckande oljetätning i växlingsaxel (kapitel 7A).*
☐ Läckande skarv i hus (kapitel 7A).*
☐ Läckande oljetätning i huvudaxel (kapitel 7A).*
* De åtgärder som beskrivs för dessa symptom är oftast mer än vad en hemmamekaniker klarar av. Informationen ovan är dock en hjälp till att spåra felkällan så att ägaren kan beskriva problemen för en yrkesmekaniker.

Automatväxellåda

Observera: Eftersom en automatväxellåda är synnerligen komplex är det svårt för en hemmamekaniker att ställa korrekt diagnos och underhålla denna enhet. Andra problem än de som tas upp nedan ska överlåtas till en VW-verkstad eller en specialist på automatväxellådor.

Oljeläckage

☐ För att bestämma var läckan finns, ta först bort all smuts och avlagringar från växellådshuset och omgivande områden med hjälp av avfettningsmedel eller ångtvätt. Kör bilen i låg hastighet så att inte luftflödet blåser bort vätskan från källan. Lyft upp och stöd bilen och undersök varifrån den läckande vätskan kommer. Följande områden är vanliga läckagekällor:
a) Växellådans oljesump (kapitel 1 och 7B).
b) Mätstickans rör (kapitel 1 och 7B).
c) Rör/anslutningar mellan växellåda och vätskekylare (kapitel 1 och 7B).
d) Växellådans oljetätningar (kapitel 7B).

Växellådsoljan är brun eller luktar bränt

☐ Låg oljenivå eller dags för oljebyte (kapitel 1).

Allmänna svårigheter att välja växel

☐ Kapitel 7B tar upp kontroll och justering av automatväxellådans växellänkage. Följande vanliga problem kan vara orsakade av feljusterad växelväljare eller trottelvajerlänkage:

a) Motorn startar med växelväljaren i andra lägen än P eller N.
b) Indikatorn på växelväljaren pekar på ett annat växelläge än det som är ilagt.
c) Bilen flyttar sig med växelväljaren i P eller N.
d) Dåliga eller oregelbundna växlingar.
Se kapitel 7B för justering av väljarvajern och kapitel 4A för justering av trottelvajern.

Växellådan växlar inte ner (ingen kickdown) när gaspedalen är helt nedtryckt

☐ Låg oljenivå (kapitel 1).
☐ Felaktig justering av trottelvajern (kapitel 4A).
☐ Felaktig justering av väljarvajern (kapitel 7B).

Motorn startar inte i något läge, eller startar i andra lägen än P eller N

☐ Felaktig justering av väljarlänkage/startspärrkontakt (kapitel 7B).

Växellådan slirar, ger ifrån sig missljud eller saknar drivkraft framåt eller bakåt

☐ Ovanstående problem kan ha många orsaker men en hemmamekaniker ska bara bekymra sig om en av dem – låg oljenivå. Innan bilen tas till en verkstad, kontrollera oljans nivå och skick enligt beskrivning i kapitel 1. Justera nivån eller byt oljan om så behövs. Om problemet kvarstår krävs professionell hjälp.

Drivaxlar

Vibration vid acceleration eller inbromsning

☐ Drivaxelflänsarnas bultar lösa (kapitel 8).
☐ Slitna CV-knutar (kapitel 8).

Missljud (knack eller klick) vid acceleration eller inbromsning

☐ Drivaxelflänsarnas bultar lösa (kapitel 8).
☐ Slitna CV-knutar (kapitel 8).

Bromssystem

Observera: Innan du förutsätter att det är ett problem med bromsarna, kontrollera däckens skick och lufttryck, framvagnsinställningen samt att bilen inte är lastad så att viktfördelningen är ojämn. Förutom kontroll av alla anslutningar för rör och slangar skall problem med ABS-systemet överlämnas åt en VW-verkstad.

Bilen drar åt ena hållet

☐ Slitna, skadade eller förorenade bromsklossar/bromsbackar på ena sidan (kapitel 10).
☐ Ok eller hjulcylinderkolvar har skurit eller delvis skurit (kapitel 10).
☐ Olika bromsklossbelägg på höger och vänster sida (kapitel 10).
☐ Lösa bromsoksbultar (kapitel 10).
☐ Slitna eller skadade fjädrings- eller styrningskomponenter (kapitel 8 eller 9).

Oljud (slipljud eller högtonigt gnissel) vid inbromsning

☐ Bromsbeläggen slitna ned till metallplattan (kapitel 10).
☐ Korrosion på bromsskiva eller trumma (kan framträda om bilen stått stilla en tid) (kapitel 10).

För lång pedalväg

☐ Defekt huvudcylinder (kapitel 10).
☐ Luft i hydraulsystemet (kapitel 10).
☐ Bakbromsens självjusteringsmekanism defekt (kapitel 10).

Bromspedalen känns svampig när den trampas ned

☐ Luft i hydraulsystemet (kapitel 10).
☐ Slitna gummislangar (kapitel 10).
☐ Huvudcylinderns fästmuttrar lösa (kapitel 10).
☐ Defekt huvudcylinder (kapitel 10).

För stor pedalkraft krävs för att stoppa bilen

☐ Defekt vakuumservoenhet (kapitel 10).
☐ Glappa, lösa eller skadade servovakuumslangar (kapitel 10).
☐ Fel i den primära eller den sekundära kretsen (kapitel 10).
☐ Okkolv(ar) har skurit (kapitel 10).
☐ Bromsklossar eller -backar felaktigt monterade (kapitel 10).
☐ Fel typ av bromsklossar eller -backar monterade (kapitel 10).
☐ Bromsbeläggen förorenade (kapitel 10).

Bromssystem (fortsättning)

Vibrationer känns i bromspedalen eller ratten vid inbromsning

☐ Skeva eller skadade bromsskivor eller -trummor (kapitel 10).
☐ Bromsbelägg slitna (kapitel 10).
☐ Bromsokets fästbultar lösa (kapitel 10).
☐ Slitage i fjädringens eller styrningens komponenter eller fästen (kapitel 8 eller 9).

Bromsarna kärvar

☐ Okkolv(ar) har skurit (kapitel 10).
☐ Defekt självjusteringsmekanism (kapitel 10).
☐ Defekt handbromsmekanism (kapitel 10).
☐ Defekt huvudcylinder (kapitel 10).

Bakhjulen låser vid normal inbromsning

☐ Bakbromsarnas belägg förorenade (kapitel 10).
☐ Defekt bromstrycksregulator (kapitel 10).

Fjädring och styrning

Observera: *Innan du bestämmer dig för att fjädring eller styrning är defekt, kontrollera att inte problemet beror på fel lufttryck i däcken, blandning av däcktyper eller kärvande bromsar.*

Bilen drar åt ena hållet

☐ Defekt däck (*"Veckokontroller"*).
☐ Fjädrings- eller styrningskomponenter mycket slitna (kapitel 8 eller 9).
☐ Felaktig bak- eller framhjulsinställning (kapitel 8 eller 9).
☐ Skada på fjädrings- eller styrningskomponenter efter krock (kapitel 8 eller 9).

Hjulen wobblar och vibrerar

☐ Framhjulen obalanserade (vibrationerna känns huvudsakligen genom ratten).
☐ Bakhjulen obalanserade (vibrationerna känns i hela bilen).
☐ Hjulen skeva eller skadade (kapitel 1 och *"Veckokontroller"*).
☐ Felaktigt eller skadat däck (*"Veckokontroller"*).
☐ Styrningens eller fjädringens komponenter, leder eller bussningar är slitna (kapitel 8 eller 9).
☐ Hjulmuttrarna eller bultarna lösa (kapitel 1).

För mycket nigning och/eller krängning vid kurvtagning eller inbromsning

☐ Defekt stötdämpare (kapitel 8 eller 9).
☐ Trasig eller svag spiralfjäder och/eller fjädringskomponent (kapitel 8 eller 9).

Bilen vandrar på vägen och känns allmänt instabil

☐ Felaktig hjulinställning (kapitel 8 eller 9).
☐ Styrningens eller fjädringens komponenter, leder eller bussningar är slitna (kapitel 8 eller 9).
☐ Hjulen obalanserade.
☐ Felaktigt eller skadat däck (*"Veckokontroller"*).
☐ Hjulmuttrar eller bultar lösa (kapitel 1).
☐ Defekta stötdämpare (kapitel 8 eller 9).

Trög styrning

☐ Trasig eller feljusterad drivrem till servostyrningspump (där tillämpligt) (kapitel 1).

☐ Defekt servostyrningspump (där tillämpligt) (kapitel 9).
☐ Styrstagskulled eller fjädringskulled har skurit (kapitel 9).
☐ Felaktig framhjulsinställning (kapitel 9).
☐ Kuggstång eller rattstång böjd eller skadad (kapitel 9).

Stort glapp i styrningen

☐ Slitna leder i styrningslänkaget (kapitel 9).
☐ Slitna styrstagskulleder (kapitel 9).
☐ Sliten kuggstångsstyrväxel (kapitel 9).
☐ Styrningens eller fjädringens komponenter, leder eller bussningar är slitna (kapitel 8 eller 9).

Ingen servoeffekt (om tillämpligt)

☐ Trasig eller slirande drivrem till servostyrningspumpen (kapitel 1).
☐ Felaktig oljenivå i styrservon (*"Veckokontroller"*).
☐ Defekt styrservopump (kapitel 9).
☐ Defekt kuggstångsstyrväxel (kapitel 9).

Förhöjt däckslitage

Däcken är slitna på de inre eller de yttre kanterna

☐ Felaktig camber- eller castervinkel (slitage endast på ena sidan) (kapitel 9).
☐ Styrningens eller fjädringens komponenter, leder eller bussningar slitna (kapitel 8 eller 9).
☐ För hård kurvtagning.
☐ Krockskador.

Däckmönstret har fransiga kanter

☐ Felaktig toe-inställning (kapitel 9).

Däcken är slitna i mitten

☐ För högt lufttryck i däcken (*"Veckokontroller"*).

Däcken är slitna på både in- och utsidorna

☐ För lågt lufttryck i däcken (*"Veckokontroller"*).

Ojämnt slitna däck

☐ Obalanserade hjul.
☐ Hjulet är skevt eller skadat.
☐ Slitna stötdämpare (kapitel 8 eller 9).
☐ Defekt däck (*"Veckokontroller"*).

Elsystem

Observera: *För problem som har att göra med startsystemet, se felsökningslistan under "Motor" tidigare i detta avsnitt.*

Batteriet håller inte laddningen mer än ett par dagar

- ☐ Internt batterifel (kapitel 5A).
- ☐ Låg elektrolytnivå (kapitel 1).
- ☐ Batteripolerna lösa eller korroderade (*"Veckokontroller"*).
- ☐ Hjälpaggregatens drivrem sliten eller feljusterad (kapitel 1).
- ☐ Generator eller spänningsregulator defekt (kapitel 5A).
- ☐ Kortslutning som orsakar kontinuerlig urladdning av batteriet (kapitel 5A och 12).

Tändnings/laddningslampan förblir tänd när motorn är igång

- ☐ Drivrem trasig, sliten eller feljusterad (kapitel 1).
- ☐ Generatorborstarna är slitna, har fastnat eller är smutsiga (kapitel 5A).
- ☐ Generatorborstarnas fjädrar är svaga eller trasiga (kapitel 5A).
- ☐ Internt fel i generator eller spänningsregulator (kapitel 5A).
- ☐ Trasig, glapp eller lös ledning i laddningskretsen (kapitel 5A).

Tändnings/laddningslampan tänds inte

- ☐ Trasig glödlampa (kapitel 12).
- ☐ Trasig, lös eller glapp ledning i laddningskretsen (kapitel 12).
- ☐ Defekt generator (kapitel 5A).

Lysen fungerar inte

- ☐ Trasig glödlampa (kapitel 12).
- ☐ Korrosion på glödlampa eller sockel (kapitel 12).
- ☐ Trasig säkring (kapitel 12).
- ☐ Defekt relä (kapitel 12).
- ☐ Trasig, glapp eller lös ledning (kapitel 12).
- ☐ Defekt kontakt (kapitel 12).

Instrumentavläsningar är felaktiga eller ryckiga

Bränsle- eller temperaturmätare ger inget utslag

- ☐ Defekt givare (kapitel 3 eller 4A).
- ☐ Bruten krets (kapitel 12).
- ☐ Defekt mätare (kapitel 12).

Bränsle- eller temperaturmätare ger maximalt utslag hela tiden

- ☐ Defekt givare (kapitel 3 eller 4A).
- ☐ Kortslutning (kapitel 12).
- ☐ Defekt mätare (kapitel 12).

Signalhornet fungerar dåligt eller inte alls

Signalhornet fungerar inte

- ☐ Trasig säkring (kapitel 12).
- ☐ Anslutningar trasiga, glappa eller lösa (kapitel 12).
- ☐ Defekt signalhorn (kapitel 12).

Signalhornet fungerar med pulserande eller otillfredsställande ljud

- ☐ Anslutningar trasiga, glappa eller lösa (kapitel 12).
- ☐ Signalhornets fästen lösa (kapitel 12).
- ☐ Defekt signalhorn (kapitel 12).

Signalhornet ljuder hela tiden

- ☐ Signalhornsknappen har fastnat eller är jordad (kapitel 12).
- ☐ Ledning till signalhornet jordad (kapitel 12).

Vindrute-/bakrutetorkare fungerar dåligt eller inte alls

Torkarna fungerar inte eller går väldigt långsamt

- ☐ Torkarbladen har fastnat på rutan eller länkar har skurit (kapitel 12).
- ☐ Trasig säkring (kapitel 12).
- ☐ Ledning eller anslutning trasig, glapp eller lös (kapitel 12).
- ☐ Defekt relä (kapitel 12).
- ☐ Defekt torkarmotor (kapitel 12).

Torkarbladen sveper över fel del av rutan

- ☐ Torkararmarna felaktigt placerade eller lösa på spindlarna (kapitel 12).
- ☐ Stort slitage i torkarlänkarna (kapitel 12).
- ☐ Fästen till torkarmotorns länkar glappa eller lösa (kapitel 12).

Torkarbladen rengör inte rutan effektivt

- ☐ Utslitna torkarblad (*"Veckokontroller"*).
- ☐ Torkararmens fjäder trasig eller kärvande armtappar (kapitel 12).
- ☐ För lite tvättmedel i spolarvätskan (*"Veckokontroller"*).

Vind-/bakrutespolare fungerar dåligt eller inte alls

Ett eller flera munstycken fungerar inte

- ☐ Blockerat munstycke.
- ☐ Lös, veckad eller igensatt vätskeslang.
- ☐ För lite spolarvätska i behållaren (*"Veckokontroller"*).

Spolarpumpen fungerar inte

- ☐ Trasig eller lös ledning eller kontakt (kapitel 12).
- ☐ Trasig säkring (kapitel 12).
- ☐ Defekt spolarkontakt (kapitel 12).
- ☐ Defekt spolarpump (kapitel 12).

Elfönsterhissar fungerar dåligt eller inte alls

Rutan rör sig bara i en riktning

- ☐ Defekt kontakt (kapitel 12).

Rutan rör sig långsamt

- ☐ Regulatorn har skurit eller är trasig, eller behöver smörjas (kapitel 11).
- ☐ Delar i dörr eller klädsel stör hissens funktion (kapitel 11).
- ☐ Defekt motor (kapitel 11).

Rutan rör sig inte

- ☐ Feljusterade styrrännor (kapitel 11).
- ☐ Trasig säkring eller defekt relä (kapitel 12).
- ☐ Trasig eller lös ledning eller kontakt (kapitel 12).
- ☐ Defekt motor (kapitel 11).

Centrallåssystem fungerar dåligt eller inte alls

Totalt systemhaveri

- ☐ Trasig säkring (kapitel 12).
- ☐ Defekt relä (kapitel 12).
- ☐ Trasig eller lös ledning eller kontakt (kapitel 12).

Spärren låser men låser inte upp, eller tvärtom

- ☐ Trasiga eller lösa manöverstänger (kapitel 11).
- ☐ Defekt relä (kapitel 12).

A

ABS (Anti-lock brake system) Låsningsfria bromsar. Ett system, vanligen elektroniskt styrt, som känner av påbörjande låsning av hjul vid inbromsning och lättar på hydraultrycket på hjul som ska till att låsa.

Air bag (krockkudde) En uppblåsbar kudde dold i ratten (på förarsidan) eller instrumentbrädan eller handskfacket (på passagerarsidan) Vid kollision blåses kuddarna upp vilket hindrar att förare och framsätespassagerare kastas in i ratt eller vindruta.

Ampere (A) En måttenhet för elektrisk ström. 1 A är den ström som produceras av 1 volt gående genom ett motstånd om 1 ohm.

Anaerobisk tätning En massa som används som gänglås. Anaerobisk innebär att den inte kräver syre för att fungera.

Antikärvningsmedel En pasta som minskar risk för kärvning i infästningar som utsätts för höga temperaturer, som t.ex. skruvar och muttrar till avgasrenrör. Kallas även gängskydd.

Antikärvningsmedel

Asbest Ett naturligt fibröst material med stor värmetolerans som vanligen används i bromsbelägg. Asbest är en hälsorisk och damm som alstras i bromsar ska aldrig inandas eller sväljas.

Avgasgrenrör En del med flera passager genom vilka avgaserna lämnar förbränningskamrarna och går in i avgasröret.

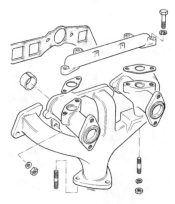

Avgasgrenrör

Avluftning av bromsarna

Avluftning av bromsar Avlägsnande av luft från hydrauliskt bromssystem.

Avluftningsnippel En ventil på ett bromsok, hydraulcylinder eller annan hydraulisk del som öppnas för att tappa ur luften i systemet.

Axel En stång som ett hjul roterar på, eller som roterar inuti ett hjul. Även en massiv balk som håller samman två hjul i bilens ena ände. En axel som även överför kraft till hjul kallas drivaxel.

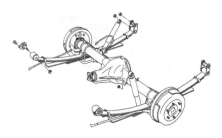

Axel

Axialspel Rörelse i längdled mellan två delar. För vevaxeln är det den distans den kan röra sig framåt och bakåt i motorblocket.

B

Belastningskänslig fördelningsventil En styrventil i bromshydrauliken som fördelar bromseffekten, med hänsyn till bakaxelbelastningen.

Bladmått Ett tunt blad av härdat stål, slipat till exakt tjocklek, som används till att mäta spel mellan delar.

Bladmått

Bromsback Halvmåneformad hållare med fastsatt bromsbelägg som tvingar ut beläggen i kontakt med den roterande bromstrumman under inbromsning.

Bromsbelägg Det friktionsmaterial som kommer i kontakt med bromsskiva eller bromstrumma för att minska bilens hastighet. Beläggen är limmade eller nitade på bromsklossar eller bromsbackar.

Bromsklossar Utbytbara friktionsklossar som nyper i bromsskivan när pedalen trycks ned. Bromsklossar består av bromsbelägg som limmats eller nitats på en styv bottenplatta.

Bromsok Den icke roterande delen av en skivbromsanordning. Det grenslar skivan och håller bromsklossarna. Oket innehåller även de hydrauliska delar som tvingar klossarna att nypa skivan när pedalen trycks ned.

Bromsskiva Den del i en skivbromsanordning som roterar med hjulet.

Bromstrumma Den del i en trumbromsanordning som roterar med hjulet.

C

Caster I samband med hjulinställning, lutningen framåt eller bakåt av styrningens axialled. Caster är positiv när styrningens axialled lutar bakåt i överkanten.

CV-knut En typ av universalknut som upphäver vibrationer orsakade av att drivkraft förmedlas genom en vinkel.

D

Diagnostikkod Kodsiffror som kan tas fram genom att gå till diagnosläget i motorstyrningens centralenhet. Koden kan användas till att bestämma i vilken del av systemet en felfunktion kan förekomma.

Draghammare Ett speciellt verktyg som skruvas in i eller på annat sätt fästs vid en del som ska dras ut, exempelvis en axel. Ett tungt glidande handtag dras utmed verktygsaxeln mot ett stopp i änden vilket rycker avsedd del fri.

Drivaxel En roterande axel på endera sidan differentialen som ger kraft från slutväxeln till drivhjulen. Även varje axel som används att överföra rörelse.

Drivaxel

Drivrem(mar) Rem(mar) som används till att driva tillbehörsutrustning som generator, vattenpump, servostyrning, luftkonditioneringskompressor mm, från vevaxelns remskiva.

Drivremmar till extrautrustning

Dubbla överliggande kamaxlar (DOHC) En motor försedd med två överliggande kamaxlar, vanligen en för insugsventilerna och en för avgasventilerna.

E

EGR-ventil Avgasåtercirkulationsventil. En ventil som för in avgaser i insugsluften.

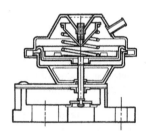

Ventil för avgasåtercirkulation (EGR)

Elektrodavstånd Den distans en gnista har att överbrygga från centrumelektroden till sidoelektroden i ett tändstift.

Justering av elektrodavståndet

Elektronisk bränsleinsprutning (EFI) Ett datorstyrt system som fördelar bränsle till förbränningskamrarna via insprutare i varje insugsport i motorn.
Elektronisk styrenhet En dator som exempelvis styr tändning, bränsleinsprutning eller låsningsfria bromsar.

F

Finjustering En process där noggranna justeringar och byten av delar optimerar en motors prestanda.

Fjäderben Se MacPherson-ben.
Fläktkoppling En viskös drivkoppling som medger variabel kylarfläkthastighet i förhållande till motorhastigheten.
Frostplugg En skiv- eller koppformad metallbricka som monterats i ett hål i en gjutning där kärnan avlägsnats.
Frostskydd Ett ämne, vanligen etylenglykol, som blandas med vatten och fylls i bilens kylsystem för att förhindra att kylvätskan fryser vintertid. Frostskyddet innehåller även kemikalier som förhindrar korrosion och rost och andra avlagringar som skulle kunna blockera kylare och kylkanaler och därmed minska effektiviteten.
Fördelningsventil En hydraulisk styrventil som begränsar trycket till bakbromsarna vid panikbromsning så att hjulen inte låser sig.
Förgasare En enhet som blandar bränsle med luft till korrekta proportioner för önskad effekt från en gnistantänd förbränningsmotor.

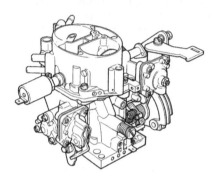

Förgasare

G

Generator En del i det elektriska systemet som förvandlar mekanisk energi från drivremmen till elektrisk energi som laddar batteriet, som i sin tur driver startsystem, tändning och elektrisk utrustning.

Generator (genomskärning)

Glidlager Den krökta ytan på en axel eller i ett lopp, eller den del monterad i endera, som medger rörelse mellan dem med ett minimum av slitage och friktion.
Gängskydd Ett täckmedel som minskar risken för gängskärning i bultförband som utsätts för stor hetta, exempelvis grenrörets bultar och muttrar. Kallas även antikärvningsmedel.

H

Handbroms Ett bromssystem som är oberoende av huvudbromsarnas hydraulikkrets. Kan användas till att stoppa bilen om huvudbromsarna slås ut, eller till att hålla bilen stilla utan att bromspedalen trycks ned. Den består vanligen av en spak som aktiverar främre eller bakre bromsar mekaniskt via vajrar och länkar. Kallas även parkeringsbroms.
Harmonibalanserare En enhet avsedd att minska fjädring eller vridande vibrationer i vevaxeln. Kan vara integrerad i vevaxelns remskiva. Även kallad vibrationsdämpare.
Hjälpstart Start av motorn på en bil med urladdat eller svagt batteri genom koppling av startkablar mellan det svaga batteriet och ett laddat hjälpbatteri.
Honare Ett slipverktyg för korrigering av smärre ojämnheter eller diameterskillnader i ett cylinderlopp.
Hydraulisk ventiltryckare En mekanism som använder hydrauliskt tryck från motorns smörjsystem till att upprätthålla noll ventilspel (konstant kontakt med både kamlob och ventilskaft). Justeras automatiskt för variation i ventilskaftslängder. Minskar även ventilljudet.

I

Insexnyckel En sexkantig nyckel som passar i ett försänkt sexkantigt hål.
Insugsrör Rör eller kåpa med kanaler genom vilka bränsle/luftblandningen leds till insugsportarna.

K

Kamaxel En roterande axel på vilken en serie lober trycker ned ventilerna. En kamaxel kan drivas med drev, kedja eller tandrem med kugghjul.
Kamkedja En kedja som driver kamaxeln.
Kamrem En tandrem som driver kamaxeln. Allvarliga motorskador kan uppstå om kamremmen brister vid körning.
Kanister En behållare i avdunstningsbegränsningen, innehåller aktivt kol för att fånga upp bensinångor från bränslesystemet.

Kanister

Kardanaxel Ett långt rör med universalknutar i bägge ändar som överför kraft från växellådan till differentialen på bilar med motorn fram och drivande bakhjul.

Kast Hur mycket ett hjul eller drev slår i sidled vid rotering. Det spel en axel roterar med. Orundhet i en roterande del.

Katalysator En ljuddämparliknande enhet i avgassystemet som omvandlar vissa föroreningar till mindre hälsovådliga substanser.

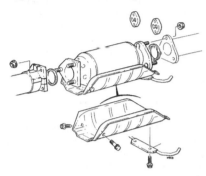

Katalysator

Kompression Minskning i volym och ökning av tryck och värme hos en gas, orsakas av att den kläms in i ett mindre utrymme.

Kompressionsförhållande Skillnaden i cylinderns volymer mellan kolvens ändlägen.

Kopplingsschema En ritning över komponenter och ledningar i ett fordons elsystem som använder standardiserade symboler.

Krockkudde (Airbag) En uppblåsbar kudde dold i ratten (på förarsidan) eller instrumentbrädan eller handskfacket (på passagerarsidan) Vid kollision blåses kuddarna upp vilket hindrar att förare och framsätespassagerare kastas in i ratt eller vindruta.

Krokodilklämma Ett långkäftat fjäderbelastat clips med ingreppande tänder som används till tillfälliga elektriska kopplingar.

Kronmutter En mutter som vagt liknar kreneleringen på en slottsmur. Används tillsammans med saxsprint för att låsa bultförband extra väl.

Kronmutter

Krysskruv Se Phillips-skruv

Kugghjul Ett hjul med tänder eller utskott på omkretsen, formade för att greppa in i en kedja eller rem.

Kuggstångsstyrning Ett styrsystem där en pinjong i rattstångens ände går i ingrepp med en kuggstång. När ratten vrids, vrids även pinjongen vilket flyttar kuggstången till höger eller vänster. Denna rörelse överförs via styrstagen till hjulets styrleder.

Kullager Ett friktionsmotverkande lager som består av härdade inner- och ytterbanor och har härdade stålkulor mellan banorna.

Kylare En värmeväxlare som använder flytande kylmedium, kylt av fartvinden/fläkten till att minska temperaturen på kylvätskan i en förbränningsmotors kylsystem.

Kylmedia Varje substans som används till värmeöverföring i en anläggning för luftkonditionering. R-12 har länge varit det huvudsakliga kylmediet men tillverkare har nyligen börjat använda R-134a, en CFC-fri substans som anses vara mindre skadlig för ozonet i den övre atmosfären.

L

Lager Den böjda ytan på en axel eller i ett lopp, eller den del som monterad i någon av dessa tillåter rörelse mellan dem med minimal slitage och friktion.

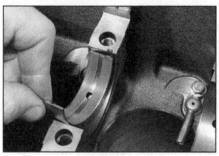

Lager

Lambdasond En enhet i motorns grenrör som känner av syrehalten i avgaserna och omvandlar denna information till elektricitet som bär information till styrelektroniken. Även kallad syresensor.

Luftfilter Filtret i luftrenaren, vanligen tillverkat av veckat papper. Kräver byte med regelbundna intervaller.

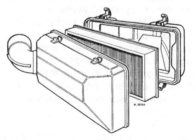

Luftfilter

Luftrenare En kåpa av plast eller metall, innehållande ett filter som tar undan damm och smuts från luft som sugs in i motorn.

Låsbricka En typ av bricka konstruerad för att förhindra att en ansluten mutter lossnar.

Låsmutter En mutter som låser en justermutter, eller annan gängad del, på plats. Exempelvis används låsmutter till att hålla justermuttern på vipparmen i läge.

Låsring Ett ringformat clips som förhindrar längsgående rörelser av cylindriska delar och axlar. En invändig låsring monteras i en skåra i ett hölje, en yttre låsring monteras i en utvändig skåra på en cylindrisk del som exempelvis en axel eller tapp.

M

MacPherson-ben Ett system för framhjulsfjädring uppfunnet av Earle MacPherson vid Ford i England. I sin ursprungliga version skapas den nedre bärarmen av en enkel lateral länk till krängningshämmaren. Ett fjäderben - en integrerad spiralfjäder och stötdämpare - finns monterad mellan karossen och styrknogen. Många moderna MacPherson-ben använder en vanlig nedre A-arm och inte krängningshämmaren som nedre fäste.

Markör En remsa med en andra färg i en ledningsisolering för att skilja ledningar åt.

Motor med överliggande kamaxel (OHC) En motor där kamaxeln finns i topplocket.

Motorstyrning Ett datorstyrt system som integrerat styr bränsle och tändning.

Multimätare Ett elektriskt testinstrument som mäter spänning, strömstyrka och motstånd. Även kallad multimeter.

Mätare En instrumentpanelvisare som används till att ange motortillstånd. En mätare med en rörlig pekare på en tavla eller skala är analog. En mätare som visar siffror är digital.

N

NOx Kväveoxider. En vanlig giftig förorening utsläppt av förbränningsmotorer vid högre temperaturer.

O

O-ring En typ av tätningsring gjord av ett speciellt gummiliknande material. O-ringen fungerar så att den trycks ihop i en skåra och därmed utgör tätningen.

O-ring

Ohm Enhet för elektriskt motstånd. 1 volt genom ett motstånd av 1 ohm ger en strömstyrka om 1 ampere.

Ohmmätare Ett instrument för uppmätning av elektriskt motstånd.

P

Packning Mjukt material - vanligen kork, papp, asbest eller mjuk metall - som monteras mellan två metallytor för att erhålla god tätning. Exempelvis tätar topplockspackningen fogen mellan motorblocket och topplocket.

Packning

Phillips-skruv En typ av skruv med ett korsspår istället för ett rakt, för motsvarande skruvmejsel. Vanligen kallad krysskruv.

Plastigage En tunn plasttråd, tillgänglig i olika storlekar, som används till att mäta toleranser. Exempelvis så läggs en remsa Plastigage tvärs över en lagertapp. Delarna sätts ihop och tas isär. Bredden på den klämda remsan anger spelrummet mellan lager och tapp.

Plastigage

R

Rotor I en fördelare, den roterande enhet inuti fördelardosan som kopplar samman mittelektroden med de yttre kontakterna vartefter den roterar, så att högspänningen från tändspolens sekundärlindning leds till rätt tändstift. Även den del av generatorn som roterar inuti statorn. Även de roterande delarna av ett turboaggregat, inkluderande kompressorhjulet, axeln och turbinhjulet.

S

Sealed-beam strålkastare En äldre typ av strålkastare som integrerar reflektor, lins och glödtrådar till en hermetiskt försluten enhet. När glödtråden går av eller linsen spricker byts hela enheten.

Shims Tunn distansbricka, vanligen använd till att justera inbördes lägen mellan två delar. Exempelvis sticks shims in i eller under ventiltryckarhylsor för att justera ventilspelet. Spelet justeras genom byte till shims av annan tjocklek.

Skivbroms En bromskonstruktion med en roterande skiva som kläms mellan bromsklossar. Den friktion som uppstår omvandlar bilens rörelseenergi till värme.

Skjutmått Ett precisionsmätinstrument som mäter inre och yttre dimensioner. Inte riktigt lika exakt som en mikrometer men lättare att använda.

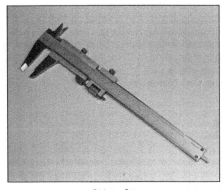

Skjutmått

Smältsäkring Ett kretsskydd som består av en ledare omgiven av värmetålig isolering. Ledaren är tunnare än den ledning den skyddar och är därmed den svagaste länken i kretsen. Till skillnad från en bränd säkring måste vanligen en smältsäkring skäras bort från ledningen vid byte.

Spel Den sträcka en del färdas innan något inträffar. "Luften" i ett länksystem eller ett montage mellan första ansatsen av kraft och verklig rörelse. Exempelvis den sträcka bromspedalen färdas innan kolvarna i huvudcylindern rör på sig. Även utrymmet mellan två delar, till exempel kolv och cylinderlopp.

Spiralfjäder En spiral av elastiskt stål som förekommer i olika storlekar på många platser i en bil, bland annat i fjädringen och ventilerna i topplocket.

Startspärr På bilar med automatväxellåda förhindrar denna kontakt att motorn startas annat än om växelväljaren är i N eller P.

Storändslager Lagret i den ände av vevstaken som är kopplad till vevaxeln.

Svetsning Olika processer som används för att sammanfoga metallföremål genom att hetta upp dem till smältning och sammanföra dem.

Svänghjul Ett tungt roterande hjul vars energi tas upp och sparas via moment. På bilar finns svänghjulet monterat på vevaxeln för att utjämna kraftpulserna från arbetstakterna.

Syresensor En enhet i motorns grenrör som känner av syrehalten i avgaserna och omvandlar denna information till elektricitet som bär information till styrelektroniken. Även kalla Lambdasond.

Säkring En elektrisk enhet som skyddar en krets mot överbelastning. En typisk säkring innehåller en mjuk metallbit kalibrerad att smälta vid en förbestämd strömstyrka, angiven i ampere, och därmed bryta kretsen.

T

Termostat En värmestyrd ventil som reglerar kylvätskans flöde mellan blocket och kylaren vilket håller motorn vid optimal arbetstemperatur. En termostat används även i vissa luftrenare där temperaturen är reglerad.

Toe-in Den distans som framhjulens framkanter är närmare varandra än bakkanterna. På bakhjulsdrivna bilar specificeras vanligen ett litet toe-in för att hålla framhjulen parallella på vägen, genom att motverka de krafter som annars tenderar att vilja dra isär framhjulen.

Toe-ut Den distans som framhjulens bakkanter är närmare varandra än framkanterna. På bilar med framhjulsdrift specificeras vanligen ett litet toe-ut.

Toppventilsmotor (OHV) En motortyp där ventilerna finns i topplocket medan kamaxeln finns i motorblocket.

Torpedplåten Den isolerade avbalkningen mellan motorn och passagerarutrymmet.

Trumbroms En bromsanordning där en trumformad metallcylinder monteras inuti ett hjul. När bromspedalen trycks ned pressas böjda bromsbackar försedda med bromsbelägg mot trummans insida så att bilen saktar in eller stannar.

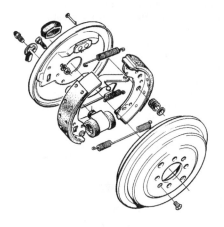

Trumbroms, montage

Turboaggregat En roterande enhet, driven av avgastrycket, som komprimerar insugsluften. Används vanligen till att öka motoreffekten från en given cylindervolym, men kan även primäranvändas till att minska avgasutsläpp.

Tändföljd Turordning i vilken cylindrarnas arbetstakter sker, börjar med nr 1.

Tändläge Det ögonblick då tändstiftet ger gnista. Anges vanligen som antalet vevaxelgrader för kolvens övre dödpunkt.

Tätningsmassa Vätska eller pasta som används att täta fogar. Används ibland tillsammans med en packning.

U

Universalknut En koppling med dubbla pivåer som överför kraft från en drivande till en driven axel genom en vinkel. En universalknut består av två Y-formade ok och en korsformig del kallad spindeln.

Urtrampningslager Det lager i kopplingen som flyttas inåt till frigöringsarmen när kopplingspedalen trycks ned för frikoppling.

V

Ventil En enhet som startar, stoppar eller styr ett flöde av vätska, gas, vakuum eller löst material via en rörlig del som öppnas, stängs eller delvis maskerar en eller flera portar eller kanaler. En ventil är även den rörliga delen av en sådan anordning.

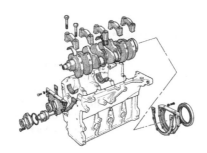

Vevaxel, montage

Ventilspel Spelet mellan ventilskaftets övre ände och ventiltryckaren. Spelet mäts med stängd ventil.

Ventiltryckare En cylindrisk del som överför rörelsen från kammen till ventilskaftet, antingen direkt eller via stötstång och vipparm. Även kallad kamsläpa eller kamföljare.

Vevaxel Den roterande axel som går längs med vevhuset och är försedd med utstickande vevtappar på vilka vevstakarna är monterade.

Vevhus Den nedre delen av ett motorblock där vevaxeln roterar.

Vibrationsdämpare En enhet som är avsedd att minska fjädring eller vridande vibrationer i vevaxeln. Enheten kan vara integrerad i vevaxelns remskiva. Kallas även harmonibalanserare.

Vipparm En arm som gungar på en axel eller tapp. I en toppventilsmotor överför vipparmen stötstångens uppåtgående rörelse till en nedåtgående rörelse som öppnar ventilen.

Viskositet Tjockleken av en vätska eller dess flödesmotstånd.

Volt Enhet för elektrisk spänning i en krets 1 volt genom ett motstånd av 1 ohm ger en strömstyrka om 1 ampere.

Observera: *Referenserna i detta register är i formen "Kapitelnummer" • "Sidnummer"*

Anteckningar

Anteckningar

Anteckningar

Anteckningar

Anteckningar

Anteckningar

|||||||||||||||||||||

Printed and bound by CPI Group (UK) Ltd, Croydon, CR0 4YY

09/06/2025

14685667-0001